中国演化经济学

EVOLUTIONARY ECONOMICS IN CHINA

年刊

2018

中国演化经济学年会秘书处　编

格致出版社　上海人民出版社

本书受云南大学一流大学建设项目
"中国特色社会主义政治经济学教学科研队伍建设"资助出版

编者的话

　　演化经济学是研究经济社会系统内部新奇创生、创新并由此而导致系统转变的经济学。它并非经济学的一个分支学科，而是可以运用于经济学和管理学各分支学科的一种新的科学研究纲领。例如，与西方经济学教科书将经济学定义为资源配置的经济学不同，演化经济学则是资源创造的经济学。演化经济学虽然在经济思想史上可以远溯到重商主义经济学，许多经济思想史上的大家都是其思想先驱，如马克思和马歇尔等，但在现代中国，它是以与马克思主义经济学和现代西方主流经济学相并列的第三种经济学理论体系的面目登上历史舞台的。

　　自2008年中国演化经济学界在武汉召开第一届全国范围的"中国演化经济学论坛"以来，中国演化经济学的发展就开始进入了有组织发展的新阶段，2018年召开了第十届中国演化经济学年会。中国演化经济学年会的宗旨是致力于发展历史—结构—制度的演化经济学新范式，以解决中国迫切的现实经济问题为目的，倡导中国经济学的自主创新。年会汇集了来自新熊彼特主义、李斯特主义、老制度主义、后凯恩斯主义、新马克思主义等经济学研究传统，以及来自经济史、经济思想史和政治经济学等领域的学者，共同推动中国经济学的多元化发展，努力解决中国经济改革与发展面临的重大理论和实践问题。

　　西方演化经济学自20世纪末被引入到中国以来，我国学者在相关研究上已发表了大量论文，但这些论文散布于各种期刊，难见系统。如果每年能将其较有代表性的成果汇编成册，不仅可以便于研读查考，而且还可反映编者在当时的学术偏好，记录中国演化经济学本土发展的历程。因此，中国演化经济学年会秘书处决定从2019年开始，以连续出版物的形式，汇编较有代表性的演化经济学论文，特别关注本土经济学者的原创性成果。我们希望海内外学人特别是我国经济学界学者给我们以批评和建议，帮助我们将《中国演化经济学年刊》出好，共同推动演化经济学在中国的原创性发展。

中国演化经济学年会秘书处

2019 年 5 月

目 录
CONTENTS

理解演化经济学[*]

贾根良

自纳尔逊和温特 1982 年出版《经济变迁的演化理论》以来，"演化"（evolutionary）一词在西方经济学界越来越成为时髦的术语。在过去的 20 年中，演化经济学的各种研究传统得到了很大的发展。霍奇逊指出，现代演化经济学的兴起已成为 20 世纪末国际学术界发生的主要事件之一。但在这种多样化繁荣的背后，演化经济学是否存在着一个统一的研究纲领？本文第一节将首先研究这个问题，并概要地讨论它与新古典"现代经济学"[①] 的基本差异。其次，演化经济学的诞生可以回溯到凡勃伦 1898 年的经典论文，以纳尔逊、温特和多西（Dosi，G）[②] 等为代表的学者只是演化经济学中的"新熊彼特"学派，那么，演化经济学应包括哪些不同的研究传统呢？第二节将简要地介绍和评价这些研究传统的起源和现代发展。最后，世纪之交的演化经济学正进入一个新的发展时期，有许多重大的前沿问题需要深入研究，论文第三节将对此做出评论。

一、研究纲领和基本分析框架

在"看问题的出发点"上，演化经济学与新古典经济学是非常不同的。钱颖一先生曾对后者做了简洁的概括，"经济学家们看问题的出发点通常基于三项基本假定：经济人（给定）的偏好、生产技术和制度约束、可供使用的资源禀赋……（研究）人们如何在给定的机制下相互作用，达到某种均衡状态"[③]。在这种理论结构中，经济行为者被看作是最优地对强加给他们的假定条件做出反应，他们自身决不会以任何方式创造这些条件，这些假定条件的新变化被看作是外生的，或者完全不给予解释，或者把它留给其他学科。因而，现代经济变迁的许多重要方面就被排除在新古典经济学之外了，

---

[*]　原文载《中国社会科学》2004 年第 2 期。作者单位：中国人民大学。

[①]　钱颖一先生的《理解现代经济学》对这种"现代经济学"的发展提供了比较完整和准确的理解，但该文完全忽视了现代经济学的另一半——演化经济学的重大发展。受钱颖一先生的某种启发，本文尝试对演化经济学进行较全面的评述。

[②]　多西和纳尔逊 1994 年对演化经济学的评述基本上就是针对"新熊彼特"学派所做的，参看 Dosi, G. and Nelson, R., An Introduction to Evolutionary Theories in Economics, *Journal of Evolutionary Economics*, 1994, 4。

[③]　钱颖一：《理解现代经济学》，《经济社会体制比较》2002 年第 2 期，第 2 页。

如新知识的创造、企业家的作用、技术变迁和主导部门重要性的变化等，所以它不仅无法解释自产业革命以来人类生活水平的持续提高和结构转变这些最重要的经济现象，而且，它也无法为知识经济的发展提供解释。因此，演化经济学家们不会同意钱颖一先生的这种论断：在当今世界上被认可为主流的经济学是唯一被经济学家们广泛接受的经济学范式。演化经济学自诞生之日起就是新古典经济学持久的批评者，在演化经济学家们看来，为解释持久的经济变化过程，生产要素的投入（新古典经济学给定机制下人们通过相互作用所导致的资源配置）只是必要条件，而充分条件则要来自新古典经济学假定前提的变化，即新偏好的形成、技术和制度的创新以及新资源的创造，换言之，它关键性地取决于"新奇的创生"①。新奇的创生是永无休止经济变化的原因，在演化经济学的框架中它被处理为经济系统内生的。因此，如果说新古典经济学是研究"存在"（being）的经济学，那么，演化经济学就是研究"生成"（becoming）的经济学，它可以被定义为对经济系统中新奇的创生、传播和由此所导致的结构转变进行研究的科学。②至于这两种经济学之间的关系，演化经济学内部存在着不同的看法。维诺曼（J.Vromen）认为，演化经济学不应排除新古典经济学，它的新颖之处就在于把正统理论中处于背景状态的演化力量和机制放在了核心地位，演化理论可以被看作是经济变迁的一般理论，而新古典经济学则是其特例。③而多普菲（K.Dopfer）却认为，在 20 世纪三四十年代以前，这两种经济学是以互补的方式得到发展的，新古典经济学只是在战后才取得主流地位的。现在，在经济全球化、迅速的技术变迁和高强度的质量竞争这种环境中，演化经济学具有快速发展的优势，我们将目睹由此所产生的经济学革命。

正如魏特（U.Witt）和霍奇逊所指出的，演化经济学的不同传统在其理论体系中都把创新放在核心地位，确实或多或少明确地同意新奇在经济变化中所起的关键作用，这是演化经济学与新古典经济学在研究纲领上的基本区别。因此，魏特一针见血地指出，"作为社会经济演化的一个恰当概念，正确地评价新奇的突现及其传播的关键性作用是必不可少的"④。魏特从认识论角度对此进行了深入的讨论，他认为，新奇在不同学科中

---

① Witt, U., Evolutionary Economics：An Interpretative Survey, In：Dopfer, K（ed）*Evolutionary Economics*：*Program and Scope*, Kluwer Academic Publishers, 2001, p.49.

② 演化经济学"是对现存结构的转变和新奇创生与可能传播的调查"，见 Foss, N.J., Realism and Evolutionary Economics, *Journal of Social and Evolutionary Systems*, vol.17, no.1, 1994, p.21。

③ Vromen, J.J., "Evolutionary Economics：Precursors, Paradigmatic Propositions, Puzzles and Prospects", in Reijnders, J.（ed）, *Economics and Evolution*, Edward Elgar Publishing Limited, 1997, pp.54-55.

④ Witt, U., Evolution as the Theme of a New Heterodoxy in Economics, in Witt, U.（ed）*Explaining Process and Chang*：*Approaches to Evolutionary Economics*, University of Michigan Press, 1992, p.3.

具有不同的含义，如在生物学中，新奇涉及群体基因库中的随机突变和选择性复制；而在经济学中，给定这个学科集中在人类行为上，新奇就是新的行动可能性的发现，它是人类创造性的结果。如果新的行动可能性被采纳，那么，这种行动就被称为创新。就新奇的性质来说，人们不可能明确地预见到它的意义和含义，这是因为，当我们对一个问题寻求新奇的解答时，我们很可能事先要假定这个解答必须被满足的基本条件，但我们不可能理解这种新奇的大部分特征，否则它就不是新奇的了。正是新奇的这种性质使演化经济学形成了与新古典经济学相当不同的研究范式。

演化经济学对新古典范式进行了大量的批评，主要集中在最优（最大化）假说、类型思考和历史无关这三个方面，并相应地提供了替代性的要素。第一，满意假说。由于不可能充分地预见到新奇的创生，也不可能预先知晓努力的特定结果，行为者就无法采取最优的行为，更现实的情况应该是试错过程。因此，演化经济学在西蒙"有限理性"假定的基础上，接受了马奇在行为主义企业理论中提出的满意假说。根据这个假说，挫折破坏了经济行为者目前的抱负水平，从而使之产生了对新的、未知的选择进行搜寻的动机。在没有成功迹象的情况下，随着搜寻时间的延长，经济行为者的抱负水平将下降，最终将趋向于目前可行的选择，搜寻的动机消失了。反之，如果搜寻被证明是成功的，抱负水平将提高。[1]在满意模型中，适应性抱负水平成为人们选择的依据，它考虑到了经济行为者过去的经验，而且，它也意味着经济行为者的选择是不会相同的。因而，这是一个历史模型。第二，群体思考（population thinking）。群体思考是演化分析的核心特征，它在进化生物学中首先得到了发展，它与非演化的类型学思考（typological thinking）相对立。所谓类型学思考就是把所有的变异都看作是对理想类型的偏离，看作是由于暂时的干涉力量所导致的畸变，因此，为了集中在现象真实的本质上，类型学思考就把基本类型和它们的具体例子之间的差异看作是某种可以忽视的东西。正是这种类型学的推理产生了新古典范式的给定偏好和个体同质性（代表性行为者）的假定，排除了多样性行为的可能，因而无法容纳个体的创造性和新奇行为。相反，在群体思考中，多样性并不是把基础性的实在隐藏起来的干涉并发症，而是基础性实在本身，它是演化赖以发生的基础。因而，演化经济学把个人选择置于多样化行为的群体中，强调了主观偏好的特异性和行为的异质性对新奇创生和创新过程的重要性。第三，历史重要。演化意味着新质要素随时间的流逝而创生，因此，强调历史的重要性，就是

---

[1] Witt, U., Evolutionary Economics: An Interpretative Survey, In: Dopfer, K (ed) *Evolutionary Economics: Program and Scope*, Kluwer Academic Publishers, 2001, p.52.

突出了时间对社会经济系统最基本的建设性作用。新古典范式的无时间和非历史性是众所周知的①，路径依赖这个概念通过强调历史重要对其提出了挑战。路径依赖说明了锁定效应和次优行为可以持久存在，如相对低效的"QWERTY"打字机键盘就是众所周知的例子，历史对于解释这种无效率是非常重要的。根据大卫的看法，制度和组织中的路径依赖产生于三种原因。首先，因为制度解决的是合作博弈，不同的预期是可能的，它们都对初始条件或事件敏感。其次，组织内交流的密码在投资上是不可逆的。最后，一种组织想应用和发展的工作和功能是内在相关的，由于新功能是相继增加的，他们就倾向于在选择的路径内得到发展。②由此可见，这里"历史"并非简单地指过去对现在和未来的影响，而是突出了经济过程具有路径依赖、不确定性和时间不可逆等重要特征。

两种经济学范式的根本差异源自牛顿和达尔文世界观的不同。经济思想史的研究业已说明③，新古典经济学的奠基者瓦尔拉、杰文斯和帕累托深受经典物理学的影响，例如，瓦尔拉认为，"经济学的纯理论在每一方面都是类似于物理数学科学的一种科学"④。在其理论架构上，牛顿力学的时间可逆、类型学思考和机械决定论世界观，也是新古典范式的基本特征。相反，演化经济学的奠基者凡勃伦与现代开拓者纳尔逊和温特都把达尔文主义作为其类比和隐喻的基础，正是达尔文主义首先把时间不可逆、群体思考和不确定性等引入到现代科学，特别是非平衡热力学等现代物理学的发展极大地丰富了演化这个统一的范式。正如古木根重建社会科学委员会所发表的一份研究报告指出的，"自然科学发展出了一些具有进化论意义的复杂系统，它们所提供的概念框架为社会科学展现了一整套连贯的思想"⑤，演化经济学家们认为，达尔文主义为演化经济学提供了基本的分析框架。⑥

正如坎布尔早就指出的，达尔文主义包含着所有复杂系统演化的一般理论。与达尔

---

① 它的起源在马歇尔的《经济学原理》中得到了很好的说明，但马歇尔作为新古典经济学的综合者对其提出了严重的警告，见拙著《劳动分工、制度变迁与经济发展》，南开大学出版社 1999 年版，第 204—206 页。

② Magnusson, L and Ottosson, J. (eds) *Evolutionary Economics and Path Dependence*, Edward Elgar Publishing Limited, 1997, p.3.

③ 参看 Mirowiski, P. 的相关论著，如 *Against Mechanism: Protecting Economics from Science*, Rowman and Littlefield, 1988。

④ Hodgson, G.M., *Economics and Biology*, Edward Elgar Publishing Limited, 1995, p.xiii. 杰奥尔杰斯库-罗金评论说："正当杰文斯和瓦尔拉开始为现代经济学奠基时，物理学一场惊人的革命扫荡了自然科学和哲学中的机械论教条。奇怪的是，'效用和自私自利的力学'的建筑师，甚至是晚近的模型设计师，看来都没有及时地觉察到这种没落。"见 Georgescu-Roegen, N., *The Entropy Law and the Economic Process*, Harvard University Press, 1971, 1971, pp.2-3。

⑤ 华勒斯坦等著：《开放社会科学》，生活·读书·新知三联书店 1997 年版，第 68 页。

⑥ 目前对这一问题存在着争议，我们将在前沿问题中对此加以评论。

文主义对生物演化的解释一样，有关社会经济演化的完整分析框架也是由三种机制所构成的：遗传、变异和选择，但其解释必须考虑人类经济活动的特定方面，它远比生物演化更为复杂。第一，遗传机制。正如生物基因一样，制度、习惯、惯例和组织结构等是历史的载体，它通过模仿而传递。凡勃伦观察到制度和惯例具有相对稳定和惰性的品质，因此可以历时传递其重要的特征，它是社会有机体的基因组织，是社会选择的基本单位，"社会结构的演进，是制度上一个自然淘汰过程"①。纳尔逊和温特在其名著中，讨论了类似基因的企业惯例的作用：它是企业的组织记忆，执行着传递技能和信息的功能。但他们又认为，惯例并不是新达尔文主义意义上的基因，其突变（他们称之为"创新"）是有目的的而非随机的，获得的新惯例是"可以遗传的"。自此之后，普遍被接受的看法是：生物演化是达尔文的，而社会经济演化则是拉马克的。但两者之间是否存在矛盾则一直悬而未决，霍奇逊和柯纳森（T.Knudsen）的最新研究②解决了这个问题：后者在"更普遍的"意义上也是达尔文的。第二，变异或新奇创生机制。有目的地创造新奇和多样性是人类社会演化最重要的特征，新奇创生机制所研究的就是新奇为什么和怎样被创造的问题。就新奇为什么被创造这个问题而言，凡勃伦指出，新奇创造是闲散好奇心和操作本能的结果。魏特认为，有两个因素起着重要作用，一是经历新奇的快乐和刺激，另一个是挫折推动着对新奇或变异的搜寻。就新奇创造而言，它取决于两个因素：个体认知模式的不同和社会制度是否鼓励创新。前者来自个体偏好或知识的主观性质（这是奥地利学派研究的重点），而后者是"流行的思想习惯"（即感觉和思想所共享的范畴，老制度学派研究的重点），所有这两个方面都需要一种知识理论。在纳尔逊和温特的经济演化大纲中，知识就是惯例的核心要素。演化经济学是知识经济理论的开拓者，但一种更系统和更完备的知识理论仍有待创造。③目前，演化经济学的不同研究传统在新奇创生的方式上已取得了一致性的看法：新奇创生是现有要素新组合的结果；更重要的是，由于人们怎样和在什么地方搜寻新知识，主要取决于他们知道什么和他们从前做了什么，而并不是所有的技术或制度等发展路径都具有同样被探索的机会，新奇创生必定是路径依赖的。因此，在这种情况下，尽管人们无法明确地预见到哪种新奇将创生，但我们仍有可能从正在发生的事情中排除某些结果或行动的进程，哈耶克认为，这是一个可检验的假说。第三，选择机制。选择机制所研究的是变异或新奇在经济系统中

---

① 凡勃伦：《有闲阶级论》，商务印书馆 1997 年版。

② Laurent, J., and Nightingale J. (eds.) *Darwinism and Evolutionary Economics*, Edward Elgar Publishing Limited, 2001.

③ "演化经济理论研究的困难主要是由于他们试图解释经济体系中所应用的知识的内生转变"，见 Andersen, E.S., *Evolutionary Economics*: *Post-Schumpeterian Contributions*, Pinter Publishers Ltd., 1994, p.13。

为什么、什么时候和怎样才能被传播。我们这里用制度选择来说明这个问题。按照凡勃伦的看法，制度是人类的思维和行为习惯，因此，变异或新奇必定是新思想和新的做事方式的出现。它在经济系统中是如何扩散的？演化经济学采用进化生物学的群体观对此加以解释。"从群体层次来看，任何个体的决策，无论是创新、模仿或保守的，都影响到群体中全部行为的相对频率"①，这就是魏特的"频率依赖效应"：一个个体对创新者是模仿还是反对依赖于群体中有多少成员已做了这种选择。不管创新者主观偏好如何，竞争过程将对其进行选择。报酬递增（正反馈或自增强）作为"频率依赖效应"的一种重要特性近年来得到了更多的讨论。在创新扩散的初始阶段，旧的思维和行为习惯就有可能将创新扼杀在摇篮之中，但如果系统是开放和远离均衡的，由于自增强的作用，创新就会通过系统的涨落被放大，从而使之越过某个不稳定的阈值而进入一种新的组织结构。当新结构形成后，自增强机制将使新思想和新的做事方式进入快速扩散阶段，最后演变成社会流行的状态，这就是凡勃伦有关思维和行为习惯的惯例化过程。

二、不同研究传统的起源、演化与现代发展

演化经济学的发展经历了非常曲折的历史。在第一次世界大战之前，演化这个术语和生物学类比在经济学界是非常流行的，以至于马歇尔宣称："经济学家的麦加在于经济生物学而非经济力学"②。凡勃伦广泛地利用了达尔文的思想，试图转变经济学的基础，并创建了制度经济学。在 20 世纪初，以凡勃伦、康芒斯和米切尔为首的老制度主义是美国的主流学派。然而，20 世纪 20 年代的科学和社会思潮已不利于老制度主义的生存。由于社会达尔文主义的声名狼藉，演化主义（evolutionism）坠入了发展的"黑暗时代（1910—1940）"，正如桑德森（Sanderson）所指出的，"在这个时期，演化主义受到了严厉的批评，它被看作是过时的方法……甚至使用'演化'这个词也要冒声誉受到严重损害的风险"③。20 世纪四五十年代，随着实证主义科学哲学的兴起，经济学数学化的趋势日益加剧，老制度主义的命运岌岌可危，演化经济学在这个时期进入了沉寂状态。二战结束后，这种趋势被逆转，演化思想开始在社会科学中复兴。从 20 世纪 50 年代到 70 年代，在忽视演化经济学先驱的情况下，著名经济学家阿尔钦、罗金、纳尔逊和温特等对现代演化经济学的兴起准备了条件。20 世纪 80 年代初，现代演化经济学

---

① Witt, U., Evolutionary Economics: Some Principles, in Witt, U. (ed) *Evolution in Markets and Institutions*, Physica-Verlag Heidelberg, 1993, p.5.

② 马歇尔：《经济学原理》，商务印书馆 1997 年版，上卷，第 18 页。

③ Hodgson, G. M. (ed) *The Foundation of Evolutionary Economics: 1890—1973*, Edward Elgar, 1998, xvii. 有关演化经济学的思想史可参看 Hodgson, G. M., *Economics and Evolution*, Polity Press, 1993。

开始起飞。1981 年，博尔丁出版《演化经济学》。1982 年，纳尔逊和温特出版了目前已成经典的《经济变迁的演化理论》，据霍奇逊引用的统计数据，该书的年引用数 1992 年已达 119 次。20 世纪八九十年代是现代演化经济学发展的重要时期，视野和范围都被大大地拓展了，现在已有许多新老不同的研究传统聚集在演化经济学的旗帜之下。

（一）老制度主义传统

演化经济学这个术语最早是由凡勃伦在 1898 年的经典论文《经济学为什么不是演化科学?》中提出的，在老制度主义经济学家的眼中，制度经济学就等价于演化经济学。20 世纪 80 年代以前，人们一般也倾向把演化经济学等同于凡勃伦传统的老制度学派。[①]战后，老制度主义首先在美国得到复苏。1965 年，美国老制度主义者成立演化经济学学会，1967 年开始出版会刊《经济问题杂志》，从 1970 年起开始颁发"凡勃伦—康芒斯奖"。当时，加尔布雷思和格鲁奇就以美国老制度主义者而闻名。20 世纪 70 年代，经过萨缪斯和图尔（M.R. Tool）的努力，老制度主义明显地再次引起人们的注意。八九十年代，凡勃伦、康芒斯、米切尔和艾尔斯（C. Ayres）的著作陆续被重印。2001 年，布什（P.D. Bush）和图尔系统总结了美国老制度主义的经济演化原理。自 20 世纪 80 年代末以来，老制度主义在欧洲的发展势头比美国更为强劲。1988 年，欧洲老制度主义者成立了由霍奇逊任秘书长的欧洲演化政治经济学协会，目前，这个协会已成为具有广泛基础和多元化的论坛。除了美国老制度主义的影响外，欧洲老制度主义者还继承了缪尔达尔、凯普（W. Kapp）和波兰尼（K. Polanyi）这些欧洲老制度主义先驱者的遗产。此外，马克思和德国历史学派的遗产目前也开始对欧洲老制度主义的发展产生影响。2002 年，霍奇逊系统地总结了欧洲老制度主义的演化经济学原理。[②]老制度主义传统在美国和欧洲的进一步发展将来有可能会产生重要的差别，但从总体上来看，它不仅与新制度学派在研究纲领上是相当不同的，而且早在一个世纪以前就提出了后者在新研究方向上所设定的问题。[③]我国制度经济学的研究应对此加以注意。

（二）"新熊彼特"学派

在演化经济学的复苏或现代发展中，熊彼特成为非常重要的灵感来源，继承其传统的经济学家自称为"新熊彼特"学派。在经济学说史上，由于熊彼特强烈反对把他的理论看作是达尔文的，反对生物学类比，所以经济学家们对熊彼特在多大程度上是演化经

---

① Foster, J. and Metcalfe, J. S. (eds.) *Frontiers of Evolutionary Economics*, Edward Elgar, 2001, p.1.

② Hodgson, G. M. (ed) *A Modern Reader in Institutional and Evolutionary Economics：Key Concept*, Edward Elgar, 2002, pp.14-21.

③ 贾根良：《重新认识旧制度学派的理论价值》,《天津社会科学》1999 年第 4 期；《制度变迁理论：凡勃伦传统与诺斯》,《经济学家》1999 年第 5 期。

济学家曾经发生过争论。争论的结论是：新奇而非生物学类比是判断演化经济学的核心标志，在熊彼特的经济理论中，新奇是重要的本体论预设，他把创新看作是经济变化过程的实质，强调了非均衡和质变在经济体系中的重要作用，突出了企业家和技术创新在"创造性毁灭过程"中的核心作用，所以，熊彼特是不使用生物学类比的演化经济学家。然而，"新熊彼特"学派经济学家们发现，演化框架非常适合于对熊彼特的主题进行分析，因此，他们广泛地使用了生物学类比。正如纳尔逊和温特所指出的，"'新熊彼特'这一名词是我们整个分析方法的适当名称，正像'演化'一词一样适当。为了成为'新熊彼特'学派，我们才成为演化的理论家，因为演化的思想为我们详细说明和正规表述熊彼特看法提供了一种可以工作的分析方法"①。"新熊彼特"学派批判地继承熊彼特的传统，广泛地探讨了"熊彼特竞争"的各种问题，如创新收益率、竞争的可持续性、企业规模分布、市场结构的决定因素和新企业创办的作用等；提出了技术推动和技术、制度与产业结构共演的演化增长理论；发展了目前对企业战略产生重大影响的企业能力理论；并以研究科学技术、知识经济和创新体系等闻名于世，如 1996 年经济合作与发展组织发表的著名报告《以知识为基础的经济》就是该组织"国家创新体系研究项目"的子报告。该学派 1986 年成立国际熊彼特学会，每两年召开一次会议，颁发"熊彼特奖"并出版会议论文集，并于 1991 年创办《演化经济学杂志》。目前，"新熊彼特"学派在研究风格上已形成了两种相当不同的分支文献：更形式化建模的技术变迁的演化理论和经验性研究的创新体系理论，后者的形成还受到德国历史学派和老制度学派重要的影响。

（三）奥地利学派经济学

一般认为，奥地利学派是由 19 世纪末著名的经济学家卡尔·门格尔所开创，但正如葛劳蕊（Gloria）的最新研究所指出的，对奥地利学派的传统理解忽视了门格尔的独创性贡献。葛劳蕊认为，门格尔经济学研究的主要目的是对复杂经济现象的起源和演化的理解，即对经济制度结构的理解，正如门格尔自己所指出的，理论经济学对最重要问题的解答，与理论上对"有机地"创造的社会结构的起源和变化的理解这个问题密切相关。②霍奇逊认为，门格尔之所以被看作是经济演化思想的先驱，就是因为他强调了社会经济制度的演化性质，经典例子之一是门格尔有关货币从物物交换经济中有机和自发地演化出来的理论。如果按照葛劳蕊的上述理解，庞巴维克和维塞尔虽然自称为门格尔的

---

① 纳尔逊、温特：《经济变迁的演化理论》，商务印书馆 1997 年版，第 47 页。
② Gloria, S., *The Evolution of Austrian Economics: From Menger to Lachmann*, London: Routledge, 1999, p.14, p.16.

传人，但实际上他们忽视和背离了门格尔的遗产。只是到了 20 世纪 40 年代，我们才能在米塞斯和哈耶克的著作中看到奥地利学派原创意识的重现，它最终在 70 年代导致了现代奥地利经济学的复兴，产生了柯兹纳和拉什曼（Lachmann）等重要代表人物。现代奥地利学派还包括英国的罗斯彼（B.J. Loasby）和德国的魏特等著名演化经济学家。奥地利学派一直是新古典理性经济人这个基本假定的批判者，他们认为，没有理由假定所有的个体对同一问题会有同样的感受，尤其是企业家在发现常人不能看到的机会上具有独创性。在一个不确定性的世界上，预期和想象力至关重要，该学派突出地强调了主观知识对新奇的重要性。自哈耶克以降，该学派存在着一个相对统一的基础，即市场作为过程的观念，奥地利经济学对演化经济学的贡献也主要集中在市场过程的演化理论方面，这包括奥地利经济学家对市场过程不同层面的解释。第一，罗斯彼发展了一种对个体如何获取和使用知识的心理学的理解。对演化经济学家来说，变化在很大程度上被看作是由经济行为者自身所产生的，因此学习必须被假定为不同质的，它导致了新奇思想的产生、知识的创造和扩展，人类能在主观想象中创造并扩展可供选择的集合。第二，市场不只是作为对分散的信息进行加工的工具，而且也是产生新奇并对其进行检验的制度，哈耶克对此已做了大量的阐释。第三，新奇的突现及其通过市场的扩散总有资源配置的结果，这召唤着协调理论的再概念化。由于新奇创生的不断突现，魏特认为，协调与去协调（de-coodinating）的活动常常同时并存，共同形成了可观察的市场过程，它导致了"非均衡态"的永存。[①]

（四）法国"调节"学派

在演化经济学领域中，人们似乎并没有注意到，法国"调节"学派（regulation school）也自称是演化经济学的重要流派。1998 年，鲍勃·杰索普（Bob Jessop）在一篇回顾性质的论文中，开篇就指出，"大约 20 年间，在制度与演化经济学的复苏中，更一般地在新政治经济学的发展中，调节方法得到了喝彩"[②]。作为演化经济学中较少被注意到的流派，"调节"学派对制度多样性和当代资本主义制度的演化深有研究。笔者认为，多样性是变异和新奇突现非常重要的条件，这是该学派隐含的假定。作为发端于法国巴黎的学派，其理论渊源主要来自马克思的《资本论》和布罗代尔的年鉴学派，它虽然与"结构马克思主义"一样强调作为社会结构的制度的重要性，但拒绝后者对经济行为者能动性的忽视。"调节"（regulation）这个概念在法语中更接近于系统论的含义：系统的

[①]　Witt, U., (ed) *Evolutionary Economics*, Edward Elgar, 1993, xviii-xxi.

[②]　Jessop, B., *Twenty Years of the Regulation Approach*, Sociology Department, Lancaster University, 2001. 见：http://www.com.lancs.ac.uk/sociology.

各个不同部分或过程在某种条件下交互调整从而产生某些有序的动态。正如杰索普指出的，"调节"这个动态概念强调了，在与资本主义不稳定变化的客观需要相适应的特定条件下，历史上因事而变的经济和非经济机制交互作用导致了经济行为者所采取的行动。相对稳定的资本主义的扩张取决于相当特定的制度实践，但这些制度的共存与连贯性不能被视做是理所当然的，而是偶然事件、有意识的社会行动以及在生产者背后起作用的经济趋势等因素多样化结合的结果。资本主义再生产是因事而变和不确定的，只有某种能够容纳其内部冲突和矛盾的调节模式才能使之成为可能。调节模式则是使资本积累结构得以稳定的习俗、制度、组织形式、社会网络和行为形式的突现性结构。20 世纪80 年代以来，"调节"学派最著名的工作就是运用其框架对美欧资本主义从福特制向后福特制的转变进行了分析，它对社会科学的其他领域如经济地理学和社会学等也产生了重大影响。

（五）从系统动力学到"复杂系统理论"

一些经济学家认为，数学工具的匮乏和形式化建模的缺乏是早期演化经济学不能成为主流的重要原因。但自 20 世纪 50 年代以来，非线性动力学和计算机模拟的发展已使这种状况大为改观，它在演化经济学的兴起中起到了推动作用。在经济学中，可以归类为"演化"的数学模型除了展示动态行为的不同类型外，还能对某种形式的非均衡进行建模，它们拥有路径依赖、自组织、多重均衡和混沌行为这四个方面的一个或多个特征。[①]在演化经济学建模的发展中，特别值得一提的是桑塔费研究所。1987 年 9 月，桑塔费研究所首先大胆地尝试把物理学、生物学和经济学等统一起来，发展一种跨学科的复杂系统理论。[②]桑塔费经济学除了包括上述系统动力学的建模外，还给经济学的工具箱添加了遗传算法（genetic algorithms）的新工具，导致了"人工经济学"（artificial economics）的发展。近十几年来，演化经济学的建模得到了很大的发展，神经网络、合作博弈的实验经济学以及应用于多层级空间系统的图论模型等如雨后春笋般涌现出来。这种趋势的发展最近还导致了一些经济学家模仿生物物理学，通过移植物理学（特别是统计物理学）的方法，致力于建立一种称作"经济物理学"（econophysics）新的经验科学。2000 年，曼泰尼亚和斯坦利（Mantegna and Stanley）出版了经济物理学的第一本教科书[③]，同年，经济物理学的研究者以"金融波动的经验科学"为题在东京组织了国际

---

① Radzicki, M. J. and Sterman, J.D., *Evolutionary Economics and System Dynamics*, in England, R.W. (ed) *Evolutionary Concepts in Contemporary Economics*, University of Michigan Press, 1994, p.64.

② 沃尔德罗普对这些科学家如何开创"21 世纪科学"的故事做了生动的描述，参看沃尔德罗普《复杂：诞生于秩序与混沌边缘的科学》，生活·读书·新知三联书店 1997 年版。

③ Mantegna, R.N., and Stanley, H.E., *An Introduction to Econophysics*, Cambridge University Press, 2000.

专题讨论会。

（六）演化博弈论

演化博弈论首先出现在进化生物学中，其关键性概念是进化稳定策略，它是由梅纳德·史密斯和普赖斯在1973年引入，并由史密斯在1982年有影响力的著作《演化与博弈论》中得到了进一步的发展。在经济学中，演化博弈论的发展起源于传统博弈论所遭遇的困难。20世纪80年代，一些经济学家开始把演化博弈论引入到经济学中，但博弈论研究的主流对纳什均衡的讨论仍是基于完全理性和共同知识的假定，这种假定能保证在持有对其他博弈参与人如何行动的信念的条件下，每位博弈参与人能做出最佳反应，但无法保证这种信念的正确，在较为复杂的情况下，这必然要导致纳什均衡的不可行。因此，自20世纪90年代以来，博弈论研究的重点已转向了以有限理性为基础的演化博弈论。相对于纳什均衡，进化稳定策略把均衡看作是调整过程的产物而不是某种突然出现的东西，所以，它在一定程度上能使博弈过程动态化，但关注的焦点仍是均衡选择。正如萨缪尔森指出的，非均衡是短暂的，均衡行为才是持久的，对后者的研究可以为前者提供认识，演化模型比完全理性模型为纳什均衡提供了更强有力的成因。①在经济演化博弈论中，博弈参与人能够通过模仿、试错和学习过程不断地调整自己的策略，博弈分析的核心不再是博弈参与人的最优策略选择，而是基于有限理性假设对博弈群体成员间的策略调整和受到干扰后重新恢复稳定均衡的探讨，这种方法已被裴顿·杨（P. Young）②、青木昌彦和博德（R. Body）③等运用于习俗、惯例和经济体制演化的分析。

三、演化经济学的重大前沿问题

经过20年的发展，现代演化经济学已呈现出"百花齐放、百家争鸣"的多元化格局。与一个世纪以前演化经济学创始时的情景相比，经济演化思想的再度流行不仅已使老制度主义和奥地利经济学这些既有的传统重获生机，而且也产生了许多新的研究传统。更为重要的是，经济演化范式不仅已渗透到并已在经济学各个领域和管理学中得到了重大的扩展，而且它在经济学中已成为跨学科和交叉学科最重要的论说领域。但是，与新古典经济学相比，演化经济学的发展仍是很不成熟的，这主要表现在以下三个方面：以新奇为核心的研究纲领和哲学基础并未得到更深入的探讨；各种研究传统不仅缺

---

① Samuelson, L., "Evolutionary and Game Theory", *Journal of Economic Perspectives*, vol.16, no.2, 2002, p.59.

② Young, P., *Individual Strategy and Social Structure：An Evolutionary Theory of Institution*, Princeton University Press, 1988.

③ Pogano, U., *The Evolution of Economic Diversity*, London：Routledge, 2001.

乏更完善和统一程度更高的研究框架，而且还存在着较大的冲突；它还没有形成与新古典经济学相抗衡的系统的微宏观理论体系。这些问题的解决已成为演化经济学的前沿，它对于演化经济学将来能否成为经济学的主流起着决定性的作用。世纪之交，许多演化经济学家已对这些前沿问题做出积极的反应，如福斯特和迈特卡夫（J.S. Metcalfe）在《演化经济学的前沿》这本书的导言中指出，演化经济学家们已不再把精力放在对新古典经济学的批判上，而是思考自身发展中存在的问题，一个可以辨别出的关键性发展就是研究的焦点已从传统上对选择机制的关注转移到新奇和变异如何为这种机制提供动力。又如，波茨（Potts）2000 年出版并于当年获"熊彼特奖"的《新的演化微观经济学》，试图为异端经济学的所有传统或流派提供统一的演化微观经济学基础，等等。从演化经济学总的发展趋势中，我们可以归纳出以下四个重大的前沿问题。

（一）演化经济学的众多研究传统将分化为两大阵营

近几年来，随着复杂系统理论和演化博弈论的发展，演化经济学在数学建模方面的文献急剧增加。例如，桑塔费研究所的第二本论文集[①]都是数学模型的文章，日本演化经济学协会出版的会议论文集几乎也都是数学模型[②]。这种发展趋势招致了现代演化经济学开拓者纳尔逊的批评。纳尔逊在最近发表的几篇论文中都多次强调，他和温特等所发展起来的经济演化理论与演化博弈论和复杂系统理论是相当不同的。纳尔逊指出，均衡仍是演化博弈论的关键性假设，他们对偏离均衡的研究主要是作为理解均衡态的工具；而我们却对任何稳定态不感兴趣，总是处于不断变化状态之中的非均衡是我们的基本假定。纳尔逊认为，复杂系统理论虽是动态的，但它和演化博弈论一样，大部分研究集中于数学建模，很少关心经验事实。

演化经济学家们对数学的作用的看法一直就存在着争议。一些人把数学形式化看作是演化经济学成为主流的主要途径，在今天看来，这似乎是唯一的途径。但是，正如魏特指出的，这些人当中仍未有一人发现，甚至考虑过新奇的创生怎样可以在数学形式化中适当地被处理。对于那些深刻地理解了新奇这个本体论假设的演化经济学家来说，数学的作用是非常令人怀疑的，霍奇逊就对经济学中的数学化趋向不断地提出批评。在演化经济学的其他四种研究传统中，除了"新熊彼特"容忍演化经济学在数学模型上的发展外，老制度主义、奥地利经济学和"调节"学派都反对数学在经济学中的应用，在这四种研究传统中，占统治地位的方法或者是历史的、制度的和比较的，或者是解释学

---

① Arthur, W.B., et al. (eds.) *The Economy as an Evolving Complex System Ⅱ*, *Reading*, MA: Addison-Wesley, 1997.

② Association for Japanese Evolutionary Economics; Y. Aruka (ed) *Evolutionary Controversies in Economics: A New Transdisciplinary Approach*, Springer, 2001.

的。目前，已有许多迹象表明，在演化经济学未来的发展中，这种对数学看法的分歧将会扩大，从而使众多研究传统分化为两大阵营。

（二）演化经济学面临创造性的综合

自 1989 年以来，西方演化经济学家们已对老制度主义、奥地利经济学、"新熊彼特"和"调节"学派这四大研究传统之间的相互联系分别进行了探讨。萨缪斯等在发表的一组文章中，比较了奥地利经济学和老制度主义的异同：对新古典经济学均衡概念和最优假定的拒绝，以及对复杂社会经济系统演化过程的关注，使他们具有许多共同之处，而他们之间的差别没有必要是不相容和不可通约的。[①] 在"调节学派"与老制度主义的关系问题上，奥哈诺把马克思与凡勃伦视作制度与演化政治经济学的两位奠基者，并广泛探讨了这两大传统在当代发展的内在联系。[②] 在多西和科里亚特（Coriat）合写的一篇论文中，他们对"新熊彼特"与"调节"学派之间的"联系、重叠、冲突和可能的杂交"[③] 进行了开拓性的研究。就"新熊彼特"和老制度主义的关系而言，在纳尔逊和温特的经典著作中，他们忽视了凡勃伦的重要贡献，但从经济思想史的角度来看，纳尔逊和温特把企业惯例视作基因类比物实际上是凡勃伦创见的再发现。后来，他们补救了这个失误，以至于纳尔逊在 1996 年的一封私人通信中写道，我现在才充分理解了我属于老制度经济学。因此，纳尔逊近年来一直在强调，通过惯例这个相一致的概念把制度引入到（"新熊彼特"的）经济演化理论之中[④]。2002 年 12 月在法国里昂召开的"制度主义与演化经济学"国际会议就是对纳尔逊这种倡议的反应。

目前，西方演化经济学家尚未明确提出创造性综合的任务。但笔者认为，在过去的 20 年间，演化经济学强有力的复苏已积累了大量的文献，系统地整理演化经济学已有成果的时机现已成熟。特别是老制度主义、奥地利经济学、"新熊彼特"和"调节"学派所承继的传统已发生了很大的嬗变，共同的东西越来越多，这就为我们的创造性综合提供了难得的机会。而目前的这四大研究传统基本上仍是相对独立地发展着，它们在不同程度上存在着片面性，如果能在新的框架下相互杂交，这将有可能在理论上产生重大的

---

① Samuels, W., "Austrian and Institutional Economics: Some Common Elements", *Research in the History of Economic Thought and Methodology*, 1989, 6.

② O'hara, P.A., *Marx, Veblen, and Contemporary Institutional Political Economy*, Edward Elgar, 2000.

③ Coriat, B. and Dosi, G., The Institutional Embeddedness of Economic Change: An Appraisal of the "Evolutionary" and "Regulationist" Research Programmes, in Nielsen, K. and Johnson, B (eds), *Institution and Economic Change*, Edward Elgar Publishing, Inc., 1998, p.3.

④ Nelson, R. R., Bringing Institutions into Evolutionary Growth Theory, *Journal of Evolutionary Economics*, 2002, 6, pp.17-28.

创新。①正如 19 世纪下半叶新古典经济学创建者的工作经由马歇尔之手加以整理、精练和综合，使其以较完备的形态而出现一样，这项工作对于建立一个更完善和统一程度更高的研究纲领具有重大的理论意义，它也是创建演化微宏观经济学的一项基础性工作。

（三）演化分析框架：达尔文主义还是自组织理论

对于经济演化的分析基础来说，拓展达尔文主义框架，还是用自组织理论取而代之？这是演化经济学的创造性综合所面临的首要问题。虽然彭罗丝早在 1952 年就对经济学中的生物学类比提出了批评，但达尔文主义一直是演化分析的基本框架。最近，福斯特和魏特对此又提出了挑战。福斯特②认为，生物学类比，无论是达尔文的还是拉马克的，其主要缺陷是非历史的；它也没有考虑到人类社会独特的创造和合作行为。对此，霍奇逊反驳道，福斯特的看法是不能成立的，因为许多生物学家强调了生物演化的历史特征，现代生物学在动物合作和无私行为方面也提供了大量的文献，福斯特所依据的是现代生物学被看作是非常有问题的粗糙的版本。③魏特对生物学类比作为演化经济学发展的基础也表示怀疑，但他又认为，达尔文主义可以通过直接而非隐喻性的应用成为演化经济学的组成部分，即用于解释人类偏好的生物学演化。福斯特和魏特都不约而同地提出用自组织理论替代达尔文主义，在他们看来，"自组织理论……为演化过程提供了一种抽象的和一般的描述"④。果真是如此吗？

自组织理论首先是在非平衡热力学中由普利高津等发展起来的，布洛克（D. Brook）和魏利（E. Wiley）等⑤试图通过结合熵定理等热力学见解把演化理论一般化。导致这种发展的背景是，1961 年，雅各布和莫诺展示了基因库中的大部分秩序是遗传排列自组织的结果，这是 20 世纪 40 年代所产生的新达尔文主义框架所未能容纳的，因为后者把生物个体之间的生存斗争看作是演化的主要原因，忽视了自然选择的基础——基因变异的自组织。1993 年，考夫曼强有力地论证了自然选择不能单独地解释复杂有机体的起源。然而，与福斯特的看法相反，霍奇逊指出，这些现代作者并没有把他们的论点看作是对达尔文理论的替代，这里所涉及的只是对自然选择理论的修正而非否定。霍奇逊认

---

① 贾根良：《演化经济学：现代流派与创造性综合》，《学术月刊》2002 年第 12 期。

② Foster，J.，"The Analytical Foundations of Evolutionary Economics：From Biological Analogy to Economic Self-organisation"，*Structural Change and Economic Dynamics*，1997，8，pp.427-451.

③ Hodgson，G.M.，"Darwinism in Economics：From Analogy to Ontology"，*Journal of Evolutionary Economics*，2002，6，pp.259-281.

④ Witt，U.，"Self-Organisat ion and Economics：What Is New？"，*Structural Change and Economic Dynamics*，1997，8，pp.489-507.

⑤ Brook，D. and Wiley，E.，*Evolution as Entropy：Towards a Unified Theory of Biology*，Chicago University Press，1986.

为，自组织是演化过程重要的组成部分，但并不能替代自然选择。现在，福斯特已改变了自己的看法，他不再否认所有的生物学类比，而是更多地抱怨这种类比的陈旧。他写道，因为进化生物学本身已把自组织作为演化过程的重要组成部分，类比性的思考必须考虑它对经济演化理论的意义，一个统一的"新熊彼特"模型必须处理经济的自组织和经济的竞争选择。①

总的来说，这场争论对演化经济学的发展产生了积极的影响，它不仅使人们所关注的焦点已从选择机制转移到变异和新奇创生的自组织机制上，而且，一种共识已达成：演化解释对经济学不是类比，而是本体论意义上的方案。霍奇逊进一步指出，达尔文主义具有独立于其应用领域的内在逻辑，它为多层级的演化过程提供了一般框架。因此，演化经济学不仅要研究纳入自组织理论的达尔文主义，而且要在其原理指导下，发展更具有特定性和更详细的经济演化理论，这是一项非常具有挑战性的工作。

（四）批判实在论与演化经济学的哲学基础

批判实在论（critical realism）是超验实在论（Transcendentical realism）在社会科学特别是经济学中的特称，它起源于20世纪70年代末，成熟于20年纪90年代，目前已对实证主义经济学方法论形成了最强有力的挑战。福斯②最早敦促演化经济学家们加强对批判实在论与演化经济学内在联系的研究，这种看法得到了维诺曼和霍奇逊的赞同，这是有其历史根源的。正如弗利特伍德（S. Fleetwood）③指出的，批判实在论在经济学中的发展利用了科学哲学的最新发展，特别是巴哈斯卡（Bhaskar）的著作，但它深深地根植于异端经济学之中。在提供一种对新古典经济学哲学基础进行替代的选择时，它批判性地利用了凡勃伦、康芒斯、马克思、门格尔、熊彼特和哈耶克等人的著作。弗利特伍德认为，批判实在论已使演化经济学先驱者的思想系统化了，有时批判性地对之进行了改造。

批判实在论有可能为演化经济学的发展提供了坚实的哲学基础，以下问题需要进行深入的研究。首先，批判实在论能否成为演化经济学创造性综合的基础，其社会经济本体论将如何化解奥地利经济学的个体主义与老制度学派等整体主义方法论的冲突；其次，如何以批判实在论为指导，系统地整理演化经济学在企业、产业组织、科技创新和

① Foster, J., "Competitive Selection, Self-Organisation and Joseph A. Schumpeter", *Journal of Evolutionary Economics*, 2000, 6, p.311, p.312, p.325.

② Foss, N. J., "Realism and Evolutionary Economics", *Journal of Social and Evolutionary Systems*, vol.17, no.1, 1994.

③ Fleetwood, S., Situating Critical Realism in Economics, in Fleetwood, S. (ed), *Critical Realism in Economics: Development and Debate*, Routledge, 1999.

经济发展等许多方面的具体理论；第三，如何利用批判实在论完善以新奇为核心的研究纲领，协调它与达尔文主义的关系；最后，如何通过批判实在论推动复杂系统理论的发展。沃林（D. Wollin）认为，批判实在论为复杂系统理论提供了认识论基础，并简要地讨论了两者之间的关系。在这个方面，有大量的问题仍未被探索。

整合式创新：东方智慧基础的新兴范式[*]

陈　劲　尹西明　梅　亮

一、引言：全球创新呼唤范式变革

创新是驱动全球和平与经济社会可持续发展的主要动力（陈劲，2015）。近年来，随着全球化程度的不断提升，全球发展涌现的重大人类挑战[①]（Kuhlmann and Rip，2014）、变革性技术创新与社会发展议题（Schot and Steinmueller，2016）、联合国人类可持续发展议程目标[②]等议题引发研究与实践创新与发展范式的思考。旧有以工业革命和信息化技术为代表的西方科技创新范式单纯面向技术与经济的聚焦，其在应对全球变革过程时产生局限，技术创新范式开始延伸至更广泛的科学研究、技术创新、社会发展之间的对话（Stilgoe et al.，2013），并在实现科技进步与经济增长之外，进一步符合道德伦理的可接受和实现社会满意的发展目标（梅亮和陈劲，2014），以及可持续的转型（梅亮、陈劲和余芳珍，2016）。

创新无疑已经成为当今世界经济与社会发展的一个重要主题。各个发达经济体都意识到，只有创新才能不断刺激新的经济增长点，而发展中国家也都在通过创新推动产业结构的不断升级，提高国家竞争力。作为新兴经济体的代表，中国依赖国家能力的不断发展和以东方文明为基础的国家治理思维，从"面向和依靠""稳住一头，开放一片""科教兴国""国家创新系统"（方新和柳卸琳，2004）到"科技创新强国"（陈劲，2015），正在逐步实现"迈向创新型国家（2020年）——跻身创新型国家前列（2030年）——成为世界创新型强国与科技创新中心（2050年）"[③] 的发展目标。2017年习近平总书记在中国共产党第十九次全国代表大会上进一步指出，"中国特色社会主义进入新时代，我国社会的主要矛盾已经转化为人民日益增长的美好生活需要和不平衡不充分的发展之间的矛盾"[④]，

---

[*]　原文载《技术经济》2017年第12期。作者单位：清华大学。

[①]　如全球变暖、南北经济发展不平衡、全球与地缘和平等。

[②]　http://www.un.org/sustainabledevelopment/.

[③]　2016年5月20日，《国家创新驱动发展战略纲要》。

[④]　2017年10月17日，《习近平：决胜全面建成小康社会　夺取新时代中国特色社会主义伟大胜利——在中国共产党第十九次全国代表大会上的报告》。

从原来的"先富带后富"发展理念，转变为如今注重平衡和充分发展，从原来以经济建设为中心，转变为当今更加注重人民群众对美好生活的需要，既包含了发展理念的变化，也呼唤更注重全局性、均衡性和系统性的创新范式与创新思想。有效落实中国特色社会主义新时代的创新驱动发展战略，需要更大格局与战略视野的创新思维范式加以支撑，完善国家创新体系和技术转移体系①，从而将"科技求真"与"艺术求美"结合起来，实现"创新求善"——满足人民对美好生活的向往与追求，在创造"金山银山"的同时，永葆"绿水青山"。

在全球创新与和平发展面临挑战、中国创新驱动发展与和平崛起的大背景下，创新理论范式的思考却存在一些滞后，出现如下缺口：首先，以气候议题、变革性技术治理等为代表的全球科技创新重大议题多依赖传统西方创新范式开展讨论与治理，发达国家也对自身的主要创新范式进行了提炼，如有组织创新对美国繁荣复兴的作用（陈劲和尹西明，2017），芬兰、瑞典等国强盛基础的国家创新系统（Lundvall，2010）等，但其忽视发展中国家与东方创新范式的作用，研究与实践呼唤全球范围内跨国家边界与文化背景语境下的对话（Vasen，2017），从而有效引导科技创新范式面向全球情境下的分治、开放、包容等范式属性转移（Hajer and Wagenaar，2003），实现全球更广泛的国际公约与全球治理，推动全球的和平与可持续发展（陈劲和黄江，2017）；其次，以中国为代表的东方文明对全球发展的贡献逐步提升，如2008年全球经济危机以后中国对国际经济稳定与增长的贡献，以及以"一带一路"所致力打造的"利益共同体、命运共同体、责任共同体"为代表的中国创新与治理议程对全球发展的价值输出等。中国创新实践以及对国际发展的价值输出亟待从理论层面提炼总结中国特色的创新范式，助力我国科技创新强国建设，打造世界级创新企业，提升和巩固全球创新领导力，进而为全球创新理论的发展与创新实践的启示提供知识与智慧增量。

二、理论回顾：创新范式的视角

（一）各国主要创新范式的演进

传统创新范式源起于熊彼特所界定的五种情况，也即创新指代一种新的产品，一种新的生产工艺，开辟一个新的市场，获取一种新的原材料供应源，抑或建立一个新的组织（熊彼特，1997）。区别于传统经济增长驱动要素中资本、土地、制度等的重要性，熊彼特创新理论强调企业家精神对于经济增长的核心贡献，其所指的创新意味着企业家

---

① 2017年9月26日，《国务院关于印发国家技术转移体系建设方案的通知》（国发〔2017〕44号）。

有效识别外部环境中潜在收益创造与获取的机遇，打破传统的商业化规律惯性，开展创新活动直至商业化利润的回报，根本上关注科技发明的商业可行性与价值回报（Baumol，2002），强调企业家精神内在驱动力所产生的"创造性毁灭"，以及由此推动的价值创造与持续增长（熊彼特，1997）。伴随熊彼特主义的兴起，创新由此被视为经济增长的核心动力（陈劲，2015），全球各国情境下的创新范式也开始涌现，其演进历史如表1所示。

表1   各国主要创新范式小结

国家/区域	主要创新范式	代表学者及来源
美 国	用户创新	Von Hippel（1986）
	颠覆式创新	Chesbrough（2003）
	开放式创新	Christensen et al.（2006）
欧 洲	设计驱动创新	Verganti（2009）
	社会创新	Nicholls and Murdock （2012）
	公共创新	Swann（2014）
	责任式创新	Owen et al.（2012）与 Stilgoe et al. （2013）
亚 洲	精益创新	Womack et al.（1990）
	知识创新	Nonaka and Takeuchi（1995）
	朴素式创新	Radjou et al.（2012）
	模仿创新/追赶	Kim and Nelson（2000）
	自主创新	陈劲（1994）
	全面创新	许庆瑞（2007）

自熊彼特创新经济学理论以来，美国学者最先从技术变革的经济学（Mansfield，1968a）、产业研究与技术创新关系（Mansfield，1968b）等角度展开研究探索，并关注技术创新对于经济增长与社会竞争优势的驱动作用（Crossan and Apaydin，2010），以及创新过程的价值获取（Teece，1986）等核心议题。而其中，涌现了用户创新（Von Hippel，1986）、开放式创新（Chesbrough，2003）、颠覆式创新（Christensen et al.，2006）等典型创新范式。用户创新聚焦于创新过程中用户的重要性，认为一切创新活动的根本在于满足用户的价值需求，而用户，尤其是领先用户，可以作为新产品等创新的核心来源（von Hippel，1986）；开放式创新则聚焦于企业内外部的知识交互，强调企业通过打开组织的边界壁垒，从外部获取知识（内向开放）和从内部输出知识（外向开放）以提升企业技术水平与竞争优势的过程（Chesbrough，2003）；颠覆式创新则关注行业在位者和新进入者的互动关系，认为行业新进入者可以通过新兴市场的切入，以技术、产品、商业

模式等的创新，重构传统市场的价值网络，最终实现新进入者对行业传统在位者以及行业传统价值链的颠覆与重构（Christensen et al., 2006；Christensen, 2013）。以上美国情境下涌现的典型创新范式多以市场导向、经济收益需求为目标（Reinecke and Ansari, 2015）。

欧洲情境下近年来涌现了设计驱动创新（Verganti, 2009）、社会创新（Nicholls and Murdock, 2012）、公共创新（Swann, 2014）、责任式创新（Owen et al., 2012；Stilgoe et al., 2013）等主要创新范式，多强调技术创新范式与人文、社会、价值观等属性的融合。设计驱动创新是指产品传递的信息及其设计语言的新颖程度超过技术新颖程度和产品功能时的创新（Verganti, 2006, 2009），是技术与文化的一种整合，关注于产品技术属性之外设计要素对产品价值输出的增值作用，引导用户的需求愿景和购买意愿，并最终实现客户需求的满足（Verganti, 2006）。社会创新被视为工业革命时代（1771—1829 年），蒸汽与铁路时代（1829—1875 年），钢铁、电力、重工业时代（1875—1908 年），石油、汽车与规模化生产时代（1908—1971 年），以及信息与通讯时代（1971 年至今）后（梅亮、陈劲和李福嘉，2017）的第六次社会宏观变革浪潮（Nicholls and Murdock, 2012），其本质不同于经济层面的创新，其不是介绍新的生产或开拓新的市场，而在于通过创新满足市场不能提供的新需求（即使受到市场的干预），或者创造新的更令人满意的模式赋予人们在生产过程中的更好地位和更大作用等（OECD, 2011），更关注创新在经济属性之外的社会属性。公共创新不同于传统的经济与商业创新范式，其涉及非商业创新范式的内容，聚焦非商业创新范式之外创新者与创新社群的价值（Swann, 2014）。责任式创新也被称为责任式研究和创新，其是指通过对现有科学与创新的集体管理去探索创新的未来（Stilgoe et al, 2013；梅亮等，2014），强调创新活动在达成技术先进性与可行性、经济效率与效益的同时，符合道德伦理可接受以及社会期望的满足（梅亮和陈劲，2015）。区别于美国情境下涌现的创新范式主要聚焦于市场与商业化的属性目标（Reinecke and Ansari, 2015），欧盟情境下的创新范式多聚焦经济属性之外的创新目标，以及更广泛社会层面的宏观价值引导。

美国与欧盟之外，亚洲主要国家学者基于对本国创新实践的总结也提出了自主的创新范式。日本学者提出知识创新（Nonaka and Takeuchi, 1995）与精益创新（Womack et al., 1990）。知识创新主要强调知识要素对价值创造的关键作用，知识可分为显性知识和隐性知识，并通过知识的社会化、外在化、组合化、内在化等四种模式的交互作用和螺旋式转化实现知识创新的目标（Nonaka and Takeuchi, 1995）。精益创新本质上代表一种生产方式，主要涉及追求消灭包括库存在内的一切"浪费"，并围绕此目标发展一系列具体方法，以实现准时化生产等目标的生产经营管理体系（Womack et al., 1990）。韩国学者主要面向后发国家企业的追赶精进提出了逆 A-U 模型的追赶路径，强调后发企业的创新追赶是从生产能力到工程能力再到创新能力的演化过程，其本质上是一种"模仿创新"和"创新追赶"的范式属性（Kim and Nelson, 2000）。印度情境下催生的代表性创新范式为朴素式创新，起源于印度深远的"Jugaad"文化，即"突破各种限制条件，用有限资源即兴设计有效的解决方案"（Radjou et al., 2012；陈劲和王锟，2014）。相较传统创新范式，朴素式创新主要表现在耐用、轻量、灵活便捷、人性化、简单化、新的分销模式、适用、本地资源依赖、绿色技术，以及支付可承担等属性（Basu et al., 2013）。作为新兴经济体的最重要发展中大国，中国学者也提出了本土的原创性创新范式，如自主创新（陈劲，1994；陈劲和柳卸林，2008），主要包含引进消化吸收再创新、集成创新以及原始创新三个方面。再如全面创新（许庆瑞，2007），主要包含战略、市场、技术、组织、文化等的全要素创新，面向组织人员的全员创新，以及面向组织地域和时间的全时空创新三个方面。

（二）现有创新范式的不足

基于对现有创新理论范式演变过程的梳理，我们发现现有的理论范式基本可以分为三个类型，第一种是立足于局部思维，例如美国学者提出的用户创新（von Hippel, 1986）、颠覆式创新（Christensen et al., 2006），欧洲学者提出的设计驱动创新（Verganti, 2009）、公共创新（Swann, 2014），日本学者提出的知识创新（Nonaka and Takeuchi, 1995），韩国学者的模仿创新（Kim and Nelson, 2000）。第二种是只重视横向的知识、资源、人员等要素的整合，如美国学者提出的开放式创新（Chesbrough, 2003），中国学者提出的全面创新（许庆瑞，2007）、自主创新（陈劲和柳卸林，2008）、协同创新（陈劲，2012）等，缺少纵向垂直的有机整合，可能面临诸如开放过度、核心能力不足的风险。第三种是过于倚重概念、文化或社会因素，走向另外一个极端，如欧洲学者提出的责任式创新（Owen et al., 2012；Stilgoe et al., 2013）、社会创新（Nicholls and Murdock, 2012），印度学者提出的朴素式创新（Radjou et al., 2012）等。

现有的创新理论范式侧重于从具体的创新行为、创新方法或者创新环节、创新主体等来理解创新过程，仍然无法摆脱原子论的创新思维方式。纵观世界一流企业的创新之路，新产品、新要素、新方法、新流程乃至新的组织方式的提出，都不是单个方面的改进或提升，也不是自然而然生发出来的，而是有组织、有设计地开展的（陈劲和尹西明，2017）。这三种类型的传统创新范式，忽略了战略设计和战略执行在推动创意落实、实现创新成果、转化创新价值过程中所发挥的引领与前瞻性。现代管理思想大师哈默在

《管理大未来》中提出了创新的四层次模型，即技术创新、营运创新、战略与商业模式创新、管理创新（哈默，2008），可见战略设计对创新所具有的重要引领与驱动价值。另一方面，这三类传统的创新范式，缺乏东方哲学（中国传统文化、佛教智慧等）源远流长的全局观，如总体思维、对立统一、有机整合和动态发展，又如道家哲学所提倡的阴阳一体动态演变、天人合一，儒家哲学提倡的允执厥中"中道"哲学①与"合而不同"的和平观②，法家在《孙子兵法》中提出的全局战略观，佛教中的"性、相统一"和"中观"哲学（纳珀，2006）。

三、整合式创新——东方智慧基础的范式兴起

（一）什么是整合式创新

针对现有中国语境下创新理论与范式的不足，我们基于东方哲学和中国传统文化的优势，提出一种全新的创新范式——整合式创新（holistic innovation，简称 HI），也即战略视野驱动下的全面创新和协同创新。基于整合式创新的创新管理范式，则是整合式创新管理（holistic inno vation management，简称 HIM）。整合式创新的三个核心要素，也即"战略""全面"和"协同"，战略视野驱动，全面协同创新，三者互为联系，有机统一于整合式创新的整体创新范式中，缺一不可。战略（strategy）一词源远流长，在西方普遍认为起源于古希腊的"strategos"一词，意指军事将领指挥军队作战的谋略，后来被用于企业管理。而在中国，早在春秋战国时期，《孙子兵法》③一书被认为是中国最早对战略进行全局谋划的著作，其中"战"是指战争，"略"则指谋略。在现在，战略一词则从军事术语引申至经济、政治领域，但是其涵义始终包含了"统领性、全局性、整体性"的思想。在企业技术创新管理中，战略视野观则要求企业领导者不能将技术创新视为单一的活动，而应该内嵌于企业发展的总体目标和企业管理的全过程中，并根据全球经济社会和科技大趋势，借助跨文化的战略思维（Chen and Ming-Jer，2010），确定企业和生态系统的发展方向，从而实现"战略引领看未来"。产业和国家竞争优势的获取，也需要根据所处环境和创新体系制定全局性的战略，使得各要素相互连接，促进竞争优势的形成（Porter M.E.，1980，1985，1990）。

以中国高铁产业为例，自 2000 年成立以来，中国南车在国家推进"引进国外先进

---

① "执其两端，用其中为民，其斯以为舜乎？"（《礼记·中庸》）

② "君子和而不同，小人同而不和。"（《论语·子路》）

③ 《孙子兵法》又称《孙武兵法》《吴孙子兵法》《孙子兵书》《孙武兵书》等，是中国现存最早的兵书，也是世界上最早的军事著作，被誉为"兵学圣典"。

技术，联合设计生产，打造中国品牌"的高铁发展战略驱动下，客观分析南车发展战略的内外部机遇与挑战，制定并实施了"归核—强核—造核—扩核"①的集团发展路径，通过内外部资源的整合与集团宏观层面的战略协调实现了中国南车面向全球的竞争优势提升。

以华为技术有限公司为例，自 1987 年成立以来，经过近 30 年的技术积累与发展，华为公司从一家民营通信科技公司逐步成长为全球最大的电信网络解决方案提供商及全球规模第二的电信基站设备供应商。华为总裁任正非是军人出身，也是将军事战略思维成功应用于企业创新管理的典型，他反复强调华为在创新过程中"不能在非战略机会点上消耗公司的战略竞争力量"。华为围绕技术研发制定了适应全球化发展的产品开发战略、人才战略和组织管理激励战略，助力其保持电信领域的全球领先优势。如华为制定的集成产品开发战略（Integrated Product Development，简称 IPD）由市场管理、流程重组与产品重组三大模块构成，实现了产品开发周期缩短 50%、不稳定性降低 2/3 的巨大进步，成为华为技术创新方面赢得全球领先优势的重要源泉。

"全面"则指全面创新（Total Innovation Management，简称 TIM），也即"与生产过程相关的各种生产要素的重新组合"，包括全要素调动、全员参与和全时空贯彻三个方面。全面创新最早由中国创新管理领域创始学者许庆瑞院士在 2002 年正式提出，其在著作《全面创新管理：理论与实践》中指出："全面创新管理应该以培养核心能力、提高持续竞争力为导向，以价值创造增加为目标，以各种创新要素的有机组合与协同创新为手段，通过有效的创新管理机制、方法和工具，力求做到人人创新、事事创新、时时创新、处处创新。"全面创新包括了三个重要特征，也即"全要素创新，全员创新，全时空创新"。其中"全要素创新"是指创新需要系统观和全面观，需要调动技术和非技术的各种要素，进一步激发和保障所有员工的创新活动；"全员创新"则指创新不再只是企业研发人员和技术人员的专利，而应该是全体人员的共同行为；"全时空创新"则指企业在信息网络技术平台上，实现创新时空观的全面扩展，做到 24/7 创新（即每周 7天，每天 24 小时都在创新）。

以中国高铁为例，以南车为代表的国内高铁企业有效整合内外部资源，打造了基于核心能力的企业创新生态系统，实现了集团要素、人员与时空的全面创新。中国南车打造了以减震技术、降噪技术、轻量化技术、绝缘技术、水处理技术五大技术为基础的企

---

① 战略路径表述引自中国南车的访谈资料。"归核"是指企业整合自身优势资源并进行重组；"强核"是指引进国外技术，实现做强；"造核"是指培育企业核心竞争力；"扩核"是指利用优势资源，向相关产业与国际等进行业务延伸。

业核心技术体系，并在核心技术体系之外进一步聚焦科技人才培养、仿真能力、试验能力、研发与技术、核心业务创新产品开发，延伸业务开发（陈劲，2017）。

以海尔集团为例，在开放式创新的新竞争环境下，海尔开放合作伙伴生态系统平台（Haier Open Partnership Ecosystem，简称 HOPE，见图 1）于 2013 年 10 月正式上线，通过"人单合一"模式和创新生态系统构建与发展的多年实践，海尔基于 HOPE 创新平台构建了企业与用户交互的创新生态圈，同时基于自主经营体与小微创新的组织管理模式，实现了用户参与、全员创新的生态成员交互模式，从而进一步优化形成了海尔的企业创新生态系统（陈劲，2017）。

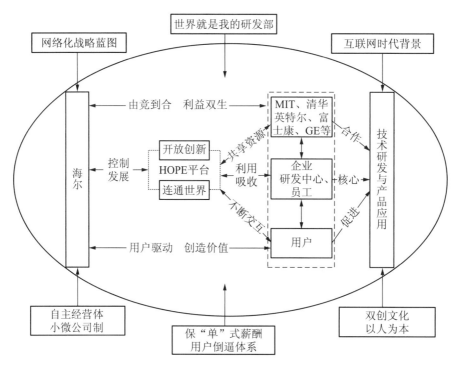

图 1　海尔基于 HOPE 平台的企业技术创新生态系统

协同，则指协同创新（Collaborative Innovation，简称 CI），是由陈劲 2012 年在《协同创新的理论基础与内涵》一文中正式提出，是指"以知识增值为核心，企业、政府、知识生产机构（大学、研究机构）、中介机构和用户等为了实现重大科技创新而开展的大跨度整合的创新组织模式"。协同创新有两个特点，第一是强调科技创新的整体性，也即创新生态系统是各要素的有机集合而不是简单相加，其存在的方式、目标、功能都表现出统一的整体性。第二是动态性，创新生态系统是不断动态变化的。在科技经济全球化的环境下，实现以开放式、合作、共享的创新模式被实践证明是有效提高创新效率的重要途径。充分调动企业、大学、科研机构等各类创新主体的积极性，跨学科、跨部门、跨行业组织实施深度合作和开放创新，对于加快不同领域、不同行业以及创新链各个环节之间的技术融合与扩散，显得尤为重要。

以中国高铁为例，南车集团通过创新平台的体系搭建，推进集团内外部的资源协同。南车经过多年的创新资源积累与能力建设，搭建了"协同仿真平台""试验验证体系"，以及"技术标准化信息平台"，有效协同。此外，作为 CRH380A 自主创新的核心组织，南车自主实现了四大理论与十大核心技术的协同，主要包括轮轨关系理论、弓网关系理论、控制理论、气动力学理论，以及系统集成技术、轻量化技术、安全性技术、气密性技术、产品可靠性技术、舒适性技术、电传动及控制技术、信息技术、试验验证技术、电磁兼容技术（陈劲，2017）。

整合式创新是战略驱动、纵向整合、上下互动和动态发展的新范式。在开放式创新环境下，技术创新管理不再是单一的技术要素的组合、管理与协同，无论是身处开放式创新生态系统的企业、大学、科研机构，还是个体，都需要以战略性、全局性和整体性的视野来看待创新，实现战略、科技、人文、市场等的互搏融合，并极大程度地动员全民的创新创业能力。

以中集集团为例，作为一家为全球市场服务的多元化跨国产业集团，为了通过不断的组织和技术变革，应对不断变化的外部环境，中集集团在 2010 年发布了《中集集团

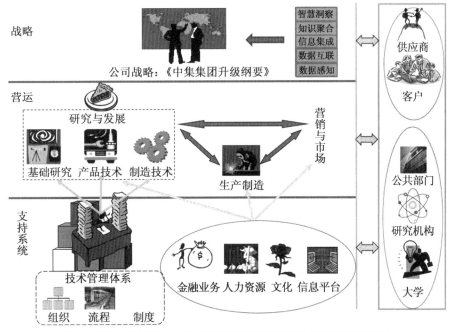

图 2　整合式创新：中集集团战略驱动下的技术创新生态系统

升级纲要（2010 版）》，全面启动了战略驱动下的创新升级，横向整合了各个层面的子模块以及外部信息与合作资源，纵向集成了金融、人力资源、文化和信息平台对营运和技术创新的支持系统（见图2）。在整合式创新战略的理念指导下，中集集团实现了对遍布全球的 300 多家成员企业和 100 多个国家的客户与销售网络的管理服务优化，全面提高了全球综合竞争力，巩固和强化了物流装备和能源装备供应领域的世界领先地位。

整合式创新作为战略视野驱动下的全面创新和协同创新新范式，强调战略引领和全面协同的高效有机统一、纵向整合、动态发展，是对局部的、横向的和静态的创新管理范式的质的超越。前文提到的中国南车、海尔、华为、中集集团等领先企业，无一不是在整体性战略视野的驱动下，制定、构建和完善了企业自身的创新体系，整合内外部资源的同时，实现了战略、技术、市场、文化等多纬度的融合，达到全要素、全员和全时空参与创新，并通过内外协同、上下协调的组织创新来打造可持续竞争优势，是全面创新管理的升级。

（二）整合式创新的概念框架

在开放式创新生态系统的时代背景下，整合式创新是整体管理变革下的创新，是东西方哲学思想引领下基于自然科学和社会科学跨界融合的"三位一体"。整合式创新思想中蕴含的全局观、统筹观与和平观，符合东西方哲学核心价值追求，有助于在跨文化的国内外竞争过程中，实现工程、技术、科学与人文、艺术、市场的互搏互融，并突破传统的企业边界，与外部需求端、供给端甚至是国内外的政策端的各个创新利益相关主体联合构建合纵连横的创新生态系统，在动态协同中开发市场机会和科技潜力，创新企业产品与技术，通过跨界创新与竞合，推动产业变革，区域协同发展，实现创新为了和平（陈劲和黄江，2017）、为了全球可持续发展、为了人的幸福与价值实现的目标。

于企业而言，要求企业从大处着眼（think big），立足高远（aim higher），通过前瞻性的战略设计引领企业及其所处的生态系统的发展演变方向，打通横向资源整合和纵向能力整合的脉络，依托协同创新思维，实现总体技术下的技术集成和产品创新，达成"竞—合"双赢局面（Chen and Ming-Jer, 2008, 2014）。

于国家而言，在重大科技创新领域，诸如航天系统、高铁技术、量子通信、人工智能、工业互联网等领域，不但需要单纯的技术创新，更需要从国家中长期发展战略入手，实现科技战略、教育战略、产业战略和金融、人才、外交战略的有机整合，通过战略视野驱动各要素横向整合和纵向提升，为建设科技创新强国提供源源不竭的动力，为全球的反贫困、和平与可持续发展作出重大引领性贡献（见图3）。

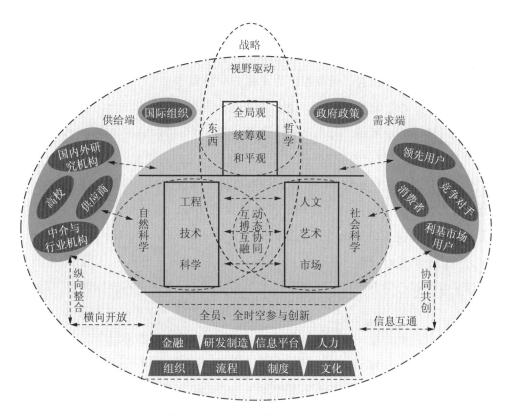

图3　整合式创新的框架：开放式创新环境下的创新范式

在东方文化和中国特色企业实践中，我们可以看到，知识经济和大数据时代，企业发展资源的方式经历了五个发展阶段，即数据感知、数据互联、信息集成、知识聚合、智慧洞察，这个企业发展资源实现创新的五阶段模型，也是未来建设智慧企业和智慧城市（群）的重要依托。而在最高阶的智慧洞察阶段，对于企业而言，领导者要充分调动和利用系统科学观，超越知识本身，在制定创新战略时，兼顾企业的组织架构设计、资源开发利用、创新文化营造；对于国家而言，整合式创新蕴涵着中国特色的和平观和举国体制下的战略执行优势，同时顺应了中国创新的战略需求，也即不能再单单依靠工业化、信息化、城镇化和农业现代化的"四化"来实现社会经济的创新发展，还需要放眼全球、着眼全局，同时兼顾消除贫困、环境保护、健康科技、国防建设和国际事务等方面，通过各方面的有机整合，富民强军，推动全球和平发展。

（三）整合式创新的内涵解析

作为战略视野驱动下的创新管理新范式，整合式创新具有三个方面的关键内涵。

第一，整合式创新是战略创新、协同创新、全面创新、开放式创新的综合体。包括诸多中国企业在内的世界一流企业的创新之路，都是在开放式创新的环境下，通过统筹全局的战略设计创新，调动全要素参与，实现各个部门主体与利益相关者的协同创新。

在整合式创新范式下，企业的创新之路包括了战略引领、组织设计、资源配置和文化营造四个方面，具体而言，可以细化为"战略引领看未来""组织设计重知识""资源配置优质化""文化宽严为基础"。通过对战略、组织、资源和文化的有机整合，着眼长远，实现动态的企业创新，为企业构建稳定、柔性和可持续的核心竞争力。

例如1968年成立于中国广东的美的集团，是全球领先的消费电器、暖通空调、机器人及工业自动化系统的科技集团。在核心技术与研发体系等技术要素的基础之上，美的集团通过技术创新管理与战略创新等非技术要素的强化，进一步提升了集团的创新能力。美的集团首先在战略层面推进集团的战略转型与创新。在对国内行业巨头海尔集团、格力电器长期战略跟随的基础之上，美的集团于2012年提出"333战略转型"，聚焦消费者主导的核心能力建设，明确集团的战略定位为：3年左右时间做好产品、夯实基础、提升经营质量；3年左右时间从家电三强脱颖而出，成为行业领导者；3年左右时间在全球家电行业占有一席之地，实现全球经营。在战略视野驱动下，美的集团进一步打造研发与生产的全球创新生态系统、探索实践基于产学研协同的创新生态系统建设、并打造美创平台，实现创新生态系统伙伴与资源的全面汇聚、价值互动、创新溢出（见图4），形成了包容可持续的创新文化，大力提升了集团的制造效率、资源利用效率、自动化水平、库存运作优化能力等，布局全球提升了品牌价值。通过整合式创新，美的集团为参与全球竞争，实现全球家电市场的竞争优势与行业领先地位奠定了基础（陈劲，2017）。

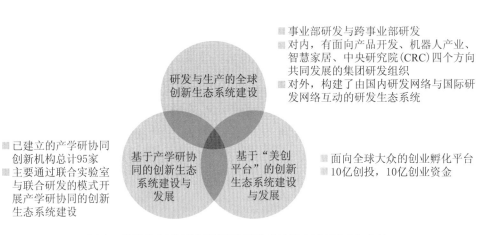

图4 美的集团战略视野驱动下的全面协同创新三大支柱

第二，整合式创新将自然科学的聚合思维与社会科学的发散思维有机整合于战略引领的哲学全局视野下，既体现了东方文化的价值，也结合了中国特色的创新实践经验，顺应了中国创新的战略需求。具体而言，整合式创新基于系统科学的系统观和全局洞察优势，通过顶层的目标确定和战略设计，超越知识管理，突破传统企业的组织边界，同时着眼于企业创新发展所处的外部资源供给端（高校、研究机构、供应商、技术与金融服务等）、创新政策与制度支持端（政府、国内外公共组织、行业协会等），以及创新成果的需求端（消费者、领先用户、竞争对手、利基市场用户等），借助东方文化中孕育的综合集成、全域谋划、多总部协同等智慧，来调动企业创新所需要的技术要素（研发、制造、人力、资本等）和非技术要素（组织、流程、制度、文化等），构建和强化企业的核心技术、研发水平，打造开放式创新生态系统中企业动态和可持续的核心竞争力。

例如，阿里巴巴集团基于东方全局观的哲学智慧，依托达摩研究院，逐步形成了由阿里云大数据体系为基础架构，以蚂蚁金服集团、电子商务集团、智能物流骨干网三大协同创新子群等构成的"合纵连横"创新生态系统，逐步在中国各地构筑了基于数字经济的"城市大脑"，见图5（陈劲，2015）。以推动创新生态协同和管理协调为基础，阿里巴巴搭建了创新生态系统，为个体创业者、中小企业和社会创造了商业价值共创的机会，极大程度上推动生产效率与经济效益的提升，同时促进了中国和世界的反贫困事业，在商业价值与社会价值创造方面作出了积极的贡献。

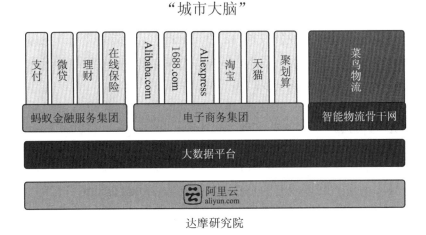

图5　阿里巴巴整合式创新生态系统

第三，整合式创新是一种总体创新、大创新（big innovation）的创新思维范式，其精髓在于整体观、系统观和着眼于重大创新。整合式创新突破了传统的研发管理、制造管理、营销管理、战略管理相互独立的原子论思维范式，通过战略引领和战略设计，将企业管理的多个方面实现有机整合，为企业和国家实现重大领域、重大技术的突破和创新提供支撑，是量子理论时代具有量子管理学思想（左哈尔，2016）的创新观。

以航天产业为例，我国通过举国体制的优势，聚焦国家发展的战略目标，通过顶层设计与自顶向下的大系统思路指导，由中央调配全国产业资源，以国家级重大项目为研究与运作平台，开展创新实践。例如，长征三号火箭第三级发动机的选择过程中，为实现推力较大的低温高能液氢液氧发动机创新，国家通过体制协调开展系统协调，在全国范围内汇聚研发与创新的优势资源，有效协同703所、兰州物理研究所、北京钢铁研究总院、北京有色金属研究总院等顶尖研发与创新资源，并整合上海市相关的材料焊接专家资源，形成国家支持的技术创新攻关组织，改进工艺，最终引导焊接技术的解决方案实现以及发动机研发的创新突破（刘纪原，2013）。作为一个发展中国家，在面对全球产业追赶跃升的情境之时，总体创新与大创新引导下的全国资源整合与体制优势有利于克服我国核心技术的相对劣势与基础工业的研发能力短板，实现产业竞争力的提升与发展。

作为一个发展中国家，中国在工业基础相对落后的背景下，之所以能取得航天事业上的重大突破，成为继苏联和美国之后第三个独立把航天员送上太空的国家，得益于由中国共产党领导的社会主义制度的优越性，而其优越性充分体现在中国特定的经济社会环境下的举国体制表现出的调动资源的效率和能力上。同时又充分调动了群众的创新创业激情。诚然，一个国家建立什么样的产业发展体制，走什么样的发展道路，必须从社会实际出发，从这个国家的产业发展基础出发。因此，无论是中国航天发展的早期，还是进入21世纪的今天，通过举国体制和群众路线，解决我国基础工业技术短板问题仍然是航天事业取得持续成功的法宝之一。

四、结论与启示

本文针对当下全球创新领导力的现状、中国企业创新之路的情境特征、全球可持续发展的范式呼唤，在系统回顾现有的东西方各国代表性的创新范式基础上，针对现有中国语境下创新理论与范式的不足，我们基于东方哲学和中国传统文化的优势，结合中国企业创新管理实践的经验与案例，提出一种全新的创新范式——整合式创新（holistic Innovation，简称HI），也即战略视野驱动下的全面创新和协同创新。这一范式是战略创新、协同创新、全面创新和开放创新的综合体，体现了东方文化的价值和中国特色。整合式创新是顺应开放式创新、全球和平与可持续发展时代背景下企业技术创新管理需求和支撑科技创新强国战略实施的原创性理论范式，也是进一步优化和促进我国企业构建全球创新领导力、助力国家科技创新能力提升、实现全球和平与可持续发展的政策设计与实战思维。

本文有以下三个主要贡献：

贡献一：从创新范式的角度，在系统回顾全球创新范式演进的基础之上，围绕已有范式的不足，结合中国发展的东方情境，提出了整合式创新的独特创新范式。整合式创新是战略视野驱动下的全面创新和协同创新。这一范式是战略创新、协同创新、全面创新和开放创新的综合体，体现了东方文化的综合总体的思维价值和举国体制兼顾群众路线的中国特色。整合式创新是顺应开放式创新时代背景下企业技术创新管理需求和建设科技创新强国战略实施的原创性理论范式，也是进一步优化和促进我国企业构建全球创新领导力、助力国家科技创新能力提升的重要思维范式。

贡献二：聚焦整合式创新范式，其一强调了战略驱动、顶层设计、中长期发展导向等在创新过程中的重要意义；其二强调了全局观、统筹观、和平观对于创新范式的重要性；其三强调了东方文化与中国情境的作用。这一范式的提出，对理解中国重要科技领域和典型企业的创新实践、对企业管理者落实基于战略创新的技术创新能力提升策略，实现企业创新绩效的最大化有重要的实践价值。

贡献三：面向政策的启示。整合式创新在高铁、航空等领域有重要贡献，是我国改革开放以来在重大科技创新领域取得突破性进展、赢得全球领先优势的经验升华，同时也是指导我国在未来加快建立国家技术转移体系、完善国家和区域创新体系，强化航天、高铁产业优势，促进人工智能、工业互联网、量子通信、天文物理等领域的重大技术创新的重要思维范式与创新政策着眼点。在全球化和第四次工业革命方兴未艾的今天，应用整合式创新思维范式，通过国家层面的战略设计，联合产业、企业和创新者，是加快推动工业互联网、量子通信、人工智能和健康医疗等领域快速发展，打造一批世界级的创新领军企业的重要思想武器。

整合式创新的范式目前尚未引起学术界和科技政策领域应有的重视。但是在面向企业创新能力建设方面，整合式创新提供了企业将战略管理、组织设计、文化建设与产业趋势相结合的系统观和整体观，实现自然科学工程思维与社会科学的发散思维相融合，为企业抓住产业变革和技术革新的"机会之窗"，是塑造自身可持续创新能力和核心竞争力的全新范式，值得企业管理者的实践探索和学者持续深入的跟踪研究。在面向政策层面，整合式创新范式提供了一种基于全局观、统筹观和总体思想的创新政策设计视角，创新政策不应当局限于科技政策，还应该将科技、教育、经济、文化、民生、生态等结合起来，形成系统合力，引导战略驱动下的全面创新与协同创新。唯有如此，我国才能在创新驱动发展战略的国家战略引领下，实现国家创新战略与产业创新战略、企业创新战略"三位一体"、系统提升，完善国家和区域创新体系、技术转移体系，为我国在重大技术领域、战略性产业和中国企业赢得全球创新领导优势创造生生不息的动力。

2016 年杭州 G20 峰会上制定了《二十国集团落实 2030 年可持续发展议程行动计划》，重申了可持续发展议程具有普遍、变革、不可分割、融合的特性，承诺通过新的《二十国集团创新增长蓝图》，加强创新、新工业革命和数字经济领域的国际合作，将自身合作与全球落实议程等结合起来①。中国对全球可持续发展的大力推动，也展现了东方文明在全局性、协调性、整体性创新发展的哲学智慧。整合式创新的理论范式，对深入理解和落实联合国 2030 发展目标、加快实施《二十国集团创新增长蓝图》、完善国家和区域创新体系、强化企业创新生态系统，站在更具战略高度的全局优化全球、国家、产业和企业的创新政策与行为，实现全球范围内的全面、协调与可持续发展，具有重大的理论意义和现实价值。

参考文献

阿拉尔：《有组织的创新：美国繁荣复兴之蓝图》，陈劲、尹西明译，清华大学出版社 2017 年版。

陈劲：《从技术引进到自主创新的学习模式》，《科研管理》1994 年第 2 期，第 32—34 页。

陈劲：《开展迎接创新强国的技术创新研究》，《技术经济》2015 年第 1 期，第 1—4 页。

陈劲、黄江：《创新、和平与发展：和平创新的研究初探》，《学习与探索》2017 年第 12 期。

陈劲：《智慧聚展：企业基于商业和创新生态体系的战略》，浙江大学出版社 2015 年版。

陈劲：《企业创新生态系统论》，科学出版社 2017 年版。

陈劲、柳卸林：《自主创新与国家强盛》，科学出版社 2008 年版。

陈劲：《协同创新》，浙江大学出版社 2012 年版。

陈劲、王锟：《朴素式创新：正在崛起的创新范式》，《技术经济》2014 年第 1 期，第 1—6 页。

方新、柳卸林：《我国科技体制改革的回顾及展望》，《求是》2004 年第 5 期，第 43—45 页。

加里·哈默：《管理大未来》，陈劲译，中信出版社 2008 年版。

刘纪原：《中国航天事业发展的哲学思想》，北京大学出版社 2013 年版。

梅亮、陈劲：《创新范式转移——责任式创新的研究兴起》，《科学与管理》2014 年第 3 期，

---

① 2016 年 9 月 8 日，《二十国集团领导人杭州峰会公报》。

第 3—11 页。

梅亮、陈劲：《责任式创新：源起，归因解析与理论框架》，《管理世界》2015 年第 8 期，第 39—57。

梅亮、陈劲、盛伟忠：《责任式创新——研究与创新的新兴范式》，《自然辩证法研究》2014 年第 10 期，第 83—89 页。

梅亮、陈劲、余芳珍：《创新演进与范式转移——可持续转型理论的源起，特征与框架》，《自然辩证法研究》2016 年第 10 期，第 36—40 页。

梅亮、陈劲、李福嘉：《责任式创新：一个"内涵—理论—方法"的整合框架研究》，《科学学研究》2018 年第 3 期。

纳珀：《藏传佛教中观哲学》，中国人民大学出版社 2006 年版。

熊彼特：《经济发展理论：财富创新的秘密》，中国商业出版社 2009 年版。

许庆瑞：《全面创新管理：理论与实践》，科学出版社 2007 年版。

左哈尔：《量子领导者》，杨壮、施诺译，机械工业出版社 2016 年版。

Basu, R. R., Banerjee, P.M. and Sweeny, E. G., 2013, "Frugal lnnovation: Core Competencies to Address Global Sustainability", *Journal of Management for Global Sustainability*, 1 (2).

Baumol, W. J., 2002, *The Free-Market Innovation Machine: Analyzing the Growth Miracle of Capitalism*, Princeton University Press.

Chen, Ming-Jer, 2008, "Reconceptualizing the Competition-Cooperation Relationship: A Transparadox Perspective", *Journal of Management Inquiry*, Vol. 17, No. 4, 288-304.

Chen, Ming-Jer, 2014, "Becoming Ambicultural: A Personal Quest and Aspiration for Organizations", *Academy of Management Review*, Vol. 39, No. 2, 119-137.

Miller, Danny and Ming-Jer Chen, 2010, "West Meets East: Toward an Ambicultural Approach to Management", *Academy of Management Perspectives*, Vol. 24, No.4, 17-24.

Chesbrough., 2003, *Open Innovation: The New Imperative for Creating and Profiting from Technology*, Harvard Business Review Press.

Christensen, C. M., Baumann, H., Ruggles, R., and Sadtler, T. M., 2006, "Disruptive Innovation for Social Change", *Harvard Business Review*, 84 (12), 94.

Christensen, C., 2013, *The Innovator's Dilemma: When New Technologies Cause Great Firms to Fail*, Harvard Business Review Press.

Crossan, M. M., and Apaydin, M., 2010, "A Multi-Dimensional Framework of Organizational Innovation: A Systematic Review of the Literature", *Journal of Management Studies*, 47 (6), 1154-1191.

Hajer, M. A. and Wagenaar, H. (Eds.), 2003, *Deliberative Policy Analysis: Understanding Governance in the Network Society*, Cambridge: Cambridge University Press.

Kim, L. and Nelson, R. R. (Eds.), 2000, *Technology, Learning, and Innovation: Experiences of Newly Industrializing Economies*, Cambridge University Press.

Kuhlmann, S. and Rip, A., 2014, The Challenge of Addressing Grand Challenges: A Think Piece on How Innovation Can Be Driven Towards the "Grand Challenges" as Defined under the Prospective European Union Framework Programme Horizon 2020.

Lundvall, B. A., (Ed.), 2010, *National Systems of Innovation: Toward a Theory of Innovation and Interactive Learning* (Vol. 2), Anthem Press.

Mansfield, E., 1968a, *The Economics of Technological Change*, Norton.

Mansfield, E., 1968b, *Industrial Research and Technological Innovation: An Econometric Analysis*, Norton.

Nicholls, A. and Murdock, A., 2012, *The Nature of Social innovation in Social Innovation* (pp.1-30), Palgrave Macmillan UK.

Nonaka, I. and Takeuchi, H., 1995, *The Knowledge-Creating Company: How Japanese Companies Create the Dynamics of Innovation*, Oxford University Press.

OECD, 2011, LEED Forum on Social Innovations, available at: http://www.oecd.org/document/22/0, 3746, fr_2649_34417_39263221_1_1_1_1,00.html.

Owen, R., Macnaghten, P. and Stilgoe, J., 2012, "Responsible Research and Innovation: From Science in Society to Science for Society, with Society", *Science and Public Policy*, 39 (6), 751-760.

Porter, M.E., 1980, *Competitive Strategy*, Free Press.

Porter, M.E., 1985, *Competitive Advantage*, Free Press.

Porter, M.E., 1990, *The Competitive Advantage of Nations*, Free Press.

Radjou, N., Prabhu, J. and Ahuja, S., 2012, *Jugaad Innovation: Think Frugal, Be Flexible, Generate Breakthrough Growth*, John Wiley & Sons.

Reinecke, J. and Ansari, S., 2015, "When Times Collide: Temporal Brokerage at the Intersection of Markets and Developments", *Academy of Management Journal*, 58 (2), 618-648.

Schot, J. and Steinmueller, E., 2016, "Framing Innovation Policy for Transformative Change: Innovation Policy 3.0", SPRU Science Policy Research Unit, University of Sussex: Brighton, UK

Stilgoe, J., Owen, R. and Macnaghten, P., 2013, "Developing a Framework for Responsible Innovation", *Research Policy*, 42 (9), 1568-1580.

Swann, G. P., 2014, *Common Innovation: How We Create the Wealth of Nations*, Edward Elgar Publishing.

Teece, D. J., 1986, "Profiting from Technological Innovation: Implications for Integration, Collaboration, Licensing and Public Policy", *Research Policy*, 15 (6), 285-305.

Vasen F., 2017, "Responsible Innovation in Developing Countries: An Enlarged Agenda." In Responsible Innovation 3: A European Agenda?, edited by Asveld, L., van Dam-Mieras, R., Swierstra, T., Lavrijssen, S., Linse, K., and van den Hoven, J. 93-112. Dordrecht: Springer.

Verganti, R., 2006, "Design as Brokering of Languages: The Role of Designers in the Innovation Strategy of Italians Firms", *Design Management Journal*, 14 (3), 34-42.

Verganti, R., 2009, *Design Driven Innovation: Changing the Rules of Competition by Radically Innovating What Things Mean*, Harvard Business Press.

von Hippel, E., 1986, "Lead Users: a Source of Novel Product Concepts", *Management Science*, 32 (7), 791-805.

Womack, J. P., Jones, D. T. and Roos, D., 1990, *Machine That Changed the World*, Simon and Schuster.

代谢增长论：市场份额竞争、学习不确定性和技术小波[*]

陈　平

一、引　言

现有的两种技术发展观是互相矛盾的。新古典增长理论将技术进步视为完全预期下的平滑轨迹，可以用柯布—道格拉斯（Cobb-Douglas）函数为基础的线性对数模型来描述（Solow，1957；Romer，1986；Aghion and Howitt，1998；Dasgupta，2010；Kurz，2012）。经济史家则注意到工业经济的波样运动和革命性的质变（Schumpeter，1939；Toffler，1980；Ayres，1989；Rostow，1990）。本文在市场份额竞争中引入非线性人口动态学来发展第二种研究的思路。

均衡观点强调收敛（资本积累的外生增长理论）或发散（知识积累的内生增长理论）式经济增长的单向因果关系。与此不同的是，生物演化和工业革命揭示出清晰和动态的新陈代谢过程，以及双向演化的复杂形态。换言之，不同地区和不同阶段往往显示发散或收敛的多样演化趋势，我们看不到制度趋同的优化规律或普适价值。

历史上，是经济学家马尔萨斯关于资源约束和人口增长的理论，激发了达尔文的生物进化论（Malthus，1798；Darwin，1859）。生物数学的逻辑斯蒂模型（logistic model）和食珥—捕食者模型（prey-predator model）都被引入经济周期理论（Goodwin，1967；Samuelson，1971；Day，1982）。为理解世界史上不同文明的多种分工模式，我们引入一个新的经济要素——学习不确定性。面对学习不确定性时，不同文化有不同的学习战略（Chen，1987）。

我们在此提出经济增长的两个基本问题。

第一，知识的本质是什么？内生增长理论用"干中学"效应提供了一个知识积累的静态图景（Arrow，1962）。这一理论意味着富者（技术革命的先行者）和贫者（技术革

---

* 原文载《清华政治经济学报》，2014 年（第 2 卷）第 1 期。作者单位：复旦大学、得克萨斯大学奥斯汀分校。译者：刘刚（曲阜师范大学）。

命的跟进者）之间存在两极化的贫富分化趋势。这一图景与世界历史上常见的国家和文明的兴衰并不相符。

第二，如何理解全球暖化和生态危机的经济根源？新古典经济学描写技术和知识进步的 AK 模型（这里字母 A 表示技术，字母 K 表示资本），采用的柯布—道格拉斯生产函数隐含的条件是无限资源。[①]这一分析框架不能讨论当代重大的生态危机和全球暖化问题。

众所周知，工业经济的发展来源于一系列新技术，开发出新的资源，如煤、石油、电力和核能。技术进步这种波浪式运动，可以用资源约束条件下的人口动态学描述，包括著名的 S 形逻辑斯蒂曲线以及 Lotka-Volterra 物种竞争模型（Pianka，1983；Nicolis and Prigogine，1977）。[②]熊彼特长波和创造性毁灭可以通过逻辑斯蒂小波的新陈代谢来描述。经济活动中，文化在面临学习不确定性时扮演了战略性的角色。西方的分工模式以劳动节约和资源密集型技术为特征；而中国模式主要由资源节约和劳动密集型技术主导。

理论思维的范式变革是和数学表象的扩展分不开的。经典物理的数学表象是圆周运动和周期波，它们成为机械运动论的基础。新古典经济学的数学表象是布朗运动和白噪声，用来描写市场自发运动的均衡和无序。问题是，周期波的震荡时间无穷长，白噪声的冲击时间无穷短，两者都难以描述有限生命的有限周期。为此，我们引入新的小波表象。小波可以看作是波动的一个浪头或一个片段，一系列的小波就构成生命延续的新陈代谢过程。每个小波相似而不相同，代表生命和社会发展的每个阶段都有相似之处，也有不同之处。逻辑斯蒂小波是生态系统产生的小波，可以作为演化经济学的数学基础。我们认为经济发展的基本动力是波浪式发展的技术进步，而非新古典经济学强调的随机性心理噪声或技术冲击。我们用混合经济条件下技术小波的序列发展，来统一描写微观、宏观、金融、制度的变革。这比新古典经济学用噪声驱动或随机游走来描写自由放任的市场机制，更接近工业化经济的历史经验。

本文由以下几部分构成。第二节讨论世界历史上挑战经济增长理论的基本事实，如资源差异和非平衡增长。第三节，发展资源约束条件下增长和技术竞争的逻辑斯蒂模型（Chen，1987）。并在演化动态学的框架下，讨论 S 形曲线和逻辑斯蒂小波模型非线性解的含义。第四节把斯密原理推广到更一般的情形，即当面临新的和不确定的资源和

---

① 新古典经济学的内生增长模型假设生产函数 Y＝AK，A 为知识，K 为资本。AK 模型最简单的描述是 Cobb-Douglas 函数，其对数形式化为最简单的线性模型。线性增长模型是典型的无限增长模型。

② 生态学中逻辑斯蒂模型又称自我抑制性模型或增长阻滞模型。Lotka-Volterra 模型把单物种的逻辑斯蒂模型推广到两个或多个物种竞争的情形。逻辑斯蒂模型是最简单的非线性有限增长模型，只包含自变量的二次方。

市场时，引入学习策略中的文化因素。我们提出：分工受市场规模、资源种类和环境波动这三重限制。多样性和稳定性之间存在鱼和熊掌不可兼得的"消长"（trade-off）关系（Chen，2008，2010）。作为应用，我们讨论了中国与西方文明分岔的历史之谜。第五节讨论经济学方法论研究中有争议的问题。第六节是结论，系统总结经济增长的均衡视角和演化视角在理论和政策上的根本差别。

二、非平稳经济增长和新古典增长理论的局限

索洛的外生增长模型基于规模报酬不变假设，预言经济增长是趋势收敛的（Solow，1957）。罗默的内生增长模型则基于知识积累的规模报酬递增假设，宣称经济增长有发散趋势。世界经济的历史表明，实际情况要比新古典增长理论的两个极端模型复杂得多（见表1、表2）。

表1　　历史统计数据（1913—2001 年）真实国内生产总值（GDP）的年平均增长率　单位:%

时　　期	西欧	东欧	亚洲	美国	日本	苏联	中国
1913—1950 年	1.19	0.86	0.82	2.84	2.21	2.15	−0.02
1950—1973 年	4.79	4.86	5.17	3.93	9.29	4.84	5.02
1973—2001 年	2.21	1.01	5.41	2.94	2.71	−0.42	6.72

注：这里的亚洲数据不包括日本。
资料来源：Maddison（2007）。

表2　　　　全球不同时期的非平稳增长（真实国内生产总值每十年的平均增长率）　单位:%

时　　期	1970—1979 年	1980—1989 年	1990—1999 年	2000—2010 年
中　　国	6.2	9.3	10.4	10.5
日　　本	3.8	4.6	1.2	0.7
美　　国	3.2	3.2	3.4	1.6
德　　国	2.9	2.3	1.9	0.9
东　　亚	4.4	5.5	3.3	4.0
拉　　美	6.1	1.5	3.2	3.1
东　　欧	4.4	2.3	−2.0	4.3
西　　欧	3.1	2.3	2.1	1.1
澳大利亚和新西兰	2.8	2.9	3.6	3.0
世界（平均）	3.8	3.1	2.8	2.5

资料来源：联合国统计局。

我们可以看到1913—1950 年间经济增长率美国全球最高，1950—1970 年增长最快的是日本，1970—2000 年增长最快的是中国。在每个地区的纵向比较及跨国比较中，我们都观察不到稳定的收敛或发散趋势。相反，在大国兴衰的过程中我们看到的增长趋势

是变化的。

众所周知，西方世界的兴起由殖民主义的资源扩张驱动（Pomeranz，2000）。就人均可耕地面积而言，东亚，包括中国和日本，其人均可耕地数量明显低于西方（见表3）。

表3　　　　　　　　　　1993 年资源与人口的跨国比较

区　　域	可耕地(%)	人口(亿)	人均可耕地(公顷)
中　　国	10	11.78	0.08
欧　　洲	28	5.07	0.26
美　　国	19	2.39	0.73
苏　　联	10	2.03	0.79
日　　本	12	1.25	0.04
印　　度	52	8.99	0.19
巴　　西	6	1.59	0.31
澳大利亚	6	0.18	2.62
加拿大	5	0.28	1.58

注：这里的可耕地为在总面积中所占的百分比。
资料来源：Madison（1998）。

亚洲的小型粮食农场与西方的谷物—畜牧业综合农业企业存在显著的区别。不言自明的是，个人主义文化根植于资源密集的劳动节约型技术，而集体主义文化的形成则与资源不足、人口密集的环境有关。在第四节中，我们将进一步研究文化和资源在现代化赶超博弈中的作用。我们对资源和人口规律的考察源于国家间的比较研究。只要存在相关的数据，我们考虑资源人口关系的研究方法也可以推广到产业间的比较研究。

三、有限增长的逻辑斯蒂模型和物种竞争模型

新古典经济学的柯布—道格拉斯生产函数可以转换成对数线性函数，这意味着新古典经济学的增长理论是没有资源限制和市场规模约束的无限增长。要研究有生态资源约束的增长必须发展非线性动态学。

（一）经济动态学的有限和无限增长

亚当·斯密的《国富论》第三章的标题是"分工受市场规模的限制"（Smith，1776）。施蒂格勒称之为"斯密定理"（Stigler，1951）。马尔萨斯（Malthus，1798）进一步指出人口增长受自然资源的限制。

斯密的市场规模限制和马尔萨斯的资源约束可以统一描述为非线性生态模型的"承载能力"（carrying capacity）N^*。将生态模型引入经济增长，我们需要改变相关变量的名称。在后面的讨论中，我们将把生态理论的原始名称用括号注明，放在相应的经济变

量之后，读者可以清楚的理解每个变量的生态学含义，以及相应的经济学含义。

从需求方看，n 是买家的数量（人口数），N^* 是市场规模范围（人口规模边界），它是收入分配的函数。这里的市场规模与人口规模及可支配收入相关。

从供给方看，n 是产出，N^* 是资源约束，它是既有技术和成本结构的函数。例如，历史上粮食生产的上限，可以通过灌溉技术和肥料的应用增加，也可以通过引入谷物或土豆等新作物增加。

最简单的有限增长模型是演化生态学中二次型的逻辑斯蒂模型（Pianka，1983）：

$$\frac{\mathrm{d}n}{\mathrm{d}t} = f(n) = kn(N^* - n) \tag{1}$$

这里，n 是产出量（人口数），N^* 是资源约束（人口规模），k 是产出（人口）的增长率。

和新古典经济学静态不变的规模经济特性不同，逻辑斯蒂模型的动态规模经济特性是随时间变化的：在成长期报酬递增，在饱和期报酬递减，只有中间的转折点报酬不变。

$$\text{动态递增报酬：} f > 0，\text{当} 0 < n < \frac{N^*}{2} \tag{2a}$$

$$\text{动态递减报酬：} f > 0，\text{当} \frac{N^*}{2} < n < N^* \tag{2b}$$

逻辑斯蒂模型是最简单的非线性动态学形式。当 $f(n)$ 不是二次函数时，转折点可能会偏离中点。

相比之下，新古典经济增长理论的 AK 模型，没有资源约束的条件，只有固定的规模报酬。例如，新古典模型的稳定性条件只对报酬递减或报酬不变的模型成立。内生增长理论的知识积累模型则要求报酬递增。因此新古典企业理论不能理解规模报酬的变化（Daly and Farley，2010），也就无法理解技术或文明的兴衰。

逻辑斯蒂模型在生态学文献中也称为赫斯特（Hurst）方程（Pianka，1983）。它的离散时间形式可以产生最简单的决定论混沌（deterministic chaos）。[1]它的连续时间的微

---

① 决定论混沌是非线性决定论方程的一种不稳定的数学解。如果初始条件有微小误差，轨道预言的偏差将随时间急剧放大。这就打破了牛顿时代对决定论数学可预测的信念。换言之，非线性可以产生不可预言的不确定性。离散时间的一维差分方程产生的决定论混沌，我们称为"白混沌"（white chaos）。白色的含义是它的频谱是水平线，不同频率的强度相同，看上去很像白噪声（white noise）。连续时间的非线性微分方程产生的混沌看来像有一定带宽的有色波动，可称之为色混沌。色混沌可以描写生物钟。生命体的内生振荡频率和外生的机械钟不同，不是单一频率，而是有一定的带宽。美国经济波动的周期在 2—10 年之间。

分方程的解呈 S 形曲线。图 1 为无限的指数增长和有限的逻辑斯蒂增长。

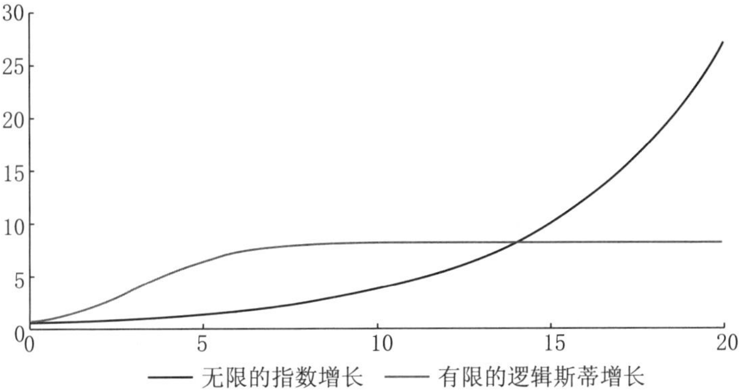

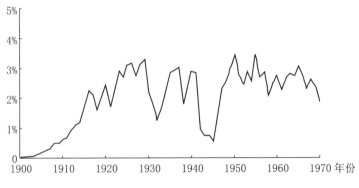

图 1　无限的指数增长与有限的逻辑斯蒂增长

当我们把逻辑斯蒂模型引入经济理论中时，我们的分析单位就不是国家，而是技术或产业，因为每种技术或产业的规模是有限的。如果资源限制是可耕地，我们的分析单位也可以是地区或国家。在经验研究中，这意味着依赖于有效数据的市场范围或资源开发能力。

逻辑斯蒂增长的规律，可以清楚地从产业部门的数据考察中获得，一个典型例子是汽车产业在美国 GDP 中的比率，见图 2（Chen，2010）。

图 2　美国汽车产业产值占 GDP 的比重

我们可以看到美国汽车产业在 1900—1920 年间起飞，在 1930 年之前达到饱和阶段。S 形增长曲线可以在部门分析中考察企业和产业增长发现。

（二）开放经济的市场份额竞争模型

现在我们从一种技术拓展至多种技术的市场份额竞争。最简单的资源竞争模型是双物种竞争模型，理论生物学中的 Lotka-Volterra 方程（Pianka，1983）。

$$\frac{\mathrm{d}n_1}{\mathrm{d}t} = k_1 n_1 (N_1 - n_1 - \beta n_2) - R_1 n_1 \tag{3a}$$

$$\frac{\mathrm{d}n_2}{\mathrm{d}t} = k_2 n_2 (N_2 - n_2 - \beta n_1) - R_2 n_2 \tag{3b}$$

和以前一样，我们把生态学的变量用括号表示，放在经济学变量之后。这里，n_1 和 n_2 是技术或产品（物种）1 和技术（物种）2 的产出（人口）。N_1 和 N_2 是他们的资源限制或市场规模限制（承载力）；k_1 和 k_2 是他们的学习（人口增长）率；R_1 和 R_2 是他们的退出（死亡）率；β 是市场份额竞争的竞争（重叠）系数（$0 \leq \beta \leq 1$）。

这个公式可以通过引入"有效资源约束"（承载力）来简化：

$$C_i = N_i - \frac{R_i}{k_i} \tag{3c}$$

这里，我们要强调新古典经济学与演化经济学关于技术发展的不同视角。一般均衡模型只考虑封闭经济的特征，如产品生命无限、种类固定的静态模型（Arrow and Debreu，1954）；新古典的动态模型把技术进步描写为随机创新，否认技术革命的突变和波浪式运动，当然也就否定技术革命引发经济危机的可能性（Aghion and Howitt，1992）。相比之下，人口动态学主要考虑以新技术引入新资源和新市场的开放经济。因此，非线性人口动态学更能反映具有间断性技术革命的工业经济。

我们的人口动态学描述了面对新资源时的学习竞争。这里的人口，指的是某种特定技术使用者的数量。新技术的进入和退出速度，我们用学习过程中的进入和退出率来描写。为从数学上简化，我们将学习率设定为二次形式，而退出率设定为线性形式。这意味着技术竞争中，学习机制比退出机制更为重要。

退出率的含义可以在式（3c）中看到。考虑一个农业发展的例子。如果粮食是人口唯一可以获得的食物，那么粮食的退出率 $R_1 = 0$，且 $C_1 = N_1$。然而，如果新食物，假设是土豆，被引入，一部分人口会从粮食转入土豆。因此退出率 $R_1 > 0$，且 $C_1 < N_1$。存在新技术竞争时，有效资源约束会比没有竞争时的原始资源约束要少。换言之，单一技术会导致资源的涸泽而渔。发展多种技术可以降低单一资源的利用率，有利于生态系统的休养生息。

竞争系数 β 用同一资源的重叠比例来度量不同技术的竞争程度。$\beta = 0$ 时两物种之间在市场上或资源上都无竞争。两类技术都独立的完全扩张，直到其规模达到资源所限定的水平。现实的情形要复杂得多，例如农业和渔业在资源上没有竞争，但是在食物市场上会有竞争，因为多吃水产品就少吃了农产品。

在新古典经济学中，相对价格是资源配置的核心。在一个工业化经济中，市场份额是塑造产业结构的核心。我们可以用市场营销和产业分析中的市场份额数据，来估计竞争系数。

技术代谢理论意味着新技术的产生和旧技术的衰落。技术竞争可能产生两种结果：（i）在式（4a）条件下，旧技术被新技术取代；（ii）在式（4b）条件下旧技术与新技术并存。

如果没有第二种技术 n_2 的竞争，当 $n_1 = C_1$ 时，即达到有效承载率极限时，增长率为零。由此有效承载率显示的是物种数量的极限水平，即 n_1 和 n_2 的最大限度。但是，如果存在第二种物种的竞争，那么，资源的有效增长率将如以上公式所示，如果最大限度考虑第二种物种的竞争，即第一种物种的数量接近为 0，忽略 n_1 对自己增长率的影响时，增长率的正负号将取决于（$C_1 - \beta n_2$），而 n_2 的极限数量为 C_2。

$$\beta\left(N_2 - \frac{R_2}{k_2}\right) = \beta C_2 > C_1 = \left(N_1 - \frac{R_1}{k_1}\right) \tag{4a}$$

$$\beta < \frac{C_2}{C_1} < \frac{1}{\beta}, \text{ 此处 } 0 < \beta < 1 \tag{4b}$$

因此，如果新技术的资源约束高出旧技术足够多，新技术将终结旧技术。

两种技术共存时，新旧技术都不能完全开发它们的潜在资源，因为它们的均衡产出小于其资源约束［式（5a）、式（5b）、式（5c）］。创造性毁灭的成本是未实现的（过剩）产能。

$$n_1^* = \frac{C_1 - \beta C_2}{1 - \beta^2} < C_1 \tag{5a}$$

$$n_2^* = \frac{C_2 - \beta C_1}{1 - \beta^2} < C_2 \tag{5b}$$

$$\frac{1}{2}(C_1 + C_2) \leqslant (n_1^* + n_2^*) = \frac{(C_1 + C_2)}{1 + \beta} \leqslant (C_1 + C_2) \tag{5c}$$

例如，如果没有技术 2，技术 n_1 将达到它的完全容量 C_1。技术 n_2 加入市场份额竞争后，技术 n_1 存在两种可能的后果：

（i）技术 1 被技术 2 终结，因此，$n_1 = 0$，$n_2 = C_2$。"创造性毁灭"的成本是旧产能

C_1 的全部损失。这就是在早期发展阶段手工纺织业被机器纺织业毁灭的情况。

（ii）旧技术和新技术并存，结果两种技术都存在过剩产能（$C_1-n_1^*$）>0 且（$C_2-n_2^*$）>0。

这里种群竞争模型描写了市场份额竞争。例如，如果我们有电脑产业主要企业的市场份额数据，我们就可以将我们的模型应用于刻画营销竞争。如果我们有相关数据，我们也可以研究国家之间的军备竞赛。

奈特（Knight, 1921）区分了可预见风险与不可预见的不确定性之间的差别。在新古典计量经济学中风险通过方差衡量。这里，我们拥有两种不确定性：新技术的出现时间和新技术的初始条件。因此，不可预见不确定性的存在，使优化或理性预期不可能存在。路径依赖是技术发展的基本特征（David, 1985; Arthur, 1994）。

凯恩斯经济学对总量有效需求不足的原因，没有给出结构理论。微观基础理论将宏观波动归因于微观家庭的劳动时间，这明显与大数原理不符，因为大量微观家庭的随机行为会互相抵消，不可能加总为大规模的宏观失业（Lucas, 1981; Chen, 2002）。我们的理论构造宏观经济周期的中观基础（meso-foundation）：工业化的技术代谢过程存在过剩产能。过剩产能观测到的成本包括大规模失业，这也就是物理学中典型的废热，或者叫经济熵（Georgescu-Roegen, 1971）。

（三）技术生命周期、逻辑斯蒂小波和代谢增长

产品生命周期的概念广泛用于经济学和管理学的文献（Vernon, 1966; Modigliani, 1976）。我们把生命周期的概念用于分析技术的生命周期。传统上生命周期现象可以描述为多阶段模型。线性动态模型，如协振子无限长的生命周期波动或脉冲式的白噪音模型，都无法描写生命周期，因为生命周期是典型的非线性现象。具有有限生命的逻辑斯

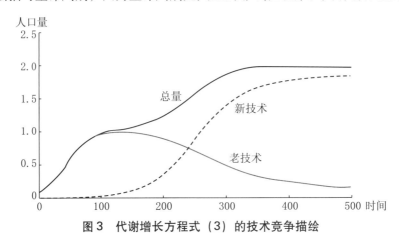

图3　代谢增长方程式（3）的技术竞争描绘

蒂小波是描写技术生命周期最简单的非线性表象。熊彼特的长波和创造性毁灭可以用技术竞争模型的一系列逻辑斯蒂小波来描述。式（3）的数值解用图 3 表示。

当新技术出现后老技术下降。总产量的包络线，是两种技术产出的加总。这里的参数是 $\beta=0.4$，$C_1/C_2=2$。单位在计算模拟中是任意选定的。

小波表象可以用于分析任何产品、企业、技术和国家的生命周期现象（Eliasson，2005）。经济计量学多用离散时间（使用差分方程）的线性动态学模型来描写生命周期（Browning and Crossley，2001）。我们的小波模型是连续时间（使用微分方程）的非线性动态学模型。产品生命周期的逻辑斯蒂小波的时间尺度介于（宏观常用的）几个月到（康德拉季耶夫长波的）几十年之间。

（四）逻辑斯蒂小波四阶段中资本和制度在混合经济下的共生演化（Co-Evolution）

代谢增长模型为资本运动和制度伴随技术波起落的协同演化提供了理论框架。我们可以将逻辑斯蒂波分为四个阶段：I 幼稚期；II 成长期；III 成熟期；IV 衰退期。

新古典理论将资本视为平稳增长的存量，不能解释经济周期和危机复发的内在原因。

小波模型提供了一个资本运动和政策变化的内生机制。

在幼稚期（第 I 阶段），新技术要存活必须跨越某个临界值（survival threshold）。新技术的规模在达到临界值之前难以存活，所以需要知识产权和对外贸易对于幼稚产业的保护。由于此阶段新技术前景具有极大的不确定性，私人投资者往往不愿冒险投资新技术。这使新技术的研发主要由公共部门和非营利的大学发起。例如，互联网和 GPS 系统就是首先由大学和国家实验室为军事目的开发的，后来才转向商业用途。

在成长期（第 II 阶段），新技术显示其市场潜力，私人资本涌入，市场份额迅速扩张，新发行的股票价格飞涨。在这一阶段，市场竞争是市场扩张的驱动力。然而，要维护建设性的竞争环境，安全和环保标准以及金融管制都是必要的。因为羊群行为（herd behavior）可能引发市场扩张期的动荡，如 2000 年的互联网泡沫。

在成熟期（第 III 阶段），企业利润下降，产业集中度提高。垄断竞争可能阻滞新发明的出现。推行反垄断法（anti-trust）有助于防止市场集中和市场操控。我们发现美国在 20 世纪 80 年代推行自由化政策后，在 2000 年前后形成了产业集中趋势，包括电子通信、计算机、软件、航空、银行和零售业都出现寡头垄断。2008 年的金融危机根源于金融寡头挤出实体经济的"美国病"（Johnson，2009；Chen，2010）。

真正的挑战发生在衰退期（第 IV 阶段）。一些夕阳产业挣扎求存或破产终结，过去的投资变成巨大损失。股票价格下跌，融资成本上升。是继续投资救命还是壮士断腕（cut-loss strategy），这样艰难的抉择是老产业面临生死去留的问题。关闭夕阳产业，带来的大规模失业需要政府援助。从夕阳产业到朝阳产业的就业转型也需要协调私人和公共部门之间的合作。英国煤炭产业就是典型的案例，煤炭业是英国 18 世纪工业革命的动力，但在 20 世纪 80 年代，英国煤矿全面亏损不得不关闭许多矿井。政府鼓励幼稚期新技术的推广，重新培训过时技术的失业工人，类似的产业政策和教育政策，对经济复苏当然是有益的。传统的货币政策和凯恩斯主义的财政政策不足以应对这一阶段的结构性调整。社会冲突和战争很可能发生在这一阶段。

同样的道理，制度安排必须适用于技术生命周期不同阶段的要求。单靠市场力量不能确保经济的健康发展，因为技术新陈代谢的过程会产生大量的社会不稳定，并强烈冲击生物的多样性。用交易成本理论来反对监管会误导经济政策，因为工业化过程中生态系统是否可持续发展，不能仅仅通过最小化熵（废热耗散或交易成本的大小）来判断。例如，金融自由化表面上似乎降低交易成本，但是放松对金融投机的监管带来的金融危机，损失超过万亿美元，对实体经济的损害远超过金融市场的交易成本。可见，问题不在于什么大政府还是小政府。真正的挑战在于处理混合经济的复杂性和稳定性时，政府是有效还是无能？市场规制的选择机制是制度演化的核心问题。

四、学习策略中的风险偏好与文化多样性

表 3 显示出资源—人口比例在亚洲和西方国家之间差异很大。我们可以把西方文明的特征描写为节约劳力消耗资源的文化；而亚洲和中国文明的特征则是节约资源消耗劳力的文化。从技术上说，中国有能力在哥伦布之前发现美洲大陆（Menzies，2002）。李约瑟提问：为什么科学和资本主义起源于西方，而不是中国（Needham，1954）？李约瑟问题的答案可以从研究历史上环境与文化之间的相互作用中得到启示（Chen，1990）。

经济学关于利他主义的性质有过激烈的争论（Simon，1993）。我们认为用经验观察的方法很难从动机上区分利他主义与利己主义行为。但是，我们可以容易地观察不同文化的风险偏好，如面对未知市场与不确定机遇时的风险规避（risk aversion）与风险追求行为（risk taking），是可以观察的。

在新古典经济学中，经济风险用静态的概率分布来描写，如赌博输赢的概率；新古典经济学的优化思维不考虑战略决策的问题，因为新古典经济学不研究新技术和新市场带来的不确定性。我们的动态竞争模型引入开放经济中的风险偏好：在面对未知市场或未知的新技术的不确定性风险时，如何做战略决策。奈特（Knight，1921）和凯恩斯

（Keynes，1936）都强调不确定性的作用，它于静态统计学意义上的风险不同。熊彼特提出的企业家精神的概念，在面对不确定性演化而不是静态风险时，才至关重要。

（一）模仿学习（Learning by Imitating）和试错学习（Learning by Trying）：风险规避和风险追求的文化

文化因素在决策和企业战略中起着重要作用。东西方文化"个人主义"的程度存在重大差异。表现在面对新市场和新技术时，风险规避和风险追求的策略是截然不同的。新古典经济学描写的"干中学"（learning by doing）策略并不适用于开放经济，因为它描写的知识积累过程仅限于现有的技术（Arrow，1962）。面对一个新的市场，知识来源于尝试性学习，从演化的视角来看，这是一个试错（trial and error）的过程（Chen，1987）。当然还存在另一种替代策略，就是模仿性学习或从众跟风（following the crowd）。面对新市场或新技术时的风险规避与风险追求偏好可以用图4做直观的表现。

（a）风险规避行为：最小化风险，从众跟风

（b）风险追求行为：最大化机会，离群独立

图4　市场份额和技术进步竞争中的风险规避和风险承担行为

图4中，不同的风险偏好植根于不同的文化背景。面对一个未知的市场，或未经证实的技术时，冒险的投资者喜欢带头创业，以最大化他们的机遇。而风险规避的投资者宁愿观望和跟风，以最小化他们的风险。关键的问题是：哪种企业文化或市场策略能够在极速变动的市场中胜出或存活下来？要回答这个问题，我们需要将文化因素纳入式（3）的竞争动态学之中。

在工业经济中，资源竞争本质上是采用新技术的学习竞争。为了理解文化多样性与资源差异性之间的联系，我们需要在技术（物种）竞争中引入文化因素。原始的逻辑斯蒂模型假定固定的退出率来描述风险中性行为。我们用行为参数 α 来引入非线性的退出率，它是新技术的采用者占人口比率的函数（Chen，1987）。

$$R\left(r,\ \alpha,\ \frac{n}{N}\right) = r\left(1 - \alpha\frac{n}{N}\right)，\text{其中} -1 < \alpha < 1 \tag{6}$$

这里，n 是新技术使用者的数量。

我们可以把退出率常数 r 用来衡量采用新技术时的学习难度，它意味着学起来越难，退出得越快。我们将行为变量作为退出率的要素是为了简化数学描写，因为原始的退出率是线性的，修改后的退出率写为二次项形式，目的在于保持我们的非线性动态模型依然有解析解。如果数学模型太复杂，我们就只能做数字模拟，难以给出简单清晰的场景。

因子 α 是风险偏好的度量。$\alpha>0$ 时，表示风险规避或集体主义的行为；$\alpha<0$ 时表示风险追求或个人主义的行为。在开辟新市场或新技术的初始阶段，很少有人敢于尝试新的市场，这使所有人的退出率相同。然而，当越来越多的人接受新技术时，经营策略变得越来越多样化。风险规避投资者的退出率下降，因为他们感到人多势众、不确定性的风险在减少。但风险追求型企业家在人多时更可能退出，因为他们觉得人越多机会越少。如果我们把风险因子 α 的值从 -1 变到 1，我们就能够描写不同的行为：包括从极端风险规避的保守主义到极端风险追求的冒险主义。

我们要说明的是，保守主义在东西方的含义不同。为了避免误解文化的概念，我们研究学习策略时，将风险规避行为定义为集体主义文化，而风险追求行为则定义为个人主义文化。我们的这个灵感源于人类学的视角。许多观察家把美国富于创新的现象归功于美国的个人主义文化，而把日本快速的技术复制能力归结于它的集体主义文化（Kikuchi，1981）。

（二）节约资源和消耗资源的文化

资源利用率的均衡解是：

$$\frac{n^*}{N} = \frac{\left(1 - \dfrac{r}{Nk}\right)}{\left(1 - \dfrac{r\alpha}{Nk}\right)} \tag{7a}$$

$$n^*_{\alpha<0} < n^*_{\alpha=0} < n^*_{\alpha>0} \tag{7b}$$

式（7b）显示，集体主义族群的资源利用率（$n^*_\alpha > 0$）高于个人主义族群的资源利用率（$n_\alpha^* < 0$）。换言之，个人主义族群比集体主义族群需要更大的生存空间，才能维持一个相同的均衡人口规模 n^*。可以说：个人主义是资源消耗型文化，而集体主义则是资源节约型文化（Chen，1990）。这种文化差异在西方个人主义与东方集体主义之间的对比非常明显。文化差异来源于经济结构与生态约束的差异。资源扩张是理解资本主义起源和工业革命源头的关键（Pomeranz，2000）。

社会学家沃勒斯坦曾观察到一个历史谜团，似乎历史没有理性（Wallerstein，1974）。中世纪中国的人口接近西欧的两倍，但中国的耕地面积则较西欧低得多。如果依据新古典经济学的理性选择理论推测，中世纪的中国应该在空间规模上对外扩张，而欧洲则应当增加人口。但我们观察到的历史与理性选择理论的预测相反。沃勒斯坦用迷惑的口气说：

> 欧洲人在浪费空间。即使是 15 世纪初人口数量如此低的水平上，欧洲人似乎觉得他们的空间不够大……但是如果说欧洲人感到的是空间不够大，那么，中国人感到的就是他们的人口不够多。

我们发现文化战略与农业结构之间的联系，可以解开沃勒斯坦的历史之谜。中国的主食是稻米等谷物，粮食生产是资源节约但是劳力密集型的技术。肉奶食品在欧洲文化中占重要地位，而生产肉、乳的牧农业则是土地密集但是劳力节约型的技术。为应对不断增加的人口压力，中国通过增加劳动投入来增加粮食产量。而欧洲人则通过寻找新的土地来提高其生活水平。这就是为什么中国的哲学强调人与自然的和谐，而西方哲学却惯于征服自然。这是我们对李约瑟问题给出的文化解释。出于同样的原因，我们可以理解为什么亚洲国家的储蓄率远高于西方。防患于未然而不是追求当下享受的观念，深植于中国的文化与历史之中。

在这方面，苏联的文化接近西方个人主义，因为它具有强烈的扩张主义动机。

研究文明史时我们会发现，较之于游牧民和水手，农民更具有集体主义特征。日本文化是高度的集体主义，甚至其城市居民也是如此。然而，日本的外交政策更接近英国，原因在于它是一个具有海事传统的岛国。造船和航海新技术能于现有耕地之外开辟外贸和殖民主义的新资源。所以，日本的民众文化有鲜明的集体主义色彩，但是日本的国家行为极具冒险主义特征，这是日本的环境和历史造成的特点。

（三）市场规模、资源多样性以及规模和范围经济

我们可以很容易地将模型从两种技术（物种）推广到多种技术（物种）。在一个生

态系统中,我们有 L 种技术(物种),其资源限制(承载能力)分别是 N_1,$N_2 \cdots N_L$。规模经济和范围经济可以集成为相互耦合竞争的逻辑斯蒂方程,成为一个非线性的复杂系统。规模经济(市场范围或资源限制)同 N_i 相关,而范围经济可用技术(物种)的数量 L 来描述。分工程度可用物种多样性表示,也就是竞争性技术的共存度。

让我们从只有两种物种的最简单情况开始,用式(8)分析两种技术和文化的竞争(Chen,1987)。

$$\frac{\mathrm{d}n_1}{\mathrm{d}t} = k_1 n_1 (N_1 - n_1 - \beta n_2) - r_1 n_1 \left(1 - \frac{a_1 n_1}{N_1}\right) \tag{8a}$$

$$\frac{\mathrm{d}n_2}{\mathrm{d}t} = k_2 n_2 (N_2 - n_2 - \beta n_1) - r_2 n_2 \left(1 - \frac{a_2 n_2}{N_2}\right) \tag{8b}$$

这里,n_1 和 n_2 分别是技术(物种)1 和 2 使用者的数量。为简单起见,我们只讨论完全竞争下 $\beta = 1$ 的最简单情况。

我们可以用类似解式(2)的方法,来解式(8)。其技术 1 完全替代技术 2 的条件由式(9a)给出,而两种技术共存的条件如式(9b)所示。

$$C_2 > \frac{1 - \dfrac{a_2 r_2}{k_2 N_2}}{\beta} C_1 \tag{9a}$$

$$\frac{\beta}{1 - \dfrac{a_1 r_1}{k_1 N_1}} < \frac{N_2 - \dfrac{r_2}{k_2}}{N_1 - \dfrac{r_1}{k_1}} < \frac{1}{\beta}\left(1 - \frac{a_2 r_2}{k_2 N_2}\right) \tag{9b}$$

(四)环境涨落的影响

接下来的任务是研究环境涨落对系统稳定性的影响。研究随机扰动下非线性动态系统的稳定性问题,可以解郎之万(Langevin)方程与福克—普朗克(Fokker-Planck)方程(May,1974;Chen,1987,2010)。在这里我们只考虑一个简单的例子,即随机扰动只加于某技术 N 的资源约束。实现的均衡规模 X_m 随着环境涨落的幅度变化,我们用方差(σ^2)的大小来刻画环境涨落的幅度。

当

$$\sigma < \sigma_c = \sqrt{\frac{2N}{k}\left(1 - \frac{r}{kN}\right)}$$

有：

$$X_m = N \frac{1 - \dfrac{r}{kN} - \dfrac{k\sigma^2}{2N}}{1 - \dfrac{ra}{kN}} \tag{10a}$$

当

$$\sigma > \sigma_c = \sqrt{\frac{2N}{k}\left(1 - \frac{r}{kN}\right)}$$

有：

$$X_m = 0 \tag{10b}$$

由式（10a）可以看出，假如存在人口规模生存的临界值，则集体主义在外部冲击下的生存机会更好，因为它比个人主义的人口规模更大。

式（10a）还告诉我们，环境涨落会降低平衡态的资源限制。式（10b）显示的是：当波动幅度超过临界值时，该技术（物种）将会灭亡。这就是为什么历史上的古老文明会因自然灾害或战争而消失。经济发展需要社会稳定。

如果考虑许多技术（物种）都面临环境涨落时，我们会意识到生物多样性的重要性。区域专业化生产等价于提高风险的集中度。农业的规模生产加剧了化肥和农药的应用。换言之，发展范围经济才有助于维护生物的多样性。这是我们的物种竞争理论与新古典经济学的优化理论的重大差别。新古典经济学片面强调规模经济的经济效益，演化经济学强调规模经济和范围经济之间的辩证关系。因为短期的经济效益不等于生物多样性的生态可持续性。片面追求货币财富会最终毁灭地球的生态财富。

（五）稳定性与多样性之间的消长（Trade-off）关系和一般斯密定理

考虑多种技术共存时的更一般的情况，增加技术的种类数会降低系统的稳定性（May，1974）。在多样性和稳定性之间存在鱼和熊掌不可兼得的消长关系。斯密没有意识到在引入新的资源和新的市场时，科学和技术的重要性因为他所处的时代工业革命还刚起步。我们把原来的斯密定理从分工受市场规模的限制，推广到更普遍的一般斯密定理（Chen，2005，2010），表述为：

分工受市场范围（资源约束）、生物多样性（资源种类数目）和环境涨落（社会稳定性）的三重限制。

我们可以比较新古典经济学与演化经济学的不同演化观。新古典增长模型用线性随机动态学方法建模，得到的是单向演化：要么收敛（例如外生增长论的模型），要么发散（例如内生增长论的模型）。我们非线性演化动态学的分工模型展示的是双向演化（或叫共生演化）过程，例如环境涨落小，技术创新发现的新资源不断增加时，分工系统会从简单向复杂演化，这是过去工业革命三百年间观察到的发展趋势；假如环境涨落大，战争与灾害频繁，技术进步停滞，则分工的趋势会从复杂变为简单，中世纪罗马帝国瓦解后的欧洲就是如此。即使在当今时代，工业社会、传统社会与原始部落依然可能并存，原因在于人口、环境和技术之间的相互作用。换言之，新古典经济学描写的是封闭优化过程中的单向演化，才会对现代化有"普世价值"的信仰。演化经济学观察到的是开放竞争下系统多样演化的过程，社会的经济发展不能超越生态环境的约束。这是当代资本主义危机最严重的教训。

（六）个人主义与集体主义的竞争格局和熊彼特创造性毁灭的动态图景

西方经济学有一种流行观念，认为个人主义比集体主义优越，因为个人主义在技术竞争上更具创新性。问题是，完全竞争条件下存在如下三种而非一种可能性：

（i）两个族群都是个人主义。依据式（9b），两种个人主义的族群可以共存。个人主义族群之间的竞争会提高系统的多样性。古希腊和文艺复兴时期意大利的城邦就是典型的例子。

（ii）两个族群都是集体主义。基于式（9b），两个集体主义族群不能共存。唯一的结果是一个取代另一个。这就是中国历史上农民战争和朝代更迭（dynastic cycles）的故事。因此完全的集体主义社会难以发展分工。

（iii）个人主义和集体主义竞争。这是竞争不确定性博弈的一般情况。这是集体主义族群与个人主义族群的混合经济。一个有趣的特征是，混合系统较之两个个人主义组成的自由化系统更具稳定性。这一结论可以推广至两个以上族群的情况。比较盎格鲁—撒克逊的两党制与欧洲大陆的多党制，就会发现保守与自由的两党制格局比多党制稳定。我们的文化竞争模型比新古典模型更具丰富的文化多样性。

当个人主义族群与集体主义族群竞争时，会发生什么结果？可能是两者共存，也可能一个族群取代另一个族群，竞争结果取决于它们的资源限制、学习能力和文化因素。对于这种情况我们要多讨论一下。

如果两个族群具有相同的资源（$N_1 = N_2$），那么，集体主义族群会取代个人主义族群。如果我们比较式（8a）和式（3a），即使 $C_2 \leqslant C_2$，当 $\beta \approx 1$，且 $0 < \alpha_2 \approx 1$ 时，集体主义的后来者也可能击败个人主义的领先者。日本和中国分别于 20 世纪 70 年代和 21 世纪

第一个十年追上西方国家的历史可以证实我们的分析。因为集体主义文化可以在赶超博弈（catching-up game）中集中资源来击败竞争对手。产业政策的成败取决于政府动员战略资源用于新兴技术的能力，这是赶超博弈中模仿性学习的典型做法。

相比之下，个人主义的生存战略在于探索更大的资源或学习得更快。如果我们将企业家精神视为风险追求的文化，我们会得到与熊彼特（Schumpeter，1939）类似的结论：那就是社会主义（集体主义）与资本主义（个人主义）之间的竞争，资本主义的生存在于创造性毁灭的机制。一旦创新无法发现新的更大的资源，个人主义族群将在现有市场上输给集体主义。我们观察到的经济中心兴衰变迁的图景，和内生增长理论截然不同。内生增长理论假定先行者会永远统治后来者，这种持续的贫富分化在历史上并不存在。如果我们有相关的数据，我们的学习策略模型同样可以用来研究军备竞赛和公司战略。

五、方法论和哲学问题

在方法论和哲学上有几个问题需要讨论。凯恩斯（Keynes，1936）曾经指出："古典理论家如同一个非欧几何世界中的欧氏几何学者，他们从经验上观察到看来平行的直线经常相交，就指责这些直线没有走对，他们以为这是治疗这些偶然事件的唯一方案。但实际上，更好的方案是放弃欧氏几何的平行线公理，转而采用非欧几何。除此之外再无其他纠正的方案。对于经济学来说也必须进行类似的变革。"换言之，凯恩斯主张经济学的范式变革，才能解决理论脱离实际的矛盾。①

我们提出的人口动态学就是可以取代新古典经济学优化方法的理论框架。这一范式转变将引发一系列问题的革命性变革。我们分别来加以讨论。

（一）实体经济和货币经济

新古典增长理论是一个以资本和人口为经济增长驱动力的货币系统。我们的人口动态学是资源和人口在经济增长中发挥关键作用的实体系统。理论问题在于实体与虚拟（货币）经济之间的关系。

我们和实际经济周期学派（real business cycle，RBC）的分歧在于技术变革的本质。实际经济周期学派把技术进步描写为没有资源限制的随机游走（Kydland and Prescott，1982），而我们把技术进步描写为资源约束下的逻辑斯蒂小波。

---

① 凯恩斯这里用牛顿力学过渡到爱因斯坦的广义相对论的例子，来比喻古典经济学必须过渡到凯恩斯经济学。牛顿力学满足的是平直空间的欧氏几何，欧氏几何的平行线公理假设在一点只能画一条已知直线的平行线。但是爱因斯坦发现引力场满足的是弯曲空间的非欧几何，平行线公理不成立，过一点可以做多条平行线。凯恩斯用欧氏几何来比喻古典经济学的均衡理论，用非欧几何来比喻凯恩斯的非均衡理论。

历史上，古典经济学的核心概念从对土地、人口和资本的研究开始。但新古典经济学的发展，使经济理论的虚拟化变本加厉。2008 年金融危机的重要教训是，发达国家虚拟经济过度扩张是极为危险的（Johnson，2009；Chen，2010）。依据国际清算银行（Bank of International Settlement）的数据，2012 年 10 月衍生市场规模达 632.6 万亿美元，接近全球生产总值的 9 倍或美国 GDP 的 40 倍。经济理论的虚拟化与美国经济的虚拟化之间，存在危险的关联。

（二）均衡和非均衡的经济机制

最优化方法只能用于封闭经济的均衡系统。这是内生增长理论一般均衡模型的根本问题，因为封闭系统不可能描写知识积累。在新古典经济学中，价格是形成市场均衡的核心机制。问题是一般均衡模型中代表性企业的利润必须为零。这意味着在封闭经济的一般均衡条件下资本不能增长。显然，内生增长的微观基础理论无法解释资本积累和技术进步并不自相矛盾的问题（Chen，2002）。

我们的代谢增长论没有把价格因素引入人口动态学。理由是市场份额竞争是非均衡的系统，不存在唯一的（线性）价格。我们在本文第三节第（四）小节中指出，利润机会主要存在于成长期（第 II 阶段）。然而，利润指标的选择是短期利润与长期市场份额之间的战略权衡。在未来市场份额和竞争者战略未知的条件下，我们无法计算利润的最优值。这就是为什么在技术竞争中，远见—战略远比成本—利润更为重要的原因，因为技术变革的不确定性与机遇密切相关。只有没头脑的傻瓜才会相信短期利润最大化是求胜之道。资本损失主要发生在衰退期（第 IV 阶段）。2008 年金融危机的损失估计高达 13 万亿美元。新古典理论资本增长的平稳图景，用线性均衡的视角抽象掉了技术进步的不确定性。我们的理论对于企业行为的理解，比新古典模型要现实得多。换言之，现实经济没有任何案例可以证明新古典经济学宣称的"边际成本定价"。相反，大量战略定价和营销实践的案例支持我们分析市场份额竞争的理论框架（Shaw，2012）。

均衡陷阱的另一个例子是美联储主席本·伯南克倡导的所谓"再平衡"战略。中国以非均衡战略应对 2008 年金融危机远比发达国家有效。非均衡发展的方法是大规模投资基础设施，例如投资高速铁路、新能源和新材料等新技术。美国国会拒绝任何结构改革，一心一意地依赖美联储印钞来给病入膏肓的经济输血而非造血。欧盟和日本用紧缩财政政策和货币政策处理债务危机，效果有限。

新古典经济学和凯恩斯主义经济学都很少关注经济结构。储蓄投资理论向下倾斜的 IS 曲线在开放经济的非均衡条件下是不成立的。在全球化时代，如果你降低利率，将有三种而非一种可能：第一种可能只对有增长前景的健康经济体成立，即降低利率将增加投资和生产；第二种可能是经济前景不确定的动荡经济体，投资者宁可持有现金或还债也不敢投资；第三种可能是继续衰退的经济体，低利率会导致资本外逃，流向有更高回报前景的外国经济体。现实经济中并不存在新古典经济学所提出的简单线性决定论的关系。我们（Chen，1996，2005，2008）早就从宏观和金融的指数运动中发现色混沌（color chaos）的广泛证据，证明经济体的运动是高度复杂的非线性运动。新古典宏观经济学的 IS-LM 体系所描写的线性因果关系，纯属具有经济复杂性的非均衡世界中，用欧氏几何构造的均衡幻象，在非欧几何的世界中并不存在（Chen，2010）。

（三）线性和非线性的思维方式

线性思维是新古典增长模型的普遍特征。罗伯特·索洛不仅清楚这一症状，还知道新古典增长理论的病因（Solow，1994）。例如，规模报酬递增导致爆炸式增长的经济（explosive economy），而规模报酬递减将产生收敛趋势。问题是历史数据没有出现如此简单的线性发展趋势。阿格因和豪伊特的"创造性毁灭"模型（Aghion and Howitt，1992）假设每项创新都要毁灭先前的技术；实际上，很多创新是对早先技术的补充。干中学模型干脆忽略了研发（R&D）的重要性。新古典经济学模型的共同缺陷在于简单化的线性思维。如果我们引入非线性的思维方式，即使采用最简单的逻辑斯蒂模型，所有新古典增长模型的麻烦都会迎刃而解。例如，熊彼特的"创造性毁灭"并不意味着新旧技术无法并存。如果竞争参数较小，技术竞争将会出现互补的作用。

所有技术或产业都有其生命周期，更准确的数学表象是小波，典型的例子是海上的每个浪头都是有生有灭的小波。例如我们考察发达国家的纺织业，它们无疑处于成熟期。如果你继续在发达国家投资纺织业，资本报酬当然是递减的；但是如果你投资亚洲的纺织业，就可能获得递增的资本报酬。在 20 世纪七八十年代，随着低技术从先进国家向落后国家转移，资本回报率呈现下降的收敛趋势。然而，20 世纪 90 年代电脑和互联网产业在西方的兴起改变了国际资本的流向，对外直接投资转回发达国家，以追逐新技术在增长期出现的资本回报递增的机遇。我们在 20 世纪 90 年代观察到富国与穷国间重新呈现两极化的发散趋势。为什么中国在 20 世纪 90 年代和 21 世纪的最初 10 年能在制造业迅速追上了"亚洲四小龙"经济体？基本原因就在于中国的经济规模和市场规模远远大于"亚洲四小龙"和其他东亚经济体。

新古典增长理论关于经济增长的政策令人困惑。外生增长理论强调人口增长和资本积累的作用，内生增长理论更强调知识资本。他们都未能明白，这些因素其实都是双刃剑。超过适度的增长范围，人口、资本或知识的增长不一定能促进经济的健康成长。下面我举两个亲身观察的例子。

2012 年夏天我访问埃及时发现，中东目前的社会动乱根源于阿拉伯国家在人口高速增长的同时，粮食供给不足，从而造成知识青年的高失业率。埃及人口增长率 4 倍于中国，但 GDP 增长率仅为中国的 1/4。早从罗马帝国开始，埃及就是向欧洲出口的粮食生产基地，而现在埃及却成为美国的粮食进口大国。按照新古典经济学的增长理论，埃及的高人口增长率和高教育普及率加上自由贸易政策，应该带来经济繁荣。但是实际上，埃及的市场经济并没有克服埃及经济的结构性问题。原因是埃及并未像中国那样投资计划生育和农田灌溉工程，尼罗河水的利用率很低。无论埃及是军事政权还是民选政府，他们都无法在短期内解决人口和资源的矛盾问题。新古典经济学忽视人口与资源的约束关系，从而在实践上导致了社会动乱的严重后果。不解决粮食问题，搞什么民主或军事专制，都不能解决民生问题。宗教矛盾只是经济问题的表面现象。

美国经济则面临另一个问题。新古典内生增长理论广为宣传的知识积累和教育水平并未促进美国产业的国际竞争力。依据中央情报局（CIA）的数据，美国、英国和西班牙的平均教育年限是 17 年，德国是 16 年，中国和埃及是 12 年。依据内生增长理论，你会期望美国的制造业比德国与中国更有竞争力。然而，苹果公司前总裁史蒂夫·乔布斯在 2012 年曾当面直率地告诉奥巴马，美国制造业无法与中国竞争，苹果公司设计的产品不得不外包给中国生产，原因是美国教育不再大规模培养制造业短缺的中级工程师（Barboza et al., 2012）。中国也曾面临技术工人和技术人员短缺的问题。中国政府的解决办法是引进德国技术教育体系，不完全照抄美国的高等教育体制，才有中国制造业的崛起。

换言之，在经济学中，知识结构比知识总量更重要。在增长理论中引入非线性的互动机制来取代新古典的单向作用机制，我们才能提出更好的经济政策，来实现经济增长和民生改善。

（四）理论模型与计算机模拟

理论模型和计算机模拟是两种常用的理论研究方法，但是两者在方法论上有很大差别。理论建模的目标在于从大量观察中抽象出一般的特征，其代价在于牺牲掉若干次要的细节；然而，计算机模拟的目标与理论建模相反，计算机模拟特定对象的细节越多越好，所付的代价是难于推广至其他对象。换言之，理论追求结论的普遍性、一般性，而计算机模拟追求具体性和特殊性。

就方法论而言，我们的市场份额竞争模型构造的是一般性的理论框架，而系统工程学和计量经济学则是两种不同的计算机模拟方法（Forrester, 1961；Meadows et al., 2004）。计算机模拟的竞争用经验数据的拟合程度来检验；科学理论的竞争用可控制的实验来检验。在经济学中，可控实验的规模和范围受到经费的限制。所以，历史上经济学派不同思路的检验主要靠历史事件或历史趋势来定优劣。例如，大萧条动摇了"看不见的手"即自稳定市场的信念，凯恩斯经济学得以崛起并取代古典经济学成为英美的主流经济学。卢卡斯的微观基础和理性预期理论流行于 20 世纪 70 年代滞胀时期，但 2008 年的金融危机给其以重大打击。

外生增长理论于 20 世纪 50 年代赢得大量关注，那是"二战"后美国的黄金时代。内生增长理论在互联网兴起时诞生，引发所谓新知识经济的热潮。美国干预伊拉克的战争失败和 2008 年金融危机，使大家注意到全球化时代依然有许多国家处于贫困陷阱，人们开始质疑经济增长的收敛论和发达经济体的可持续性。我们的代谢增长论是把经济学和世界史的新思维，用数理模型来加以表述。从世界观而言，我们对当代问题的观点更接近人类学家和历史学家的观察：气候和环境的变化塑造了不同文明的历史。这也是达尔文和马克思的历史观。

六、结 论

技术进步和资源开发是工业经济成长的动力。如何理解技术、资源和人口之间的动态互动，是经济学和历史学研究的根本问题。新古典经济学的内生和外生增长理论都将抽象的资本视为经济增长的动力，忽略了资源的决定性作用。在这点上，新古典增长理论和斯密、马尔萨斯等古典经济学家相比，在数学形式上似乎引入优化论的进步，但在经济思想上是一大倒退。因此，新古典经济学的增长理论很难理解发展机制、环境危机和反复出现的经济周期。

在 2008 年金融危机中，没有结构改革的货币政策与财政政策对发达国家的危机处理效果不大。中国和新兴经济体的崛起主要来自技术进步和结构调整（Chen，2010）。经济周期波动和世界格局变化的主要原因是技术小波的影响；市场心理和货币运动对实体经济的影响是次要因素。这是 2008 年大衰退给我们的主要教训，和 20 世纪 30 年代大萧条的教训有很大不同。凯恩斯、哈耶克和弗里德曼经济理论的共同局限在于，他们都忽视了技术革命浪潮的冲击会改变全球竞争的格局以及经济强权的兴衰。

我们从人口动态学出发的研究回归到亚当·斯密和托马斯·马尔萨斯的核心思想，即劳动分工受市场规模和资源承载力的限制。这也是现代化和当代生态危机的基本教训。非线性人口动态学可以替代经济动态学的理论框架。我们的几个工作突破了新古典增长理论的局限。

第一，工业化可以描述为新资源和新市场的系列发现。物质财富同时取决于规模经济（资源承载力）和范围经济（资源种类数目）。因此，人类社会的物质财富与生物多样性同样密切相关。不加节制的自由资本主义的最大后果是破坏了地球几亿年来积累起来的生态资源，并最终可能危及人类的生存。

第二，熊彼特长达几十年的长波（也叫康德拉季耶夫周期）和"创造性毁灭"的创新过程，都可以由人口动态学中技术小波的起落来描写（Schumpeter，1934，1939，1950）。我们从宏观与金融指数的增长波动中观测到，非线性增长趋势和不规则增长波动的叠加可以解释为逻辑斯蒂小波的包络线（Prigogine，Allen and Herman，1977），这使我们能在产业兴衰的技术小波和宏观总量的经济波动之间建立起联系。换言之，我们找到了宏观波动的中观产业基础。

第三，结构性失业源于技术竞争造成的产能过剩。不同于经济周期的微观基础，这是宏观失业和经济周期的中观基础（Lucas，1981；Chen，1996a，1996b，2002）。我们发现结构性失业的另一个来源是生物多样性的减少，而生物多样性是实现充分就业和可持续发展的必要条件。

第四，我们更好地理解知识的本质和经济增长的非线性规律。新古典经济学的外生增长理论把技术进步视为一系列的随机扰动。新古典经济学的内生增长理论宣称知识增长是简单的积累过程。我们揭示出知识发展新陈代谢的本质，是科学革命造成现代的技术。科学思维的范式变革和间断性的技术发展表明（Kuhn，1962），科学和技术发展的方式像小波的兴衰。小波运动的特点和新古典模型的随机游走（random walk）完全不同。随机噪声没有频率和周期的特点，而小波可以描述任何生命体和经济体生老病死的变化，即常说的生命周期。而随机噪声是没有生命的背景涨落。从非线性的视角出发，我们能够看到技术生命周期中不同阶段动态的收益变化，并理解组织和制度的共生演化（co-evolution）。

第五，我们把文化因素引入学习竞争。风险追求的个人主义和风险规避的集体主义是市场份额竞争下不同的竞争策略。历史上不同的分工模式的形成和资源约束与文化差异都有关系。世界文化的多样性来源于生存环境的多样性。这是新古典经济学宣扬的普适价值论和演化经济学倡导的多元价值论不同的原因。新古典经济学的实质是把英美文化的特殊经验夸大为人类社会的普遍经验。但是新古典经济学的世界观违背达尔文生物演化论的基本观念。

第六，我们发展了一般斯密定理。在亚当·斯密所处的时代，工业革命才刚刚开始，斯密只注意到分工受市场规模的限制。当代的历史经验让我们认识到分工受市场规模、资源种类和环境波动这三重限制。新古典经济学单纯强调稳定性的作用。我们发现系统稳定性和系统复杂性之间存在鱼和熊掌不可兼得的此消彼长的关系。经济演化是双向演化的动态过程，其发展方向是非均衡的多样，而不是均衡下的趋同。

最后，我们提出的复杂演化动态学，为建立经济学的统一理论奠定了基础。新古典经济学的各个分支是互相矛盾的，因为新古典经济学家企图用线性理论来描写非线性的现象，结果是：静态的微观经济学没有产品的创新和生命周期；加总而没有结构的宏观经济学无法应对结构性的经济危机；基于布朗运动的金融经济学排除了金融危机的可能性；只讲交易不讲组织的制度经济学难以理解混合经济的不同组织产生和演化的规律。我们注意到没有微观经济学无法理解利润率的变化，封闭的宏观经济学无法理解国际竞争对一国经济政策的制约，基于无套利机会的金融理论实际上为金融投机挤出实体经济打开了大门，新制度经济学也难以理解市场经济内生的不稳定性和政府在混合经济中的作用。我们指出新古典经济学的优化框架不适应于工业经济，因为汉密尔顿函数（hamiltonian function）的优化理论只对封闭系统成立。而工业化和现代化的本质是开放系统中开发资源的竞争过程，创新的不确定性无法用已有技术下的优化策略来处理。新古典经济学流行的基本概念，例如完全信息、理性预期、噪声驱动周期、零交易费用、无限寿命、IS 曲线、长期均衡和无限增长等等，都违反物理学基本定理，是在现实不存在的乌托邦（Chen, 2005, 2007, 2008, 2010）。因为人是具有生命周期和相互影响的社会动物，理性人的概念和人的社会性不能兼容。我们建立非线性振子模型来描写宏观经济中观察到的色混沌和复杂周期（Chen, 1987, 1996）；我们用生灭过程来处理宏观与金融的随机涨落（Chen, 2002）；我们用逻辑斯蒂竞争模型来描写代谢增长（Chen, 1987）。我们发展的人口动态学模型可以处理开放经济的经济耗散系统。小波表象和非线性振子模型是我们构建经济学统一理论的基石，用统一的演化经济学视角讨论微观、中观、宏观和制度经济学的复杂演化动态学行为。新兴的复杂科学对研究非线性动态学和非均衡机制提供了新的工具（Nicolis and Prigogine, 1977；Prigogine, 1980, 1984），这些工具是对经济发展和社会演化理解的重大突破。

以哈耶克为代表的演化经济学家们一度认为，经济演化太复杂了，所以很难用数学语言把演化论思想模型化（Mirowski, 1989）。这一观念在复杂科学时代不复存在。新古典经济学理论缺乏历史观念，因为他们的模型是线性和均衡的。真实的历史发展可以用非线性和非均衡的动态学来描述。研究的关键是建立理论与观察之间的联系。

致　谢

作者感谢 Peter Allen、Wolfgang Weidlich、Edmond Phelps、Joseph Stiglitz、James Gal-

braith、Ulrich Witt、Wolfram Elsner、Andreas Pyka、Laura Tyson、林毅夫、史正富、李维森、孟捷、唐毅南、李华俊和 Vivian Chen 提供的有启发的讨论。

参考文献

Aghion P., Howitt P., 1992, "A Model of Growth Through Creative Destruction", *Econometrica*, 60（2）：323-351.

Aghion P., Howitt P., 1998, *Endogenous Growth Theory*, MIT Press, Cambridge.

Arthur W.B., 1994, *Increasing Returns and Path Dependence in the Economy*, University of Michigan Press, MI：Ann Arbor.

Arrow K.J., 1962, "The Economic Implications of Learning by Doing", *Review of Economic Studies*, 39：155.

Arrow K.J., Debreu G., 1954, "Existence of an Equilibrium for a Competitive Economy", *Econometrica*, 22（3）：265-290.

Ayres R.U., 1989, *Technological Transformations and Long Waves*, International Institute for Applied Systems Analysis, Austria：Laxenburg.

Barboza D., Lattman P., Rampell C., 2012, "How the U.S. Lost Out on iPhone Work", *New York Times*, Jan. 21, Jan. 24.

Browning M., Crossley T.F., 2001, "The Life-Cycle Model of Consumption and Saving", *Journal of Economic Perspectives*, 15（3）：3-22.

Chen P., 1987, "Origin of the Division of Labor and a Stochastic Mechanism of Differentiation", *European Journal of Operational Research*, 30：246-250.

Chen P., 1990, "Needham's Question and China's Evolution：Cases of Non-equilibrium Social Transition", in Scott G ed., *Time*, *Rhythms and Chaos in the New Dialogue with Nature*, chapter 11, pp.177-98, Iowa State University Press, Iowa：Ames.

Chen P., 1996, "A Random Walk or Color Chaos on the Stock Market? Time-Frequency Analysis of S&P Indexes", *Studies in Nonlinear Dynamics & Econometrics*, 1（2）：87-103.

Chen P., 2002, "Microfoundations of Macroeconomic Fluctuations and the Laws of Probability Theory：The Principle of Large Numbers v.s. Rational Expectations Arbitrage", *Journal of Economic Behavior & Organization*, 49：327-344.

Chen P., 2005, "Evolutionary Economic Dynamics：Persistent Business Cycles, Disruptive Technology, and the Trade-off Between Stability and Complexity", in Dopfer K ed., *The Evolutionary Foundations of Economics*, Chapter 15, pp.472-505, Cambridge University Press, Cambridge.

Chen P., 2007, "Complexity of Transaction Costs and Evolution of Corporate Governance", *Kyoto Economic Review*, 76 (2): 139-153.

Chen P., 2008, "Equilibrium Illusion, Economic Complexity, and Evolutionary Foundation of Economic Analysis", *Evolutionary and Institutional Economics Review*, 5 (1): 81-127.

Chen P., 2010, *Economic Complexity and Equilibrium Illusion: Essays on Market Instability and Macro Vitality*, Routledge, London.

Darwin C., 1859, *On the Origin of Species, by Means of Natural Selection, or the Preservation of Favoured Races in the Struggle for Life* (1st ed.), London: John Murray, London.

Dasgupta D., 2010, *Modern Growth Theory*, Oxford University Press, Oxford.

Daly H., Farley J., 2010, *Ecological Economics: Principles and Applications.* Island Press.

David P.A., 1985, "Clio and the Economics of Qwerty", *American Economic Review* (Papers and Proceedings) 75: 332-37.

Day R.H., 1982, "Irregular Growth Cycles", *American Economic Review*, 72: 404-414.

Eliasson G., 2005, *The Birth, the Life and the Eeath of Firms*, The Ratio Insitute, Stockholm, 2005.

Forrester J.W., 1961, *Industrial Dynamics*, MIT Press, MA: Cambridge.

Georgescu-Roegen N., 1971, *The Entropy Law and Economic Process*, Harvard University Press, MA: Cambridge.

Goodwin R.M., 1967, "A Growth Cycle", in Feinstein CH ed. *Socialism, Capitalism and Economic Growth*, Cambridge University Press, MA: Cambridge.

Johnson S., 2009, The Quiet Coup, *Atlantic*, 303 (4): 46-56, (2009).

Keynes J.M., 1936, *The General Theory of Employment, Interest, and Money*, Macmillan, London.

Kikuchi M., 1981, "Creativity and Ways of Thinking: The Japanese Style", *Physics Today*, 34: 42-51.

Knight F.H., 1921, *Risk, Uncertainty and Profit*, Sentry Press, New York.

Kurz H.D., 2012, *Innovation, Knowledge, and Growth: Adam Smith, Schumpeter, and Moderns*, London: Routledge.

Kuhn T., 1962, *The Structure of Scientific Revolutions*, University of Chicago Press, Chicago, 1962.

Kydland F.E., 1995, *Business Cycle Theory*, E. Edgar.

Kydland F.E., Prescott E.C., 1982, "Time to Build and Aggregate Fluctuations", *Econometrica*, 50 (6): 1345-1370.

Lucas R.E. Jr., 1981, *Studies in Business-Cycle Theory*, Cambridge: MIT Press.

Lucas R.E. Jr., 1988, "On the Mechanics of Economic Development", *Journal of Monetary Economics*, 22: 3-42.

Maddison A., 1998, *Chinese Economic Performance in the Long Run*, OECD, Paris.

Maddison A., 2007, *The World Economy: A Millennial Perspective/Historical Statistics*, OECD: Development Center Studies.

Malthus T. R., 1798, *An Essay on the Principle of Population*, London, 1798.

May R.M., 1974, *Stability and Complexity in Model Ecosystems*, Princeton University Press, NJ: Princeton.

Meadows D.H., Randers J, Meadows DL, 2004, *Limits to Growth: The 30-year Update*, Chelsea Green.

Menzies G., 2002, 1421, *The Year China Discovered the World*, Morrow.

Mirowski P., 1989, *More Heat than Light*, Cambridge University Press, Cambridge.

Modigliani F., 1976, "Life-Cycle, Individual Thrift, and the Wealth of Nations", *American Economic Review*, 76 (3): 297-313.

Morris I., 2010, *Why the West Rules-for Now*, Farrar, New York (2010).

Needham J., 1954, *Science and Civilization in China*, Vol. I, Cambridge University Press, Cambridge.

Nicolis G., Prigogine I., 1977, *Self-Organization in Nonequilibrium Systems*, Wiley, New York.

Pianka E.R., 1983, *Evolutionary Ecology*, 6th Ed. Benjamin Cummings.

Pomeranz K., 2000, *The Great Divergence: China, Europe, and the Making of the Modern World Economy*, Princeton University Press, Princeton.

Prigogine I., 1980, *From Being to Becoming: Time and Complexity in the Physical Sciences*, Freeman, San Francisco.

Prigogine, Ilya., 1984, *Order Out of Chaos*, Bantam, New York.

Prigogine I., Peter M.A., Herman R., 1977, "Long Term Trends and the Evolution of Complexity", in Laszlo E ed., *Goals in a Global Community: A Report to the Club of Rome*, Pergamon Press, Oxford.

Romer P.M., 1986, "Increasing Returns and Long-Run Growth", *Journal of Political Economy*, 94: 1002-38.

Rostow W.W., 1990, *The Stages of Economic Growth*, 3rd ed. Cambridge University Press, Cambridge.

Samuelson P.A., 1971, "Generalized Predator-Prey Oscillations in Ecological and Economic Equilibrium", *Proc. Nat. Acad. Sci. U.S.A*, 68 (5): 980-983.

Schumpeter J.A., 1934, *The Theory of Economic Development*, Harvard University Press, Cambridge.

Schumpeter J.A., 1939, *Business Cycles, a Theoretical, Historical, and Statistical Analysis of the Capitalist Process*, McGraw-Hill, New York.

Schumpeter J.A., 1950, *Capitalism, Socialism and Democracy*, 3rd ed., Harper, New York.

Shaw, E., 2012, "Marketing Strategy: From the Origin of the Concept to the Development of a Conceptual Framework", *Journal of Historical Research in Marketing*, 4（1）: 30-55.

Simon H.A., 1993, "Altruism and Economics", *American Economic Review*, 83（2）: 156-161.

Smith A., 1776, *The Wealth of Nations*, Liberty Classics, Indianapolis.

Solow R.M., 1957, "Technical Change and the Aggregate Production Function", *Review of Economics and Statistics*, 39（3）: 312-320.

Solow R.M., 1994, "Perspectives on Growth Theory", *Journal of Economic Perspectives*, 8（1）: 45-54.

Stigler G.J., 1951, "The Division of Labor Is Limited by the Extent of the Market", *Journal of Political Economy*, 59: 185-193.

Toffler A., 1980, *The Third Wave*, William Morrow, New York.

Vernon R., 1966, "International Investment and International Trade in the Product Cycle", *Quarterly Journal of Economics*, 80（2）: 190-207.

Wallerstein I., 1974, *The Modern World System I, Capitalist Agriculture and the Origin of the European World-Economy in the Sixteenth Century*, Academic Press, New York.

部门内企业的代谢竞争与价值规律的实现形式：一个演化马克思主义的解释[*]

部门内企业的代谢竞争与价值规律的实现形式：一个演化马克思主义的解释[*]

部门内企业的代谢竞争与价值规律的实现形式：一个演化马克思主义的解释[*]

孟　捷　冯金华

在马克思的理论中，部门内竞争是在"特殊的资本主义生产方式"的基础上展开的。而这种"特殊的资本主义生产方式"，依照马克思的假设，对同属一个部门的不同企业而言是同质的。在本文中，我们试图把演化经济学的视角纳入马克思的理论，提出以组织知识的专有性为中介，不同企业可以采用不同的技术、或不同的生产方式来生产属于一个部门的产品。在此基础上，就会形成一个部门内竞争的动态层级结构，它不同于马克思的原有模型所模拟的动态平面结构，更不同于新古典的静态平面结构。相应地，部门内竞争也转化为不同企业之间以各自产品的性价比为前提的市场份额竞争，即所谓代谢竞争。

本文由以下各节组成。第一节回顾马克思的理论，指出在马克思的竞争理论里存在着一些未曾明言、但却起着重要作用的假设，并在演化经济学的基础上，探讨修改这些假设的可能性和必要性。第二节讨论了部门内竞争的动态层级结构的概念，并与新古典的静态平面结构和马克思的动态平面结构相比较。第三节分析这种新的层级结构会给价值规律的实现形式带来哪些变化。为此我们构建了一个正式的模型，把价值决定的两个规定，即第一种社会必要劳动和第二种社会必要劳动结合起来，以解释性价比互有差异的不同产品其价值是如何被决定的。第四节在劳动价值论的视野内，利用逻辑斯蒂模型分析了代谢竞争的一些特点，并以不同企业产品的价值转移率来界定企业的竞争优势。最后一节是结语。

一、组织知识的专有性与部门内竞争

在《资本论》第一卷，马克思以很大篇幅研究了资本主义生产方式从工场手工业到机器大工业的过渡。马克思将立足于机器大工业的资本主义生产方式名之为"特殊的资本主义生产方式"。这里"特殊的"一词还可译为"特有的"或"专有的"。"特殊的资

---

* 原文载《经济研究》2015年第1期，略有改动。作者单位：孟捷，复旦大学；冯金华，上海财经大学。

本主义生产方式"不同于以往生产方式的地方，不仅在于使用了机器，而且在于机器本身也是以大工业的方式来生产的。① "特殊的资本主义生产方式" 为相对剩余价值生产（即以生产率进步为前提的剩余价值生产）提供了技术基础。

植根于机器大工业的特殊的资本主义生产方式的崛起，同时也改变了知识的性质，以及知识的生产和利用方式。马克思曾以如下生动的笔触描绘了这一变化：

> 很能说明问题的是，各种特殊的手艺直到十八世纪还被称为：mysteries（秘诀），只有经验丰富的内行才能洞悉其中的奥妙。这层帷幕在人们面前掩盖起他们自己的社会生产过程，使各种自然形成的分门别类的生产部门彼此成为哑谜，甚至对每个部门的内行都成为哑谜。大工业撕碎了这层帷幕。大工业的原则是，首先不管人的手怎样，把每一个生产过程本身分解成各个构成要素，从而创立了工艺学这门完全现代的科学。社会生产过程的五光十色的、似无联系的和已经固定化的形态，分解成为自然科学的自觉按计划的和为取得预期有用效果而系统分类的应用。②

马克思的这段论述迄今为止并没有引起足够的注意。在这段话里明言或潜含的思想和假设，可以概括地名之为 "帷幕撕碎论"。下面我们就试着对这个理论做些分析。

正如美国演化经济学家罗森博格所指出的，马克思在《资本论》中深刻地提出了以下问题：将科学全面而系统地运用于生产过程是以技术在性质上的变化为前提的，这些改变了的技术究竟具有哪些新的特征呢？③ 马克思指出，在资本主义工场手工业时期，分工作为提高生产力的主要手段被发展到了相当高的程度。但这种分工本质上仍然是以手工劳动为基础的，不能摆脱对人的技能（如力量、速度、准确性等）的严重依赖。这些特点意味着，在资本主义手工工场中，技术具有今日所谓 "暗默知识"（tacit knowledge）的特点。马克思虽未使用 "暗默知识" 这一现代术语，但上述引文里的 "帷幕" 一词指向了同一含义。由于这类暗默知识的普遍存在，生产过程就像起了一道 "帷幕" 一般难以被理解，更遑论科学地加以分解，从而推动分工进一步发展。导致这一切发生改变的，是机器大工业和以之为基础的特殊的资本主义生产方式的出现。机器大工业的发展改变了生产过程对于人的技能，即各种被 "帷幕" 遮蔽的暗默知识的严重依赖，甚

---

① 马克思说："大工业必须掌握它特有的生产资料，即机器本身，必须用机器来生产机器。这样，大工业才建立起与自己相适应的技术基础，才得以自立。"引自马克思：《资本论》第 1 卷，载《马克思恩格斯全集》第 23 卷，人民出版社 1975 年版，第 421—422 页。

② 马克思：《资本论》第 1 卷，载《马克思恩格斯全集》第 23 卷，人民出版社 1972 年版，第 533 页。

③ 罗森博格：《作为技术研究者的马克思》，骆桢等译，《教学与研究》2009 年第 12 期，第 13—14 页。

至干脆消灭了这些技能，使得生产过程得以被科学地分解为一系列独立的可以由机器完成的步骤，为科学在生产过程中的系统而普遍的应用创造了条件。与此同时，技术在马克思眼中也不再是暗默知识，而一改成为受科学主宰的、作为科学在生产中的运用的新型技术。在马克思以后，类似见解也一直被马克思主义者继承了下来。例如，20世纪英国科学史家、马克思主义者贝尔纳就认为："随着科学和工业一起进步，工业中的科学成分的比重会逐渐增加，而工业中的传统成分的比重会逐渐减少。"最终是形成"一个彻底科学化的工业"。①

马克思的"帷幕撕碎论"可以在三种不同的维度上来理解。在上引段落中，"帷幕被撕碎"是着眼于资本在不同部门间的竞争而言的。机器大工业的发展导致各个部门之间的知识帷幕被撕碎，从而消除了横亘在不同部门之间的进入门槛，使资本得以跨越各种部门展开自由竞争。但是，除了这个维度以外，"帷幕撕碎论"在马克思那里还涉及另外两个维度。资本除了在部门间相互竞争以外，还会在同一部门内开展竞争。可以设想，在工业革命之前，同一部门内的不同企业之间也会形成知识的帷幕。在马克思分析部门内竞争的时候，这后一意义上的帷幕事实上也被假定撕碎了。最后，"帷幕撕碎论"还涉及资本与劳动这一维度。在资本主义工场手工业当中，由于生产还以手工劳动为基础，关于生产过程的各种知识很大程度上掌握在熟练工人手里。换言之，在资本和熟练工人之间，也悬隔着一层知识的帷幕，这层帷幕可用来保护工人自身的利益。在马克思看来，机器大工业的发展把这层帷幕也撕碎了。工人的技能因为被机器所取代而日益沦为简单劳动（即实现了所谓"去技能化"）。顺着这条思路，马克思进一步分析了劳动对资本的实际隶属以及资本积累一般规律等一系列问题。

由此看来，"帷幕撕碎论"在马克思经济学里具有极为重要的意义。它事实上为《资本论》当中的主要理论——包括竞争理论在内——奠定了技术史的基础。不过，这个理论的提出也使马克思付出了代价。从此以后，组织知识的生产及其协调问题就淡出了马克思的视野。对他来说，这些问题似乎无须再作讨论了。工业技术知识作为科学在生产过程中的应用，对于个别资本家而言几乎是唾手可得的，或者至少不存在取得这些知识的根本障碍。

凭着演化经济学家的努力，我们今天得以认识到上述"帷幕撕碎论"所包含的片面性。由于暗默知识在工业生产中仍然大量存在，知识的帷幕并没有被一劳永逸地撕碎，对这些知识的组织协调和利用仍然是资本主义生产和竞争所面临的核心约束。在下一节

---

① 贝尔纳：《科学的社会功能》，陈体芳译，张今校，商务印书馆1986年版，第196页。

里，我们将结合上述讨论重新审视马克思的部门内竞争的理论。这个理论是在《资本论》第一卷讨论超额剩余价值生产的时候提出来的，并且构成了马克思的剩余价值生产理论的基础。

二、从部门内竞争的平面结构到部门内竞争的层级结构

在讨论超额剩余价值的产生时，马克思在同一个部门内区分了两类企业，即创新型企业和模仿型企业。创新型企业在部门内率先采用新技术，提高了生产率，并在一个低于社会价值的个别价值的基础上，与其他企业争夺市场份额。迫于这种压力，其他企业被迫跟随或模仿这个先进企业，采纳新技术以提高生产率，否则就将面临在竞争中被击垮的危险。在此过程中，创新型企业由于其个别价值低于社会价值，可以实现超额剩余价值或超额利润。但是，随着其他企业也相继采用新技术，该部门的社会价值就会逐步降低到与创新型企业的个别价值相当的新水平，而超额剩余价值也就濒于消失。

重新审视马克思的这个模型，可以发现他忽略了在模型背后暗藏的一些假设。譬如：这个率先创新的企业为什么会出现？它所采纳的新技术来自何处？当其他企业迫于压力开始在技术上模仿创新型企业时，这种模仿何以一定会成功？在现实的市场竞争中，不断会有落后企业遭到淘汰，说明新的技术或新的生产方式并不会自动地扩散到所有企业。技术扩散的这种不确定性也意味着，创新型企业有可能凭借其先发优势击败所有其他企业以取得部门内的垄断，并攫取超额垄断利润。果如此，竞争就导向了自身的反面。如果不是这样，或如马克思偶尔曾提到的那样，在积累中除了这种趋向垄断的向心力，还存在着起抵消作用的离心力，那我们就需要分析构成这种离心力的因素究竟是什么。下面我们就依次来讨论为马克思所忽略的相关问题。

在马克思那里，对超额剩余价值或超额利润的追求，被看作个别企业率先进行技术变革的原动力。但问题是，企业追逐这种超额利润的动机是普遍的，在这种情况下，使得创新型企业脱颖而出、并与其他企业区分开来的原因，肯定不在于这种人人都有的一般性动机，而毋宁在于企业内部制度层面的差异，这些制度上的因素赋予该企业的行为和动机模式以某种特殊性。令人遗憾的是，马克思在其模型中显然没有考虑这一层面的问题。尽管和新古典经济学相比，马克思并未使用代表性企业这种错误的假设，并且实际上设定了创新型企业和模仿型企业的差别，但他忽视了企业在内部组织和制度方面的差异，以及由此带来的组织学习能力的差异。这样一来，在马克思的理论中，企业也几乎成了半个"黑箱"。

马克思理论上的这种缺失最早是由美国学者拉佐尼克明确地提出来的。拉佐尼克指

出，马克思事实上假定，新技术的产生和扩散与企业内部组织无关（或者换一种表达——伴随新技术的产生和扩散，企业组织似乎也在自动地被模仿或扩散）。这样一来，马克思就没有提出和回答以下问题：为什么特定的企业组织在特定的时间和地点表现出格外突出的创新能力和学习能力？[①]拉佐尼克的分析为我们反思马克思的竞争理论构成了必要的铺垫。

在上述认识的基础上，我们或可描绘出进一步发展马克思的部门内竞争模型的大致方向。在马克思那里，部门内竞争被还原为同质产品之间的价格竞争。[②]马克思假设不同企业生产的是"种类相同，质量也接近相同的商品"，这一假设事实上和他抽象了组织知识的专有性是相呼应的。一旦我们从组织知识的专有性这个角度看问题，上述假设就需要修改。即便在一个部门内，不同企业的产品也可以是差异化的，因为生产这些产品的企业是以各自掌握的不同知识为前提进行生产的。这样一来，部门内竞争实际上天然就具有张伯伦所说的垄断竞争的色彩。演化经济学家乔治斯库-罗根在评价新古典竞争理论时曾提出了类似看法，他指出："在每一个领域，尤其是在经济学领域，竞争首先意味着以与所有其他人稍微不同的方式行事。""个体所关心的竞争的最一般形式是产品差异化，包含一点创新，但不包括恶性杀价的行为。"梅特卡夫在评论这一点时也指出，在竞争概念里包含一个悖论，即"只有在企业是异质的事实上添加一个垄断要素，才可能存在积极的竞争"。[③]需要补充的一点是，在部门内自由竞争模型里纳入垄断因素，并不等于否认马克思主义经济学对资本主义自由竞争阶段和垄断阶段的传统划分。事实上，即便在自由竞争阶段，部门内竞争也不是通常想象的那种纯粹意义的价格竞争，而是在产品的使用价值性质具有一定差异的前提下开展的竞争。为了进一步分析这个问题，让我们在马克思和新古典理论之间略作一番比较。

将部门内竞争假设为同质化产品的竞争，在这一点上马克思的理论和新古典完全竞争理论有着相似之处。与马克思不同的是，新古典完全竞争理论采用了代表性企业的假设，企业的异质性被彻底抛诸脑后。在此前提下，市场上也只存在一种价格，任何企业都无力单独改变这种价格。为了便于和马克思的模型相比较，我们将新古典经济学所设

① Lazonick, W., *Business Organization and the Myth of Market Economy* (CUP, 2001), p.121, pp.282-283. 另见拉佐尼克：《车间的竞争优势》，徐华等译，中国人民大学出版社 2007 年版。

② 马克思在《资本论》里曾明确谈到，在考察部门内竞争时，面对的是"生产部门相同、种类相同、质量也接近相同的商品"。马克思、恩格斯：《马克思恩格斯全集》第 25 卷，人民出版社 1974 年版，第 201 页。

③ Georgescu-Roegen, N., "Chamberlin's New Economics and the Production Unit," in R.Kuenne, ed., *Monopolistic Competition Theory* (New York: Wiley, 1967). 转引自梅特卡夫：《演化经济学与创造性毁灭》，冯健译，中国人民大学出版社 2007 年版，第 19 页。梅特卡夫本人的上引评论则见于该书同页。

想的这种竞争格局称为"部门内竞争的静态平面结构"。相较而言，马克思虽然也在部门内竞争模型中假设了同质化的产品，但马克思并未依赖代表性企业这样的假设，而是区分了创新型企业和模仿型企业，这两类企业的产品在竞争中分别对应着两种不同的价格。用演化经济学的术语来说，马克思在其部门内竞争模型中运用的是个体群或种群的概念，而不是代表性企业这样的理想类型式的概念。在马克思的模型中，创新型企业率先提高生产率，引入一个比现行市场价格更低的价格，并据此获得超额利润。这迫使其他企业开始模仿，学习和引进新的技术，并最终导致部门内出现的两种价格重新收敛为一种价格。在收敛实现后，新的创新又会在个别企业内再次出现，并再度引入一种新的价格。但随着其他企业对新技术的模仿，两种价格又会再度收敛，回到一种产品对应一个价格的局面。马克思所描绘的这种竞争格局可以名之为"部门内竞争的动态平面结构"。所谓"动态"，意指马克思所分析的是一个基于技术变迁的动态过程。这个特点在新古典完全竞争理论中并不存在，因为后者抽象了技术创新。"平面"一词则想强调，尽管存在技术变迁，每一轮竞争的后果却是价格的收敛和超额利润的消失。换言之，在取得超额利润的能力上，企业之间不存在持久的差异。

现在让我们把组织知识创造的专有性和产品差异性引入分析。我们假设，在部门内存在两种企业，分别生产在使用价值性质上有所区别、但又隶属于同一部门的产品。这两种产品具有不同的"性价比"，后者可定义为产品的使用价值与其个别价值的比率。为简便起见，这里的使用价值可定义为产品的功能数。个别价值则一如马克思所定义的，指的是个别企业在特定条件下生产单位产品所耗费的个别劳动时间。如果假设一个部门内存在着两类企业，各自生产互有差异的产品，则性价比的概念就意味着，这两种差异化的产品事实上是在两种不同的技术或不同的生产方式下生产出来的，对应着两种不同的组织知识的生产过程。根据前文的讨论，组织知识由于其专有性，并不能在竞争中被对手轻易地模仿和学习。在这种情况下，不同产品的性价比作为两种组织知识生产过程的结果，就会持久地形成差异。从劳动价值论的角度看，重要的一点是，与性价比之间的差别相对应的，是在两种产品之间不会形成统一的社会价值和统一的价格，而是在各自的个别价值的基础上形成两个独立的、相互并存的价格。

需要注意的是，两种产品由于在性价比上存在差异，它们也分别吸引着不同的消费者和需求。在这种情况下，两种产品的个别价值和价格比率可能是互不相等的。在我们设想的模型里，一种性价比更高的产品在交换中所实现的市场价值可能大于其自身的个别价值，这意味着该产品将能实现一个超额利润。在这一现象背后的原理，实际上就类似于使用价值在第二种社会必要劳动时间的决定中所起的调节作用。

在这样一个市场上，由技术进步带来的竞争也同样存在。如果那个处于相对弱势的一方通过提高生产率和改进产品品质，提高其产品的性价比，就会吸引更多的需求转向自己，争夺市场份额的竞争也就随之开始了。在这种情况下，这个企业的价格—个别价值比率也能得到改善，甚至也能取得超额利润。总之，在这样一个市场上，竞争一般来自两种产品性价比的增长率的差异。我们建议把这种竞争格局命名为"竞争的动态层级结构"。"动态"的含义一如其旧，即表明技术创新所推动的竞争过程仍然存在；"层级"一词则指向部门内竞争的等级制结构——处于不同层级的企业在取得利润的能力上存在着相对持久的差异。

发展这样一个理论的迫切性是毋庸待言的。我们将在下一节提出相关模型，设法兑现上述构想。不过，在结束这一节之前，我们还想就这一理论可能带来的后果再作一番探讨。在所谓动态平面竞争结构中，马克思假定落后企业会通过模仿或学习以改进生产率。但是，由于马克思并没有分析这种模仿必然实现的理由，事实上默认了相反的情形会以同等概率出现，即面对先进企业提高生产率和扩大市场份额的压力，其他企业无力通过模仿来应对，最终在竞争中落败，并被驱离该部门，使得该部门为个别先进企业所垄断。在这种情况下，马克思的动态平面结构理论事实上可以直接用来解释资本主义由自由竞争向垄断的过渡。换言之，动态平面结构理论表面看起来是一个解释竞争的理论，但也可以成为一个解释垄断何以产生的理论。马克思本人事实上也是这样做的。在《资本论》第一卷论述"资本积累"的章节，马克思就提出竞争会直接导致资本的集中和垄断。

相较而言，动态层级结构理论则可以更好地解释竞争的持续存在。在动态层级结构内，当两种产品性价比的增长率发生改变时，竞争就会产生。但由于竞争面临着组织知识生产的约束，动态层级结构内的竞争并不会导致价格的收敛和超额利润的消失，而是带来利润实现能力的相对持久的差异。在这个结构内，除非一方产品的性价比以异乎寻常的速率增长，否则不会轻易地被颠覆而转化为单纯的垄断。

在《资本论》第一卷，马克思曾谈到资本之间的竞争是推动集中和垄断形成的力量。马克思还曾设想，在一个部门，甚或一个社会中，资本集中所能达到的极限。就一个部门而言，这意味着将全部资本溶合为一个单一资本；就全社会而言，是将社会总资本合并在唯一的资本家公司手中。[1]但另一方面，马克思又曾指出，资本在概念上指的就是同时存在的许多资本，单个资本与资本的概念是相矛盾的。在《1857—1858 经济学手

---

① 马克思的这些观点，可参见马克思、恩格斯：《马克思恩格斯全集》第 23 卷中文第一版，人民出版社 1972 年版，第 686—687 页；第 688 页。

稿》中，马克思这样说道："资本是而且只能是作为许多资本而存在，因而它的自我规定表现为许多资本彼此间的相互作用。"① 这意味着，一旦资本失去与其他的资本的对立，一旦失去竞争，资本主义生产方式也就不复存在了。为此，马克思自己也意识到，用竞争产生垄断这个具有线性特征的规律来描绘资本积累的趋势是过于简单化了。在《资本论》第三卷的一个地方，他又补充指出，"如果没有相反的趋势不断与向心力一起又起离心作用，这个过程（指资本集中的无限过程——引者）很快就会使资本主义生产崩溃"。②遗憾的是，马克思在这里仅为我们留下了只言片语，并未明确分析这些离心力到底是由哪些因素构成的。在我们看来，承认部门内竞争的动态层级结构的存在，似乎有助于解决这个理论上的难题。在这种动态层级结构里，竞争和某种相对的垄断总是伴随的，垄断并没有消除以技术创新为前提的竞争，后者作为离心力始终在限制或扭转一个部门迈向绝对垄断的趋势。

部门内竞争的动态层级结构的存在对于部门间竞争也会带来微妙的影响。马克思在讨论资本的部门间竞争的时候，提出了利润率平均化的理论。这个理论事实上是以部门内竞争理论为前提的，而这一点却一直为人们所忽视。在马克思提出的部门内竞争的动态平面结构里，竞争的结果是在部门内形成大致相等的生产率，并在此基础上会形成统一的社会价值，以及一个不包含超额利润的标准利润率。这个标准利润率事实上是各部门资本在竞争中互相比较、并据以在部门间流入或流出的依据。然而，一旦引入部门内竞争的层级结构，这个标准的利润率就不存在了，因为一个部门内此时可能存在着几个高低不同的利润率，其中虽有个别利润率是超额利润率，但它并不会像马克思所设想的，会伴随竞争而濒于消失。在这种情况下，资本势必就会失去在不同部门之间对利润率进行比较的唯一尺度，从而难以做出进入或退出某个行业的判断。资本完全可能留在本部门内，通过提高性价比的竞争来追逐超额利润，而不必转移到别的部门。

进而言之，在讨论部门间竞争的时候，马克思也没有考虑组织知识的生产对这种竞争的约束。依照演化经济学的观点，组织知识的生产并不局限于企业的层面，在部门和区域的层面同样存在着协调个别知识的问题。在此意义上，演化经济学又进而发展了部门创新体系、区域创新体系、国民创新体系等隶属于不同层次的概念和理论。由此看来，个别资本倘若无力加入特定行业、特定区域的组织知识的生产，要想在部门间流动也是非常困难的。考虑到以上这些因素，马克思的部门间利润率平均化的模型就完全可

---

① 马克思、恩格斯：《马克思恩格斯全集》第46卷（上），人民出版社1979年版，第398页。
② 马克思：《资本论》第3卷，载《马克思恩格斯全集》第25卷，人民出版社1974年版，第275页。

能为一个新的模型所取代，在这个新模型里，不同部门的利润率存在持久的差异，不易也不必被平均化。换言之，在部门内存在的那种层级结构，也会在部门间再现出来。

依循上述思路，必然还会提出以下问题：既然在一个描绘竞争的模型里存在着相对的垄断，而垄断又不能阻绝竞争，将资本主义区分为自由竞争阶段和垄断阶段的依据何在呢？事实上，自20世纪70年代以来，马克思主义经济学内部一直存在着争论，其中一方坚持在传统意义上对自由竞争和垄断这两个阶段的划分，另一方则怀疑这种划分，指摘前者忽略了竞争在当代资本主义经济中的作用。[1]在笔者看来，争论的双方在相当程度上误解了将资本主义划分为上述两个阶段的真正依据之所在。资本主义从自由竞争步入垄断阶段主要不是因为资本集中度的提高，而是取决于金融在资本主义经济中的地位和作用的变化。[2]在这个意义上，对自由竞争阶段和垄断阶段的划分，与资本主义部门内始终并存的垄断和竞争并不是一回事。承认后者并不等于否定对资本主义历史阶段的上述界分。

三、部门内竞争的动态层级结构与价值规律的实现形式

在马克思的模型里，部门内竞争是凭借价格竞争而展开的。在论证这个问题的时候，马克思以商品单位价值的变化作为联系生产率进步和单位价格下降的媒介。为此马克思提出，劳动生产率进步与商品单位价值量的变化成反比，此即通常所说的成反比规律。值得指出的是，在马克思的部门内竞争模型里，成反比规律既是前提也是结果。作为前提，它指的是个别企业只有通过提高生产率以降低价格，才能有效地开展竞争。作为结果，它指的是竞争造成全部门生产率的提高，以及全部门产品的单位价值和单位价格下降。

成反比规律是价值规律的实现形式。但成反比规律以及与之相联系的部门内竞争，是以假定不同企业生产完全同质化的产品为前提的。如果不同企业的产品在使用价值上不完全同质，则在不同产品之间就无法形成统一的社会价值，而是存在互有差别、但无法收敛的几种个别价值和相应的个别价格。这样一来，技术进步就不能像以往那样，单纯通过降低个别价值来降低个别企业的价格（或者在技术扩散后，通过降低社会价值，来降低所有企业的价格），而是以性价比为中介，通过提高性价比，来帮助企业获取更多的市场份额。由于性价比的提高并不单纯依赖于个别价值或个别价格的下降，而取决于性价比这一比率的提高，这就意味着，在价格提高时，企业也可以获得更高的性价

---

① 对20世纪70年代以来相关争论的介绍可参见高峰：《发达资本主义经济中的垄断与竞争》，南开大学出版社1996年版。

② 资本主义向垄断阶段的过渡与金融资本的崛起是联系在一起的，对这一点的讨论可参见孟捷、李亚伟、唐毅南：《金融化与利润率的政治经济学研究》，《经济学动态》2014年第6期。

比。这样一来，成反比规律作为价值规律的实现形式，在我们所要考虑的情形中就失去了普遍意义。

需要考虑的还有所谓"成正比"，即劳动生产率与单位时间形成的价值量成比例增长。成正比是在特定条件下存在的价值规律的一种实现形式。近年来学术界对这个问题展开了较为充分的研究。"成正比"的实现是以个别企业的复杂劳动还原为基础的。例如，可以引入以下价值生产函数

$$W_i = \varphi_i T_i$$

T 是一个企业在单位时间里投入的劳动量（既包含活劳动也包含过去劳动），φ 代表复杂劳动转换系数，W 是单位时间生产的全部产出的价值。由于 T 是给定的，当复杂劳动转换系数伴随生产率进步而提高时，在 T 这一时间里形成的价值量将与生产率进步成比例增长。需要指出的是，设若不考虑产品差异化，成正比的实现要以成反比规律的同时成立为条件，否则该企业的技术进步将沦为失败。而成正比和成反比的同时成立，又要求该企业劳动生产率的增长速度要高于复杂劳动转换系数的增长速度。[①]

在考虑产品差异化的条件下，单个企业仍然可以在复杂劳动还原的基础上实现成正比。个别企业的复杂劳动还原与其组织知识的生产是相伴随的。在部门内竞争的层级结构中，不同企业的组织知识生产过程，决定了各自使用的劳动在多大程度上成为复杂劳动。这个基本假定将在下文的正式模型里得到应用。但此时成正比并不必然要以成反比为条件。因为企业可以通过提高产品性价比，而非单纯地降低价格来展开竞争。

将产品性能的差别归结为劳动复杂程度的差异，是用企业自身的劳动来解释产品的价值和价格形成。换言之，是利用第一种含义的社会必要劳动时间所作的解释。在此我们可借鉴冯金华所发展的一项研究，从第二种社会必要劳动时间的角度补充前述讨论。冯金华提出了一个刻画第二种社会必要劳动时间的数学模型。[②]本文试图在下述两个方面将冯金华的模型加以推广。第一，第二种社会必要劳动时间本来涉及的是全社会劳动量在不同部门之间的分布，冯金华的模型也是在这个意义上来讨论的。本文则试图将他的原始模型转用于部门内的情形，即考虑一个部门的总劳动如何在不同企业的产品上分布。第二，本文还试图将冯金华的模型推广到考虑复杂劳动还原的情形，即将第二种社会必要劳动时间的确定与复杂劳动还原结合在一起。

----

① 参见孟捷：《劳动生产率和单位时间创造的价值量成正比的理论：一个简史》，《经济学动态》2012 年第 3 期；张衔：《劳动生产率与商品价值量关系的思考》，《教学与研究》2011 年第 7 期。

② 冯金华：《社会总劳动的分配和价值量的决定》，《经济评论》2013 年第 6 期。该文和其他相关文章收于冯金华：《价值决定、价值转形和联合生产》，社会科学文献出版社 2014 年版。

为简单起见，假设某部门有两个企业，其产品市场达到了供求均衡。其中第二个企业（下标为 2）的活劳动具有复杂劳动性质，需要还原为简单劳动，让我们假设，在生产过程里，这种复杂劳动伴随价值的形成还原为简单劳动，从而可以得出下述价值生产（或价值形成）函数：

$$\lambda_1 = t_1 \tag{1}$$

$$\lambda_2 = \varphi t_2 \tag{2}$$

λ_i 是商品的单位价值，t 是生产一单位产品所投入的劳动量（这一劳动量里包括物化劳动），φ 是因复杂劳动还原为简单劳动而产生的价值偏离系数（不直接是复杂劳动还原系数，因为在 t 当中还含有物化劳动量）。

让我们再从价值实现的视角，假设上述两种商品的交换都符合等价交换原则，即有如下价值实现函数：

$$\lambda_1 = p_1 \lambda_g \tag{3}$$

$$\lambda_2 = p_2 \lambda_g \tag{4}$$

p_i 是商品的价格。λ_g 则是单位货币（如黄金）的价值，可以视为常数。需要强调的是，式（3）、式（4）在这里被定义为价值实现函数，它们不同于式（1）、式（2）所代表的价值形成函数。后者是从生产过程形成价值的角度来定义的，前者则是从交换即价值实现的角度来定义的。

假设该部门生产中投入的劳动量（活劳动和过去劳动）为 L，并且所有商品的价值量等于 L，从而可以得出一个价值分布函数，该函数体现了"劳动守恒原理"（其中 Q_1 和 Q_2 分别代表企业 1 和 2 的产出数量）：

$$\lambda_1 Q_1 + \lambda_2 Q_2 = L \tag{5}$$

将式（3）和式（4）代入式（5），经整理得：[①]

---

① 在推导过程中，$\lambda_g = \dfrac{L}{p_1 Q_1 + p_2 Q_2}$。而作为货币的价值，$\lambda_g$ 本应是在全社会范围被决定的，即它应等于全社会投入生产的总劳动量和社会年产品的价格的比率，也可看作 MELT（即劳动时间的货币表现）的倒数。在这里，我们可以假定全社会投入生产的总劳动量和社会年产品的价格的比率恰好等于该部门投入的劳动量与其产出价格的比率。即 $\lambda_g = \dfrac{L}{p_1 Q_1 + p_2 Q_2} = \dfrac{\sum\limits_{i=1}^{n} L_i}{\sum\limits_{i=1}^{n} P_i}$，最右边的比率代表了全社会投入生产的总劳动量和社会年产品的价格的比率，其中 P_i 是各部门产出的总价格。

$$\lambda_1 = \frac{p_1}{p_1 Q_1 + p_2 Q_2} L \tag{6}$$

$$\lambda_2 = \frac{p_2}{p_1 Q_1 + p_2 Q_2} L \tag{7}$$

对两个企业来说，其单位商品价值是总劳动量 L 按照特定比例分布的结果。该比例的分子是各自商品的价格，分母则是该部门的价格总量。

上述三类方程，即价值生产方程式（1）和式（2），价值实现方程式（3）和式（4），价值分布方程式（5），可以结合在一起，构成一个联立方程组，其中有五个方程和五个未知数（λ_1，λ_2，φ，p_1，p_2）。这样一来，我们就把马克思主义经济学中一直存在的两种解释价值决定的理论，即分别基于第一种社会必要劳动和第二种社会必要劳动的理论，统一在了一个框架内。

不过，上述讨论仍有一局限。在价值生产方程和价值实现方程里，λ 是相同的。这意味着，第一种含义的社会必要劳动等于第二种含义的社会必要劳动。这一点的成立，是以下述假定为前提的，即 $\frac{p_1}{t_1} = \frac{p_2}{\varphi t_2}$。下面我们将进一步讨论在放松该假定时的情况，如

$$\frac{p_1}{t_1} < \frac{p_2}{\varphi t_2} \ \text{或} \ \frac{m_r p_1}{t_1} = \frac{p_2}{\varphi t_2}, \quad m_r > 1 \tag{8}$$

在这里，m_r 可以看作第二个企业进行成本加成的幅度，换言之，φt_2 可以看作以劳动价值定义的生产中耗费的全部成本，第二个企业根据 m 来进行成本加成定价。这使其投入的劳动时间的货币表现，要大于第一个企业。需要回答的问题是，这里的 m_r 是如何确定的。从经验来看，第二个企业的成本加成能力取决于多种因素，在这里，我们假定当其他一切条件相同时，第二个企业的成本加成能力与其使用的劳动复杂程度成比例，同时也与其产品使用价值大于所谓社会标准使用价值的程度成比例。

这里需要介绍彭必源等人的一项研究。他们认为，产品性能的差异可以直接影响并参与产品的价值形成。他们假设存在一种社会标准使用价值，即某种产品在正常生产条件下所具有的性能。如果有的企业生产出了某种性能更为优越的产品，则其使用价值就可看作社会标准使用价值的倍数。（为明确起见，我们可以将他们所说的这种社会标准使用价值理解为产品的基本功能数。）根据他们的观点，如果生产一单位具有社会标准使用价值的产品所需要的劳动量为 t，其价值为 λ，则可写出：

$$\lambda_i = \frac{U_i}{U^*} t_i$$

其中 $\frac{U_i}{U^*}$ 是某种产品的功能数与社会标准功能的比率。[1]需要指出的是，彭必源等人虽然在这里正确地提出了使用价值参与微观价值决定的问题，但他们拒绝以劳动复杂程度的差异来解释产品性能的差别化。这样一来，他们把反映两种使用价值性能的比率直接写入上述方程，从价值形成的角度来看便难以成立。除非将产品性能的差别归咎于劳动复杂程度的差异，否则在马克思的价值形成过程理论的基础上，无法解释他们的这一方程的含义。我们认为，产品性能——或更为准确地说——产品性价比的差异，只能影响产品实现时的价格，或企业进行成本加成定价的能力。然后再通过价格影响到单位产品所实现的价值（或市场价值）。

假定第二个企业会在定价时采用成本加成的方法，且其成本加成与其使用的劳动复杂程度成比例，同时也与其产品使用价值大于所谓社会标准使用价值的程度成比例。可以写出式（9）：

$$\frac{p_2}{p_1} = \eta \frac{U_2}{U_1} = m_r \frac{\phi t_2}{t_1} = \mu, \quad \eta < 1 \tag{9}$$

μ 在这里也可看作成本加成的代理指标。

进而假定价值实现方程和价值形成方程里的单位价值不再同一，则有：

$$\lambda_1^* = p_1 \lambda_g \tag{10}$$

$$\lambda_2^* = p_2 \lambda_g \tag{11}$$

$$\lambda_1^* Q_1 + \lambda_2^* Q_2 = L \tag{12}$$

这里的 λ_i^* 为第二种含义社会必要劳动意义上的市场价值，且可以有 $\lambda_i^* \neq \lambda_i$。将式（11）、式（12）代入式（13），可得：

$$\lambda_1^* = \frac{p_1}{p_1 Q_1 + p_2 Q_2} L = \frac{1}{Q_1 + \mu Q_2} L \tag{13}$$

$$\lambda_2^* = \frac{p_2}{p_1 Q_1 + p_2 Q_2} L = \frac{\mu}{Q_1 + \mu Q_2} L \tag{14}$$

---

① 见彭必源、李冬梅：《对使用价值参与决定价值量的微观研究》，《湖北工程学院学报》2013 年第 4 期。

从式（13）和式（14）看到，第二种产品的单位价值，除了取决于两个企业的产出外，主要取决于创新企业的成本加成能力即 μ。第一个企业的单位价值，也在被动意义上受到创新企业的成本加成能力的影响。

式（8）、式（9）、式（12）、式（13）、式（14）这五个方程和前述式（1）、式（2）、式（5）一起构成了一组联立方程，其中有 8 个方程和 8 个未知数，即 λ_1、λ_2、ϕ、λ_1^*、λ_2^*、p_1、p_2、m_r。

值得注意的是，式（12）和式（5）在形式上是类似的，但其含义不同。式（5）意指所有两个企业为生产而投入的劳动量的总和，等于该部门使用的总劳动。而式（13）则指的是，两个企业的产出所实现的价值总和，等于该部门使用的总劳动。这两个方程是相互联系的，沟通了价值生产和价值实现。

从式（5）和式（13）还可得出：

$$(\lambda_2^* - \lambda_2)Q_2 = -(\lambda_1^* - \lambda_1)Q_1 \tag{16}$$

这表明，当 L 给定时，一个企业所实现的价值（简称"实现价值"）与投入劳动物化所形成的价值（简称"形成价值"）的差额，来自另外一个企业形成价值的转移。

下面来看两个企业的利润。为简单起见，假设不变资本为零，则一个企业的总利润可写为：

$$\Pi = Q\lambda^* \frac{e}{1 + e} \tag{17}$$

这里 e 为剥削率，Q 为产量。将式（14）和式（15）代入式（17），则分别有：

$$\Pi_1 = \frac{Q_1}{Q_1 + \mu Q_2} L \frac{e_1}{1 + e_1}$$

$$\Pi_2 = \frac{\mu Q_2}{Q_1 + \mu Q_2} L \frac{e_2}{1 + e_2}$$

若两个企业的剥削率相等，则有：

$$\Pi_2 - \Pi_1 = (\mu Q_2 - Q_1) \frac{L}{Q_1 + \mu Q_2} \frac{e}{1 + e} \tag{18}$$

式（18）定义了第二个企业所取得的超额利润，它取决于成本加成能力 μ 的大小和市场份额（即企业产量 Q）的差异。至于剥削率，在长期内（或在取极限的情况下），反而不会对超额利润带来大的影响。当然，我们也可取消剥削率相等的假定，这样一来，式（18）里的利润差距，除了市场份额等因素外，就还取决于两个企业的剥削率的差别。需要指出的是，由于两个企业的产品并不完全同质，满足的是不同群体的消费需要，因此超额利润并不一定会像马克思的模型那样，伴随技术扩散而消失，反而可能持久地存在下去，即出现不同企业在取得利润的能力上的等级制。

四、代谢竞争与企业的竞争优势

在我们研究的同一部门内两个企业基于性价比展开的竞争中，可能会出现多种不同的局面。一种局面是，本来两个企业都生产同质的产品，然后其中一个企业开始将其产品差别化，并提高其性价比（前文一直假设的是这种情况），于是，该企业就有可能取得超额利润。另一种可能的局面是，在部门内开始只有一种企业，另一个企业稍后加入，它所生产的产品虽不具备与老企业同样多的功能，但价格相对便宜。这样一来，凭借富有竞争力的性价比，该企业就不仅能吸引一部分既有的对该部门产品的需求，还能发掘或创造出对该产品的新需求，并在此基础上对既有企业发起竞争。在一个部门内基于性价比而展开的这种市场份额竞争，在传统理论中一直鲜有研究。笔者受陈平教授启发，将这种竞争命名为"代谢竞争"（metabolic competition）。[①]不过，需要指出的是，在陈平那里，代谢竞争泛指一切围绕市场份额的竞争，而在本文当中，所研究的实际上是代谢竞争的一个类型，即以提高性价比为前提而展开的那类代谢竞争。

陈平教授在其论文里用逻辑斯蒂模型描述了代谢竞争。我们可以把这一模型里的变量改换为马克思劳动价值论中的相应变量，重新加以表述。例如，若用 n_1 和 n_2 分别表示两个企业的价值（即两个企业生产的总产品的价值量），则企业 1 的价值的变化率可以表示为：

$$\frac{\mathrm{d}n_1}{\mathrm{d}t} = r_1 n_1 \left(1 - \frac{n_1 + \beta_1 n_2}{m_1} \right) \tag{19}$$

此处的 r_1、m_1 和 β_1 均为非负的参数。其中 r_1 是企业 1 的价值的"自然增长率"，即在假定企业 1 的产品不受市场容量的限制时，其价值的增长率；m_1 代表企业 1 所可能达到的"最大价值量"，即当企业 1 的产品受到市场容量的限制但却不存在来自其他企业

---

① 参见陈平：《代谢增长：市场份额竞争、学习不确定性和技术小波》，《清华政治经济学报》第 2 卷。该文的英文版发表于 *Journal of Evolutionary Economics*，24（2014）。他的研究可以看作一篇正式的宣言，一方面批判了新古典经济学的竞争理论，另一方面强有力地推动了对演化竞争理论的研究。

的产品的竞争时，其价值所可能达到的最大数量；β_1 则反映了企业 2 对企业 1 的最大价值量的影响强度，可简称为企业 2（对企业 1）的"影响系数"。之所以存在企业 2 对企业 1 的影响系数是因为，尽管企业 2 与企业 1 所生产的产品并不相同，但却仍然属于同一类型，故企业 2 的产品的存在会部分地影响到企业 1 的产品的市场，并通过对企业 1 的市场的影响，影响企业 1 所可能具有的最大价值量。

同理，企业 2 的价值的变化率可以表示为：

$$\frac{\mathrm{d}n_2}{\mathrm{d}t} = r_2 n_2 \left(1 - \frac{n_2 + \beta_2 n_1}{m_2} \right) \tag{20}$$

其中，r_2 是企业 2 的价值的自然增长率，m_2 是企业 2 的价值的最大可能值，β_2 是企业 1（对企业 2）的影响系数。它们也都是非负的参数。

式（19）和式（20）共同构成了两个生产同类但有差异产品的企业的竞争模型。为了求得该模型的均衡解，我们令两个企业的价值的变化率均为零，即：

$$\frac{\mathrm{d}n_1}{\mathrm{d}t} = 0, \quad \frac{\mathrm{d}n_2}{\mathrm{d}t} = 0$$

或者：

$$r_1 n_1 \left(1 - \frac{n_1 + \beta_1 n_2}{m_1} \right) = 0, \quad r_2 n_2 \left(1 - \frac{n_2 + \beta_2 n_1}{m_2} \right) = 0$$

显然，$n_1 = 0$、$n_2 = 0$，或者，$n_1 = 0$、$n_2 = m_2$，或者，$n_2 = 0$、$n_1 = m_1$，都是满足上述均衡条件的均衡解。

如果假定一开始时，两个企业的价值都不等于零，即 $n_1 \neq 0$、$n_2 \neq 0$，则上述均衡条件就等价于：

$$n_2 = \frac{m_1}{\beta_1} - \frac{1}{\beta_1} n_1$$

$$n_2 = m_2 - \beta_2 n_1$$

容易看到，如果两个企业的影响系数的乘积（可看成是反映两个企业之间的竞争强度的指标）不等于 1，即 $\beta_1 \beta_2 \neq 1$，或者，$\beta_1 \neq 1/\beta_2$，则存在唯一一个非零的均衡解：[1]

---

① 如果 $\beta_1 \neq 1/\beta_2$，则模型的均衡解或者不存在，或者有无穷多个。

$$n_1 = \frac{m_1 - \beta_1 m_2}{1 - \beta_1 \beta_2}, \quad n_2 = \frac{m_2 - \beta_2 m_1}{1 - \beta_1 \beta_2} \qquad (21)$$

进一步来看，上述的非零均衡解既可能是稳定的，也可能是不稳定的，结果究竟如何，取决于两个企业的影响系数的乘积的相对大小。具体而言，当影响系数的乘积小于1，即当 $\beta_1 \beta_2 < 1$ 时，均衡解是稳定的（更具体地说，此时得到的是所谓"稳定的结点均衡"）。在这种情况下，无论一开始时两个企业的价值是多少，只要它们不等于零，就总会趋向于这个均衡点。

另一方面，当影响系数的乘积大于1，即当 $\beta_1 \beta_2 > 1$ 时，均衡点是不稳定的（更具体地说，此时得到的是所谓的"鞍点均衡"）。在这种情况下，两个企业的任何初始价值，除非恰好位于两条趋于均衡点的轨线之上，最终都将远离均衡点而去。

由此可见，两个企业的竞争结果完全取决于它们的影响系数的乘积的大小：如果这个乘积相对较小，即当 $\beta_1 \beta_2 < 1$ 时，则从任何非零的初始状态开始，两个企业的价值仍将趋于非零的即由式（21）决定的均衡状态——这是两个企业在竞争中"共存"的情况；另一方面，如果这个乘积相对较大，即当 $\beta_1 \beta_2 > 1$ 时，则除非两个企业的价值一开始时就恰好处于鞍点的稳定枝上，从而能够趋于共存的均衡，在所有其他情况下，都必将有一个企业的价值趋向于零。换句话说，在这些场合，都是只有一个企业能够存活下来，成为竞争的胜利者，而另一个企业将遭到淘汰，退出竞争。具体来说就是：当初始状态是在鞍点稳定枝的左上方时，企业2就在竞争中处于较为有利的地位，并将最终获胜，而当初始状态是在鞍点稳定枝的右下方时，企业1就在竞争中处于较为有利的地位，并将最终获胜。

从劳动价值论的视角看，两个企业在代谢竞争中的竞争优势，可以通过价值转移率和转移价值来定义。若令企业1和企业2在生产中实际投入的劳动量分别为 $L_1(= t_1 Q_1)$ 和 $L_2(= \varphi t_2 Q_2)$，则有：

$$L = L_1 + L_2 = t_1 Q_1 + \varphi t_2 Q_2$$

于是，价值实现方程式（13）和式（14）可进一步改写为：

$$\lambda_1^* = \frac{p_1}{p_1 Q_1 + p_2 Q_2}(t_1 Q_1 + \varphi t_2 Q_2)$$

$$\lambda_2^* = \frac{p_2}{p_1 Q_1 + p_2 Q_2}(t_1 Q_1 + \varphi t_2 Q_2)$$

在上述公式的两边分别除以在单位商品上的形成价值量 $\lambda_1 = t_1$ 和 $\lambda_2 = \varphi t_2$ 再减去1后

即可得到（参见附录1）：

$$\phi_1 = \frac{\lambda_1^* - \lambda_1}{\lambda_1} = \left(\frac{p_1}{t_1} - \frac{p_2}{\varphi t_2}\right)\frac{L_2}{p_1 Q_1 + p_2 Q_2}$$

$$\phi_2 = \frac{\lambda_2^* - \lambda_2}{\lambda_2} = \left(\frac{p_2}{\varphi t_2} - \frac{p_1}{t_1}\right)\frac{L_1}{p_1 Q_1 + p_2 Q_2}$$

在这里，$\phi = \frac{\lambda^* - \lambda}{\lambda}$ 可看成是企业的"价值转移率"。当某个企业的价值转移率为正时，该企业实现的价值大于其形成的价值，或者说，其他企业将其形成的价值的一部分转移给了该企业；反之，当某个企业的价值转移率为负时，该企业实现的价值小于其形成的价值，或者说，该企业将其形成的价值的一部分转移给了其他企业。只有当一个企业的价值转移率正好等于0时，该企业实现的价值才恰好等于其形成的价值，才不存在企业之间的价值转移。

在上面决定价值转移率 ϕ 的公式中，由于等号右边的第二个因子 $\frac{L_i}{p_1 Q_1 + p_2 Q_2}$（$i=1, 2$）总是正的，故任意一个企业的价值转移率的符号完全由该企业和其他企业在各自单位产品上的价格—劳动比率的相对大小决定。例如，在我们的模型中，企业1和企业2在单位产品上的价格—劳动比率分别为 $\frac{p_1}{t_1}$ 和 $\frac{p_2}{\varphi t_2}$。如果假定企业1固步自封而企业2实现了更快的创新，则会有 $\frac{p_2}{\varphi t_2} > \frac{p_1}{t_1}$，即企业2在单位产品上的价格—劳动比率大于企业1在单位产品上的价格—劳动比率，从而有 $\phi_2 > 0$、$\phi_1 < 0$，即企业2的价值转移率大于零、企业1的价值转移率小于零。换句话说，在这种情况下，企业2实现的价值大于其劳动所形成的价值，企业1实现的价值小于其劳动所形成的价值。前者的价值增加来源于后者的价值减少。[①]

这里需要立即指出以下两点：

（1）个别企业的价格—劳动投入比率，实际上就是个别企业的劳动时间的货币表现（MELT）。两个企业围绕价格—劳动比率的竞争，就是围绕劳动时间的货币表现的竞争。

---

① 特别是，如果两个企业的产品完全一样，则它们的价格亦将完全一样，即有 $p_1 = p_2$，从而，企业价值转移率 ϕ 的符号就只取决于其在单位产品上投入的劳动量 t_1 或 φt_2，而与价格没有关系。在这种情况下，生产效率高（即使用较少劳动量就可以生产出同量产品）的企业就可以用同样的劳动投入得到较多的价值。这正好就是马克思所说的效率高的企业可以得到所谓超额剩余价值的情况。

此外，如果让企业价格—劳动比率的分子和分母同时乘以产出，该比率便转化为以名义产出计算的生产率。按照我们的竞争优势定义，两个企业在生产率上的差别决定了各自的竞争优势。

（2）在前面的讨论中，价格—劳动投入比率是与两个企业的产品性价比的差异相联系的。这意味着，提高各自产品的性价比是企业维持竞争优势和生产率增长的核心前提。波特在讨论其竞争优势概念时，考虑到的正是这一点。例如他写道："为了实现成功的竞争，某国企业必须以下述形式之一拥有竞争优势，要么降低成本，要么凭借差别化的产品以获得较高的价格。为了维持优势，企业必须通过提供高品质的产品和服务，或者通过更有效率地生产，来不断地实现更富内涵的竞争优势。这样做将直接转化为生产率的增长。"[1]

然而，上述就两个企业的价值转移率所做的定义（我们以此来定义各自企业的竞争优势），与逻辑斯蒂方程所暗含的一个假设是相同的，即假定某一部门的市场份额（或种群的环境承载量）是给定的。在我们的定义中，这一市场份额实际上等于该部门投入的全部劳动量（L）。然而，假定市场份额在代谢竞争中一成不变是不符合现实的。对这个假定的依赖恰恰构成了逻辑斯蒂方程所固有的缺陷。[2]陈平在以逻辑斯蒂方程模拟代谢竞争时，也未批判地考察这一点。

从劳动价值论的视角来看，如果市场份额的扩张速度超过了该部门产出的增长，就会出现该部门所实现的价值总量大于该部门投入的劳动总量的情况。在这种情况下，环境承载量就发生了变化。它意味着在部门间形成了价值转移，即有来自其他部门的价值转移到该部门，并为该部门的企业所据有。为此，式（12）可改写为

$$\lambda_1^* Q_1 + \lambda_2^* Q_2 = L^* \tag{22}$$

在这里，L^* 是该部门实现的价值总量。它可以等于、大于或小于该部门投入的劳动总量 L。当 $L^* > L$ 时，创新企业从而创新部门实现的价值与投入劳动形成的价值之间的差额就来自其他部门形成价值的转移。[3]特别是，L^* 可由下式决定：

$$L^* = (p_1 Q_1 + p_2 Q_2)\lambda_g \tag{23}$$

---

[1] Porter, M.E., *The Competitive Advantage of Nations*, Free Press, 1990, p.10.

[2] 对逻辑斯蒂模型所依赖假设的讨论，可参见 Pianka, E. R., *Evolutionary Ecology*, 6th ed., Benjamin Cummings, 2000, pp.191-192。

[3] 在整个部门的实现价值量大于形成价值量的情况下，该部门中不仅创新企业（如企业 2）的实现价值量会大于形成价值量，而且非创新企业（如企业 1）的实现价值量也可能会大于形成价值量。

相应的，企业在单位产品上实现的价值量的公式可写为（为简单起见，这里仍然用 λ^* 代表当部门的实现价值大于形成价值时企业在单位产品上实现的价值量）：

$$\lambda_1^* = \frac{p_1}{p_1 Q_1 + p_2 Q_2} L^*$$

$$\lambda_2^* = \frac{p_2}{p_1 Q_1 + p_2 Q_2} L^*$$

从而，企业的价值转移率为（参见附录 2）：

$$\phi_1 = \frac{\lambda_1^* - \lambda_1}{\lambda_1} = \left(\frac{p_1}{t_1} - \frac{p_1 Q_1 + p_2 Q_2}{L^*} \right) \frac{L^*}{p_1 Q_1 + p_2 Q_2}$$

$$\phi_2 = \frac{\lambda_2^* - \lambda_2}{\lambda_2} = \left(\frac{p_2}{\varphi t_2} - \frac{p_1 Q_1 + p_2 Q_2}{L^*} \right) \frac{L^*}{p_1 Q_1 + p_2 Q_2}$$

企业在总产品上得到或失去的转移价值（用 Φ 代表）则为：

$$\Phi_1 = (\lambda_1^* - \lambda_1) Q_1 = \left(\frac{p_1}{t_1} - \frac{p_1 Q_1 + p_2 Q_2}{L^*} \right) \frac{t_1 L^*}{p_1 Q_1 + p_2 Q_2} Q_1$$

$$\Phi_2 = (\lambda_2^* - \lambda_2) Q_2 = \left(\frac{p_2}{\varphi t_2} - \frac{p_1 Q_1 + p_2 Q_2}{L^*} \right) \frac{\varphi t_2 L^*}{p_1 Q_1 + p_2 Q_2} Q_2$$

由于在这个价值转移公式中，括弧内的 $\frac{p_1 Q_1 + p_2 Q_2}{L^*}$ 是一共同的被减项，两个企业的转移价值，即其各自的竞争优势，实际上就取决于各自的价格—劳动比率。这样一来，我们就回到了先前讨论过的结论，即基于各自产品性价比的生产率的差异，在竞争优势的形成中起到决定的作用。

这里特别需要提醒注意的是，尽管在部门的实现价值等于形成价值（即 $L^* = L$ ）的情况下，部门内部所有企业的转移价值之和等于 0，但是，在部门实现价值大于形成价值（即 $L^* > L$ ）的情况下，部门内部所有企业的转移价值之和却大于 0。这是因为，由上式显而易见有：

$$\Phi_1 + \Phi_2 = L^* - L > 0$$

由于在这种情况下，所有企业的转移价值之和大于 0，故当某个企业在总产品上的转移价值大于 0 时，另外一个企业在总产品上的转移价值既可能小于或等于 0，也可能同样大于 0。这是因为，根据上面的公式，当某个企业在单位产品上的价格—劳动比率大于整个部门的价格总量—市场价值总量时，另外一个企业在单位产品上的价格—劳动比率既可能小于或等于整个部门的价格总量—市场价值总量，也可能同样地大于整个部门的价格总量—市场价值总量。

于是，在这种情况下，该部门内部两个企业之间的竞争可能出现三种类型的关系。（1）绝对意义的零和关系，即一个企业的价格—劳动比率大于整个部门的价格总量—市场价值总量比率，而另一个企业的价格—劳动比率小于整个部门的价格总量—市场价值总量比率。在这种情况下，前一个企业不仅从其他部门的企业那里而且也从本部门的其他企业那里得到转移价值，后一个企业则会失去一部分转移价值。（2）相对意义的零和关系，即一个企业的价格—劳动比率大于整个部门的价格总量—市场价值总量比率，而另一个企业的价格—劳动比率等于整个部门的价格总量—市场价值总量比率。在这种情况下，前一个企业所得到的转移价值完全来自其他部门而非本部门，后一个企业则既不得到亦不失去转移价值。（3）正和关系，即两个企业的价格—劳动比率都大于整个部门的价格总量—市场价值总量比率。在这种情况下，两个企业都从其他部门得到转移价值。

上述从模型里得出的抽象结论，在经验中是与历史和制度等复杂因素联系在一起的。这些复杂性在我们的模型里不可能得到反映。譬如，我们可以把上述模型里的第一个企业看作后发企业，它在追赶第二个企业。至于这两个企业究竟隶属于同一个国家，或分属不同的国度，则可以暂时不予考虑。当后发企业通过差别化产品和要素投入的节约提高其生产率，即提高其价格—劳动比时，就有可能与上述模型提到的三种情形之一相对应。我们暂且假设所对应的是第二种情形。这种情形的出现一方面与后发企业的技术进步有关，另一方面也和该部门的市场需求条件有关。由于两个企业的产品在性价比上不同，各自产品所对应的也是不同的市场。我们可以设想，后发企业凭借其富有竞争力的性价比夺取了一部分为另一个企业所占据的既有市场，但更重要的是，后发企业还可能通过其价格相对低廉但性能不俗的产品，发掘出前所未有的新用户和新市场。这些新用户本来根本无法购买第二个企业生产的更高级、也更昂贵的产品。而伴随后发企业的出现，他们的消费变得可能了。在这里，对落后企业的成长具有关键意义的，在于能否利用一个数量庞大的低收入阶层，他们对该类产品的需求还远未得到满足。如果具备这项条件，落后企业就会找到自己的后发优势，并实现自己的规模经济。这种低收入阶层的存在，要么反映了一国收入分配中的两极化，要么反映了发展中国家与发达国家在人均收入水平上的差距。不管是哪种情形，对后发企业而言，这种本来具有不发达性质的现象，反而可能成为其构造竞争优势的有利条件。①

五、尾　论

本文所讨论的代谢竞争在现实中是广泛存在的。举例来说，在管理学中被奉为经典的丰田生产方式和福特生产方式之间的竞争就属于这类代谢竞争。这种竞争对于理解不同企业、乃至不同经济体的兴衰是十分关键的。然而，在现实中常见的这类竞争，在当代最主要的经济学范式中——包括马克思经济学范式——一直没有得到正式和透彻的分析。能否将代谢竞争引入这些范式，已经成为检验这些理论的解释力的一个试金石。

在马克思那里，不同企业的竞争是在特殊的资本主义生产方式的基础上展开的；而在一个部门之内，依照马克思的假设，特殊的资本主义生产方式对不同企业而言是同质的。在本文中，我们试图把演化经济学的视角纳入马克思的理论模型，提出以知识生产的组织形态为中介，不同企业可以采用不同的技术、或不同的生产方式来生产属于一个部门的产品。换言之，特殊的资本主义生产方式在一个部门内并非是同质的，这会对竞争的形态带来重要的影响，即在一个部门内派生出以各自产品的性价比为前提的市场份额竞争，即代谢竞争。陈平教授分析了这类竞争的一般形式，而我们则结合马克思的价值理论，进一步分析了在一个部门或一个产业内部的这类竞争的具体特点。需要指出的一点是，在概念上得以明确的这种代谢竞争，在现实里对应着各种具体而复杂的形态。而这些具体形态只能通过进一步的历史和制度研究才能获得透彻的理解。我们希望，本章所发展的有关部门内代谢竞争的理论模型，可以为这类历史和制度研究奠定一个分析的基础。

附录 1

当部门的实现价值恰好等于形成价值时，价值实现的公式可以写为：

$$\lambda_1^* = \frac{p_1}{p_1 Q_1 + p_2 Q_2}(t_1 Q_1 + \varphi t_2 Q_2)$$

$$\lambda_2^* = \frac{p_2}{p_1 Q_1 + p_2 Q_2}(t_1 Q_1 + \varphi t_2 Q_2)$$

---

① 波特在其竞争理论里谈到需求条件对于促成企业竞争优势的作用（波特：《国家竞争优势》，李明轩、邱如美译，中信出版社 2012 年版，第三章）。但在他列举的各种影响需求形态的因素里，没有谈及收入分配差距对一国乃至世界市场结构的影响。近年来，以华为、联想为代表的中国智能手机企业通过开拓第三世界市场，在全球市场份额竞争中取得了巨大进步，实际上正是这种情形的一个例证。

两边除以相应的形成价值 λ 并减 1 后可得：

$$\frac{\lambda_1^*}{\lambda_1} - 1 = \frac{1}{\lambda_1} \cdot \frac{p_1}{p_1 Q_1 + p_2 Q_2}(t_1 Q_1 + \varphi t_2 Q_2) - 1$$

$$\frac{\lambda_2^*}{\lambda_2} - 1 = \frac{1}{\lambda_2} \cdot \frac{p_2}{p_1 Q_1 + p_2 Q_2}(t_1 Q_1 + \varphi t_2 Q_2) - 1$$

再将 $\lambda_1 = t_1$ 和 $\lambda_2 = \varphi t_2$ 代入上两式的右边并整理得到：

$$\frac{\lambda_1^* - \lambda_1}{\lambda_1} = \frac{p_1 \varphi t_2 Q_2 - t_1 p_2 Q_2}{t_1(p_1 Q_1 + p_2 Q_2)}$$

$$\frac{\lambda_2^* - \lambda_2}{\lambda_2} = \frac{p_2 t_1 Q_1 - \varphi t_2 p_1 Q_1}{\varphi t_2(p_1 Q_1 + p_2 Q_2)}$$

亦即：

$$\frac{\lambda_1^* - \lambda_1}{\lambda_1} = \left(\frac{p_1}{t_1} - \frac{p_2}{\varphi t_2}\right)\frac{\varphi t_2 Q_2}{p_1 Q_1 + p_2 Q_2}$$

$$\frac{\lambda_2^* - \lambda_2}{\lambda_2} = \left(\frac{p_2}{\varphi t_2} - \frac{p_1}{t_1}\right)\frac{t_1 Q_1}{p_1 Q_1 + p_2 Q_2}$$

或者：

$$\frac{\lambda_1^* - \lambda_1}{\lambda_1} = \left(\frac{p_1}{t_1} - \frac{p_2}{\varphi t_2}\right)\frac{L_2}{p_1 Q_1 + p_2 Q_2}$$

$$\frac{\lambda_2^* - \lambda_2}{\lambda_2} = \left(\frac{p_2}{\varphi t_2} - \frac{p_1}{t_1}\right)\frac{L_1}{p_1 Q_1 + p_2 Q_2}$$

附录 2

当部门的实现价值大于形成价值时，价值实现的公式可以写为：

$$\lambda_1^* = \frac{p_1}{p_1 Q_1 + p_2 Q_2} L^*$$

$$\lambda_2^* = \frac{p_2}{p_1 Q_1 + p_2 Q_2} L^*$$

两边除以相应的形成价值 λ 并减 1 后可得：

$$\frac{\lambda_1^*}{\lambda_1} - 1 = \frac{1}{\lambda_1} \cdot \frac{p_1}{p_1 Q_1 + p_2 Q_2} L^* - 1$$

$$\frac{\lambda_2^*}{\lambda_2} - 1 = \frac{1}{\lambda_2} \cdot \frac{p_2}{p_1 Q_1 + p_2 Q_2} L^* - 1$$

再将 $\lambda_1 = t_1$ 和 $\lambda_2 = \varphi t_2$ 代入上两式的右边并整理得到：

$$\frac{\lambda_1^* - \lambda_1}{\lambda_1} = \frac{p_1 L^* - t_1(p_1 Q_1 + p_2 Q_2)}{t_1(p_1 Q_1 + p_2 Q_2)}$$

$$\frac{\lambda_2^* - \lambda_2}{\lambda_2} = \frac{p_2 L^* - \varphi t_2(p_1 Q_1 + p_2 Q_2)}{\varphi t_2(p_1 Q_1 + p_2 Q_2)}$$

亦即：

$$\frac{\lambda_1^* - \lambda_1}{\lambda_1} = \left(\frac{p_1}{t_1} - \frac{p_1 Q_1 + p_2 Q_2}{L^*}\right) \frac{L^*}{p_1 Q_1 + p_2 Q_2}$$

$$\frac{\lambda_2^* - \lambda_2}{\lambda_2} = \left(\frac{p_2}{\varphi t_2} - \frac{p_1 Q_1 + p_2 Q_2}{L^*}\right) \frac{L^*}{p_1 Q_1 + p_2 Q_2}$$

再生产结构与资本主义经济周期的演化路径[*]

胡乐明　刘　刚

一、问题的提出

经济危机与经济周期是一个具体的现实的过程。曼德尔（1964，第 336—337 页，Ernest Mandel）将资本主义经济周期的原因分为由"商品和商品的货币等价物之间的矛盾"构成的"一般可能性"，"利润率的波动"所揭露的"调整资本主义再生产条件的一般意义"，以及需要进一步说明的"具体原因"。在他看来，说明"具体原因"就是说明资本主义生产过程"周期性地、必然地产生比例失调"。在此基础上，曼德尔提供了一个关于经济周期四阶段的过程分析，这是马克思主义经济学关于经济周期过程的经典的多部门动态模型。然而，曼德尔的分析主要集中在经济系统对再生产平衡结构的偏离与回归，并未深入解释平衡结构的重塑与演变过程，这也是传统的"比例失调论"的主要不足。随着经济的增长经济系统会发生深刻的结构变革，符合"平衡结构"的结构比例并非一成不变，也就是经济系统存在"多重再生产平衡结构"。经济增长是经济系统不断从一个平衡结构过渡到另一平衡结构的动态过程。因此，在动态上，再生产结构的约束效应不是将经济系统限定于某个唯一的"平衡结构"，而是要求经济系统必须遵守动态的结构演进路径。基于这个动态的结构演进路径界定"比例失调"，需要构建一个兼容不同平衡结构的动态的结构论框架。但是，由于传统研究缺乏操作这一问题的演化分析工具，传统的"比例失调论"未能成功构建类似的结构论框架。以曼德尔为例，在后来的研究中（Mandel，1975，1980），曼德尔分析了经济系统存在的各种再生产平衡结构，形成了"多重平衡结构"思想，但是由于他的分析视角更多地集中于技术和利润率等因素，经济系统在不同平衡结构之间的动态演变过程未能获得恰当的动态分析。在我们看来，要弥补传统"比例失调论"的不足，阐明各类经济周期在"具体原因"层面的动态路径，关键在于解析经济系统在多重平衡结构之间的演化过程。综上所述，经济周期理论不仅需要研究再生产平衡结构的"约束"，更需要解释再生产平衡结构的

＊　原文载《经济学动态》2013 年第 11 期，略有改动。作者单位:胡乐明,中国社会科学院;刘刚,曲阜师范大学。

"重塑"。换言之，需要在理论上回答：经济系统对平衡结构的偏离，是违背原有平衡结构的"短期动向"，还是导向新平衡结构的"长期态势"？

西方经济学和马克思主义经济学的已有理论，都未能有效回答上述问题。西方经济学的经济增长和经济周期理论往往过于关注总量关系而直接抽象掉了部门间的结构约束。马克思主义经济学学者的注意力尽管越来越倾向于技术、制度、"积累条件"和外部市场等因素对经济周期的影响，但是这些因素借以发挥影响的结构约束和动态路径，则往往被视为"题中应有之意"而未获得细致的探讨；马克思再生产图式所蕴含的结构分析的思想反而在里昂惕夫、斯拉法、冯·诺伊曼和帕西内蒂等结构论学者那里获得了一定程度的继承和发扬，关于内生经济增长机制的过程分析，也逐渐成为了演化经济学的专长。回归再生产图式的结构论框架，借鉴演化经济学的过程论分析工具（胡乐明和刘刚，2012），探究资本主义经济周期的动态路径，是马克思主义经济周期理论的发展方向。

在《资本论》第3卷第49章"关于生产过程的分析"，我们可以发现很多可供开发的"跨期结构"思想。我们尝试以此为基础，参考冯·诺伊曼和帕西内蒂等人的多部门经济增长模型，借鉴演化经济学家布赖恩·阿瑟提出的"自我强化"和"锁定效应"，为经济系统的周期性波动提供一个动态的"结构论"解释。这一解释将说明：经济周期在其具体路径上应还原为结构问题和生产周期问题；技术、积累体制和利润率等影响经济周期的因素，都内置于资本主义经济无计划的动态不可逆的再生产过程之中，通过激化资本主义各部门强制性结构约束与异质性生产周期之间的矛盾，引发经济系统的周期波动；相关治理措施则通过缓和这一矛盾降低经济波动的危害。

二、供求关联、报酬递增与"多重平衡结构"

在彼此联系的社会分工体系中，各产业部门之间存在"交互供求"的关联机制。在这个交换体系中，一个部门的产出依赖于其他各部门在生产和消费过程中对这一部门形成的需求。只有各部门之间的生产规模符合相应的结构约束，产品才不会"过剩"，经济增长才能顺利进行。这就是供求关联思想。供求关联与报酬递增机制的结合，形成"多重平衡结构"。

（一）总量增长与结构变迁的统一性

（1）无结构的增长与周期理论。

除少数结构论学者之外，西方经济学经济增长理论和经济周期理论都以总量生产函数为基础。其一般形式为 $Y = AF(L, K)$，其中 Y 表示产出量，A 表示技术水平，L 和 K

分别表示劳动和资本数量。在这一生产函数中，部门间的结构和比例问题被抽象掉了。经济增长和经济周期研究，所探讨的都是总产出 Y 或人均产出 Y/L 的数量变化。经济增长实际上是各经济部门作为一个整体的增长，国民经济各部门的增长都是同速度、成比例的。显然，这一认识与经济增长过程中各部门结构比例的深刻变革并不相符。结合供求关联思想，这种前提假定的局限性就更为明显。总量生产函数在抽象掉部门间结构比例的同时，也抽象掉了各部门产品因部门间比例失调和供求失衡而遭遇的"实现的困难"。这种抽象，相当于预先假定了"供求平衡"和"市场自动出清"，认定产品"有多少卖多少"，从根本上排斥了产品"相对过剩"的可能性。因此，在这些理论中，经济增长的困难和经济系统的周期性波动仅来自外在的技术扰动（如真实经济周期理论）和货币周期（货币学派和卢卡斯）等因素；内生的供求失衡等更为关键的不稳定因素，则被排斥在分析视野之外。

（2）总量与结构相统一的再生产理论。

在马克思的再生产图式模型中，扩大再生产必须遵守部门间的结构约束，其条件为：Ⅰ $(V+\Delta V+M/X) =$ Ⅱ $(C+\Delta C)$。这意味着总量增长与结构变迁是统一的。我们在简单再生产条件与扩大再生产之间做一个简要的过程分析，来说明这一点。我们加入一个假定：资本家和工人消费的产品不同，资本家消费的奢侈品较多。在简单再生产条件下，资本家将所有的剩余价值都用于个人消费。将简单再生产转变为扩大再生产，资本家首先需要减少奢侈品的消费，其省下的剩余价值（$M-M/X$）则用于购买生产资料和劳动力，由此，经济系统发生相应的结构变动。由于奢侈品生产部门的需求要相对缩小，奢侈品部门的库存会相应增长。同时由于被雇佣的劳动力增多，消费品部门的生产需要扩大。扩大再生产后形成的更大规模的剩余价值记为 M'，$M'>M$。如果在新的水平上资本家的消费量 $M'/X=M$，即资本家在扩大再生产之后形成的新的消费量与扩大再生产之前相等，那么奢侈品部门的库存将最终被消化，奢侈品部门只出现了短期产量和利润率波动。如果出现 $M'/X<M$，奢侈品部门可能形成生产规模的萎缩，一部分原先就业于奢侈品部门的劳动力，将陷入失业或进入其他部门。总结上述过程不难发现：正是原先用于购买消费品的一部分剩余价值改作其他用途，才导致市场上消费资料需求量和生产资料需求量发生了相应变化，从而推动生产规模、就业量和价值总量的扩张。总量增长以结构变迁为前提，同时总量增长后经济系统形成了新的平衡结构，总量与结构相统一是再生产图式模型基本的方法论特性。

（二）部门间的供求关联机制

我们结合再生产图式模型，进一步明确各部间的供求关联机制，分析这一机制对产交换比例的决定作用。简单再生产条件下 I $(C+V+M)$ = IC+IIC，II $(C+V+M)$ = I $(V+M)$ +II $(V+M)$；扩大再生产条件下 I $(C+V+M)$ = I $(C+\Delta C)$ +II $(C+\Delta C)$，II $(C+V+M)$ = I $(V+\Delta V+M/X)$ +II $(V+\Delta V+M/X)$。上述两个结论是简单再生产和扩大再生产条件的推论。在这两个推论中，部门间分工和结构关系决定了市场上的不同产品之间的交易规模。形成这一原理的核心假定是：不同产品不能完全替代。如果市场上供给不足的产品可以由其他产品替换，那么不同部门之间强制的结构约束将消失。从这个意义上讲，马克思将各种产品划分为具体用途上难以相互替代的"生产资料"和"消费资料"两大部类，有效地抓住了各类产品的独特功能和不可替代性。这一假定也体现在里昂惕夫"投入—产出"理论的"互补性生产函数"和"中间产品消耗系数矩阵"上。部门间交互决定供求关系的原理，依托里昂惕夫的"消耗系数矩阵"形成了标准化的量化模型。随着萨缪尔森将这一模型应用于劳动价值论"转形问题"的讨论，这一模型及其"互补性技术关联"思想，也被逐步引入到数理马克思主义经济学领域。

我们也可以基于马克思"价值形式"理论，运用供求关联原理在再生产结构中，进一步明确供求关联机制对于各部门产品交换比例和交易规模的决定作用。各部门生产其产品的目的不是获得产品的使用价值，而是获得产品的价值。表现产品价值的，正是各部门在交换体系中所获得的其他产品。一个部门的收入，不取决于自己的产品数量，而取决于再生产结构中它从其他部门所换得的产品的数量。我们将在"非均衡"的条件下运用这一原理来探讨再生产结构中的各产品的交换比例。"如果市场的胃口不能以每码2先令的正常价格吞下麻布的总量，这就证明，在全部的社会劳动时间中，以织麻布的形式耗费的劳动时间太多了。其结果就像每个织布者花在他个人的产品上的时间超过了社会必要劳动时间一样。正像俗语所说：'一起捉住，一起绞死'"（马克思，1972，第126页）。著名的"第二种社会必要劳动时间"和各部门"按比例分配劳动"等理论也充分论述了这一原理，我们不再赘述。

综上所述，在马克思主义经济学中，需求和购买力并非来自哪一方收入水平的变化，而是取决于社会分工体系下存在供求关联的各部门的生产规模。相应地，收入来自各部门在交换过程中所换得的等价物数量，各部门在交换体系中所能换得的产品数量决定其收入水平。

（三）报酬递增与多重再生产结构

自亚当·斯密开始，报酬递增就是古典经济学的基本理论（贾根良，1998）。马克思分工理论、协作理论以及马克思对机器大工作的分析中，都明确强调了生产规模扩大对于节约生产资源降低生产成本的意义。这些分析是典型的规模经济和报酬递增思想。

"竞争斗争是通过使商品便宜来进行的。在其他条件不变时，商品的便宜取决于劳动生产率，而劳动生产率又取决于生产规模。因此，较大的资本战胜较小的资本"（马克思，1972，第686—687页）。"在论述协作、分工和机器时，我们已经指出，生产条件的节约（这是大规模生产的特征）本质上是这样产生的：这些条件……它们在生产过程中由总体工人共同消费，……在一个有一台或两台中央发动机的大工厂内，发动机的费用，不会和发动机的马力，因而不会和它们的可能的作用范围，按相同的比例增加；……燃料、照明等等的支出，也是这样"（马克思，1974，第94页）。同时，企业内部更大规模的生产和分工，又要求产业规模和社会分工的扩充。"工场手工业的分工要求社会内部的分工已经达到一定的发展程度。相反地，工场手工业分工又会发生反作用，发展并增加社会分工"（马克思，1972，第391页）。

古典经济学的广义报酬递增机制不同于新古典经济学生产函数中狭义的要素边际报酬递增，而是囊括了经济总量扩张所推进的各种形式的效率提升机制。这一思想也成为演化经济学分析经济内生发展过程的重要理论基础（贾根良，1999）。一般认为，源于古典经济学的广义报酬递增机制包括规模经济、技术进步和结构变迁三个方面。[1]

将报酬递增与供求关联机制相结合[2]就可以阐释经济发展过程中存在的"多重平衡结构"。劳动生产率提高，依赖各部门生产规模的扩大，而一个部门产业规模的提升，又取决于其他部门规模的相应扩大。在其他部门生产规模未扩大的条件下，某一个产业"单独"地扩大其生产规模，其市场需求规模和收入水平将被限定，更高技术因生产规模无法扩充而不能实现更低的成本，从而造成亏损，使预付的生产资料和固定资本形成"资本消灭"。因此，在报酬递增的条件下，各部门在生产规模上的"结构约束"和"规模依赖"，成为各部门技术进步的相互依赖。技术进步的实现，以各部门之间符合供求比例的再生产结构的重建为条件。相应的，不同的技术水平和经济发展阶段上，存在着"多重平衡结构"。

演化经济学代表人物布赖恩·阿瑟（Arthur, W. B., 1988, 1989）分析了经济发展过程中的"自我强化"（self-reinforcing）和"锁定效应"（lock-in）。借鉴阿瑟的观点，我们认为：如果在各个平衡结构存在相应的"结构引力"，那么，在经济系统由低到高接近某个平衡结构时，"结构引力"将成为经济运行向上的拉动，形成平衡结构的"自

---

[1] 除规模经济和分工理论外，马克思也曾系统论述规模扩张推进协作分工和技术进步的动态机制；并通过资本有机构成提高等因素描述经济增长过程的技术进步。此外，生产力与生产关系的矛盾以及"工厂法"等理论也深入地研究了经济增长对制度变迁的推进作用。

[2] 在西方经济学中，报酬递增与产业间供求关联机制的结合就是高级发展经济学的理论基础："金融外部经济"（杜曙光和刘刚，2013）。

我强化";在达到某个平衡结构之后,"结构引力"会成经济运行向下的拉动,形成平衡结构的"锁定效应"。"多重平衡结构"的"结构引力"的交替作用,导致经济运行周期性地出现不同平衡结构的"自我强化"和"锁定效应",从而形成周期性经济波动。

三、结构引力与周期性波动的内在机理

强制的结构约束通过价值革命和资本消灭迫使经济系统回归平衡结构,构成"结构引力"。各部门生产周期的异质性导致经济系统交替性地偏离和回归"平衡结构",形成"发散—收敛"过程,构成"结构引力"具体的作用形式。部门间结构比例的跨期约束与生产周期的异质性之间的矛盾,是理解结构引力及其"发散—收敛"过程的关键。

(一)结构约束、价值革命与"结构引力"

供求关联机制形成部门间结构约束。在供求关联系统内,一个部门的收入取决于他在交换供求关联系统内所换得的产品数量。因此,一个部门的扩张需要其他部门相应扩张,否则单独扩张的部门将遭遇"价值革命"和"资本消灭",从而迫使经济系统重新回归平衡结构。这就是部门间结构约束形成的"结构引力"。同时,"产业链"上游某些环节的"中间产品"可能需到下一生产周期才被下游环节所使用和补偿,从而导致各部门的生产存在跨期的结构约束。但是,由即期结构形成的交换比例可能违背跨期结构约束所指定的比例关系。考虑到跨期结构与即期结构之间的矛盾,"价值革命"的可能性将大幅增加。马克思的《资本论》第3卷第49章"关于生产过程的分析"就蕴含了丰富的跨期结构思想。

在马克思的再生产图式模型中,跨越生产周期的影响因素被限制在很小的范围内。马克思假定所有生产资料在考察期间内,都会转化到产品中去,都会获得补偿。但是,不能由此认定马克思的分析中不存在跨期问题。问题的关键就在于,在"产业链"视角下,第一部类生产的产品是充当"生产资料"的中间产品,就即期而言,这些产品已经被购买,获得了补偿。但是,就这些生产资料的最终使命(最终要应用于消费资料的生产)而言,这些产品还将作为下游产品价值的C部分沉淀下来,从而获得跨期补偿。由此,生产资料部门除了受到当期补偿的结构性约束,还要面临跨期补偿的结构性约束。在"关于生产过程的分析"中,马克思在同一个生产周期内,天才地阐述了这种"当期补偿"与"跨期风险"并存的现象。马克思在批判"三位一体公式"的同时强调:在社会总产品的实现与补偿过程中,当期投入的劳动量对应当期收入量,但是,当期投入与当期补偿之间的对应关系,不能解决所有产品的补偿问题,即收入不能补偿所有产品的价值。"最后,形成不变资本的一部分产品,会以实物形式或者通过不变资本的生产

者之间的相互交换而得到补偿；这是一个同消费者毫无关系的过程"（马克思，1974，第 955 页）。即资本家预付资本中用于购买不变资本的那部分投资，实际上补偿了尚未进入消费领域的生产资料的价值。资本家与资本家之间的交互购买还可以获得更为全面的概括。著名的卡莱茨基法则（Kalecki，1980）在此基础上阐述了更为全面的等式关系：$IM+IIM=I(\Delta C+\Delta V+M/X)+II(\Delta C+\Delta V+M/X)$，即利润=投资+资本家消费，"资本家阶级的利润决定于他们自己的投资，而不是相反"（孟捷，2004）。但是，如果因此就认定资本家之间"自我增殖"的资本积累可以顺利地无限循环下去，就会进入错误的方向。生产资料的价值，最终必须用于生产消费品。因此，所有的生产资料，最终都要进入未来的生产过程中成为 IIC 的构成部分。

关于 IIC 部分，马克思认为"价值革命"和"资本消灭"是客观存在的："在再生产的正常状态下，只有一部分新追加的劳动用在不变资本的生产上，因而用在不变资本的补偿上，这就是原来用来补偿生产消费资料即收入的物质要素时用掉的不变资本的那部分（此外，从价值方面来看，由于劳动生产力的变化，这个不变资本也可能贬值；但这种情况只与单个资本家有关），这个不变资本在再生产过程中，从物质方面看，总是会处在各种会使它遭到损失的意外和风险中。……因此利润的一部分，即剩余价值的一部分，从而只体现新追加劳动的剩余产品（从价值方面来看）的一部分，必须充当保险基金"（马克思，1974，第 957—958 页）。这里的"保险基金"指的是剩余价值中用于填补"价值革命"形成的损失，从而不能用作"消费基金"和"积累基金"的那部分。马克思的分析指出，由于消费品可能无法获得补偿或无法投入生产（需求不足形成过剩产能），沉淀于消费品中的生产资料的价值可能因此而损耗。在调整经济结构的过程中，需要由"保险基金"去填补的价值损耗，可能会经常出现，其数额可能是庞大的。我们将这种分析称为马克思的"跨期结构"思想。

马克思"跨期结构"思想说明，当期获得补偿的生产资料最终要在未来的生产周期中沉淀在具体产品中获得补偿。但是，在未来的生产周期中，产品能够在交换体系中换得多少其他产品，不取决于跨期结构，而由即期部门间的结构比例决定。沉淀在消费品中作为 IIC 部分的价值，可能遭遇"价值革命"。例如，依据结构约束，某些部门扩张其生产资料投资的同时，其他与之相交换的部门需相应扩大生产能力。否则，未来的生产周期中，由即期的部门间产量结构所决定的交换体系内，产能扩张的部门将无法在交换中获得足够的其他产品，从而出现过剩产品或过剩产能，形成"价值革命"。只有先行部门缩减其生产能力或其他部门的生产规模跟进，经济系统回归"平衡结构"，"价值革命"的惩罚才会结束。"价值革命"强制经济系统遵守结构约束，形成迫使经济系统回归"平衡结构"的"结构引力"。

（二）部门间生产周期的异质性

"结构引力"在解释演化经济学"自我强化"和"锁定效应"的同时，也导致另一个悖论：如果"结构引力"是经济增长过程中唯一的僵化的动态法则，经济系统将在"结构引力"的作用下固守"平衡结构"，平稳增长。那么，增长速度的周期性波动，将不是经济系统内生的不稳定性因素导致的，而只能是由外在因素的冲击造成的。可见，将"结构约束"作为唯一的动态法则，将不可避免地滑入西方经济增长理论的"稳态路径"信仰。克服这一局限，需引入各部门生产周期的异质性。

如果各部门的生产周期是同质的，那么，各部门按照"平衡结构"的要求"步调一致"地扩大规模、提高技术将是可能的，甚至是有保障的。生产周期同质性也是西方经济学经济增长模型"稳态路径"背后的重要假定。在此基础上，经济的周期性波动只能来自技术、货币、制度甚至心理等因素的外在冲击。即使将这些因素"内生"到经济增长过程中，通过这些"内生因素"的"扰动"解释经济系统的周期性波动，也不是完全的经济周期"内生"理论。经济系统生产周期自身所蕴含的波动性，才是经济周期最根本的内生基因。结构约束限定了各部门经济增长的动态法则。生产周期的异质性则导致各部门"步调不一"的生产周期难以符合结构约束所限定的动态法则。两者的矛盾性就是资本主义经济内生的不稳定基因。技术和制度等因素通过激化生产周期异质性与结构约束性之间的矛盾导致经济波动加剧。同时，经济系统对"平衡结构"的偏离和重塑，也需以此为基础展开讨论。

固定资本是异质性生产周期的典型代表。除固定资本更新外，各生产部门从投资到完成全部预付资本的周转，其生产周期也各不相同。但我们只选取最典型的固定资本更新问题阐述经济增长过程的内在不稳定性。为了表述的方便，我们细化固定资产"生产周期"的两方面含义：从开始投资到建成投产，称为"投产周期"；从开始投入使用到完成周转最终报废，称为"周转周期"或"运转周期"。

回到我们在第一部分所举的例子。如果资本家形成的奢侈品消费在较长时期没有恢复到其原有水平，那么，奢侈品领域将出现不可避免的"资本消灭"。考虑到固定资本一旦形成无法回收，其"资本消灭"的规模将很大。在这种情况下"资本消灭"与整体生产规模的扩张是同时发生的。固定资产生产周期较长的特点还会导致"加速数"作用。在我们的例子中，消费品部门会发生持续的扩张，消费品部门对固定资产的需求，会形成固定资产生产规模的扩张。假定固定资本折旧占不变资本的比重为50%，折旧率为10%，那么，消费品生产规模扩大引发的固定资本扩张的比例将是 $\dfrac{(C \times 50\%) \ / \ (C+V+M)}{10\%}$。记剩余价值率为 m'，资本有机构成比率为 c'，固定资本折旧在不变资本中的比率为 λ，折旧率为 γ，这一比例为 $\dfrac{c' \cdot \lambda}{(1+c'+m') \ \lambda} = \dfrac{\lambda/\gamma}{[1 + (1/c') + (m'/c')]}$。这一比率与折旧率负相关，与资本有机构成正相关。在剩余价值率 m' 和生产资料中固定资本所占比率 λ 不变的前提下，资本有机构成越高，单位产品价值中固定资本折旧所占比重越多，产品需求引发的固定资本生产规模的扩张幅度越大。

传统上将 $(C+V)$ 视为"预付资本总量"的同时抽象掉了固定资本。考虑到产品价值总量中不变资本 C 的一部分是固定资本形成的折旧，预付的投资规模将不再是 $C+V= V (1+c')$，而是 $V+C \cdot (1-\lambda) + (\lambda/\gamma) = V (1+c') [(1-\lambda) + (\lambda/\gamma)]$。在结构平衡，过剩产能消失时（通常为经济周期的恢复或繁荣阶段），固定资本"完全开工"，增加一单位就业所需增加的生产资料数量不是 c'，而是 $c' \cdot (1-\lambda) + (\lambda/\gamma)$。相应地，在固定资本未能"完全开工"的条件下（通常为经济周期的危机和萧条阶段），增加一单位就业所需增加的生产资料则降低为 $c' \cdot (1-\lambda)$。固定资产投资的意义并非局限于固定资本投资自身，而是投资一旦形成就已经预先地指定了固定资本生产部门的生产规模。一单位最终消费品的生产需要经历不同的"中间产品"阶段，每个阶段都存在相应的"固定资本投资"，制造这些"固定资本"又会引发固定资本制造领域形成的更大规模固定资本投入。因此，就业量和消费品需求规模增加引发投资加倍增长的倍数（或加速数）和波长都将非常可观。另一方面，一旦固定资本投资形成了"过剩的生产能力"，就业增长过程中所需生产资料的投入量也将大幅度萎缩。由于固定资本的存在，经济周期不同阶段投资额与边际就业量[1]之间的比率将出现剧烈的波动，这是影响经济周期的重要因素。

（三）"发散—收敛"过程

结构约束与生产周期异质性的矛盾所引发的经济系统周期性偏离和回归"平衡结构"，形成动态的"发散—收敛"过程。我们从处于"平衡结构"的稳定状态开始展开这一动态过程。为了标识多部门"步调不一致"的增长过程，我们以就业量，即再生产图式的 V，作为经济增长过程的参照物，假定存在一个匀速的人口增长速度即就业增长速度。

经济系统处于"平衡结构"，过剩产能消失，就业量和消费品需求规模的增加，引

---

[1] "边际就业量"是我们想到的最为准确的表述，当然这里完全排除了边际主义的均衡性和稳定性意味。

发相应的"加速投资"，其规模将非常庞大，因此在接下来的生产周期中形成更大规模的就业量和消费品需求规模。由于生产资料和固定资本生产部门的资本有机构成较高，这些部门生产扩大形成的就业量增长幅度相对较低。所以，消费品产量和就业量增速低于第Ⅰ部类增长速度，生产资料和固定资产的"潜在生产能力"会超过就业量增速，从而超出部门间供求体系所能吸收的范围。但是，由于大量的固定资本投资尚处于"投产周期"，潜在的生产能力尚未释放，供给过多的市场价格信号不会形成，因此已经处于相对过剩状态的固定资本的投资不会停止。随着固定资本结束"投资周期"，形成实际产能，就业量和消费品产量将难以吸收先行部门形成的生产能力，从而导致一些部门的产能超出"平衡结构"的比例约束，形成过剩产品或过剩产能，价值革命和"资本消灭"不可避免。可见，受部门间生产周期异质性的影响，经济系统不会在供求关联的约束下"平滑"地停止于某个符合"规模约束比例"的"平衡结构"上。相反，在"供求平衡"、"过剩产能"消失的条件下，部门间的供求关联机制反而充当了生产资料和固定资产投资"过度加速"的"传送带"。在进入符合比例要求的"平衡结构"之前，经济系统不是平滑"收敛"的，反而会形成"发散"式增长，使一部分部门的生产超出结构约束。甚至可以这样认定：部分周期较长的生产部门形成生产能力和产品的过剩，是经济系统进入"平衡结构"的前奏。

生产资料和固定资产生产部门的过度增长，形成经济系统偏离"平衡结构"的"发散"过程。固定资产结束"投产周期"过剩产品进入市场，"发散"结果显露的同时，"收敛"过程开始。这个"收敛"过程也是"平衡结构"形成和自洽的动态过程。处于"过剩状态"的生产部门会出现利润率下滑，停止固定资产投资。在这个过程中，就业量依然继续增加，伴随就业量增长的投资规模则仅限定在流动资本的投资规模上，其比例由 $c' \cdot [(1-\lambda) + (\lambda/\gamma)]$ 下降为 $c' \cdot (1-\lambda)$。在这个过程中，"过剩部门"存在一个能够承受"亏损"状态的"承受周期"。如果"承受周期"内就业量和消费品需求规模能够跟上来，"过剩部门"的过剩状态将结束，利润率也将恢复。否则，"过剩部门"的某些固定资产将最终报废，甚至减缩其就业规模，劳动力将转移到后进部门。[①]这是一个经济增长速度相对下降的过程，同时各部门之间的规模比例"收敛"到符合供求关联要求的"平衡结构"上。

周而复始！"收敛"的完成，也是下一轮"发散"的开始。随着后进部门赶上，或

---

① 这是一个"资本消失"过程，企业的各类资产价值将因此而下降，企业因资产价值下降形成"现期成本"减少。在此基础上，企业的利润率会因"资本消失"和"现成成本"下降而提高，从而恢复生产。这是一个"利润率"波动与"价值革命"交互融合的动态过程。

"先行部门"生产能力因"亏损"而被破坏，"先行部门"的生产过剩状态将结束，就业量增长对固定资产投资和生产资料部门的"加速"拉动又将重新开启。

综上所述，部门间跨期结构约束和异质性生产周期之间的矛盾，导致经济系统形成周而复始的"发散—收敛"过程。在这个过程中，"平衡结构"被反复违背和遵守，形成周期性的"结构重复"过程。这就是"结构引力"发挥作用的具体形式。在上述过程中，匀速的就业增长是经济增长的唯一动力[①]，经济增长速度围绕就业增长速度上下波动。如果我们在上述分析中取消人口和就业量的增长，经济系统将在进入"平衡结构"后停滞于原有规模上，经济的周期性波动，将完全取决于固定资本耗尽后的更新过程。

四、结构变迁、结构重塑与不同波长的经济周期

上述"发散—收敛"过程只是对既有平衡结构的不断"重复"，未"重塑"新的平衡结构。实现对"过程分析"与"多重平衡结构"的综合，关键是解释经济系统如何"重塑"出新的平衡结构，从而就经济系统在不同平衡结构之间"转换"，进行具体的过程分析。明确了这一转换过程也将明确回答经济系统对既有平衡结构的偏离是违背原结构的短期动向，还是导向新平衡结构的长期态势。我们将这一转换过程称为"结构变迁"过程。在每一次结构变迁过程中，既有平衡结构的"锁定效应"和新平衡结构的"自我强化"交替发挥作用，形成经济增长速度的周期性波动。结构重复和结构重塑都会形成不同幅度的经济波动，具体而言可分为三个层级结构变迁与四种波长的经济周期。

（一）结构变迁：不同平衡结构之间演化的比较静态分析

经济系统从既有"平衡结构"向下一个"平衡结构"过渡的过程，就是"结构变迁"过程。在这个过程中，经济系统脱离既有平衡结构的"锁定效应"，受下一个平衡结构的"结构引力"的吸引，进入"自我强化"路径。这一过程能否成功，决定经济系统对既有平衡结构的偏离，是违背既有结构的短期动向还是导向下一个平衡结构的长期态势。在理论上对两者做出界分，关键在于说明两个平衡结构如何交替发挥作用，也就是说：两个"平衡结构"是否会同时形成"结构引力"？是否存在两个平衡结构的"结构引力"相互"拉锯"的状态？解开这些疑问首先需回答：新平衡结构被"重塑"的

[①] 以匀速的人口增长速度作为经济总量扩张的动力和参照，是经济增长和经济周期理论的基本惯例之一。正是人口和就业数量的增长，构成经济系统持续获得总量扩张的动力。就业增长只是经济增长的外在动因，而非经济波动的内因。即使没有人口增长，随着固定资产的耗尽和更新，结构约束与异质性生产周期之间的矛盾也会周期性爆发。另外，考虑到后面的分析，这里外置的匀速就业增长，也可以视为经济系统"市场扩张"的形式之一。

同时，旧平衡结构是否依然有效，其"结构引力"是否继续发挥作用？我们认为问题的关键在于说明平衡结构从何而来，一个平衡结构在什么条件下得以形成并获得其"结构引力"。

解开上述疑问，需对"平衡结构"进行更为细致的剖析。我们先明晰本文的"结构关联"和"平衡结构"思想。不同产品不能相互替代，即各部门之间的交叉供求弹性稳定不变①，各部门之间形成"交互供求"的交换体系。各部门的规模比例，决定各种产品之间的交换规模和单位产品的交换比例。在结构比例"不平衡"时，交换体系中某些产量或产能过多的部门将无法在交换中获得足够的补偿，形成"价值革命"和"资本消失"。相应地，如果不同产品之间的交换比例准确反应产品的价值或生产价格，资本获得平均利润，经济系统不必在"价值革命"和"资本消失"强制下进行调整，各部门的比例结构就达到了平衡结构。平衡结构下各部门之间的结构比例和交换比例，反映各部门产品的价值和生产价格，而产品的价值和生产价格又取决于各部门的生产率水平。

上述结论以产品不能相互替代，部门间交叉需求弹性固定为前提。外生的分配关系、技术联系和生活方式变革，会改变各部门之间的交叉需求弹性。例如，各部门劳动者与资本家的收入比例变化，或劳动者消费习惯改变，各部门收入增长所形成的消费品购买结构会发生变化；技术变革会导致最终产品所需的"中间产品"数量或种类发生变化。需要指出的是，如果上述分配关系、技术联系和生活方式变化未影响各部门的"生产率"水平，那么，上述因素形成的"结构变迁"，只是各部门依据新的交叉需求弹性调整其生产数量的动态过程，各部门之间的交换规模发生变化，但单位产品之间的交换比例不会改变。后者依旧取决于各产品的价值或生产价格。或者说，交叉需求弹性改变导致的"结构变迁"只是各部门适应新的交叉需求弹性，使部门间单位产品的交换比例在新的交换规模上重新体现产品价值和生产价格的调整过程。各部门生产率是决定"平衡结构"的最为关键的因素。综上所述，各部门生产率水平、分配关系、技术联系和生活方式等因素是决定"平衡结构"的基本要素。生产率水平决定不同平衡结构下单位产品之间的交换比例，其他因素决定部门间交叉需求弹性和交换规模。

明确了"平衡结构"的决定因素，回答前面提出的各种疑问就相对容易了。我们可以明确，在两个相邻的"平衡结构"之间不会出现它们的"结构引力"相互"拉锯"的状态。"平衡结构"取决于经济系统的生产率水平、分配关系、技术联系和生活方式。

---

① 一般而言，产品类别划分越细，相邻类别的产品进行替代的可能性越大，例如肉、菜、水果等产品之间的相互替代；如果实行较宽口径的产业部门划分标准，上述产品均列入食品类别，食品与其他产品之间的相互替代程度将基本消失。同样道理，生产资料的"替代性"也往往局限于细分的相邻部门之间。

一旦这些因素确定，经济系统导向哪个"平衡结构"将被确定下来。因此，经济系统不会同时出现两个有效的"平衡结构"。如果这些决定因素发生了变化，既有平衡结构的"结构引力"将消失，经济系统的"发散—收敛"过程将服从新平衡结构的"结构引力"。即使原平衡结构在消失前已经释放了反映其"结构引力"的价格和需求拉动等信号，这些信号也无法形成抗衡新平衡结构的"结构引力"。因为在"发散—收敛"过程的作用下，经济系统持续处于不稳定的波动状态，只有持续不断的价格和需求拉动信号才能够形成足够强的"结构引力"，否则原有市场信号所形成的产量变化，将形成新结构下的"价值革命"和"资本消灭"，迫使经济系统导向新平衡结构。

（二）结构重塑：新平衡结构形成的动态演化过程

明确了平衡结构的决定因素，"结构重塑"问题也就相应解决了。各部门生产率水平、分配关系、技术联系和生活方式变化之后，经济系统符合新的决定因素的平衡结构也将相应调整，新的平衡结构将被"重塑"。那么，这些平衡结构的影响因素是外生给定的还是由经济系统内生决定的？我们认为，"中间状态"可能更为合理，生产率水平、分配关系、技术联系和生活方式等因素，既受外生的技术变革和制度变迁等因素影响，也会受到经济增长过程的影响，在经济增长和经济波动的视角下，处于"半内生"状态。这也是曼德尔在晚近资本主义和经济长波理论中所采取的观点（孟捷，2011）。

在阐述"结构引力"和平衡结构的决定性因素时，我们暂时搁置了广义"报酬递增"假定。重新引入"报酬递增"条件，生产率水平、分配关系、技术联系和生活方式等因素，将不再完全为外生因素。经济系统将在报酬递增机制的影响下，影响这些决定平衡结构的相关因素，形成动态演化的"结构重塑"过程。报酬递增机制是指经济系统随着总量规模的扩张形成的效率提升过程，其具体机制包括规模经济、技术进步和制度变迁三个方面。简言之，报酬递增是指更大的生产规模往往可以形成较高的规模经济效应，推进技术进步或催生更为高效的制度安排，从而提高经济运行的效率。在广义报酬递增机制的作用下，经济系统将在经济增长的同时，通过影响生产率水平、分配关系、技术联系和生活方式等因素，实现"结构重塑"。第一，在生产率水平方面，在报酬递增提升各部门生产率水平的过程中，各部门生产率的提升幅度往往各不相同；因此，由生产率水平决定的单位产品交换比例需相应调整，从而形成新平衡结构。第二，在分配关系方面，报酬递增机制的作用下，各部门可能在总量扩张的过程中形成新的分工协作关系和组织关系，生产单位产品所需的工人数量、熟练工人所占比重以及劳资力量对比等因素可能发生相应变化，从而形成新的分配格局，导致各部门收入所对应的消费品购买结构发生变化，改变部门间交叉需求弹性，形成新的平衡结构。第三，在技术联系方面，在报酬递增机制的作用下，各部门在规模扩大的过程中，随着专业化水平的提高，促进技术变革，新的技术可能带来生产工具和原材料的变革，改变上下游产业之间的技术联系，从而在各部门之间形成新的交叉需求弹性。第四，在生活方式方面，报酬递增在提升总体生产效率的同时，提高了资本家和工人的人均收入水平，随着人们的消费水平提高，消费结构将发生变化，从而改变部门间的交叉需求弹性。

报酬递增机制影响下生产率、分配关系、技术关联和生活方式伴随经济总量增长而形成的变化，都具有"半内生"的演化性质。除了报酬递增机制下总量规模对相关因素的影响外，技术水平、工艺流程、生活方式、消费习惯、分配格局等因素也具有其相对独立性，受各自发展规律和历史路径的影响，也可能受到外生的政策导向、文化背景和偶然事件的影响。

（三）三个层级的"结构变迁"与四个波长的经济周期

在结构重塑的过程中，新结构与既有结构的差异越大，结构变迁过程中"自我强化"和"锁定效应"的作用强度和影响周期越大，由此形成的经济波动的波长越大。视幅度大小，"结构变迁"分为不同层级，每一层级的"结构变迁"对应相应波长的经济周期。由此，不同波长的经济周期，不仅可以依据经验数据进行划分，也被赋予不同层级的理论含义。

"结构重复"的"发散—收敛"过程，对于解释经济系统内生的波动性路径具有重要的意义。它表明，经济系统一旦达到某种"平衡结构"的同时就会自然地形成脱离"平衡"的不稳定性因素，说明不稳定性内在于经济系统的增长过程之中。这种未能"重塑"新平衡结构的经济波动，其波动幅度很小，甚至不易察觉。我们将这种最低层级的周期性波动，称为第一层级的波动，这也是波长最小的经济周期。这种波动具有两方面的内容。第一，随着人口或就业量的匀速增长，新增人口和就业量增长引发的消费品需求形成加速的固定资本更新和第 I 部类扩张，导致经济系统交替偏离和回归既有平衡结构，形成动态的"发散—收敛"过程。第二，随着最陈旧的固定资产结束其"周转周期"，固定资产的更新导致加速增长，从而引起类似的"发散—收敛"过程。这两方面内容往往会彼此交融，共同作用。

除上述最低层级的周期性波动，如果经济系统能够"重塑"新的平衡结构，形成"结构变迁"，将导致在"多重平衡结构"之间，经济系统在"结构引力"的作用下，在经过具体"平衡结构"前后交替出现"自我强化"和"锁定效应"。在这个过程中，经济系统将形成较大幅度的经济波动，形成波长较长的经济周期。仅就其逻辑层级而言，视变动幅度的大小，至少存在三个层级的"结构变迁"，从而赋予"多重平衡结构"

"自我强化"和"锁定效应"三个层级的差别，形成三个层级和波长的"周期性波动"。

（1）"规模经济"提升生产率形成的"结构变迁"与周期性波动。

这种层级的"结构变迁"其实是"结构重复"的"伴生现象"。换言之，绝对的"结构重复"只有纯粹的理论意义。受规模经济的影响，经济系统在总量增长的过程中，往往难以保持各部门生产率提升的同步性。生产条件差异形成"规模经济"效应的差别，从而导致各部门生产率水平的差异，形成新的平衡结构。在既定技术水平上，完全由规模经济因素导致的"结构重塑"，其新平衡结构与既有平衡结构的差异往往相对较小，由此形成的"自我强化"和"锁定效应"也相对不明显。所以，这一层级的"结构变迁"对应波动幅度较小的第二层级的经济周期。在上述过程中，新平衡结构发挥"结构引力"具体的作用形式是"发散—收敛"过程。相应地，在这种"结构引力"的作用下形成"波动"的过程中，也伴随着第一种层级的波动。简言之，这一层级的"结构重塑"以"结构重复"为具体路径，这种"结构重塑"形成的第二层级的"周期性波动"以第一层级的波动为具体路径。高层级的"结构变迁"和"周期性波动"以次级的"结构变迁（重复）"和"周期性波动"为具体路径——这是不同层级的结构变迁和经济波动的基本规律。

（2）"技术变革"提升生产率形成的"结构变迁"与周期性波动。

上述规模经济条件下的"效率提升"可以视为规模扩大形成的"成本节约"，是相同的生产技术在更高的生产规模上形成的"生产率"差异所导致的。各生产部门除了规模变动形成的效率扰动外，生产中也可能形成"工艺创新""技术改造"和"技术升级"，这些技术的变动，同样会形成更高水平的"生产率"，从而导致各部门的生产率水平形成更大幅度的差异，进而改变部门间单位产品的交换比例，"重塑"新的平衡结构。另一方面，新技术的产生也可能带来原材料和生产工具的变革，改变部门间技术联系，通过影响部门间交叉需求弹性，重塑平衡结构。总之，技术变革通过影响生产率水平和部门间技术联系，引发较大幅度的"结构变迁"，形成第二层级的"结构变迁"和第三层级的周期性波动。

（3）生产方式变革（产品创新+制度变迁）形成的"结构变迁"与周期性波动。

较大幅度的技术变革，往往伴随产品创新和制度变迁，甚至从根本上改变经济社会的生产方式和生活方式。相对于前面两种类型的"结构变迁"，产品创新会形成再生产结构的"质变"。由于原先不存在的产品形成，或原有产品被淘汰，参与再生产结构的生产部门发生了变化，经济系统会进入"全新的"再生产结构。相应地，整个社会的组织结构、制度规范甚至生活方式都可能形成较大幅度的变革。这种更高层级的"结构变迁"，我们可以称之为第三层级的"结构变迁"。这种结构变迁所造成的"自我强化"和"锁定效应"则形成第四层级的周期性波动。资本主义经济的长周期通常体现为经济系统对"全新的"平衡结构的"重塑"过程。

五、影响因素与理论对话

技术、制度、利润率和市场扩张等因素对经济周期的影响，通过激化结构约束与部门间生产周期异质性的矛盾发挥作用。分析这些因素对变迁过程的影响，可以同各类经济周期理论对话，阐明这些因素影响经济周期的动态路径。

（一）资本消失与利润率下降

著名美国马克思主义经济学家克莱曼（Andrew Kliman）通过系统的理论分析和翔实的经验研究认为，当前资本主义经济危机源于20世纪70年代开始的大衰退。长期的利润率下降和大规模的资本消灭，是构成这一趋势的关键（克莱曼，2013，第124页）。因此，克莱曼提出以历史成本计算利润率，反对现期成本计算原则，以体现经济系统在衰退过程中形成的"资本消灭"；剔除资本重新计价后由"成本节约"形成的利润率升高的假象（克莱曼，2013，第116页）。结合我们提供的动态路径，克莱曼揭示的观点可能更易于理解。以"资本消灭"和"现期成本利润率"来修复利润率下降趋势，实际上是结构约束与异质性周期之间的矛盾被激化后未能获得缓解的结果。受"发散—收敛"过程和"结构变迁"的影响，经济系统必然周期性地脱离平衡结构，形成"价值革命"，从而导致利润率下降。这种"利润率"下降是产品过剩价格下降的结果。如果在先行部门的承受期内，经济系统能够及时回归平衡结构或导向新的平衡结构，那么产品过剩和产能过剩状态将消失，产品价格将逐步恢复，利润率下降将获得修复。这种修复是一种实际的"价格修复"。相反，迫使企业承认失败，降低既有资产的价值评估，通过降低"成本基数"来恢复利润率，则是一种假象的"成本修复"。克莱曼的实证结果则表明，资本主义经济长期衰退的原因正在于，经济系统未能及时回归"平衡结构"，企业无法按照恢复后的利润率对其既有资产进行准确的估价，反而需要在"现期成本"中承认"资本消灭"。

（二）技术和积累体制

依据新熊彼特学派、法国调节学派和美国积累的社会结构学派的观点，技术和积累体制也是解释经济长期波动的重要因素（孟捷，2011）。结合我们的分析不难理解，新技术和新体制的意义就在于"重塑"新的平衡结构，使经济系统在偏离既有"平衡结构"后，及时导向新的平衡结构。相反，如果新的技术和积累体制不能出现，无法形成新平衡结构，"结构重复"过程将不断持续，导致经济系统反复遭遇"发散—收敛"过程造成的价值革命和资本消灭。此外，在我们的分析中"结构变迁"的幅度越大，变迁过程中"自我强化"和"锁定效应"形成的波动幅度越大。因此，避免长时期衰退的关键在于推进生产方式变革，通过产品创新和体制创新"重塑"全新的"平衡结构"，使经济系统在较短的时期内导入新平衡结构的"自我强化"路径。否则，较长时期的经济衰退将无法避免。从这个意义上讲，当前新自由主义积累体制的失败（孟捷，2012），其原因可能不仅在于这一积累体制对现有"平衡结构"的排斥，这一积累体制阻碍生产方式变革，导致全新"平衡结构"难产，也是重要原因。

（三）消费不足与市场扩张

卢森堡是消费不足论的代表，她"把争论提高到一个更值得注意的水平。她提出了积累的扩大再生产的来源问题"（曼德尔，1964，第380页），即剩余价值的购买力和实现问题。"剩余价值既不能由工人也不能由资本家来实现，而是由那种属于非资本主义的生产方式的社会阶层或社会阶级来实现"（卢森堡，1959，第276页）。由此，卢森堡认为资本主义的扩大再生产，必须以持续不断的市场扩张为条件。卢森堡的观点受到了学者们的批评。罗斯多尔斯基（1992，第70—79页）认为卢森堡"只是在资本一般的意义上说明危机，忽视了现实的危机只能产生于许多资本之间的竞争"（谢富胜等，2010）。在我们提供的多部门框架内，卢森堡提出的剩余价值的购买力和实现问题，可以在部门间"交互供求"的结构体系内获得解决。各部门的购买力取决于其他相关部门的生产，在新的平衡结构上，剩余价值所代表的新增产量和价值量可以在经济系统内获得购买和补偿。在理论上，剩余价值的购买力可以在新平衡结构上由经济系统内部各部门间的交换体系内源地解决。英国学者克拉克（2011，第58页，Simon Clarke）认为，卢森堡也承认了这种内源解决方式在理论上的可行性。

虽然理论依据存在局限性，但是卢森堡所揭示的市场扩张趋势却是资本主义发展的根本趋势之一。在我们的分析框架中，市场扩张是破解"锁定效应"推进"结构重塑"的关键。由于社会分工体系是封闭的，产品的交换比例完全取决于各部门之间的产量结构。因此，任何偏离平衡结构的变动，都会遭遇价值革命和资本消失的惩罚，构成强制性结构引力，在平衡结构上形成"锁定效应"。只有改变经济系统的生产率水平、分配关系、技术联系和生活方式，形成新的平衡结构，才能克服既有平衡结构的"锁定效应"。然而，一部分"先行部门"的扩张，往往难以全面影响经济系统整体的生产率水平、分配关系、技术联系和生活方式，从而难以"重塑"新的平衡结构。所以，封闭条件下，对既有平衡结构的偏离往往只能构成违背既有结构的"短期动向"，难以导向新的平衡结构。但是，如果我们引入开放的市场条件，允许"先行部门"将其过剩产品出口到外部市场从而获得补偿，那么，强制的结构约束将被放松，平衡结构的"锁定效应"将被削弱。作为经济系统打破既有平衡结构时的"回旋余地"，外部市场对于持续稳定的经济增长具有重要意义。

六、结论与政策启示

部门间供求关联机制与各部门报酬递增机制的共同作用，导致资本主义经济在增长过程中存在多重"平衡结构"。经济系统违背平衡结构所遭遇的"价值革命"和"资本消失"，构成强制经济系统遵守平衡结构的"结构引力"。经济系统在经过不同"平衡结构"前后，受"结构引力"吸引，交替出现的"自我强化"和"锁定效应"，构成经济周期的结构论解释。部门间跨期结构约束与异质性生产周期的矛盾，导致系统围绕"平衡结构"形成"发散—收敛"过程，构成"结构引力"动态的作用形式。以经济系统内生的"发散—收敛"过程为具体路径，资本主义经济不断经历不同层级的"结构重塑（重复）"，形成不同波长的周期性波动。每一层级的"结构变迁"和"周期性波动"以次级的"变迁"和"波动"为具体路径。技术、积累体制、利润率和外部市场等因素，通过激化或缓和部门间结构约束与异质性生产周期之间的矛盾影响经济系统的周期性波动。分析这些具体的影响因素及其发挥作用的动态路径，可以实现与不同经济周期理论的对话，并为经济周期的治理提供相应的政策启示。具体而言，政策启示至少包括以下三个方面的内容。

第一，制订长期的技术进步和制度创新战略。防范经济波动危害的关键在于避免经济周期下行阶段形成的经济衰退和危机。较大幅度和较长时期的经济衰退，来自较大幅度"结构变迁"之后高层级的"平衡结构"所引发的"锁定效应"。制订长期的技术进步和制度创新战略，为持续的"结构重塑"制订长远的战略规划，是避免经济增长陷入长期衰退的关键。在这方面，发达国家既有的技术进步和制度变迁历史，已经向发展中国家显示了长远的结构变迁所需的技术和制度条件，有助于发展中国家结合其他国家的经验教训，制订和执行长期的技术进步和制订创新战略。

第二，提高先行部门的带动能力。无论是最低层级的"发散—收敛"过程，还是较高层级的"结构变迁"，经济系统的结构调整和经济波动过程都存在率先扩张的"先行部门"。部分生产周期较长的产业部门往往会在率先扩张之后形成"过剩产能"，面临"价值革命"造成的经济损失。降低经济波动的关键就在于降低这些"先行部门"率先扩张的代价，提高先行部门的带动能力，加速后进部门的跟进速度。应该选择那些带动范围大，带动作用强的先行部门作为战略产业。在后进部门尚未跟进，或战略产业畏惧潜在风险不敢率先扩张时进行适当保护，以补贴和信贷支持等手段为战略部门提供相对宽松的资金链条件，提高其对潜在风险和产能过剩的承受能力。同时，优化战略产业与关联产业之间的交易条件，加强技术和商务联系，提升带动能力。

第三，优化对外扩展，坚持以我为主。除技术进步和制度创新外，利用外部市场克服对系统内各部门的需求依赖，弱化形成"锁定效应"的"结构引力"，也是克服"结构锁定"加速"结构重塑"的重要途径。因此，加强外部市场扩展，为国内"先行扩张"的产业部门提供更大的"回旋余地"是推进经济系统顺利实现"结构变迁"的重要保障。需要强调的是，就克服"结构锁定"而言，外部市场扩展的关键在于服务国内的结构调整，而非仅仅占领国外市场。由于国外市场也处于其他国家的生产结构体系之中，过多依赖国外市场，容易遭遇外国经济波动的损害。在加强外部市场扩展的同时，坚持以我为主，以推进国内结构调整为主线加强对外开放的战略规划，对于改进我国的对外开放战略，具有重要的意义。

参考文献

安德鲁·克莱曼：《大失败：资本主义生产大衰退的根本原因》，周延云译，中央编译出版社2013年版。

杜曙光、刘刚：《"中等收入陷阱"经济学基础再发现》，《河北经贸大学学报》2013年第5期。

胡乐明、刘刚：《论马克思主义经济学与经济学诸流派的沟通——以演化经济学为例》，《当代经济研究》2012年第12期。

贾根良：《报酬递增经济学回顾与展望一》，《南开经济研究》1998年第6期。

贾根良：《报酬递增经济学回顾与展望二》，《南开经济研究》1999年第1期。

卢森堡：《资本积累论》，三联书店1959年版。

克拉克：《经济危机理论：马克思的视角》，北京师范大学出版社2011年版。

马克思：《马克思恩格斯全集》（第23卷），人民出版社1972年版。

马克思：《马克思恩格斯全集》（第25卷下），人民出版社1973年版。

曼德尔：《论马克思主义经济学》，商务印书馆1964年版。

孟捷：《劳动价值论与资本主义生产中的不确定性》，《中国社会科学》2004年第3期。

孟捷：《资本主义经济长期波动的理论：一个批判性评述》，《开放时代》2011年第10期。

孟捷：《新自由主义积累体制的矛盾与2008年经济——金融危机》，《学术月刊》2012年第9期。

谢富胜、李安、朱安东：《马克思主义危机理论和 1975—2008 年美国经济的利润率》，《中国社会科学》2010 年第 5 期。

Arthur, W. B., 1988, "Self-Reinforcing Mechanisms in Economics", *The Economy as an Evolving Complex System*, 2, 9-31.

Arthur, W. B., 1989, "Competing Technologies, Increasing Returns, and Lock-in by Historical Events", *The Economic Journal*, 99 (394), 116-131.

Kalecki, C. M., 1980, "Determinants of Profit", In *Selected Essays on the Dynamics of the Capitalist Economy*, Cambridge：CUP.

Mandel, E., 1975, *Late Capitalism*, London：NLB.

Mandel, E., 1980, "Long Waves of Capitalist Development：A Marxist Interpretation", Based on the Marshall lectures given at the University of Cambridge, Verso.

制度演化经济学的理论发展与建构[*]

黄凯南

一、前　言

自从汉密尔顿（W. Hamilton）在1918年美国经济学协会第31届年会提出"经济理论的制度分析方法"，经济学家对制度的研究至今已近百年。不同时期的经济学家对制度研究的热情以及采用的分析方法，存在明显差异。

在两次世界大战之间，"制度经济学"通常被认为是比新古典经济学更为"科学"和更能够解决社会问题的学科。其间有大量的制度研究论文在顶尖学术期刊发表，许多研究获得了如美国国家经济研究局（NBER）、布鲁金斯学会（Brookings Institution）和社会科学研究委员会（SSRC）等机构的科研资助，众多制度主义学者在美国一流大学获得教席，并担任美国经济学协会主席等，制度经济学一度成为主流经济学的重要组成部分。[①]

但是，二战后制度经济学遭遇强烈挑战，被迅速逐出主流经济学阵营，成为非正统经济学，其原因主要有三个。（1）凯恩斯经济学所倡导的货币政策和财政政策等政府干预手段，迅速取代了制度主义者提倡的"社会控制"手段。宏观计量模型的运用使前者能够从事比制度经济学更为严谨的经验研究。[②]（2）新古典经济学的自身发展弥补了原先的缺陷，如不完全竞争、市场结构、外部性等原先制度主义讨论的问题，都能够在新古典经济学中得到较好解释。（3）逻辑实证主义的兴起和发展使得科学哲学观发生了变化，制度主义者坚持的实用主义科学哲学观不再流行。心理学也从原先本能心理学转向行为主义和操作主义，促使旧制度学派的心理学基础迅速瓦解。尤其是弗里德曼为新古典经济学方法论所作的工具主义辩护，导致原先制度主义者面向现实世界的实在论（realism）变得不合时宜，理论的有效性不再依赖基本假设的现实性，而是取决于预测或推

＊　原文载《中国社会科学》2016年第5期。作者单位：山东大学。

① M. Rutherford, *The Institutionalist Movement in American Economics*, *1918—1947*: *Science and Social Control*, Cambridge and New York: Cambridge University Press, 2011, p.50.

② M. Rutherford and D. Tyler, "The Institutionalist Reaction to Keynesian Economics," *Journal of the History of Economic Thought*, vol.30, no.3, 2008, pp.29-48.

导的准确性。这为大量远离现实的数学建模提供了方法论支撑，推动新古典经济学形式
化的快速发展。

此后 30 多年，制度通常被主流经济学视为"中性"或者外生给定而不予考虑，新
古典经济学迅速成为主流研究范式。尽管科斯早已完成了《企业的性质》和《社会成本
问题》这两篇新制度经济学的开山之作，但是，制度研究热潮的复兴却是 70 年代以后
的事情。①不同于旧制度经济学对新古典经济学的实质性颠覆，新制度经济学总体上遵循
新古典经济学的均衡分析范式，制度选择或制度比较成为新制度经济学早期的重要研究
主题。制度选择作为参与者之间共同作用的结果，是博弈过程的产物，博弈论迅速成为
制度分析的主流范式。②

在纳尔逊（R. R. Nelson）和温特（S. G. Winter）的推动下，过去 30 年的演化经济
学亦发展迅猛。③尤其自 2008 年金融危机以来，由于过分追求形式化而导致理论假设和
推测都远离现实，主流经济学的均衡分析受到越来越多的质疑和挑战，基于复杂系统的
演化分析日益被重视。一些经济学家也从新古典均衡分析转向"趋向均衡"或"断点均
衡"（punctuated equilibrium）分析，进而转向演化分析。④经济学有关演化分析的研究日
益增多，演化经济学也从早先新熊彼特主义强调的技术创新和扩散，转向对制度生成和
演变的分析，更加重视技术与制度共同演化的分析。⑤席尔瓦（S. T. Silva）和特谢拉
（A. C. Teixeira）对 1969—2005 年 Econlit 数据库的文献计量学研究发现，在演化经济学
领域发表的众多论文中，制度研究占 9.5%。⑥但是如图 1 所示，我们统计 1980—2013 年
文献时发现，自 2000 年以来，演化经济学中有关制度研究的比重超过 30%。制度演化
分析的势头较困境中的新制度经济学有后来居上之势。

国外制度演化的理论研究进展主要集中在五个方向。一是遵循并拓展综合达尔文
主义（Generalized Darwinism）对"变异、选择和保留"的分析机制，强调制度演化过
程中参与者认知和能动性的作用，从参与者间互动学习的视角，考察作为共同知识的

---

① P.L. Joskow, "Introduction to New Institutional Economics: A Report Card," in Eric Brousseau and Jean-Michel Glachant, eds., *New Institutional Economics*, Cambridge: Cambridge University Press, 2008, p.108.

② K. Binmore, "Game Theory and Institutions," *Journal of Comparative Economics*, vol.38, no.3, 2010, pp.245-252.

③ R. R. Nelson and S. G. Winter, *An Evolutionary Theory of Economic Change*, Cambridge MA: Belknap Press of Harvard University Press, 2002, pp.7-25.

④ G. M. Hodgson, *Conceptualizing Capitalism: Institutions, Evolution, Future*, Chicago: University of Chicago Press, 2015, pp.89-93.

⑤ M. F. Dias, E. A. Pedrozo and T. N. Silva, "The Innovation Process as a Complex Structure with Multilevel Rules," *Journal of Evolutionary Economics*, vol.24, 2014, pp.1067-1084.

⑥ S. T. Silva and A. C. Teixeira, "On the Divergence of Evolutionary Research Paths in the Past 50 Years: A Comprehensive Bibliometric Account," *Journal of Evolutionary Economics*, vol.19, 2008, pp.605-642.

演化经济学论文中涉及制度研究的比重

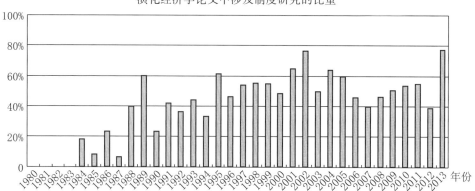

资料来源：Econlit 数据库，1980—2013 年。

图 1　1980—2013 年演化经济学论文中制度研究的比重

制度生成和演变。①二是将新熊彼特主义与凡勃伦主义结合，吸收和发展马克思主义关于生产力和生产关系矛盾运动的观点，考察技术与制度的共同演化。许多研究强调将技术创新过程呈现的如非线性、互动、涌现（emergence）和系统内嵌系统（systems within systems）作为复杂系统的特征。②技术创新活动的基本范畴也从企业或组织内部延伸到企业间的创新网络体系、区域创新体系和国家创新体系，技术创新受到制度的系统性影响，技术与制度通过影响参与主体的适应度形成共同演化的复杂关系。③三是考察个体偏好与制度的内生互动④，制度互补性和不同类型制度间（如正式与非正式制度）的相互嵌套与协同演化⑤，以及从基因和文化协同演化的视角，研究社会制度变迁⑥。四是以马克思经济学为基础，将制度视为联结宏观和微观的中间层级，运用调节方式、结构形式和积累体制等概念，探索制度演化过程中多层级的协调过程和制度

---

①　M. Blyth, "Introduction to the Special Issue on the Evolution of Institutions," *Journal of Institutional Economics*, vol. 7, no.3, 2011, pp.299-315.

②　J. Gunnarsson and T. Wallin, "An Evolutionary Approach to Regional Systems of Innovation," *Journal of Evolutionary Economics*, vol.21, no.2, 2011, pp.321-340.

③　M. M. Crossan and M. Apaydin, "A Multi-Dimensional Framework of Organizational Innovation: A Systematic Review of the Literature," *Journal of Management Studies*, vol.47, no.6, 2010, pp.1154-1191; G. Tedeschi, S. Vitali and M. Gallega-ti, "The Dynamic of Innovation Networks: A Switching on Technological Change," *Journal of Evolutionary Economics*, vol.24, no.4, 2014, pp.817-834.

④　C. Grabner and W. Elsner, "The Nature of Institutions from a Computational Perspective," 2016, American Economic Association Meeting.

⑤　U. Pagano, "Interlocking Complementarities and Institutional Change," *Journal of Institutional Economics*, vol.7, no. 3, 2011, pp.373-392.

⑥　J. R. Kendal, "Gene-Culture Coevolutione," in N. J. Smelser and p.B. Baltes, eds., *International Eencyclopedia of the Social & Behavioral Sciences*, 2nd ed., 2015, pp.813-818.

多样性，揭示制度形式变化与经济危机的内在关联。这方面的研究集中在法国调节学派中。①五是运用数理模型描述和刻画制度生成及演变，包括通过演化博弈模型和各种演化算法，描述制度的选择和扩散②，以及运用多主体仿真，描述制度如何由异质性个体间互动而生成及演变③等等。

国内学者的研究更多是对国外理论研究的追踪和综述，具有开创性的理论综合研究还较匮乏。为了克服演化经济学理论研究难以深化，以及经验研究难以操作的困境，贾根良将演化经济学视为独立于西方主流经济学和马克思主义经济学的第三种经济学理论体系，强调必须对理论进行综合和创新。④在方法论方面，杨虎涛和张洪恺阐述结构化理论、批判实在论、凡勃伦制度主义、奥地利传统的互动主义以及基于现代系统论的系统主义，对个体主义方法论和集体主义方法论的超越。⑤晏鹰和朱宪辰强调从认知进化和学习的视角考察制度演化。⑥黄凯南尝试突破演化博弈分析的局限，运用主观博弈论来研究制度的生成和演变。⑦范如国在复杂系统理论的视角下，通过引入网络结构、动态演化、仿真模拟等测度手段和分析技术等，对制度演化进行研究。⑧

尽管制度演化分析日益增多，但正如多利莫尔（D. E. Dollimore）和霍奇逊（G. M. Hodgosn）指出的，各种研究较为零散和碎片化，还缺乏统一的研究范式。⑨在复兴旧制度学派某些重要思想的同时，如何避免陷入旧制度学派理论建构的不足，是当前制度演化理论研究面临的重要挑战。本文尝试进一步推动制度演化理论的发展，旨在构建一个多层级和多主体共同演化的分析机制。这需要对已被破碎化的核心概念如习惯、惯例、制度、复制者和互动者装置等，在系统思维的框架下进行再定义，将它们有机地链接为大系统内部不同层级且具不同功能的不同环节配置，寻找其内部矛盾运行及转化或破裂

① R. Boyer, "The Global Financial Crisis in Historical Perspective: An Economic Analysis Combing Minsky, Hayek, Fisher, Keynes and the Regulation Approach," *De Gruyster*, vol.3, no.3, 2013, p.93；吕守军：《抓住中间层次剖析当代资本主义——法国调节学派理论体系的演进》，《中国社会科学》2015 年第 6 期。

② K. Safarzynska and J. van den Bergh, "Beyond Replicator Dynamics: Innovation—Selection Dynamics and Optimal Diversity," *Journal of Economic Behavior & Organization*, vol.78, no.3, 2011, pp.229-245.

③ C. Gräbner, "Agent-Based Computational Models: A Formal Heuristic for Institutionalist Pattern Modelling?" *Journal of Institutional Economics*, vol.12, no.1, 2016, pp.241-261.

④ 贾根良：《演化经济学：第三种经济学体系的综合与创新》，《学术月刊》2011 年第 6 期。

⑤ 杨虎涛、张洪恺：《凡勃伦制度主义的过去与现在》，《当代经济研究》2009 年第 2 期。

⑥ 晏鹰、朱宪辰：《改革以来中国社会个体交往方式变迁解释——一个认知演化的分析框架》，《制度经济学研究》2010 年第 2 期。

⑦ 黄凯南：《主观博弈论与制度内生演化》，《经济研究》2010 年第 2 期。

⑧ 范如国：《制度演化及其复杂性》，北京：科技出版社 2011 年版。

⑨ D. E. Dollimore and G. M. Hodgosn, "Four Essays on Economic Evolution: An Introduction," *Journal of Evolutionary Economics*, vol.24, 2014, pp.1-10.

的动力机制，以促进制度演化经济学一般理论框架的建构。本文的具体叙述过程如下。一是结合演化经济学、制度经济学、心理学、认知科学、演化发育生物学等多学科的理论进展，重新界定制度演化分析的一些核心概念，减少它们在理解和使用上的模糊和混乱，为形成统一的科学研究范式提供必要的起点。二是结合行为和实验经济学、博弈学习理论和制度经济学等研究进展，探讨制度演化应遵循的"个体与制度互动主义的方法论"。三是基于这些核心概念和方法论，构建一个多层级和多主体共同演化的简要模型，为制度演化分析提供较为基础、便于理解和操作的基本分析机制。

二、核心概念再考察

（一）习惯、惯例和制度

习惯、惯例和制度是演化经济学的经典概念和基本分析单元，这里基于心理学、认知科学和组织科学等相关研究成果，重新考察三者的定义。

（1）习惯（habit）。

习惯是演化经济学微观分析的起点。受到行为主义心理学的影响，习惯一度曾被界定为在特定刺激或暗示下产生的重复性行为。[1]随着行为主义心理学的衰弱和认知心理学的兴起，个体内在的心理认知过程对行为的影响受到重视，"习惯"成为认知科学研究的重点。[2]习惯的形成涉及大脑活动的重新分配，它使得神经联结从前额皮质（prefrontal cortex）转向小脑（cerebellum）和基底神经节（basal ganglia）。[3]一个完整的习惯回路（habit loop）包含启动习惯的暗示、导向特定行为的程序以及相应结果的报酬，一旦行为被习惯化，由于启动自动模式，大脑的心智活动会减少，大脑将变得更加有效率，并节约认知资源。[4]尼尔（D. T. Neal）等指出，习惯不再被认为是一种重复性的行为，而是产生重复性行为的原因或机制，是一种心理倾向（disposition）或者个体内在的反应机制。[5]根据特纳（S. F. Turner）等的研究，作为内在反应机制的习惯并不排除有意识的思

[1]　A. Benito, *Human Nature and Institutional Analysis*, Cambridge：Cambridge University Press, 2008, pp.21-32.

[2]　E. Pérez-Torrero and L. Rubio-Navarro, "Maternal Behavior_ Their Adjustments and Implicated Factors," *Journal of Behavioral & Brain Science*, vol.5, no.2, 2015, pp.40-55; D. T. Neal, W. Wood and A. Drolet, "How Do People Adhere to Goals when Willpower Is Low? The Profits (and Pitfalls) of Strong Habits," *Journal of Personality and Social Psychology*, vol. 104, no.6, 2013, pp.959-975.

[3]　A. M. Kelly and H. Garavan, "Human Functional Neuroimaging of Brain Changes Associated with Practice," Cerebral Cortex, no.15, 2005, pp.1089-1102.

[4]　W. Wood, "The Power of Habit：Why We Do What We Do in Life and Business," *Science*, vol.336, no.6084, 2012, pp.980-981.

[5]　D. T. Neal et al., "How Do Habits Guide Behavior? Perceived and Actual Triggers of Habits in Daily Life," *Journal of Experimental Social Psychology*, vol.48, no.2, 2012, pp.492-498.

考，依据环境的变化程度和意识程度，可以细分四种类型的习惯。①

基于上述研究，本文将"习惯"再定义为，在特定刺激和暗示下，一种能够自动产生重复行为的个体内在反应机制。重复性的行为既包括显性可观察的行为活动，也包括隐性不可观察的认知和心理活动。习惯具有如下一些特征。①习惯是个体对重复场景一种适应性的反应机制，包含着如何应对相应场景或环境的知识，具有相对的稳定性。②在时间顺序上，本能先于习惯，习惯先于理性。理性选择并非人类的行为起点，理性行为所凭借的推理和信念依赖于思维习惯（habits of thought）。②③与先天给定的本能不同，习惯会发生变化。习惯的演化速度和方向取决于自身对所处环境的适应度，以及环境的选择压力。

（2）惯例（routine）。

纳尔逊和温特一个重要的开创性贡献，就是将"惯例"引入组织和经济演化分析中。惯例在早期被视为一种生产技术或操作程序。后来的大量研究将惯例视为组织或群体内部一种周期性重复出现的互动模式（recurrent interaction pattern）。③近年来，随着组织科学的发展，越来越多的学者反对将惯例简单地视为行为互动模式，主张将惯例视为一种组织倾向（dispositions），或者一种储存组织行为能力（behavioral capacities）的装置（包括各种知识和记忆），它在某种暗示或刺激下，能够产生周期性重现的互动模式。④"惯例"可被明确地定义为，它是组织内部成员共同遵循的一种反应规则，能在环境的激发下产生重复性的互动模式，具有如下一些特征。①惯例是组织或群体层面的反应规则，一种协调组织内部成员间互动的规则，包含组织对环境适应的知识，具有一定的惯性和稳定性。⑤②惯例通常为自动实施，不需要深思熟虑，能够节约组织内部成员的认知资源。③与其他正式、标准化或通用的规则相比，惯例的形成和实施更具有场景

① S. F. Turner and E. Cacciatori, *The Multiplicity of Habit: Implications for Routines Research*, Oxford: Oxford University Press, 2016, pp.201-210.

② D. M. Wegner, *The Illusion of Conscious Will*, Cambridge: MIT Press, 2002, pp.121-137; G. M. Hodgson, "Choice, Habit and Evolution," *Journal of Evolutionary Economics*, vol.20, no.20, 2010, pp.1-18.

③ M. C. Becker, "Organizational Routines: A Review of Literature," *Industrial and Corporate Change*, vol.13, no.4, 2004, pp.643-677; N. Lazaric, "Organizational Routines and Cognition," *Journal of Institutional Economics*, vol.7, no.2, 2011, pp.147-156; D. D. Dionysiou and H. Tsoukas, "Understanding the (Re) Creation of Routines from within: A Symbolic Interactionalist Perspective," *Academy of Management Review*, vol.38, no.1, 2013, pp.181-205.

④ G. M. Hodgson and T. Knudsen, "The Firm as an Interactor: Firms as Vehicles for Habits and Routines," *Journal of Evolutionary Economics*, vol.14, no.3, 2004, pp.281-307; S. G. Winter, "Habit, Deliberation, and Action: Strengthening the Microfoundations of Routines and Capabilities," *Academy of Management Perspectives*, vol.27, no.2, 2013, pp. 120-137.

⑤ E. Cacciatori, "Resolving Conflict in Problem-Solving: Systems of Artifacts in the Development of New Routines," *Journal of Management Studies*, vol.49, no.8, 2012, pp.1559-1585.

依赖性和专用性，它往往为储存于组织内部的默会知识。④惯例的形成和演变是一个多层级和多主体的互动过程，既包括组织与环境的互动，也包括组织内部成员间的互动，惯例的变化内生于组织的学习过程中。

（3）制度（Institution）。

有关制度的定义众多，尚未形成广泛的共识。制度通常被视为博弈规则或者博弈的均衡结果。一些学者也将制度视为博弈的参与者。①诺斯区分了制度和组织：组织是博弈的参与者；制度是博弈规则。②霍奇逊则不然，认为所有组织都是制度，但是制度并不一定是组织，组织是一种特殊的制度，它还包含其他特定条件。为了调和制度的博弈规则观和博弈均衡观，格雷夫（A. Greif）等将制度定义为由规则、信念、习俗和组织等组成的系统，它形成有规律的社会行为。③综合现有研究，这里尝试描述一个更为广义的制度概念。"制度"可被定义为，在参与者互动过程中形成的，用来协调、组织、约束和塑造参与者之间互动方式的规则系统，包含以下几个层面的规则。①共同遵循的行为规则。它刻画参与者之间的行为均衡。②信念层面的规则，即共享信念（shared belief）。④当存在多种可能的互动结果时，它描述了参与者之间有关达至某一具体结果的共同信念，为参与者之间信念或预期的均衡。③价值层面的规则，为参与者之间共享的价值观，即对行动意义共同的评判标准，通常塑造了参与者的行为动机。④认知层面的规则，即参与者之间对互动场景的共同认知规则或共享心智模式（shared mental model）。⑤这是参与者之间认知层面的均衡，使得参与者能够运用相同的心智模式，感知和解释所处的互动场景。

（4）三者的关系。

习惯与惯例的主要区别是：习惯呈现个人的行为模式；惯例呈现组织成员间的互动模式。习惯被视为惯例的微观基础，它们的相互联结（interlinking）构成惯例。⑥制度是

① T. Pénard, "Game Theory and Institutions," in Eric Brousseau and Jean-Michel Glachant, eds., *New Institutional Economics*, New York, NY: Cambridge University Press, 2008, p.26.

② D. C. North, *Institutions, Institutional Change, and Economic Performance*, New York, NY: Cambridge University Press, 1990, pp.12-25.

③ A. Greif and C. Kingston, "Institutions: Rules or Equilibria?", in N. Schofield and G. Caballero, eds., *Political Economy of Institutions, Democracy and Voting*, Berlin: Springer, 2011, pp.13-43.

④ R. Tuomela, "Shared Belief: Philosophical Aspects," in J. Wright ed., *International Encyclopedia of the Social & Behavioral Sciences*, Amsterdam: Elsevier, 2015, pp.877-880.

⑤ D. C. North, *Understanding the Process of Institutional Change*, Princeton, NJ: Princeton University Press, 2005, pp.30-45.

⑥ M. D. Cohen, D. A. Levinthal and M. Warglien, "Collective Performance: Modeling the Interaction of Habit-Based Actions," *Industrial and Corporate Change*, vol.23, no.2, 2014, pp.329-360.

一个比惯例更为广义的概念，包含基于显性知识的正式规则和基于默会知识的非正式规则；惯例通常属于非正式规则部分。二者的区分并不严格。随着正式规则的重复实施，它可能会成为组织惯例。组织惯例进一步标准化和编码化，能够成为正式规则。正式制度的变化会导致惯例的变化。制度、惯例和习惯之间存在互动关系。个体习惯通过影响个体行为进而影响制度的生成和演变，制度会塑造和影响个体的习惯和偏好。制度一旦成为惯例，甚至内化为所有参与者的个人习惯，参与者便自觉地成为制度的遵循者，制度更具有持久性和稳定性。

（二）复制者和互动者

类似生物演化对"基因型"（genotype）和"表现型"（phenotype）的区分，在经济演化的装置中，区分"复制者"和"互动者"利于更清晰地理解演化过程中互动主体的显性行为，以及影响、塑造和协调其行为的内在机制。[①]

（1）复制者（replicator）。

"复制"（replication）是指原制品产生复制品的过程，二者存在如下关系。①因果关系，原制品必须是复制品产生的原因。②相似性，复制品必须在某些方面与原制品相似。③信息或知识的传递性或继承性，来自原制品的信息或知识使复制品具有原制品的相似性。[②]④有条件的生成机制或程序。霍奇逊和努森（T. Knudsen）认为，复杂系统演化的显著特征是存在能够产生更多复杂性的复制者，称其为"生产性的复制者"（generative replicators），它们在外界信号的作用下，能够被激活并产生相应的行为反应。[③]在复杂系统演化中，"复制者"装置是实施复制过程的内在因子，该过程包含上述四个特征——因果关系、相似性、信息或知识的传递性以及有条件的生成机制。在生物演化中，基因可以被视为复制者。但在经济演化中，哪些单元可以被视为"复制者"还存在争议。[④]在社会经济系统中，复制者具有如下特征：①一种信息或知识装置，包含着解决经济系统演化中某种特定问题的知识。②一种行为生成的内在机制，类似于一种指令或程序，接受外界信号后，能够产生特定的行为反应。③它必须具有一定的持久性。复制者的变化是经济演化的重要动力来源，但这种变化必须是相对缓慢的，否则，复制者所

---

① 这种二分法类似于马克思劳动价值论中价值（社会内容）与交换价值（社会形式）的辩证关系，商品的价值决定交换价值，但价值只有通过交换价值才能表现出来，即"显性行为"。

② G. M. Hodgson and T. Knudsen, "The Firm as an Interactor: Firms as Vehicles for Habits and Routines," *Journal of Evolutionary Economics*, 14（3），pp.281-307.

③ G. M. Hodgson and T. Knudsen, "Generalized Darwinism and Evolutionary Economics: From Ontology to Theory," *Biological Theory*, vol.6, no.4, 2011, pp.326-337.

④ P.Pelikan, "Agreeing on Generalized Darwinism: A Response to Geoffrey Hodgson and T. Knudsen," *Journal of Evolutionary Economics*（*Impact Factor: 1*），vol.22, no.1, 2012, pp.1-8.

蕴藏的信息或知识的价值就很低。④它必须具有一定的复制精确性。上述习惯、惯例和制度符合"复制者"的定义和特征，这里将它们视为经济演化中的"复制者"。

（2）互动者（interactor）。

复制者不直接与环境互动，它们需要通过某种载体与环境互动，这就是互动者装置。在经济演化过程中，所有显性的行为互动都是通过互动者来实施的。"互动者"可以被定义为一种主体（agent），一个紧密结合的整体（a cohesive whole）。它们与环境的直接互动可能会直接影响复制者装置对该环境的适应度。①在社会经济系统中，互动者存在于多个不同层级中。个体、企业、产业和国家可依次被视为从低到高不同层级的互动者。不仅在同一层级的互动者之间存在互动关系，不同层级的互动者之间也可能存在互动关系。

（3）两者的关系。

复制者装置和互动者装置存在如下互动关系。①二者相互依存，所有复制者都必须通过相应的互动者才能够与环境互动，所有互动者在与环境互动过程中都受到复制者的支配。②复制者规定了互动者行为的可能性，而具体行为的产生则是互动者与环境共同作用的结果。复制者是产生互动者行为的重要内在因素。③互动者的显性特征受到作为内因的复制者和作为外因的环境之双重影响。互动者显性特征的优劣，又会直接影响复制者适应度的高低。复制者通过互动者与环境互动，环境通过对互动者显性特征的选择，影响复制者的复制过程，从而影响复制者的适应度。

（三）演化和增长

显然，并非所有变化都能被视为"演化"。清晰阐释"演化"范畴的含义是科学界定演化经济学学科边界的前提。在最近兴起的演化发育生物学（evolutionary developmental biology）的启发下②，本文区分了"演化"和"增长"，并考察两者的关系。这有助于更加准确地把握经济演化的本质。

（1）演化（evolution）。

在生物演化中，演化被定义为生物种群中遗传特性世代相传的变化。但是在经济演化中，由于长期未形成统一的研究范式，有关演化的定义也较为模糊。③霍奇逊和努森在《达尔文的猜想》一书中，尝试归纳演化经济学各种流派的四点基本共识。第一点共识

---

① G. M. Hodgson and T. Knudsen, "Agreeing on Generalised Darwinism: A Response to Pavel Pelikan," *Journal of Evolutionary Economics* (*Impact Factor: 1*), vol.22, no.1, 2012, pp.9-18.

② A. C. Love, "Conceptual Change and Evolutionary Developmental Biology," *Boston Studies in the Philosophy and History of Science*, vol.307, no.41, 2015, pp.1-54.

③ 黄凯南：《演化博弈与演化经济学》，《经济研究》2009 年第 2 期。

是，"演化经济学认为世界是变化的，而且这种变化不仅仅是数量上或参数上的变化，它还涉及技术、组织和经济结构等质的变化"。①大多数演化经济学家们都将演化等同于质的变化。但是，经济活动中的"质"具体指什么，"质"的变化又是一个什么样的过程？这些关键问题尚未得到很好的解答。

据上所述，环境的选择力量直接作用在互动者上，互动者的收益影响复制者的适应度，选择的最终目标则是复制者。经济活动主要通过互动者的活动来展现，而决定互动者活动的内在本质是复制者。在经济演化中，复制者的变化就是质的变化。因此，"演化"可以被界定为经济系统中复制者两个层面的变化：①复制者自身的变化，这种变化主要源自创新；②经济系统中复制者分布比重的变化，即复制者的结构变化，这种变化主要源自复制者的复制过程或选择过程。在个体层面，只有个体自身习惯（包括行为习惯、学习习惯和思考习惯等）发生变化，才能够称为演化。在群体层面，只有制度（包括组织惯例、习俗、规范、共享信念和各种正式规则等）及其分布的变化，才可以被称为演化。从这个意义上讲，社会经济系统演化本质上就是指制度的演化。这与马克思唯物史观的研究方法也是相通的。马克思主义关于人类社会五种基本社会经济形态的演进，就是以它们之间社会经济制度的质变为依据的；在每个基本社会经济形态各自的发展中，不同社会生产方式并存布局的结构变化，则构成了某一基本社会经济形态发展的不同阶段。后者如资本主义从自由竞争到垄断的发展，便是由垄断资本不占支配地位到占据支配地位的变化决定的。

（2）增长（growth）。

互动者显性特征的变化有一部分源自复制者的变化，还一部分源自互动者与环境互动的变化。前一部分表现为质的变化，后一部分表现为纯粹量的变化。在经济演化中，"增长"可被定义为，在复制者不变的情况下，互动者显性特征的量变，包括量的增加（正增长）和量的减少（负增长）。例如，个体在习惯没有发生变化的情况下，收入、投资量和消费量等显性特征的变化；企业在内部各种惯例及其结构没有发生变化的情况下，利润、市场份额等显性特征的变化；整个经济系统在制度及其结构不发生变化的情况下，GDP及其增长率、投资额、消费额、进出口额等显性特征的变化。总之，习惯、惯例和制度等复制者及其结构没有发生变化，人们观察到的互动主体显性特征的变化是其自身量的增长，而非社会经济系统演化的结果。

---

① G. M. Hodgson and T. Knudsen, *Darwin's Conjecture: The Search for General Principles of Social and Economic Evolution*, Chicago: University of Chicago Press, 2010, pp.23-35.

（3）两者的关系。

在经济演化中，演化与增长存在如下互动关系。①演化通过产生新的习惯、惯例、制度或者改变制度结构，规范、协调并塑造互动者显性特征的增长。增长是在既定制度背景下的变化，制度背景规定了增长的潜力和可能性范围。从这个角度讲，制度是制约增长的根本原因。②演化和增长在经济系统的不同层级中都可能发生，由于量变易于发生，增长的层级往往可能高于演化的层级。③两者相互转换的关系，启示我们在研究马克思主义辩证法的量变质变规律时，尤其要注重事物在发展的一定阶段保持其质的量的界限，即对"度"的研究。演化会影响增长，增长在一定的条件下也会影响演化，这是量变累积成质变的过程。当互动者显性特征的增长到达某个阈值时，会影响原有复制者的适应度，从而促使复制者演化。

三、方法论：个体与制度的互动

在经济学的方法论中，长期存在个体主义和整体主义（或集体主义）方法论的争论和冲突。新制度经济学的方法论基本遵循新古典经济学的个体主义方法，假设个体偏好外生给定，从个体理性选择或博弈的视角解释制度的生成和变迁，并不考虑制度本身对个体偏好、信念、动机和习惯等内在心理因素的影响，制度仅仅构成个体行为选择的外在激励和约束。相反，一些旧制度学派经济学家则遵循整体主义方法论，将个体视为制度的产物，主要考察制度对个体的塑造、控制和影响，主张直接从高于个体的群体或制度层面解释社会经济活动。霍奇逊认为，前一种方法论侧重考察从个体到制度的"向上因果关系"（upward causation），后一种方法论则考察从制度到个体的"向下因果关系"。[1]二者都是还原主义的分析方法，将社会经济系统的复杂性还原为某种单一的层面或本体，不能准确理解个体与制度的关系。在社会经济系统中，个体与制度是共生的互动关系，二者构成了经济研究的二重本体，既不存在没有个体能动性的制度，也不存在独立于制度外的个体，而是"向上因果关系"和"向下因果关系"的交互作用。个体能够通过自身的能动性和目的性行为，推动制度的演化；制度也能够通过塑造个体的偏好和习惯等，影响个体的习惯和行为。这种个体与制度互动主义的方法论，并不背离马克经济学方法论的核心思想。马克思既强调人在实践活动过程中具有主观能动性和创造性，指出"社会结构和国家总是从一定的个人的生活过程中产生的"，又强调

---

① G. M. Hodgson, "Meanings of Methodological Individualism," *Journal of Economic Methodology*, vol.14, no.2, 2007, pp.211-226.

个人"是在一定的物质的、不受他们任意支配的界限、前提和条件下活动着的","人的本质不是单个人所固有的抽象物,在其现实性上,它是一切社会关系的总和"。[1]在马克思看来,个体总是以从事感性实践活动的互动群体而"自在"地存在,本文前述意义上的制度及其变化,对不同社会群体实践活动由"自在"向"自为"的演变,起了至关重要的作用。[2]研究这一演变过程的细节,需要大力借鉴异端经济学方法论的合理内核。[3]

(一)个体对制度的影响

个体对制度的影响体现了个体在制度生成和演变过程中的能动性。

(1)个体策略性行为对制度的影响。

新制度经济学和制度博弈的众多分析,都揭示了个体如何通过策略性行为,影响制度的生成和变迁。制度是个体之间博弈的均衡结果,因而个体的策略行为直接影响制度的生成。有效率的制度是否能够建立,取决于个体的策略性行为,只有当个体为建立和运行新制度所付出的成本小于收益时,新制度才可能被建立。但是,在许多情况下,制度是一项公共物品,即便存在改进的空间,并且个体在新制度中的收益大于成本,由于存在大量搭便车的行为,集体行动也可能陷入困境,有效率的制度将难以建立,无效率的制度则可能长期存在。

(2)个体学习行为对制度的影响。

个体学习行为对制度的影响包括两个方面。①当博弈存在多重均衡时,参与者在给定博弈规则下通过学习更好的策略,达至有关博弈如何进行的均衡态即共同信念,这种共同信念也是一种制度。这种学习是博弈规则下的学习(learning in games)。[4]这方面的研究集中在制度的演化博弈分析和学习博弈分析中,注重不同类型的学习行为对制度收敛及其速度产生的影响。②个体对博弈规则的学习(learning games)。[5]一旦弱化博弈规则为外生给定之共同知识的假设,就需考察参与者依各自对博弈场景的认知差异,并基于各自的主观博弈规则进行的互动,随着互动的展开,参与者通过不断学习,更新自身的主观博弈模式。当参与者之间收敛到同一个博弈规则时,便形成了共同的主观博弈规

---

[1] 《马克思恩格斯文集》第1卷,北京:人民出版社2009年版,第524、501页。

[2] 限于篇幅,这里不再详细探讨马克思的总体论分析方法,相关文献及论述可参阅何大安《西方经济学个体主义方法论边界拓展及局限性》一文的第五部分"关于个人独立性的马克思总体论分析方法",《中国社会科学》2016年第2期。

[3] 参见马国旺:《马克思经济学方法论创新探析》,《经济学家》2011年第4期。

[4] D. Fudenberg and D. K. Levine, *The Theory of Learning in Games*, Cambridge: The MIT Press, 1998, pp.1-10.

[5] M. Kaneko and J. J. Kline, "Inductive Game Theory: A Basic Scenario," *Journal of Mathematical Economics*, vol. 44, no.12, 2008, pp.1332-1363.

则，此为博弈规则的制度内生过程。这方面的研究集中在主观博弈理论（subjective games）和归纳博弈理论（inductive games）。①不同的学习行为或规则，对主观博弈规则的收敛及其速度会产生系统性的影响。

（3）个体偏好异质性对制度的影响。

不同类型的偏好会塑造参与者不同的行为动机。例如，利己偏好促使参与者只关注行动结果给自身带来的效用；而道德、公平、正义和利他等社会性偏好，促使参与者关注行动本身的价值及其合理性等，参与者的行为动机通常表现出服从某一种道德标准或社会价值。②在制度生成过程中，尤其当制度为一种公共物品时，参与者群体中不同偏好类型的初始分布，会对制度生成产生重要影响。③

（4）个体习惯对制度的影响。

在许多情况下，个体的偏好、学习行为和策略性行为都内嵌于个体习惯中，个体的习惯显然会影响制度的生成和演变。一旦遵循的制度内化为个人习惯，制度便更具有持久性和稳定性。反之则反。

（二）制度对个体的影响

制度对个体的影响，主要表现为制度对个体的外在激励和约束，以及对其内在的偏好、认知和习惯等的影响和塑造。

（1）制度对个体外在激励和约束的影响。

制度通过界定个体行动的成本和收益，构成对个体行为的激励和约束机制。制度因而能够在一定程度上实现外部性的内部化，矫正由于外部性引起的无效激励。在这意义上，制度类似于一种由个体间协商形成的定价机制，界定行动的成本与收益。

（2）制度对个体偏好的塑造和影响。

大量有关内生性偏好的实证研究表明，制度影响并塑造个体的偏好。①社会政治制度对个体偏好的塑造和影响。如实证研究显示，德国重新统一后 10 年，民主德国比联邦德国更偏好社会再分配和国家干预④，在分裂的朝鲜半岛，朝鲜比韩国更偏向平均主

---

① O. Hidetsugu, "Socially Subjective Equilibrium in Strategic Form Games," *Economic Theory*, vol.31, no.31, 2007, pp.587-596.

② S. Bowles, "Did Warfare among Ancestral Hunter-Gatherers Affect the Evolution of Human Social Behaviors?" *Science*, vol.324, no.5932, 2009, p.1293.

③ A. Ingela and J. W. Weibull, "Kinship, Incentives, and Evolution," *The American Economic Review*, vol.100, no.4, 2010, pp.1725-1758.

④ A. Alesina and F. Nicola, " Goodbye Lenin (or Not?): The Effect of Communism on People," *The American Economic Review*, vol.97, no.4, 2007, pp.1507-1528.

义的分配方案。①②社会文化制度对个体偏好的塑造和影响。如对五大洲 12 个国家的 15 个小规模社会的"最后通牒博弈"实验表明，各个社会文化中个体对公平偏好存在显著差异。②③制度对社会性偏好的影响。鲍尔斯（S. Bowles）指出，一些显性、外在的激励机制在激励利己偏好的同时，可能会损害社会性偏好，造成挤出效应（crowding out），进而在总体上降低公共物品的自愿供给水平。③一些显性的经济激励也可能与社会性偏好是互补的，甚至会强化社会性偏好，形成挤入效应（crowding in）。显性激励影响偏好通过四个机制：提供有关激励实施者的信息，塑造决策场景，缓解外在控制对个体自主性的损害，以及对个体搜寻新偏好过程的影响等。④

（3）制度对个体认知模式的塑造和影响。

近年来，经济学家对制度的认识进一步深化，制度具有重要的认知功能，能够塑造参与者之间对互动场景的共同认知模式或共享心智模式，帮助个体有效地节约认知资源，以适应当今知识增长日益快速的社会环境。⑤制度在浓缩信息和塑造认知的两个重要功能，集中表现为制度对个体学习规则或学习过程的系统性影响。

（4）制度对个体习惯的影响。

例如，制度通过影响个体行动的收益，影响某种行动的重复频数，进而影响行为习惯的产生。制度通过影响个体的偏好或动机，影响个体面对某种场景形成较为稳定的心理倾向，进而构成个体习惯。制度还可以通过影响个体的认知模式和思维习惯，以及个体搜寻新习惯的学习方式，进而影响个体习惯的生成和演变。

四、多层级和多主体共同演化的分析机制

制度是由个体间互动形成的规则系统，又是高于个体层级的互动者（如组织）所携带复制者的合成。制度的生成和演化在个体间和组织间这两个层级的互动中展开，习惯和制度往往处于共同演化中。习惯的演化会改变制度的适应度（fitness），制度演化也会

① B. Kim and S. Lee, "Do Institutions Affect Social Preferences? Evidence from Divided Korea," Institute for Fiscal Studies, Department of Economics, UCL, Working Paper, no.3513, 2013.

② J. Henrich et al., "In Search of Homo Economicus: Behavioral Experiments in 15 Small-Scale Societies", The American Economic Review, vol.91, no.2, 2001, pp.73-78.

③ S. Bowles, "Policies Designed for Self-Interested Citizens May Undermine 'The Moral Sentiments': Evidence from Economic Experiments," Science, vol.320, no.5883, 2008, p.1605.

④ S. Bowles and S. Polania-Reyes, "Economic Incentives and Social Preferences: Substitutes or Complements?" Journal of Economic Literature, vol.50, no.2, 2012, pp.368-425.

⑤ A. R. Damásio, "The Somatic Marker Hypothesis: A Neural Theory of Economic Decision," Games and Economic Behavior, vol.52, no.2, 2005, pp.336-372.

影响习惯的适应度，制度演化通常伴随着个体习惯的演化。制度演化是多层级和多主体的共同演化过程，马克思是以此进行制度分析的集大成者。马克思的制度分析不仅具有系统发生下社会历史制度演化的宏观层级分析，如生产力、生产关系、上层建筑等，也有个体层级的演化微观基础及其动力机制分析①，如以生产的技术方式及其劳动方式为中介，构成生产力和生产关系相互作用的微观基础。资本主义是由复杂的制度结构组成的，这些制度相互交错、形成一个多层级、多维度的复杂系统。②其中，单个企业对"超额利润"的追求是相对剩余价值生产的微观动力基础。它取决于现实生产中技术进步的方式及节奏，资本与雇佣劳动对立结构对技术进步的适应度，企业之间的竞争方式，以及为国家干预制约的国内外竞争环境。部门内的自由竞争将差异化企业生产的个别价值平均化为社会的市场价值；部门间的自由竞争又形成全社会的平均利润率，并将各部门商品的市场价值转化为生产价格。两类不同层级的竞争并行、交叉地发展，企业孜孜不息追求的超额利润是其低于社会成本的个别价值与社会平均的生产价格之差。这种追求不断推动科技创新和资本有机构成的提高，又反过来致使全社会的平均利润率有趋于下降的趋势，成为资本积累和经济增长的障碍，凸显了资本主义生产目的与其实现目的的手段之间的对抗性。马克思的制度分析在多层级和多主体（个体、阶级和利益集团等）的时空中展开，揭示了资本主义生产方式平稳增长和周期震荡交替发生的内在矛盾及机制。这些丰富的精神遗产还有待制度演化经济学的深入开拓和汲取。这里从共同演化的视角，将复制者动态模型从单一层级拓展到多层级，尝试构建一个简化的多层级和多主体的共同演化模型。③作为基础模型，研究者可以根据需要在此模型上进行拓展。

（一）基本假设

为了简化分析，假设经济系统存在三个层级的互动者：个体、企业和产业。每个层级存在两种类型的复制者：个体层级包括习惯 H_1 和 H_2；企业层级包括惯例 R_1 和 R_2（它们也是制度）；产业层级包括制度 I_1 和 I_2。个体和个体之间的互动形成企业，企业和企业的互动形成产业，产业和产业的互动构成一个经济系统。一个经济体是由个体、企业和产业三个层级构成的复杂系统。

假设企业内部的个体只能与本企业内部的个体互动，不与其他企业内部的个体直接互动；产业内部的企业也只能与本产业内部的企业互动，不与其他产业内部的企业直接

---

① 王焕祥：《马克思演化经济学的微观基础》，《当代经济研究》2008 年第 12 期。
② 刘凤义：《资本主义多样性研究的方法论探讨》，《马克思主义研究》2007 年第 11 期。
③ 制度创新过程所呈现的随机、非线性和涌现等复杂系统的特征很难被模型化，本模型只包含制度结构演化过程。如何将制度创新和扩散纳入统一模型中，是未来重要的理论拓展方向。

互动（见图2）。这个假设表明，某一层级的互动者只能通过更高一层的互动者，与其他不属于本层级的互动者间接互动。由于习惯、惯例和制度之间存在共同演化关系，个体习惯 H 的适应度既受到本层级个体间互动的影响，也受到来自上一层级惯例 R 的影响；而个体习惯 H 的平均适应度也会影响上一层级 R 的适应度。同理，企业惯例 H 的适应度受到本层级企业间互动的影响，以及更高层级制度 I 的影响；产业层级的制度 I 的适应度既受到本层级产业间互动的影响，也受到来自低一层级企业惯例 R 平均适应度的影响。进一步假设，高一层级复制者的适应度等于其低一层级复制者的平均适应度。

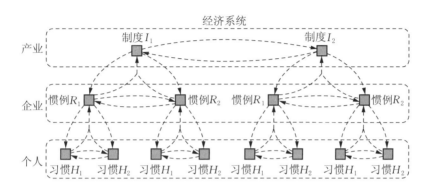

图2　多层级和多主体的经济系统

（二）习惯、惯例与制度的共同演化模型

从图2可知，在个体层面上，存在四种情况的习惯演化：I_1R_1 中的 H_1 和 H_2 的份额变化，I_1R_2 中的 H_1 和 H_2 的份额变化，I_2R_2 中的 H_1 和 H_2 的份额变化，I_2R_2 中的 H_1 和 H_2 的份额变化。I_1R_1 中的 H_k 的复制者动态模型描述为：

$$\dot{S}_{H_k}^{I_iR_j} = S_{H_k}^{I_iR_j}(f_{H_k}^{I_iB_j} - \bar{f}_H^{I_iR_j}) \tag{1}$$

其中，$S_{H_k}^{I_iR_j}$ 表示 I_iR_j 中的 H_k 的份额，$\dot{S}_{H_k}^{I_iR_j}$ 用来描述 H_k 份额随时间的演化；$f_{H_k}^{I_iB_j}$ 表示 I_iR_j 中的 H_k 的适应度；$\bar{f}_H^{I_iR_j} = \sum S_{H_k}^{I_iR_j} f_{H_k}^{I_iB_j}$ 表示 I_iR_j 中的习惯 H 的平均适应度；$i = 1$，2，$j = 1$，2，$k = 1$，2。

在企业层面，存在两种情况的惯例演化：I_i 中的 R_1 和 R_2 的份额变化；I_2 中的 R_1 和 R_2 份额变化。I_i 中 R_j 的复制者动态描述为：

$$\dot{S}_{R_j}^{I_i} = S_{R_j}^{I_i}(f_{R_j}^{I_i} - \bar{f}_R^{I_i}) \tag{2}$$

$S_{R_j}^{I_i}$ 表示 I_i 中的 R_j 份额，$\dot{S}_{R_j}^{I_i}$ 用来描述 R_j 份额随时间的演化；$f_{R_j}^{I_i}$ 表示 I_i 中的 R_j 的适应度；$\bar{f}_R^{I_i} = \sum S_{R_j}^{I_i} f_{R_j}^{I_i}$ 表示 I_i 中的惯例 R 的平均适应度。

在产业层面，制度 I_i 的复制者动态描述为：

$$\dot{S}_{I_i} = S_{I_i}(f_{I_i} - \bar{f}_I) \tag{3}$$

S_{I_i} 表示制度 I_i 的份额，$\dot{S}_{I_i}$ 描述 I_i 份额随时间的演化；f_{I_i} 表示 I_i 的适应度；$\bar{f}_I = \sum S_{I_i}f_{I_i}$ 表示制度 I 的平均适应度。

由于我们假设，在同一类互动者中，高一层级的复制者的适应度等于低一层级复制者的平均适应度，可得如下适应度关系：

$$f_{R_j}^{I_i} = \bar{f}_H^{I_iR_j} \tag{4}$$

$$f_{I_i} = \bar{f}_R^{I_i} \tag{5}$$

对于整个经济系统来讲，习惯 H_k 的份额可由加权加总获得：

$$S_{H_k} = S_{I_1}S_{R_1}^{I_1}S_{H_k}^{I_1R_1} + S_{I_1}S_{R_2}^{I_1}S_{H_k}^{I_1R_2} + S_{I_2}S_{R_1}^{I_2}S_{H_k}^{I_2R_1} + S_{I_2}S_{R_2}^{I_2}S_{H_k}^{I_2R_2} \tag{6}$$

式（6）对时间 t 求导，并将式（4）和式（5）代入，可得：

$$\begin{aligned}\dot{S}_{H_k} = &S_{I_1}S_{R_1}^{I_1}S_{H_k}^{I_1R_1}(f_{H_k}^{I_1R_1} - \bar{f}_I) + S_{I_1}S_{R_2}^{I_1}S_{H_k}^{I_1R_2}(f_{H_k}^{I_1R_2} - \bar{f}_I) + S_{I_2}S_{R_1}^{I_2}S_{H_k}^{I_2R_1}(f_{H_k}^{I_2R_1} - \bar{f}_I)\\ &+ S_{I_2}S_{R_2}^{I_2}S_{H_k}^{I_2R_2}(f_{H_k}^{I_2R_2} - \bar{f}_I)\end{aligned} \tag{7}$$

对于整个经济系统来讲，习惯 R_j 的份额可由加权加总获得：

$$S_{R_j} = S_{I_1}S_{R_j}^{I_1} + S_{I_2}S_{R_j}^{I_2} \tag{8}$$

同理，式（8）对时间 t 求导，可得：

$$\dot{S}_{R_j} = S_{I_1}S_{R_j}^{I_1}(f_{R_j}^{I_1} - \bar{f}_I) + S_{I_2}S_{R_j}^{I_2}(f_{R_j}^{I_2} - \bar{f}_I) \tag{9}$$

式（3）、式（8）和式（9）描述了习惯、惯例和制度之间多层级的共同演化关系。对于习惯 H_k 来讲，当 $f_{H_k}^{I_iR_j}$ 的适应度高于经济系统中制度的平均适应度 $\bar{f}_I$ 时，I_iR_j 中的习惯 H_k 会促进经济系统中的 H_k 份额提升，反之，则会促使 H_k 份额的下降。同理，当 $f_{R_j}^{I_i}$ 和 f_{I_i} 的适应度高于 $\bar{f}_I$ 时，I_i 中的 R_j 会促使经济系统中的 R_j 份额上升，以及 I_i 份额的上升；反之，则下降。当各种复制者的适应度等于适应度 $\bar{f}_I$ 时，复制者的份额不再发生变化。

（三）制度特征值的演变

制度演化过程中通常伴随着制度多样性的增减。创新是制度多样性的生成机制，是制度演化的源动力；选择则是制度多样性减弱的机制，它通过某种标准来判断各种制度的适应度，选择适应度高的制度，淘汰适应度低的制度，是制度扩散的重要驱动力。制度演变存在两种重要的动力机制——创新机制和选择机制。这对于唯物史观研究历史上社会经济形态的过渡或有方法论的借鉴意义。

上述模型描述了制度份额的演变，这里进一步探讨制度特征值的演变。假设 q_{I_i} 为描述制度 I_i 质量特征的变量，$\bar{q}_I = \sum S_{I_i} q_{I_i}$ 表示整个经济系统中的制度平均特征值。在 Price 方程基础上[①]，制度平均特征值的变化可由如下方程描述：

$$\Delta \bar{q}_I = \frac{\mathrm{Cov}(f_{I_i}, \ q_{I_i})}{\bar{f}_I} + \frac{\mathrm{E}(f_{I_i} \Delta q_{I_i})}{\bar{f}_I} = \frac{\beta(f_{I_i}, \ q_{I_i}) \mathrm{Var}(q_{I_i})}{\bar{f}_I} + \frac{\mathrm{E}(f_{I_i} \Delta q_{I_i})}{\bar{f}_I} \quad (10)$$

其中，$\mathrm{Cov}(f_{I_i}, \ q_{I_i}) = \sum S_{I_i}(f_{I_i} - \bar{f}_I)(q_{I_i} - \bar{q}_I)$ 表示 f_{I_i} 和 q_{I_i} 的协方差，$\mathrm{Var}(q_{I_i}) = \sum S_{I_i}(q_{I_i} - \bar{q}_I)^2$ 表示特征值的方差。$\beta(f_{I_i}, \ q_{I_i}) = \dfrac{\mathrm{Cov}(f_{I_i}, \ q_{I_i})}{\mathrm{Var}(q_{I_i})}$ 表示适应度 f_{I_i} 和特征值 q_{I_i} 的回归系数，即 $f_{I_i} = \alpha + \beta(f_{I_i}, \ q_{I_i}) q_{I_i} + error$，$\beta(f_{I_i}, \ q_{I_i})$ 值越大，表明制度特征值 q_{I_i} 对适应度 f_{I_i} 的影响越大。$\mathrm{Cov}(f_{I_i}, \ q_{I_i}) = \beta(f_{I_i}, \ q_{I_i}) \mathrm{Var}(q_{I_i})$ 用来描述选择效应，即对不同制度施加选择的力量。当 $\mathrm{Var}(q_{I_i}) = 0$，产业中制度质量方差为零，制度间不存在差异；$\mathrm{Cov}(f_{I_i}, \ q_{I_i}) = 0$，选择力量不起作用。$\mathrm{Var}(q_{I_i})$ 值越大，表明制度间的差异越大，经济系统中制度特征值的多样性越强，$\mathrm{Cov}(f_{I_i}, \ q_{I_i})$ 的值也越大，选择效应越强。$\mathrm{E}(f_{I_i} \Delta q_{I_i}) = \sum S_I f_{I_i} \Delta q_{I_i}$ 表示整个经济体中的所有制度特征值自身增长的平均值，它源自每个制度自身特征值的变化 Δq_{I_i}，这种变化源自制度进步，这里将其视为制度的创新效应。

在产业层面，同样可得：

$$\Delta \bar{q}_{I_i} = \frac{\mathrm{Cov}(f_{R_j}^{I_i}, \ q_{R_j}^{I_i})}{\bar{f}_R^{I_i}} + \frac{\mathrm{E}(f_{R_j}^{I_i} \Delta q_{R_j}^{I_i})}{\bar{f}_R^{I_i}} \quad (11)$$

在企业层面，同样可得：

$$\Delta \bar{q}_{R_j}^{I_i} = \frac{\mathrm{Cov}(f_{H_k}^{I_i R_j}, \ q_{H_k}^{I_i R_j})}{\bar{f}_H^{I_i R_j}} + \frac{\mathrm{E}(f_{H_j}^{I_i R_j} \Delta q_{H_k}^{I_i R_j})}{\bar{f}_H^{I_i R_j}} \quad (12)$$

$\bar{q}_{R_j}^{I_i}$ 为描述 I_i 中的惯例 R_j 质量特征的变量，$\bar{q}_{I_i} = \sum S_{R_j}^{I_i} q_{R_j}^{I_i}$ 表示 I_i 中的惯例的平均特征

---

① 参见 E. S. Andersen, "Population Thinking and Evolutionary Economic Analysis: Exploring Marshall's Fable of Trees," DRUID Working Paper, no.04-05, 2004; E. S. Andersen, "The Signs of Change in Economic Evolution," *Journal of Evolutionary Economics*, vol.24, no.2, 2014, pp.291-316。

值，$\Delta \bar{q}_{I_i}$ 表示这种平均特征值的变化；$q_{H_k}^{I_iR_j}$ 为描述 I_iR_j 中的 I_i 中的习惯 H_k 质量特征的变量，$\bar{q}_{R_j}^{I_i} = \sum S_{H_k}^{I_iR_j} q_{H_k}^{I_iR_j}$ 表示 I_iR_i 中的 I_i 的习惯平均特征值，$\Delta \bar{q}_{R_j}^{I_i}$ 表示这种平均特征值的变化。由于 $f_{I_i} = \bar{f}_R^{I_i} = \sum S_R f_{R_j}^{I_i}$，$f_{R_j}^{I_i} = \bar{f}_H^{I_iR_j} = \sum S_{H_k}^{I_iR_j} f_{H_k}^{I_iR_j}$，将式（12）代入式（11）可得：

$$\Delta \bar{q}_{I_i} = \frac{\mathrm{Cov}(f_{R_j}^{I_i}, \ q_{R_j}^{I_i})}{\bar{f}_R^{I_i}} + \frac{\mathrm{E}(\mathrm{Cov}(f_{H_k}^{I_iR_j}, \ q_{H_k}^{I_iR_j})) + \mathrm{E}(\mathrm{E}(f_{H_k}^{I_iR_j} \Delta q_{H_k}^{I_iR_j}))}{\bar{f}_R^{I_i}} \tag{13}$$

将式（13）代入式（10）可得：

$$\bar{f}_I \Delta q_I = \mathrm{Cov}(f_{I_i}, \ q_{I_i}) + \mathrm{E}(\mathrm{Cov}(f_{R_j}^{I_i}, \ q_{R_j}^{I_i})) + \mathrm{E}(\mathrm{E}(\mathrm{Cov}(f_{H_k}^{I_iR_j}, \ q_{H_k}^{I_iR_j})))$$
$$+ \mathrm{E}(\mathrm{E}(\mathrm{E}(f_{H_k}^{I_iR_j} \Delta q_{H_k}^{I_iR_j}))) \tag{14}$$

式（14）描述整个经济系统中的制度特征值变化的两种效应——选择效应和创新效应。选择效应发生在经济系统的多个层级，即制度演化包含个体选择和群体选择。例如，$\mathrm{Cov}(f_{I_i}, \ q_{I_i})$ 表示产业层面的选择效应，$\mathrm{E}(\mathrm{Cov}(f_{R_j}^{I_i}, \ q_{R_j}^{I_i}))$ 表示企业层级的选择效应，$\mathrm{E}(\mathrm{E}(\mathrm{Cov}(f_{H_k}^{I_iR_j}, \ q_{H_k}^{I_iR_j})))$ 表示个体层面的选择效应。整个经济体的创新效应用 $\mathrm{E}(\mathrm{E}(\mathrm{E}(f_{H_k}^{I_iR_j} \Delta q_{H_k}^{I_iR_j})))$ 描述。

五、结束语

通过研究制度演化理论的核心概念、方法论和分析机制，这里尝试推动制度演化经济学一般性理论框架的建构。尚有诸多理论细节待深入研究。（1）在微观方面，需深入考察习惯和制度共同演化的微观行为机制，以及复制者适应度与互动者增长之间的互动关系。（2）在宏观方面，需着重考察技术创新和扩散对制度演化和增长的系统性影响。（3）在建模方面，需构建更为复杂的制度演化模型，各种参数和初始值的校准和设定必须充分考虑历史因素，制度演化分析需要吸收和拓展马克思历史唯物主义的分析方法。（4）在实证研究方面，寻找习惯、惯例和制度合适的工具变量或代理变量，综合运用行为实验、计量和仿真模拟的方法。

当前，中国正在全面深化改革，各项具体制度的改革是促进经济转型升级和提质增效的重要驱动力。制度演化理论能为此提供一些重要的理论启示。（1）制度（institution）是经济系统中重要的"型"和"质"，中国经济转型升级本质上是制度的变革和演进，而非仅仅量的扩张（无演化的增长）。（2）产业转型升级的微观行为主体首先是企业家。企业家的"型"并非其各自显性的决策行为，而是支配其决策的行为习惯和思维习惯。

作为经济体转型升级的微观驱动力，企业家习惯的演化将促使企业内部成员习惯、组织惯例和治理结构的演化，而企业间的互动学习将使有更高适应度的惯例、制度得以扩散，由此推及产业间以及企业间同产业间的互动。这意味着必须从多主体和多层级制度演化的视角，理解经济系统的转型升级，政府相关宏观政策和产业政策必须充分考虑这种复杂性，并给转型升级留有适当的演化时间。（3）可见，制度演化比技术演化更加复杂，更具有路径依赖和路径锁定效应，必须更加重视制度改革，以避免陷入后发劣势。

演化经济学中的生物学隐喻

——合理性、相似性与差异性 *

杨虎涛

大量引用生物学隐喻是演化经济学的重要特征之一，但如何看待生物学隐喻跨越之后的变化以及这种"侵入"对演化经济学的实质性促进作用，则不为人们所重视。本文拟对演化经济学借用生物学隐喻的基础、主要隐喻的相似性与差异性以及隐喻借用这一方式在演化经济学中的前景进行说明。

一、隐喻使用的合理性

作为一种常见的科学研究方法，隐喻因其常可引发开创性的思维方向而备受研究者重视。当不同学科将类似但不同的范畴以一个共有的名词连接起来时，就会通过交互作用产生新奇的语义学情境，并可能在此基础上产生新的方法论从而使相关研究产生突破性进展，通过隐喻这种方式，科学理论在科学共同体内部、各共同体之间以及科学共同体和其他社会成员间能得到充分理解和交流。但是，隐喻的使用并不是无界线的，当一个学科的专有术语跨越到另一学科时，它能否担负起恰当描述研究对象任务并起到引发框架突破的作用，取决于两个方面的因素：第一，研究对象必须是同质的而不是异质的（哈利勒，1992）；第二，隐喻词所折射出的世界观应具有基本的相似性（霍奇逊，2002）。只有这两个前提同时具备时，隐喻才能超越词语本身的含义，实现对实在信念的扩展。在科学发展史上，成功的隐喻均具有此类特征，比如控制论与协调心理学的隐喻；宇宙与人体"小宇宙"的隐喻等。

生物学隐喻之所以能长期在演化经济学中得到使用，正是因为它符合了上述两个条件。在生物与经济两个系统中，社会经济现象的变化与有机体的生物过程都存在起伏衰减和新事象的出现，都包含了无序和有序的交互作用，都处于混沌与秩序之间，而且从根本上说，人类社会也是万千进化生物系统的一个分支，经济系统所涉及的只是这一特殊生物系统的生存与发展问题。

---

 * 原文载《学术月刊》2006 年第 6 期，略有改动。作者单位：中国社会科学院。

当然，对象的同质性只是一个基本的前提条件，如果研究所依赖的基础理念存在差别，即使针对同样的对象，在同一学科中都可能产生不同的诠释，例如经典牛顿力学和量子物理学对物理世界的解释，神创论、智慧进化论与演化论对生物物种的解释等。只有在基本的哲学观念上存在通约性，对同质对象的解释才使隐喻在同质系统中的学科跨越成为可能。生物学隐喻之所以能在演化经济学中广泛应用，在于它们在观察世界时都坚持了不同于本质论和简单还原主义的进化哲学观念，事实上，进化观所引起的革命性浪潮不仅仅波及经济学和生物学，也广泛地影响到了物理学、心理学等其他自然科学。正如 E. 迈尔指出的那样，相比对人类思想和哲学史的贡献而言，达尔文对物种起源和人类进化的解释远不是主要的，进化论真正的贡献在于提供了一种新的思维方式。[①]演化经济学之所以可能从生物学隐喻中得到启发，除了人类经济社会和生物系统的同质性之外，更为根本的原因在于两者所坚持的理念基础是相同的。

在进化论提出之前，科学领域中具有主导地位的是本质论（也称类型论）的思维方式，本质论坚持的信条是：所有表象上变化的自然现象均可归入到若干特质恒定的类别中，每一个类别和其他本质截然不同；事物是稳定且先验存在的，一切变异是偶然的、相互无关的，因而基本类型和其所代表的个体之间的差异是完全可以忽视的。时间无涉、种群稳定、可预见性和最优均衡是本质论在自然科学领域中的关键词，如物理学中的质点模型、生物学的神创论和完美进化说等，在经济学中，本质论思维则体现为一般均衡和完全理性。

而达尔文首次提出了一种新的思想方法，从而与本质论的类型传统彻底决裂。进化论认为物种是演化而来并将继续演化，演化动力来自个体差异，这种差异是基础性实在的本身，而不是对不变的基础性实在的偏离。因为演化的绝对性，所以时间是重要的；因为个体变异是动力，所以类型不会是稳定的。这种反本质论的思想在当时无论对自然科学还是社会科学都是颠覆性的，它迫使人们对传统的思考方式进行重新审视，并在经济、政治、历史和艺术等多个领域引起了巨大震荡。立足于牛顿力学体系的新古典经济学在 20 世纪里不断受到来自纳尔逊和温特等经济学家的质疑，其实质内涵也就是进化观与本质论的较量，在进化论的理念指导下，无论观察生物系统还是经济系统，人们都不会再拘泥于静态无摩擦和超理性力量，而是超越"存在"，进入"过程"。

基于共有的哲学基础，生物演化论和演化经济学在事实评价时所持有的基本信念上就必然存在很多共同之处。具体体现为：第一，强调过程重要性。在演化论中，生物和

---

① 史蒂文·琼斯：《达尔文的幽灵》，第 5 页，北京，中国社会科学出版社 2004 年版。

环境之间的交互作用是历史性的，不可能有任何瞬时因素在演化过程中孤立地发挥作用。同样，演化经济学也认为过程变化是重要且不可逆的，历史对演化经济学尤其重要，用博尔丁的话说，每种结构都是其过去过程的结果[①]。第二，反终因论。生物进化论认为，个体层面的变化相对于整个演化过程而言是完全随机的，一切变化都需要联系外在因素才能加以效率评价。演化经济学同样也认为由于不确定性和新奇事件的存在，经济事件不可能以目的论的方式展开。在不确定的随机因素扰动下，经济演进过程无法实现最优解，而且正是这些随机因素扰动决定了系统中不同个体会在期望、偏好、能力、知识存量和认知模式等方面出现差别，从而为经济演化奠定了"变异"的基础。第三，否认超选择力量的存在。进化论坚决反对完美先验性创造假说（如神创论），因为承认这一点无异于否认进化的必要和价值。演化经济学同样贯彻了这一点，在微观的意义上，否认超选择力量的存在体现为对完全理性和完全信息的质疑；在宏观的意义上，则是对制度建构倾向的驳斥。第四，强调动态稳定的重要性。在孟德尔和道金斯（R. Dawkins）之后[②]，演化论者意识到，生物演化这一长期动态的过程也需要相对静止，即演化的动态稳定。贝尔纳（C. Bernard）和坎农（W. B. Canon）称之为"稳态"，"稳态"的意义在于既确保了间隔性过程中变异的保存，又能为动态稳定的初期提供合适的环境。演化经济学的动态稳定观集中体现在演进博弈论中，它直接将人类在经济活动之间的互动行为的动态调整过程模拟为生物学中的进化演进过程，广泛地用于制度演化的研究。

本质上，生物进化论和演化经济学所共有的这些特征均源于对本质论、机械主义和还原主义的背离，从而和神创论、还原主义生物学以及以牛顿力学为基础的新古典经济学这些本质论与还原主义的产物形成了鲜明的对比。基于演化基础对世界进行研究往往只能做出诸如复杂性、概率性和多解性，甚至测不准，断言复杂系统凸显性质的不可预测之类的结论，必然会强调对特定现象的描述和对历史过程作倒叙述这种较为初级的办法，这和人们的普遍期望可能会产生极大差异。但这既是世界的真实面貌，同时也说明人的认知具有多么狭小的范围和多么宏大的拓展空间。

二、演化经济学中的生物学隐喻及其相似性

最初，演化经济学的先驱只是在逻辑中使用进化论，而没有在经济学描述中直接使

---

① 迈克尔·曾伯格编：《经济学大师的人生哲学》，第69页，北京，商务印书馆2002年版。
② 孟德尔以颗粒性遗传理论解释了生物性状的稳定积累，而道金斯则提出了稳定者生存，并将适者生存作为稳定者生存的一个特例。

用生物学隐喻，如康芒斯和米契尔等，但今天，演化经济学家已经广泛地使用生物学理论库中的工具来描述经济世界。自 20 世纪 30 年代至今，演化经济学文献不断出现大量生物学隐喻，如基因、变异、遗传漂变等，此处仅对基因、个体和群体、选择、变异和表现型等出现频率较高的生物学隐喻进行说明。

（1）基因。

如果没有基因这种既能在微观层次上保持相对稳定又能实现代际传递并具有变异功能的单元存在，进化就失去了基础。对演化经济学而言，找到经济体系中的"基因"无疑是非常重要的。倘若理论中缺少既稳定又存在变异可能的长期承载因子，经济的动态演化将完全成为一系列无历史和无理由的骤变堆积。作为研究人类行为的理论，演化经济学必然从那些支配行为的要素中去探询"基因"，和生物学意义上的基因一样，它必须符合这样的条件：既可以传递，又必须具有相对的稳定性；既能作为载体承载基本的遗传信息，又能存在于一个类似于有机体的载体内并被携带进行表现型的行为。

在演化经济学家那里，这一问题具有众多的答案①。斯密和马尔萨斯分别将分工和个人看作基因的隐喻物，而凡勃伦则选择了习俗和文化传统，博尔丁提出选择单位应是从汽车到知识的人类人工制品，纳尔逊和温特则将企业惯例视为基因，而霍奇逊主张把社会制度甚至整个经济系统都可以看作是基因的隐喻物。虽然存在不同观点，但寻找具有相对稳定和惰性品质，从而可以历时传递其重要特征的事物却是所有演化经济学家的共识。

（2）个体与群体。

进化论的革命性意义之一，就在于对生物物种的变化不是在不变的本质中探求，而是在互相间具有差异的、作为整体再生产出下一代个体的种群中来探求。种群之所以重要，在于它为集群之间的选择淘汰提供可能性。演化经济学同样秉承这一"个体群"思考方法（population thinking），对个体和群体之间的区分以及两者的对应关系也极为重视，个体往往被定义为具有异质性的个人或者企业，种群则被视为产业或者整体经济、组织形式。个体变异只有通过频数效应在群体中成为多数时，一种主导性的经济现象、一种新的企业制度、一种新的技术网络、一个新的社会制度体系才会形成。

（3）传递机制。

在生物体中，变异基因是通过生殖这种代际之间的方式传递的，没有传递，一种变

---

① 按照三位一体的原理，在分析演化路径和给出政策建议时，确定不同的遗传物质必然会产生不同的演化理论。演化经济学就此问题上争议激烈。

异就不能保留下去，新物种也就无法形成。演化经济学中同样重视这种"新奇"的传递机制，熊彼特、纳尔逊等人用模仿来解释创新之后大量企业的跟进引发的创新浪潮及其对宏观经济波动的影响。利伯曼和蒙哥马利（Lieberman and Montgomery，1988）也将模仿视为企业对竞争行为的一种战略回应。[1] 此外，也有学者将报酬递增产生的网络效应看作是新奇出现后的传递机制，在网络效应中，跟进者的增多将会产生越来越多的利益相关者，从而在沉淀成本和准入障碍的意义上将一种技术或制度固化（Witt，2002）。[2] 而史蒂芬·克莱伯（Steven Klepper）的企业衍生概念（Spin offs），还有人员流动等都代表了传递机制。

（4）选择机制。

一个包含变异的表现型能否被选择出来并成为最有效的基因传播者，是新物种形成的关键，因而选择是所有演化论者都必须面对的问题。在阿尔奇安、弗里德曼和贝克尔看来，选择机制的核心是市场竞争，主体理性因素是无关的；西蒙、纳尔逊和温特都意识到选择机制不能忽视主体的能动性因素，并考虑了主体满意、对利润的选择和惯例刚性等因素在选择中的作用。弗罗门则指出，绝大多数经济学家都没有在外在市场的选择和主体自己的选择问题上作出区分，他主张将适应性学习和市场选择并列作为选择机制，而且选择性学习既是变异机制，也是选择机制。而在哈耶克那里，选择是多层次的，包括个体生理性意义上的遗传、智力和知识的演进和在直觉和推理之间起关键作用的文化演化。

（5）变异。

基因变异是新物种产生的微观基础，虽然变异并不一定在表现型中得到呈现，但新的表现型出现却一定是因为基因型出现变异。演化经济学家都认为经济变异是指新奇或新事象的出现，并将其视为经济演化的源动力，分歧则主要集中在"什么变异"和"为什么变异"上，凡勃伦认为新奇或变异就是新思想和新的做事方法的出现，它源于随便的好奇心。熊彼特则认为"创新"即是人类经济领域中的变异，它源于企业家的创造性欢乐，纳尔逊和温特则认为变异是对惯例的破坏，他们尤其强调现实中经受的挫败推动了对新奇或变异的搜寻。

（6）表现型和基因型。

表现型（phenotype）和基因型（genotype）两者之间的映像关系是解释变化过程和

① Lieberman, M. B and Montgomery, D. B., "First-Mover Advantages", *Strategic Management Journal*, 1988, 9, pp.41-58.

② Witt, U., "How Evolutionary Is Schumpeter's Theory of Economic Development?", *Industry & Innovation*, 2002, 9 (1-2), pp.7-22.

传递机制的桥梁。在演化经济学中，这两个范畴同样存在，它们或者直接采用生物学名词，或者被称为复制者（基因型）和互动者（表现型），例如，纳尔逊和温特就将企业视为由惯例支配的和外界发生信息交流的互动者，而惯例则被视为复制者，Hull（1988）则将个体社会化和职业化的身份（identity）或者社会角色（social role）视为互动者。①

除此之外，演化经济学中的生物学隐喻还包括分布不重叠、魏斯曼屏障和突变等。在所有这些隐喻词中，最核心的隐喻是基因、变异与选择，这三者分别映射了事物发展变化过程中被修改的对象、修改的过程，以及修改结果的保持与传递。从而完整地体现了进化论的"三位一体"思想，借助于这些隐喻词，演化经济学鲜明地标识出"过程"特征而区别与研究"存在"的新古典经济学。

三、隐喻的差异性

达尔文本人及其追随者都一再强调，进化论不能被简单地应用于人类事务中。尽管生物学和经济学在看待事物的理念上具有一致性，生物系统和经济系统也具有一般系统的普遍特征，但生物学和经济学针对的毕竟不是同一个研究对象，研究目的也存在一定区别，生物进化论研究的是生物种群本身的演化，而演化经济学研究的则是一个特殊生物种群的特定行为方式以及这种方式的后果。因而，当生物学隐喻进入经济学地带之后，就需要结合研究对象的特质赋予其新的学科意义，不能正确区分这一点，就会使演化经济学脱离其学科本色，陷入演化论的教条主义陷阱。本文仅就基因和选择这两个演化论中最基础的概念加以说明。

（一）基因差异

虽然演化经济学家在基因的经济学隐喻物上存在不同看法，但就其本质，都可以还原为"类生成的知识"（八木纪一郎，2004），凡勃伦的思考的习惯、纳尔逊和温特的惯例乃至博尔丁的商品②，其实质都是制度经济学中的共同知识。这种类生成的知识和生物学基因的共性是非常明显的，如它们的变异、创造、修正都是在个体水平上进行的，而且都具有相当的稳定性和传递能力，但作为人类认知产物的类生成知识与生物学意义上的基因毕竟不同，这些差异表现在：

---

① Hull, D. L., *Science as a Process*: *An Evolutional Account of the Social and Conceptual Development of Science*, Chicago, IL: Univeraiy of Chicago Press, 1988, p.586.

② 参见八木纪一郎：《进化经济学的现在》，孟捷、吕守军等译，《政治经济学评论》2004 年第 2 期，第 158—183 页。博尔丁的商品相当于生产中的诀窍即缄默知识和设计图之类的技术知识的现实化，但正如八木批判的那样，这样处理必然导致行动论的相互关联缺失。因为诀窍是内在于主体的，而设计图则是外在于主体的客观知识。但无论如何，博尔丁的终极指向还是知识。

第一，最终构成不同。类生成知识的基本内核是文字、语言这些人创符号，而基因最终可以化解为 GATU 的不同结构和排列。对生物而言，所有的基因均可以解码为同类，因此组合是重要的；但在人类社会里，类生成知识的传递和变化还和语言差异有关，这意味着对类生成知识的研究不仅要涉及结构，还要涉及语言本身和语境，这也是演化经济学为何对语言问题尤其关注的原因。

第二，信息传递方式不同。在生物体中，基因的信息传递是通过遗传写码进行的，与繁殖过程密不可分，其速度受制于生殖周期，因而生殖即同样基因型的个体出现是重要的，而且生殖传递过程中后天获得的性状是不能传递的，是"达尔文式"的。但在人类的经济事务中，类生成的知识是通过包括教育、模仿和文化濡化等方式进行的，因而认知方式是重要的，创新的发生与扩散更要重视知识传递而不是单纯的组织扩张。很显然，这种传递可以将后天获得性（知识）可以遗传给下一代，是"拉马克式"的。

第三，传递速度不同。由于传递方式的差异，类生成知识传播远比基因快，可以更直接、更灵活地影响到更多的个体，因此经济演化的速度比生物进化快得多。这种子系统演化的高速度对整个系统演化的稳定性和协同性都提出了更高要求，对于人类经济活动而言，由于经济社会演化的力量是各种类生成知识及其主体相互关系共同作用的结果，个别类生成知识在局部的快速传播并不意味着整个经济系统的演化速度加快，而是使系统协同性和稳定性走向更为复杂的层次，因而类生成知识的耦合与制度变革的次序对人类经济发展尤其重要。[1]同时，区分整个经济系统中的快变量和慢变量也就十分关键，在很多情况下，慢变量是决定性的因素，如城市系统的演化就是由人口素质、市场化程度和民主化水平这些慢变量决定的。[2]

第四，载体层次性不同。生物基因变化始终存在于个体层面，类生成知识最基础的载体当然也是个人，但类生成的知识有时候也会存在于组织或者根植于某种特定的情境中，在知识属性上属于波兰尼所指的缄默知识，它本身是一种不能单独存在某一个体头脑中的非编码知识，其表现须借助于集体组织的活动以及特定的具体场景。这种类生成的知识绝非一种静态知识，它还包涵着这些主体的环境以及主体自己的认知过程，此外，还必然具有在现实的行动中指导着主体的规则的性质。这种知识的存在不仅体现出"干中学"的重要性，也意味着组织学习和组织记忆在经济演化过程中具有特殊的意义，同时还可以说明模仿为什么可以导致变异和创新等问题。

---

① 张旭昆：《制度系统的性质及其对于演化的影响》，《经济研究》2004 年第 12 期。
② 袁晓勐：《树立科学发展观发挥城市规划的龙头作用》，《中国社会科学院院报》2004 年第 6 期。

（二）选择机制的差异性

无论在生物界还是人类经济系统，选择机制都是非常复杂的，但这种复杂性的表现并不一样，由于经济系统中人的能动性远超过生物个体，在选择来源、选择标准和选择过程的表现也存在极大差异。

第一，主体能动性差异。现代生物学认为，生物在对环境的适应过程中不仅仅有被动性适应，也有主动性适应，但根本性的一点是适应，因为生物在影响环境的能力方面是极其微弱的。但在经济系统中，由于主体具有极强的能动性，具有强大影响力的组织和个人往往可以对环境施加巨大影响，使变异不是像生物变异那样被动地受环境筛选，而是通过主动地改变环境使变异被选择出来，这是一种完全不同于被动性适应和主动性适应的"创造性适应"，例如，某些技术标准的采用。除了影响选择环境外，创造性适应还表现为主体不断地通过转移、合并等形式更换选择环境，更加主动地控制"新奇"的扩散机会从而提高变异被选择的可能性。创造性适应的存在意味着演化经济学的研究可以将更多注意力放在个体组织是如何影响环境，从而在此后的演化途径中更多地掌握主动权，以及这种行为的社会福利效应如何之类的问题上。

第二，环境复杂性的差异。生物变异的选择来源主要是环境，这一点同样适用于经济系统。经济系统中环境的复杂性首先体现在对"变异"的选择不是单纯的市场消费者选择，同时还受到政治领域中相关势力的影响，当这种变异是某种制度的创新时，这一点体现得更为明显。经济系统中环境复杂性的另一个表现，就是经济系统受文化意识形态的影响非常之大，技术或制度的优劣并不能决定其扩散，当文化意识形态这一层次的变迁不能与之耦合时，变异的个体就不可能被选择出来。环境的复杂性意味着在演化经济学除了对消费者市场的重视外，还要更多地关注原始的组织分布结构、市场与非市场因素的格局这些因素对变异选择的作用，因为演化中的选择不是单纯的市场选择，还有选择者力量的对比，还有政治的选择和文化的冲突的综合作用。

第三，选择结果的多样性。在生物学中，选择的本质是一个群体中的不同基因型携带者对后代基因库做出的不同贡献。[①]无法被环境选中的基因传播者最终要以死亡来终结它在基因传播中的竞争，因而和胜利者是不相容的。但在经济系统中，选择结果呈现出多样性，完全不相容只是其中一种。在更多的情况下，经济的选择结果并不像生物界那样表现为只有唯一的大频数传播者存活，分包、分工细化和兼并合作等渠道为保持失败者内含的有利基因提供了生存之道。这种相容性的选择结果不仅对胜利者无害，而且还

---

① 郭庆华：《打开生命的黑匣子》，上海：上海科技出版社 2002 年版，第 142 页。

能提供更多的发展能力。这对经济研究的启示在于：竞争的形式是多元化的，经济学不仅要研究竞争，还要研究竞合。

四、生物学隐喻在演化经济学中的前景

自 20 世纪 90 年代以来，随着演化经济学阵营的日益庞大和影响日甚，对于进化论的使用范围和方法一直存在激烈的争论，争论者不仅仅包括演化经济学家，也包括众多的生物学家和哲学家。霍奇逊和肯德森等人一直倡导普适的达尔文主义（universal darwinism），认为达尔文的解释中的一些一般性特征，对所有层面都是适用的，只要多样性、选择和遗传的特征存在着，"……达尔文主义不仅包含着解释特定生物学机制的特殊理论，而且，撇开特定的遗传或复制机制不谈，还包含着适用于所有演化的开放复杂系统的一般性理论"。[①]虽然他们承认在性质上，经济的演化与自然演化这两个不同的系统具有不同的含义，但抽象地看，以一个理论的概括力剔除掉细微的差异之后，所有的经济演化过程无一例外地具有同一的基础性结构，那就是变异、选择和扩散。而以彭罗斯、罗森伯格和维特为代表的一些经济学家则强烈反对在演化经济学中使用生物学隐喻。彭罗斯指出，"在对人类事物中的经济和社会现象寻求基本解释的时候，经济学家们，更一般地，社会科学家们将被劝告用他们自己的隐喻直接处理他所面临的问题；而不是通过把总括的生物学模型强加于其上而间接地与他的问题打交道"。[②]维特则认为，在演化经济学的发展过程中，生物进化思想并未起到太大的作用，在早期的理念上，是经济学启发了生物学，而在后期，生物学对进化机制的争议反而干扰了演化经济学的发展，因为演化本身是极其复杂的，不断地参照和借鉴生物学隐喻将给经济学穿上不适当的"紧身衣"，应该放弃。"把生物学的思想移植到经济学中来仍然存在着严重的缺陷。……关于经济现象如何演化的重要思想是独立地产生于达尔文主义启示之外的。"[③] 在威特看来，牛顿力学给经济学造成的影响已经是如此之深，从理念到形式，它已经深刻地嵌入在现代经济学之中，难以剥离。如果经济学本身可以解释世界，为什么一定要穿上别人的外衣呢？回顾经济学的发展历程，威特的担心也不无道理：理论的形成固然是一个漫长的时期，但它被另一种思维方式另一种新的理论所取代则同样漫长，因为理论本身就具有一种路径依赖。[④]

---

① Hodgson, G. M., "Darwinism in Economics: From Analogy to Ontology", *Journal of Evolutionary Economics*, 2002, vol.12, p.273-274.

② 转引自 Lawson, T., *Reorienting Economics*, Routledge, 2003, p.139。

③ 维特：《演化经济学：一个阐释性评述》，载多普菲主编：《演化经济学——纲领与范围》，北京：高等教育出版社 2004 年版，第 42 页。

④ 维特对生物学隐喻的态度是极其复杂的。他反对普遍达尔文主义，但并不放弃生物学，从而提出了所谓连续性假设。对此，我们在下文中还有进一步的讨论。

　　演化经济学为什么要借用生物学的隐喻？借用的目的何在？霍奇逊的解释主要是：存在着一种普遍的达尔文主义，它可以解释所有的进化系统。这一理由恰恰是反对者的攻击点，因为社会存在和生命领域毕竟不同，人在社会中的选择和生物界的自然选择是有差异的，如康芒斯曾经指出的那样，经济现象是人为选择（artificial selection）而不是自然选择的结果。为了坚持自己的原则，霍奇逊加上了开放式、选择式这两个约束，他承认人类经济系统演化和自然系统的差别，尤其是后天获得性状在经济系统中可凭借教育濡化进行代际传递，作为涌现源的主体的创造性和对环境的能动性也与生物系统存在明显差异，因此生物学在社会科学里的应用存在着界限："达尔文主义并不能提供对社会经济现象的足够的解释。……社会现象并不能被还原为生物学现象。"[①] 但事实上，在他进行具体讨论的时候，却淡化了这种观点。因而，争论并未因为霍奇逊的开放式、选择式这两个"加注"而消失，威特的担心依然存在：在隐喻成为一种思维方式之后，人们往往会不自觉地用生物理论来界定和理解经济现象；如果不符合，不排除人们为了迎合生物学而修改现有的经济理论，哪怕它已经处在正确的轨道上。

　　这种争论给演化经济学带来了许多的困难。例如，在梳理学说史时就很难处理经济学说史上那些带有演化倾向的经济学家。在霍奇逊的标准下，承认新奇和反还原主义但拒绝使用生物隐喻的康芒斯、多西和凯恩斯被排除了；马克思、艾尔斯和米契尔这些反还原主义的、用系统思维进行经济分析的经济学家因为既不符合新奇也不符合生物学隐喻而被排除。同时，由于对生物学态度的犹豫不决，在 21 世纪初期，古生物学、脑科学和演化地理学中的许多综合进展也未能在演化经济学中得到及时有效的整合，如赫伯斯·金迪斯、约翰·图比和克斯迈德斯对人类基因、环境、人的行为心理结构共生演化的研究，哈伊姆·奥菲克对人类交换倾向起源的研究，杰拉德·戴蒙德对地理、气候、生物与人类长期历史进程的综合进化研究，都未能及时有效地融合到现代演化经济学的发展中去。

　　演化经济学借用生物学隐喻的主要意义，首先在于它提供了一种不同于牛顿力学体系的思维方式，还原论、静态、同质性被复杂系统、动态和异质性所取代，关键在于"变是永恒的"。只要不放弃这一点，演化经济学就能在贯彻新的思维方式的基础上完成对经济学的重构。如果放弃了这一点，即使有再多的生物学理论和术语充斥在演化经济学中，也只能是语言学上的翻写而不是经济学理论的创造。其次，演化经济学的主要目

　　[①] Hodgson, G. M., "Darwinism in Economics: From Analogy to Ontology", *Journal of Evolutionary Economics*, 2002, vol.12, p.278.

的，不在于对短期的人类经济现象和行为进行解释，它重新回归了古典经济学时代的人文关怀，将人的"类"思考重新提上了经济学议程，人的目的论活动实际上并不是"无因之因"（uncaused cause），目的性（intentionality）本身必须通过因果过程来解释。[①]在这种追溯因果的过程中，人类经济社会的某些基本性命题以及社会的长期历史是必然触及的，这需要生物学的依据。虽然人的社会存在有独立于生命存在的特殊之处，但社会存在的获得却是在自然的历史中取得的，这就意味着生物学作为基础将是不可或缺的。

至于具体的生物理论，则成为次要、但同样不可放弃的原则。之所以是次要的，是因为具体的术语和理论要服从"演化"的大原则，这一原则包含了演化经济学区别于新古典经济学的关键命题。之所以仍然是不可放弃的，原因在于：第一，在科学的发展历程上，不同学科之间的相互启发曾对科学本身的发展起到了极为重要的推动作用。"天才的共同之处，就是他们具有跨学科类比的能力"[②]，放弃生物学的隐喻也就是放弃了一种启发的可能。第二，科学是内在的整体，它被分解为单独的部门不是取决于事物的本质，而是取决于人类认知能力的局限性。通过生物学和人类学到社会科学的连续的链条，这是一个任何一处都不能被打断的链条。[③]生物学的进展很可能引发对进化思想、系统理论的重新审视和具体化，放弃对具体生物理论的关注，也就意味着将要固守亘古不变的基石，这无疑是自闭式的。简言之，在演化经济学中，生物学应当扮演的角色是：第一，在启发意义的层面上，它是窗口，在"演化"成为指导原则之后，生物学的术语无须被排斥，但却要严格地服从"演化"原则，即无论术语如何使用，它不能颠覆反还原论，不能回到静态和单一纬度的新古典思路上去；第二，在发展的层面上，它是基础之一，因为在长期历史的研究中，生物学是工具，是基础理论的证据来源。

在使用生物隐喻的问题上，演化经济学当前存在的主要问题是，过于侧重次要原则（术语和理论）而忽视了主要原则（反还原论、动态和异质性），而这种错误往往是对生物学术语和理论缺乏正确的解读所造成的。换言之，在生物领域中本来是统一的东西，在演化经济学中却无法统一了。这既混淆和曲解了进化观，也招致了不必要的批评和争论。本文仅列举以下几个例子：

（1）多洛律（进化的不可逆定律）。

演化经济学常用不可逆作为自己区别于新古典经济学的主要标准之一，不可逆被解

---

① Hodgson, G. M., "Darwinism in Economics: From Analogy to Ontology", *Journal of Evolutionary Economics*, 2002 vol.12, pp.268-269.

② 恩斯特·迈尔：《什么是进化?》，上海：上海科学技术出版社 2003 年版，第 33 页。

③ 普朗克：《世界物理图景的统一性》，转引自黎鸣《试论唯物辩证法的拟化形式》，《中国社会科学》1981 年第 3 期。

释为"过程变化是重要且不可逆"的，它要求经济学否定同质、机械的时间观。但这种借用是一种非常不完整的、简单化的处理。由于不完整，它反而剥离了"演化"原则中某些重要的东西。在生物学中，多洛律主要是针对趋同现象的，它强调的是，根本不存在进化两次而导致一种完全相同结果的机会，进化过程中的趋同只是表明，在相同的进化压力下，有着共同的、相似的解决方案，但进化始终是不可逆的，因为祖先的标志永远存在，"无论趋同给人留下多么深刻的印象，它总是表面的"。①这对经济学的启发意义决不仅仅在于时间不可逆所导致的均衡不可能在相同条件下再现，它更重要的意义在于理解现实趋同与历史差异之间的张力，在于理解路径依赖的长期性。例如，在现代社会中，市场经济在解决资源配置方面成为"应对外在选择"的共同反应，但它在体制上一定会表现出不同。

（2）自私的基因。

道金斯自私的基因理论也被演化经济学家用来解释微观层面上的变化。在这一理论中，道金斯强调选择的单位是基因，而非个体，个体只是基因的存储器。演化经济学家也显然受到了影响，他们过分关注最基础的构成面，并就此产生了严重的分歧，如惯例、知识、传统等。②但正如古尔德批评的那样，道金斯理论致命的缺陷在于，自然选择看不见基因，它只能也必须通过可见的个体发挥作用。古尔德在反驳道金斯理论时写下的一段话对演化经济学家极富警示意义，他写道："道金斯理论之所以产生令人着迷的结果，是由于西方科学思想中某些不良品性——原子论、还原论和决定论态度的结果，即整体应当被分解为基本的单位之后才能理解，可以发现微观单位的性质并用来解释宏观结果的行为，所有事件和客体都具有明确的、可预测的、决定性的原因。这种研究只有在那些内含成分少、不受历史影响的简单客体时才是成功的。"③ 演化经济学家看到这样的论述必定会深感尴尬，因为古尔德的批评正是他们全力要反对的新古典经济学那些最致命的方法论缺陷——还原论和原子论。和自然选择看不见基因一样，经济选择也看不见知识、传统，它一定要借助于人、组织和产品这类载体才能进行。这即是说，在演化经济学家试图将演化分析做得极其精细时，他们也背离了最基本的原则——反还

---

① 斯蒂芬·杰·古尔德：《熊猫的拇指——自然史沉思录》，上海：生活·读书·新知三联书店 2004 年版，第 34 页。
② 例如，斯密和马尔萨斯分别将分工和个人看作基因的隐喻物；而凡勃伦则选择了习俗和文化传统；博尔丁提出选择单位应是从汽车到知识的人类人工制品；纳尔逊和温特则将惯例视为基因；而霍奇逊则主张把社会制度甚至整个经济系统都可以看作是基因的隐喻物。
③ 斯蒂芬·杰·古尔德：《熊猫的拇指——自然史沉思录》，上海：生活·读书·新知三联书店 2004 年版，第 92—93 页。

原论。

（3）嵌入的拉马克主义。

这是纳尔逊、温特和霍奇逊公认的原则，"嵌入的"意味着达尔文的变异、选择和新奇出现在经济领域中是普适的；"拉马克"则意味着经济主体具有将后天获得形状主动遗传下去和传播开来的能力，就制度、理念传播和技术传播而言，这是毋庸置疑的。但完整的理解并不仅如此。在现代进化论中，拉马克主义是可以被达尔文主义所解释的，反过来则不能成立。达尔文主义和拉马克主义实际上都要解决同样的问题，那就是适应。生物通过对进化的形态、功能或者行为，更好地适应新的环境，以对环境的变化做出反应，来自环境的信息必然要传给后代。在拉马克那里，这种传递是直接的，生物感受到环境的变化并以正确的方式做出回应，恰当的形式直接传给后代；达尔文则分为两步骤，变异和进化，两者的力量是不同的，前者是随机的，在适应的方向上没有倾向性，其后，选择才作用于无倾向性的变异上，并且通过使优势变种具有更强大的生殖成功而变化一个群体。纳尔逊和温特在强调自己是坚定的拉马克主义者时，仅仅只是提醒了人们要注意经济主体在经济活动过程中只存在主动的代际性，但更为全面或者说嵌入的拉马克主义的准确理解是：那些看起来实现了可获得性遗传形状的主体（拉马克）实际上只是选择和改变了自然选择发挥作用的环境，然后将随机的形状通过自然选择的作用被选择出来（达尔文主义），这样，看起来可获得性形状的遗传仍然通过了达尔文机制。对于演化经济学而言，要正确地理解这种进化的关键机制而不是钻入紧身衣中，就需要承认，技术和制度理念的变化往往是随机的，它之所以能够流传下来，不是仅依靠自己，而是环境，是社会经济政策，忽视这一点，实际上也就变相地忽视了经济环境营造的重要性。

（4）选择。

选择是所有演化论者都必须面对的问题。这一机制在经济领域中如何发挥作用，同样也是演化经济学家们争论不休的问题。比如，阿尔奇安就认为选择的核心是市场竞争，与主体理性因素无关；西蒙、纳尔逊和温特则认为选择应考虑到主体的能动性因素，强调主体满意、对利润的选择和惯例刚性等因素在选择中的作用；而弗罗门则认为将适应性学习和市场选择是并列的选择机制。虽然存在不同理解，但无一例外地只聚焦在"竞争"二字上，差异只在于竞争中主体因素影响力的大小。

将竞争等同于选择，是长期以来对进化论的一个最大误解。完全的选择论确信每一种姿态形式都是经过自然选择之后适应的产物，其潜台词是：自然是正确的。这是特创论的翻版，只不过万能的自然选择力量替代了上帝，它代表了19世纪以来欧洲关于自然和谐的神话——世界存在的万物都达到了尽其可能完美的状态，即庞格罗斯主义。当演化经济学将竞争作为唯一的选择机制时，它也间接地引出了另外一个结论，那就是市场竞争机制的无所不能。这种经济的庞格罗斯主义恰恰是演化经济学要反对、新古典经济学要捍卫的原则。

事实上，达尔文的原意是，自然选择是主要的但并非唯一的修饰方式。①后来的生物学考证也证明了，选择并不是唯一的进化通道，竞争也不是唯一的、完美的选择方式。生物是整合的系统，一部分的适应变化，由于生长的相关性也会带来其他部分的非适应性，经过竞争选择后某些特定功能的器官仍然会保持非适应性。演化经济学不仅应从"选择"二字中看到竞争，还要看到合作、竞争失败和环境对于系统耦合的重要性。

"开放式和选择式"的态度无疑是正确的，但在实际运用中，经济学家却经常犯下"紧身衣"的错误。这是因为，理论和术语是具体的，方法论却是抽象的，在批判新古典成为演化经济学的首要任务时，经济学家很容易只考虑用生物学理论和术语的子弹去进攻，而往往忽视了方向，从而使自己套上了生物学的"紧身衣"。由于对生物学术语的借用本身就是不完整的、存在误解的，这种"紧身衣"的作用就更为明显，在这种状态下，开放式和选择式使用也无济于事了。

知识始终是在交互推进的过程中发展的。开放的态度是一个学科进步的重要条件，但在开放的过程中不应忘却自己的领域。演化经济学应该向包括生物学在内的自然科学学习，但却不应成为它们的仆人。回顾进化思想史，曾经多次发生过为了迎合某种需要而伪造考古证据的故事，典型的如辟尔唐人事件——为了迎合欧洲中心和大国沙文主义的伪造，李森科事件——集权意识形态下的反科学伪造。很难说这样的事件不会在科学发展历史中再现。如果演化经济学不能牢记自己解释人类经济现象这一责任，不由分说地将自己塞入错误的"紧身衣"，其后果是不言而喻的。

---

① 斯蒂芬·杰·古尔德：《熊猫的拇指——自然史沉思录》，上海：生活·读书·新知三联书店 2004 年版，第 34 页。

演化经济学的技术创新理论：
制度主义与熊彼特的综合[*]

张 林

作为新熊彼特主义演化经济学的理论基础，熊彼特的创新理论是有缺陷的：它没有分析技术变革的过程。研究技术理论和熊彼特创新理论的一些经济学家注意到了这个缺陷，认为熊彼特把注意力放在创新上面，但忽略了使创新得以发生的发明活动（Ruttan，1971），特别是忽视了对技术进步至关重要的 R&D 活动（Solo，1951）；或者认为熊彼特对发明与创新的区分不仅没有必要（Nelson and Winter，1977），而且对这二者所作的人为分割，对理解技术变革与经济增长设立了一个巨大的"智力障碍"（Rosenberg，1976，p.77）。总之，"对熊彼特而言，创新是一个包括一切的概念，在其中，技术被彻底忽略了"（Parayil，1991，p.84）。

如何弥补这个缺陷？拉坦认为可以用新古典经济学的工具来弥补，也就是把利润动机视为技术进步的动力（Ruttan，1971）。纳尔逊也持同样的观点，认为"发明受到感知到的盈利机会的强烈驱动"（Nelson，1959，p.101）。利润动机的确是技术进步的动力，但绝非唯一的动力，因为技术进步是一种文化现象，受到制度的影响。当把技术进步放到整个社会演化过程中去探讨的时候，新古典经济学的工具就难以弥补熊彼特创新理论的这个缺陷了。相反，凡勃伦传统的制度主义对技术以及技术进步的分析不但可以弥补熊彼特的缺陷，而且还可以作为熊彼特创新理论的基础。利巴夫斯基注意到了这二者之间的联系，但并没有深入阐述（Liebhafsky，1960）。本文首先分析熊彼特理论的前述缺陷，以及它如何导致了熊彼特创新理论的不完整，然后对凡勃伦传统的制度主义的技术理论作一归纳，并将这个技术理论结合到熊彼特的创新理论中去。

一、熊彼特创新理论的缺陷

熊彼特把资本主义经济演化的动力视为创新——实现新组合，或者直接把演化等同

　本文压缩稿载《学习与探索》2015 年第 2 期。作者单位：云南大学。

于创新："我们所说的发展，可以定义为执行新的组合"（熊彼特，1990，第73页）。这里的"发展"与"演化"是同义词，因为"我们所指的'发展'只是经济生活中并非从外部强加于它的，而是从内部自行发生的变化"（熊彼特，1990，第70页）。创新的执行者是企业家。于是，由企业家实现的创新就解释了资本主义的经济演化，企业家—创新也就构成了熊彼特演化理论的主线。这条主线的逻辑是清晰的，但围绕着这条主线而展开的演化理论却有诸多缺失。与本文的主题相关的缺失表现在两个方面：第一，技术的缺失；第二，企业家行为理论的缺失。

（一）技术的缺失

为了突出企业家的作用，熊彼特在对创新的解释中努力回避技术进步的作用。他在谈到创新所包含的五种新组合的时候，都在强调这些组合可能是新出现的，也可能是已经存在的，而且，"我们决不应假定，新组合的实现是通过使用闲置的生产手段来进行的。……新组合的实现只是意味着对经济体系中现有生产手段的供应作不同的使用"（熊彼特，1990，第75页）。这就意味着，熊彼特假设创新是在充分就业条件下实现的。在充分就业条件下，"创新意味着一种新的生产函数的建立"（Schumpeter，1939，p.87）。等产量曲线的（向右）移动就是新生产函数的建立。

如果把创新与增长（而不是发展）联系起来，充分就业条件下的经济增长的主要源泉，一是生产要素的增加，二是技术进步。创新带来了增长，但创新只是经济增长的两个源泉借以实现的渠道或者方式。因此，如果抛开生产要素的数量不论，任何对经济增长的解释都绕不开技术进步这个主题。

但是，熊彼特想要绕开这个主题。在谈到新组合的一种形式——新的生产方法——的时候，他指出"这种新的方法决不需要建立在科学上新的发现的基础之上"（熊彼特，1990，第73—74页）。在谈到创新的时候，他指出："要注意'创新'这个概念与'发明'并非同义词。无论后一个词是什么意思，它与我们都没有太大的关系。此外，它包含着误导性的联系"（Schumpeter，1939，p.84）。即便是在把创新定义为生产函数的建立从而等产量线的移动的时候，熊彼特仍然坚持认为这种移动"不能由技术变革来解释"（Schumpeter，1939，p.87，n.2）。

他之所以努力绕开技术进步，是为了突出企业家的作用，是为了避免技术进步与经济演化之间的"误导性联系"。从他的演化观的角度来看，论证的重点不在于技术进步，这是可以理解的。但是，"他像新古典经济学家一样，把技术放到了一个'黑箱'里。……因此他不能提供对技术变革过程的任何清晰的解释"（Parayil，1991，p.84）。缺乏对技术进步的解释是他理论的一个缺陷，更重要的是，这个缺陷有可能破坏他的演化理论体系。因为不能从演化的角度解释技术进步，对技术进步的解释就很容易陷入新古典的成本—收益套路，从而作为一种社会现象的、明显具有演化特征的技术进步，就会被简化为一个机械的、静态的因素，因而与演化理论不相容。

（二）企业家行为理论的缺失

熊彼特努力避免将技术进步与创新联系起来，是为了突出企业家在创新中发挥的作用。他对企业家有较为充分的说明，不过他的企业家理论仍然有一个缺陷：没能透彻地分析企业家行为的条件，也就是企业家行为的社会约束或者制度约束。

熊彼特的企业家是一群特殊的人，他们是资本主义的产物。"现代文明的全部特色和成就都是（直接地或间接地）资本主义过程的产物"（熊彼特，1999，第202页）。资本主义是"人类行为理性化的推进力量"（同上），而企业家是"为理性行为的机器生产外加的蒸汽"（同上）。企业家之所以具有这种功能，是因为他们的行为除了受快乐主义—功利主义动机的驱使，还具有不同于常人的心理基础："首先，存在有一种梦想和意志，要去找到一个私人王国。……其次，存在着征服的意志：战斗的冲动，证明自己比别人优越的冲动。……最后，存在有创造的快乐，把事情办成的快乐"（熊彼特，1990，第103—104页）。

熊彼特观察到资本主义体系中这一类与众不同的人，将其作为经济演化和进步的推动者，但却对他们缺乏两方面的解释。第一，同样的资本主义过程为何造就了两种不同心理基础的行为人？普通人适用于快乐主义心理学，而对企业家的解释却"指向了另一种非享乐主义'快乐主义'性质的心理学"（熊彼特，1990，第103页）。显然，熊彼特理论中的行为人缺乏一致的心理学基础。第二，更为重要的是，作为资本主义过程的产物的企业家，他们的行为似乎脱离了资本主义过程本身的约束。熊彼特承认企业家行为受到的约束，但这种约束只限于资本，从而在他的理论体系中必须要有信贷这个因素，信贷可以减少企业家受到的约束。企业家受到的别的重要约束没有得到熊彼特的足够强调，那就是制度约束。也就是说，制度因素对企业家活动空间的制约是熊彼特创新理论中的一个缺失。

以上两个缺陷使得熊彼特的创新理论是一个不完整的理论。首先，技术进步的缺失使得这个理论缺少一个必要条件。在熊彼特理论中，经济进步的含义是企业家克服制度约束，将技术进步的成果引入到经济体系中，实现"创造性毁灭"。也就是说，存在企业家只是经济进步的必要条件之一，存在技术进步是另一个必要条件，但这个必要条件在熊彼特的表述中却是假定的。其次，由于没有对技术进步进行解释，也就没有考虑到技术进步与制度变迁的关系，或者说缺乏对技术与制度的共生演化的分析。技术进步受到制度的约束，制度变迁同时也是技术变革的结果。最后，企业家行为理论方面的缺失，使得熊彼特的创新理论缺少了对行为的制度分析。于是，熊彼特的创新理论中本该具有的制度—技术—行为的演化分析，要么被他自己忽略，要么被割裂。

二、制度主义的技术理论

同为演化理论，制度主义的技术理论就很好地避免了熊彼特理论的缺陷。制度主义的技术理论并非单纯地以技术为分析对象，而是把技术视为一个文化概念，讨论技术与制度的协同演化。这个理论源于凡勃伦（Thorstein B.Veblen），在艾尔斯（Clarence E. Ayres）那里得到了系统的阐述，最后由布什（Paul D.Bush）将其拓展为一个以技术进步为核心的制度变迁理论。一个完整的制度主义技术理论包括三方面的内容：对技术的理解、技术进步，以及对技术的评价（洛厄，1988）。

（一）凡勃伦二分法

要理解制度主义的技术理论，必须要理解制度主义的一个核心分析工具：凡勃伦二分法（Veblenian dichotomy）。凡勃伦以本能—习惯心理学为基础，认为人类行为源于建设性的和破坏性的两类本能，由本能所决定的行为表现为两种：一种是基于思想习惯的行为；一种是基于实效知识（matter-of-fact knowledge）的行为。在不同的社会环境下，建设性的或者破坏性的本能所决定的不同行为会表现得较为明显，或者处于支配地位。在凡勃伦所称的"机器过程时代"，也就是资本主义社会中，由竞赛、掠夺等破坏性本能所决定的基于思想习惯的行为占据着主导地位（Veblen，1914）。具体来说，以赚钱（making money）为目的的商业行为（基于思想习惯）支配着以生产（making goods）为目的的工业行为（基于实效知识）（Veblen，1904）；为了显示身份地位的炫耀性消费（conspicuous consumption）支配着为满足需要的实用性消费（serviceable consumption）（Veblen，1899）。来源于思想习惯的行为模式被凡勃伦定义为制度，它是仪式性的；由实效知识所支配的行为模式就是技术，它是工具性的。因此，凡勃伦二分法也就是"技术—制度"二分法或者"工具—仪式"二分法。技术是社会变迁的动力，制度行为则是社会变迁的阻力。

凡勃伦对这种二分法没有清晰地说明，他自己在使用二分法的时候也有含糊之处，因此后来的制度主义者对二分法的使用大不相同。在其中，艾尔斯将杜威的实用主义—工具主义哲学与凡勃伦的理论相结合，重新阐述了二分法。经艾尔斯重新阐述之后的二分法，成为此后多数制度主义者的基本分析工具。艾尔斯不再把人类的社会行为视为表现为仪式的和工具的两个方面，而是直接将其划分为仪式行为和工具行为（艾尔斯，

1944）。①凡勃伦通过划分人类社会行为的两个方面来认识社会，艾尔斯则把两种社会行为看成需要去分析和评价的对象。这样，二分法就与社会评价过程联系在一起，行为的正当性要通过杜威的工具评价标准来判断。

（二）技术与技术进步

制度主义者把技术视为一个文化概念。"在制度主义者的所有用法中，技术概念指的都是文化的一个方面。因此……如果脱离开技术与文化生活的其他方面相结合的方式……就不可能充分理解制度主义的技术概念"（洛厄，1988，第 237 页）。艾尔斯把技术定义为"有组织的技能"（艾尔斯，1944，第 118 页），并且"所有需要技能的活动都包括对各种工具的使用"（艾尔斯，1944，第 120 页）。这样，工具、技能和技术就统一到制度主义的技术概念中。那么，技术为什么是一个文化概念呢？因为"在人类生活纠缠不清的网络中，技术活动几乎必然要和其他类型的活动混合在一起"（艾尔斯，1944，第 123 页）。也就是说，不可能脱离开文化环境，孤立地讨论技术。不仅如此，技术"还是作为生物进化的延续的文化进化过程的动力"（洛厄，1988，第 237 页）。要理解技术如何成为文化进化过程的动力，首先要理解技术进步的过程。

艾尔斯用"工具结合原理"来概括技术进步过程。这个原理表明，技术进步是已有的工具、材料等发明物结合在一起的结果。"所有发明都是过去已有发明物结合的结果"（艾尔斯，1944，第 124 页）。现有物质实体的结合产生了新发明、新技术。这是在文化层面而非个人层面上对技术进步的解释，个人天才不再是技术进步的主要原因。虽然这种结合是由个人、尤其是天才来完成的，但"他们组合在一块儿的东西是物质实体。这些物质实体的共存使结合成为可能，这超越了任何个人的活动"（艾尔斯，1944，第 127 页）。

除了在导致技术进步的因素中将天才排除在外，工具结合原理还排除了技术进步的偶然性。虽然很多发明、发现看起来都是偶然的，比如哥伦布本来是驶向印度，但却意外地发现了美洲。但是，这件事情发生在 1492 年就不是"意外"，因为 15 世纪造船术、航海术的发展，注定了这个结果。如果不是哥伦布，也会是别的人大约在这个时间"发现"美洲。如果没有之前产生的可供结合的物质实体，就不会有偶然或者意外的发明与发现。

这个原理还解释了技术进步过程中的另一种异常现象，即很多技术进步都来自外行

---

① 这样，艾尔斯就抛弃了凡勃伦的本能—习惯心理学，不再强调人类行为与社会环境之间的相互作用。关于这方面的讨论详见霍奇逊（1998）。对凡勃伦二分法的发展的详细讨论，见 Waller（1982）。

而不是专家的作用。"创新经常是由那些头脑简单、从而根本认识不到这些创新是多么不寻常的人做出的"（艾尔斯，1944，第 128 页）。为什么会这样呢？因为这些"外行"很少受到思维定式和先入之见的约束。"任何一种极端的先入之见……对于结合得以发生的这个过程中想象力的'自由发挥'都是有害的"（艾尔斯，1944，第 129 页）。

这样一来，技术进步就是一个必然的结果。艾尔斯指出：

> 如果技术发展是已有的工具—材料发明物结合的结果，而且如果这种结合遵循的是已有发明物的模式，并常常是经由那些摆脱了先入之见的约束从而具有特别优势的人来完成，那么，创新也就很有可能出现在任何时间、任何地区，只要把那些分布在不同地区的已有发明物集合在一起。这是一个观察到的事实。从一个文化区域到另一个文化区域的文化传播的特征，通常都伴随着创新。（艾尔斯，1944，第 129 页）

工具结合原理将技术进步视为必然，但这个原理并非目的论的。首先，技术进步的必然性是有前提的。技术只是文化的一个方面，"文化还表现出抑制技术过程的另一面"（艾尔斯，1944，第 132 页）。由于文化的抑制，技术进步不一定发生。后文将详述技术进步受到的文化抑制。其次，更重要的是，技术进步的必然性并非是"向着预先设定的'目的'或者完美状态运动"（艾尔斯，1944，第 132 页）。技术进步的必然性，只是表明"一切文化中都存在一种动态的力量，它是文化的一个方面，本身具有创新的性质，在其中，变化是连续的、累积性的，并且总是朝着相同的方向，即更多、更复杂的技术设备所朝向的方向"（艾尔斯，1944，第 133 页）。

厘清了技术的含义，对技术进步过程作出了深入的理论解释，制度主义的技术理论还需要解决一个问题，即如何评价技术进步。

（三）对技术进步的评价

如何评价技术进步？这个问题可以换一个说法，即什么样的技术进步才是有价值的？要回答这个问题，首先要回答什么是价值。制度主义者并不认为能带来利润的技术进步就是有价值的。他们关注的是社会价值而不是个体价值。

制度主义的价值理论以艾尔斯的工具价值理论为主体。如前述，艾尔斯把技术视为文化的一个方面，而文化的另一个方面是制度。遵循凡勃伦二分法，艾尔斯把经济体系划分为"价格经济"和"工业经济"。价格经济关心的是货币、销售、契约等金融事务，它最终所关注的是"货币权力"。价格经济是一种以"仪式行为"为基础的制度混合体，它的行为准则是保护那些由习俗和道德观念所维系的权威和特权。这种制度混合体是一种以财产、身份和阶级差异为基础的权力体系。与之相对，工业经济是技术的经济。它主要关注的是产品和服务的生产中所运用的科学知识、工具和技艺。工业经济是一个生产体系而不是权力体系，艾尔斯认为是它使技术成为经济体系中唯一真实的创造性力量。工业经济中的技术行为是发展的，价格经济中的仪式行为是保守的。工业经济反对传统的信仰和态度，反对阶级差异和身份差异。技术变革侵蚀着价格经济的制度基础，迫使价格经济向工业经济的方向进行调整。但是，现实却是价格经济支配着技术经济（艾尔斯，1944）。

这两个体系有各自的价值标准。价格经济追求的是仪式价值；工业经济追求的是工具价值；在艾尔斯看来，仪式价值是错误的价值。对于技术进步，要用工具价值来评价。什么是工具价值呢？艾尔斯的观点源于凡勃伦。凡勃伦曾提出过一个工具评价的标准，尽管不够成熟："对所有开支的检验都必须努力确定的一点在于这个问题，即它是否直接服务于在整体上强化了人类的生命——它是否客观地促进了整个人类的生命过程"（Veblen，1899，p.99）。艾尔斯遵循这种观点，指出价值"是连续性的同义词，这个连续性是技术连续性的同义词。'价值'的字面含义就是连续性；这是它唯一的含义"（艾尔斯，1944，第219页）。艾尔斯同时又将"真实"（truth）这个词与连续性等同起来，认为"它所要求的连续性是器具（instruments）和工具（tools）的连续性——也就是技术的连续性"（艾尔斯，1944，第219页）。这样，有价值的、或者真实的东西，就是能维持技术连续性，从而维持生命连续性的东西。进一步说，什么样的技术进步才是有价值的？那就是能够维持人类生命连续性的技术进步。

到此，我们对制度主义的技术理论作一个总结。德格利高里和谢菲尔德对制度主义的技术理论有一个简洁而准确的概括：

技术一直被［制度主义者］理解为经济、社会和文化转变的动力……工具（Tool）或者技术是人类解决问题的手段（instrument）。一个思想的成功或者它在技术中的体现取决于它解决问题的程度。问题的解决包含了问题的确定中考虑价值的活动。没有一个价值理论，就不能将工具和技术从没有意义的装置中区分出来。有了价值理论，就可以谈论技术进步以及用这个概念来建立经济发展理论的基础。

有了技术，我们就让环境适应了我们的需要，而不是通过生物演化去适应环境的要求。技术是一个动态的累积过程。正是从我们过去用来改变世界的知识体的累积中，我们得到了新技术知识的元素。技术/知识越多，结合以及产生新技术的可能性越大。（DeGregori and Shepherd，1993，pp.320—321）

但制度主义的技术理论不仅如此。如前述，技术进步的必然性是有条件的。对技术进步最大的抑制来自文化的另一方面——仪式体系。保罗·布什基于"工具—仪式"二分法，发展了一个以技术进步为核心的制度变迁理论，将制度主义的技术理论与制度理论结合在一起，完成了制度主义的"技术—制度"共生演化理论。

（四）技术进步受到的抑制

对技术进步最大的抑制来自仪式体系，或者说来自制度。布什认为社会就是一个制度体系，而制度体系就是一个制度集合，制度"可以定义为相互关联行为的一系列受社会规定的模式"（Bush，1987，p.1076）。在这个定义中，布什强调了"受社会规定"的含义，也就是共同体中所有人的行为都是受社会规定所约束的；另一方面，这个定义中的"相互关联行为的模式"明确了共同体中的行为不是随机的，而是有目的的和相互的。"'行为模式'（单数形式）这个用语，可以被看作是通过一种价值而相互关联起来的两种行为（或者活动）。一个'行为模式'这个概念，清楚地表明了'价值'的社会含义。价值的职能，是作为使行为得以关联起来的判断标准"（Bush，1987，p.1077）。也就是说"行为的'相互性'是由社会的价值结构来规定的"（Bush，1983，p.36）。因此，行为模式必然要反映相应的价值标准，行为间的相互关系就随价值体系的变化而变化。要诊断相互行为中出现的问题，就要对价值结构及其变化进行考察。由此，制度变迁也就是一个制度在价值结构上的变化。

沿着凡勃伦—艾尔斯传统的分析思路，布什区分了价值体系中的工具价值与仪式价值，价值结构就是从这两种价值形式之一获得自己的社会合理性（Bush，1983）。仪式价值是为相互关联的行为提供歧视性差别的判断标准，其合理性是"通过与身份等级和歧视性差别相联系的道德观念和社会习俗而获得的"（Bush，1983，p.36），它表现为对传统的依赖和维护，并使体现在传统习惯中的思想和行为模式表现出正当性。行为人在仪式价值体系中发生相互关系时的行为模式就称为"仪式上正当的行为模式"（ceremonially warranted patterns of behavior），判断这种行为模式的标准称为"仪式适当"（ceremonial adequacy）。工具价值则是解决问题的过程中工具和技能（可靠知识的具体化）的运用情况的判断标准，它的合理性"由解决问题过程中知识的体系化运用而获得"（Bush，1983，p.36），与科学考察和技术革新相联系。行为人在工具价值体系中发生相互关系时的行为模式就被称为"工具上正当的行为模式"（instrumentally warranted patterns of behavior），判断这种行为模式的标准称为"工具效率"（instrumental efficiency）。工具价值这一判断标准具有经常变化的特征，因为解决问题的过程是随考察的结果而变化的，这就要求工具价值不断变化以保持问题解决过程的因果连续性。

价值体系虽然被分为两个类别，但人的行为却是"辩证的"。这里的"辩证"的含义是，"行为要么具有仪式特征，要么具有工具特征，或者同时具有这两种特征"（Bush，1987，p.1080）。行为的"辩证"特征是布什的一个重要观点，据此，他可以将两个价值体系结合起来分析，通过二者关系的阐述来解释制度变迁的不同形式。行为模式与价值结构的相关性表现为两类：一致关系和支配关系。行为模式与价值结构一致的情况是仪式（工具）价值结构中的行为模式都表现为仪式（工具）上正当的行为模式；如果行为模式与价值结构不一致，就发生了支配关系，这种支配关系反映为仪式价值结构中仪式上正当的行为模式支配了工具上正当的行为模式，或者工具价值结构中工具上正当的行为模式支配了仪式上正当的行为模式。另外还可以推导出同时具有仪式和工具正当特征的行为模式，与工具价值结构或仪式价值结构之间的相关性（Bush，1983）。在这些行为模式的相互关系中，布什特别强调的是仪式价值结构中仪式上正当的行为模式对工具上正当的行为模式的支配这一形式，他把这种形式称为"仪式支配"（ceremonial dominance），并用"仪式支配指数"（index of ceremonial dominance）来衡量仪式支配的程度。仪式支配指数反映了制度对技术进步的许可程度，二者呈负相关关系（Bush，1983，pp.48—49）。

布什将技术视为可靠知识的具体化，它在本质上是动态的。所有技术进步都包含了行为的改变，行为的改变中就包括了工具上正当的行为模式的改变，行为的改变又给共同体的相关行为带来新的问题。这就是技术的过程特征，通过这一特征，布什将技术进步与工具价值理论联系起来考察。

技术进步最终要归结到可靠知识的变化。布什将社会一定时期内已获得的可靠知识称为"知识储备"（knowledge fund），这些知识储备通过工具上正当的行为模式进入问题解决过程。但是由于在仪式价值结构中存在着仪式支配，因此只有那些能与仪式价值结构和谐共存的知识才能被运用到问题解决过程中。"换言之，共同体所允许的工具行为要求与仪式适当标准相一致"（Bush，1987，p.1089）。这正是技术进步受到的最大抑制。如果不符合仪式价值结构中的仪式适当标准，技术进步就不可能发生。

那么，技术和制度是如何共生演化的呢？布什的制度变迁理论回答了这个问题。布什将制度变迁的过程划分为两个阶段：第一个阶段称为"仪式锁闭"（ceremonial encapsulation）；第二个阶段称为"进步的"制度变迁。

社会变迁和制度变迁是由工具上正当的行为模式来推动的，而工具上正当的行为模式的基础是知识储备，技术是它的具体化。知识储备的扩大并不总是能引起制度变迁，这是因为存在着"仪式锁闭"现象。所谓"仪式锁闭"，指的是"只有在不扰乱已深入共同体价值结构的现存仪式支配程度的情况下，新知识才能成功地结合到制度结构中去，并只有在这样的范围内新知识才能取得仪式上的适当性"（Bush，1986，p.30）。也就是说，只有在不改变现存的仪式支配指数水平的情况下，现存制度中的既得利益者才会允许运用新知识。在这里，被加强的工具正当行为模式马上就会被新的仪式正当行为模式所抵消。在仪式锁闭的情况下，共同体所追求的是能维护现有的价值结构的制度。另外，布什还强调了仪式锁闭的两个相关问题：第一，仪式锁闭并不要求共同体在"锁闭"新知识的时候对其有完全的信息，也就是不一定要知道新知识运用的后果，共同体可以采取事后的措施来抵消其效果。第二，仪式锁闭并没有否认任何社会都试图将现存技术的效率发挥到最大，但在仪式锁闭情况下，"现存技术"指的只是能满足仪式适当标准的技术（Bush，1987）。

与仪式锁闭原则相适应，布什又区分了在仪式支配指数不变情况下，知识储备与仪式支配之间可能出现的三种形式。

（1）后向形式（post-binding），也就是严格的仪式锁闭。在这种形式中，科学和技术进步往往是未预料到的（可能发生于本土，也可能是从其他共同体引入）。面对这种情况，共同体的反应是力图使其对现存价值体系的影响最小化。这一任务是靠从过去遗传下来的仪式惯例来完成的，因此它与过去相联系，故称为"后向"形式，其特征是共同体被动地应对技术革新。

（2）前向形式（future-binding）。这种形式是"以加强和扩展既得利益者对共同体生命过程的控制为目的的、主动发展的技术革新"（Bush，1987，p.1093）。在这种形式中，既得利益者中的精英主动地去选择"未来"，因此称为"前向"形式。但精英所选择的未来必然要求现存的仪式支配模式在未来也能得到延续，也就是说仪式支配指数仍然没有变化，只不过共同体是主动地选择了技术变革。但是，尽管共同体主动选择技术变革，这一变革仍然要以符合现存的价值体系为前提，因此工具效率在这一形式中仍然是损失了。

（3）"李森科形式"（Lysenko）。在前两种关系中，当工具上正当的行为模式最终克服了仪式价值体系的"锁闭"后，就存在着发生进步的制度变迁的可能性。但是第三种形式中却不会发生进步的制度变迁。这种形式中，行为的仪式模式已经完全替代了工具模式，只会产生退步的制度变迁。这一形式得名于苏联农业生物学家李森科，他认为可以通过改变生物有机体的环境条件来改变遗传。这是一个反科学的命题，但却被斯大林奉为科学真理，使得李森科的理论在苏联生物学界支配了 30 年。布什认为这方面的例子还包括纳粹德国时期的种族理论，这些明显反科学的理论，却被特定的价值结构视为真理（Bush，1987）。

这就是制度变迁的第一阶段。在这个阶段，虽然没有发生价值结构的改变，但工具上正当的行为模式和仪式上正当的行为模式间的关系发生了变化。在这一阶段的前向形式和后向形式中都孕育着价值结构或仪式支配指数的变化。当共同体对可靠知识的意义的认识和理解上升到一定的水平，制度变迁就会发生。这样就进入了第二个阶段——"进步的"制度变迁。

在第一个阶段（除了"李森科形式"中），尽管可靠知识的增加被仪式体系所"锁闭"，但它毕竟在增加，在不断结合到现存的制度结构中，它们所带来的工具效率标准也不断为共同体所理解。"新的工具评价标准在共同体内的扩展腐蚀着那些支配着行为的仪式惯例的意识形态基础。最后，工具判断标准替代了行为模式的仪式判断标准，这种替代是最初的技术革新所不能预料到的"（Bush，1987，p.1099），"进步的"制度变迁由此而发生。这就是制度变迁的第二阶段。进步的制度变迁与可靠知识的增长是一个反馈关系。一方面，社会的仪式支配指数降低，技术革新更容易被吸收、更容易扩散；另一方面，这个过程又加速了可靠知识的增长。这样，可靠知识的增长既是进步的制度变迁的原因，又是其结果。工具主义的积累因果观念再度得到体现。

三、以制度主义技术理论为基础的熊彼特创新理论

熊彼特创新理论的缺失可以由制度主义的技术理论加以弥补。之所以具有这种可能性，是因为这两种理论在很大程度上是兼容的。虽然现代演化经济学的主体是以熊彼特的理论为基础，但凡勃伦传统同样是演化经济学的一个重要组成部分。熊彼特和凡勃伦都是以演化观为基础来解释资本主义发展的内在机理，只不过切入的角度不同。凡勃伦以及凡勃伦传统的制度主义更加强调技术与制度的共生演化，这恰好是熊彼特的创新理论所不具备的。引入制度主义的技术理论，可以得到一个完整的熊彼特创新理论，这个理论包含了技术创新的机理、企业家行为的基础，以及技术与制度的共生演化。

（一）技术创新

虽然熊彼特（1990）把创新归结为五种形式：新产品、新生产方法、新市场、新供应来源和新组织，但从经验来看，新生产方法（新技术）的采用无疑是最为核心的一种创新，也就是技术创新。熊彼特把创新称为实现新组合（combination），以艾尔斯为代表的制度主义者同样也用工具的结合（combination）来解释技术进步。两个学术传统用同一个词来描述同一种现象，但熊彼特只是描述了技术创新，制度主义者则是解释了技术创新。技术何以创新？制度主义的答案是，创新来自已有工具的结合。

熊彼特说："新组合的实现只是意味着对经济体系中现有的生产手段的供应作不同的使用"（熊彼特，1990，第 75 页）。他强调"决不应假定，新组合的实现是通过使用闲置的生产手段来实现的"（同上）。这是为了突出企业家在创新中发挥的作用。同样，艾尔斯也没有认为技术进步或者创新是凭空而来，而是认为创新之所以发生，是因为能够"把那些分布在不同地区的已有发明物结合在一起"（艾尔斯，1944，第 129 页）。与熊彼特相比，艾尔斯的工具结合原理更具有一般性，因为讨论技术进步过程，不需要涉及已有的发明物或者生产手段是否处于充分就业状态。闲置的生产手段可以相互结合，使用中的发明物同样能结合。换言之，不需要为了强调结合者的作用而设定充分就业这个前提。分析技术进步的关键是使技术进步得以发生的人和制度。

（二）企业家行为的心理基础

熊彼特的企业家是承担实现新组合这一职能的人们。这一部分人是特殊的，他们"超乎正常的才智和意志"，位于"金字塔的顶端"（熊彼特，1990，第 91 页注释）。他们"比起其他类型的人来，是更加以自我为中心"（熊彼特，1990，第 102 页）。是什么原因导致这一部分人如此与众不同？熊彼特提示要从心理学去寻找答案，但这样的话"自然必定要遭受到对经济学家侵入'心理学'领域的一切反对"（熊彼特，1990，第 100 页）。更重要的是，熊彼特认为在这里不必去讨论心理学问题，也可以充分论证企业家为何与众不同。不过这恰恰导致了他的创新理论留下一个缺陷，因为他只是描述了企业家的与众不同，没有对其加以解释。制度主义的理论可以按照熊彼特的思路来弥补这个缺陷。

在熊彼特的笔下，企业家具有这样一些特质："首先，存在着一种梦想和意志，要去找到一个私人王国，常常也是……一个王朝。""其次，存在有征服的意志：战斗的冲动，证明自己比别人优越的冲动，求得成功不是为了成功的果实，而是为了成功本身。""最后，存在有创造的快乐，把事情办成的快乐，或者只是施展个人的能力和智谋的快乐"。（熊彼特，1990，第 101—102 页）这是使得企业家之所以与众不同而具有的动机。但制度主义者把触发这些动机背后的人类本能视为普遍的，并非企业家所独有，只不过在某些环境下不同类型的本能触发出来的动机表现得更为明显。

凡勃伦把人类本能划分为两大类：建设性的本能和破坏性的本能。前者包括劳作本能（instinct of workmanship）、父母本性（parental bent）和随意的好奇心（idle curiosity）；后者包括掠夺、竞赛和运动。其中，劳作本能是最重要的，这种本能引导人们致力于"实现某种具体的、客观的、非个人的目的"，"注重的是事物的适用性和有效性，鄙视的是不切实际、浪费和无能"（凡勃伦，1899，第 13 页）。它是"把人类行为导向……技艺的一种倾向，是将人类行为导向创造性工作的成就的一种倾向"（Riesman，1953，p.51）。劳作本能是技术进步的主要动力，因为在物质生产过程中，劳作本能强调的是产量最大化以满足人类生命过程的需要，而技术是提高产量的关键。熊彼特所说的企业家具有的"创造的快乐，把事情办成的快乐"这样的动机，正是源于凡勃伦所说的劳作本能。

除此之外，企业家还具备"随意的好奇心"。这种本能是人类获得知识的重要源泉。这里的"随意的"（idle）并非指"懒惰的"（indolent），而是"超然的"（detached）。这种好奇心是一种"游戏式地考察的精神，与任何直接的实用性或利得无关"（Riesman 1953，p.42）。因为具备这种本能，企业家才有可能获得比普通人更多的知识，才会有熊彼特所说的"超乎正常的才智"。更重要的是，超然的随意性意味着企业家较少地受到先入之见的限制，有助于工具结合过程或者实现新组合过程中的"想象力的'自由发挥'"（艾尔斯，1944，第129页）。

熊彼特的企业家具有的"寻找一个私人王国""证明自己比别人优越"这样的动机，源于凡勃伦所说的竞赛（emulation）这种本能。凡勃伦主要用劳作本能来解释人类的工具行为，主要用竞赛本能来解释人类的仪式行为。由于竞赛本能，"不论在什么地方，只要建立了私有财产制……在经济体系中就有了人与人之间对商品占有进行竞争的特征"（凡勃伦，1899，第22页）。而且，"所以要占有事物，所以会产生所有权制，其间的真正动机是竞赛"（凡勃伦，1899，第23页）。竞赛的目的是什么呢？是为了表现人与人之间的歧视性（invidious）差别。[1]竞赛的结果或者歧视性差别通过什么来体现？金钱（pecuniary）意义上的财产。正如凡勃伦所说：

如果要在社会上获得相当地位，就必须保有相当财产。如果要在社会上获得相当声望，就必须从事于取得财产，积累财产。一旦积累的财物在这种情况下成为能力的公认标志，财富的保有就必然成为博得尊敬的独立的、确定的基础，就必然具有这一性质。保有的财产，不论是出于自己的积极努力而自动取得，还是出于他人的赠遗而被动取得，已经成为博得荣誉的习惯基础。拥有财富，起初只被看作是能力的证明，现在则一般被理解为其本身就是值得赞许的一件事。财富本身已经具有内在的荣誉性，而且能给

---

① "invidious"这个词本身是贬义的，但凡勃伦把它当作一个中性词来使用。他说："当使用'歧视性'这个字眼时，对于用这个字眼来形容的任何现象，其间并没有加以抑扬、褒贬的意思……这个字眼这里是在学术意义上加以使用的，是用来形容人与人之间的对比的，这种对比的目的是在于按照人们在审美观念上的相对价值来分等分级，从而确定他们自己所设想或别人所设想的相对的他们的心理上的自得程度。歧视性对比是人们的价值的一种评价方式。"（凡勃伦，1899，第28—29页）

予它的保有者以荣誉。（凡勃伦，1899，第 25 页）

这样，对于熊彼特所说的企业家的动机而言，无论是要"寻找一个私人王国"，还是要"证明自己比别人优越"，用凡勃伦的话来说，"其间的真正动机是竞赛"。而且，即便是劳作本能所表现出来的"创造的快乐，把事情办成的快乐"，最终也可以转变为竞赛："当人与人之间利己性的对立达到了进一步的自觉状态时，希图有所成就的倾向——劳作本能——就逐步发展成为在金钱成就上胜过别人的努力"（凡勃伦，1899，第 29 页）。因此，熊彼特所说的企业家之所以与众不同而具有的那些动机，都可以归结到竞赛这一本能上。当然，除了竞赛本能之外，凡勃伦并没有排斥别的积累财富的动机："虽然导致人类从事财富积累的动机是不一的，但不论从范围上或强度上来看，居于首要地位的，仍然是金钱竞赛动机"（凡勃伦，1899，第 29 页）。

不过，熊彼特认为除了第一类动机（寻找一个私人王国）中，私人财产都不是激发企业家活动的必要因素。也就是说企业家活动的最终结果不是财产的积累："第二类和第三类的企业家动机的确在原则上可以有其他社会安排去照顾，而不包含来自经济创新的私人利得"（熊彼特，1990，第 105 页）。熊彼特的这种表述看似与凡勃伦的观点相矛盾，其实不然。凡勃伦并没有把财产的积累视为目的，而是将其视为表现歧视性差别的手段："在一般理解下，凡是与别人作对比时可以占有优势的成就，就是努力的正当目的"（凡勃伦，1899，第 29 页）。企业家的目的或许不是为了"经济创新的私人利得"，但作为"创新者"与别人相比较，就获得了身份地位上的歧视性差别。而且，如何判断一个人是不是创新者、是不是实现了新组合？最好的标准仍然是财产或者"经济创新的私人利得"的数量。

这样，凡勃伦就为熊彼特的企业家的行为提供了心理基础。但是一个问题也随之产生：无论是劳作本能还是竞赛本能（以及凡勃伦划分的其他本能），都是人类所共有的，那么为什么不是所有人都能成为企业家？个人的禀赋和能力有差异，这是事实。熊彼特也认为企业家是"智慧和意志的巨人"（熊彼特，1990，第 93 页）。但如果把问题扩大为区域之间或者国家之间创新能力的差异，用个人（人种）的禀赋和能力来解释就有失偏颇了。制度主义者不是种族主义者。对于熊彼特来说，这个问题是不存在的。因为他对企业家作了限定："每一个人只有当他实际上'实现新组合'时才是一个企业家"（熊彼特，1990，第 87 页）。他据此进而阐述了企业家与众不同的行为动机。凡勃伦把这些动机视为出于人类共有的本能，也就是说人人都可能成为企业家，因此必须回答对于熊彼特而言并不存在的上述问题。

艾尔斯为回答这个问题提供了一个思路，他认为创新者是那些"摆脱了先入之见从而具有特别优势的人"（艾尔斯，1944，第129页）。就技术创新而论，什么人才能实现技术上的新组合，取决于什么人能够摆脱先入之见。于是，"为什么不是所有人都能成为企业家"这个问题，就要从技术与制度的共生演化过程中去回答。

（三）技术与制度的共生演化

根据制度主义的工具结合原理，技术有其自主的动力和方向，技术进步是"注定"的。将这个原理运用于熊彼特创新理论中，就意味着就技术创新而论，任何人都能实现技术的新组合，他们都是企业家。但事实并非如此，因为"没有人会认为技术进步就是文化的全部……它只不过是文化的一个方面，文化还表现出抑制技术过程的另一面"（艾尔斯，1944，第132页）。如果说技术及其进步代表了文化的工具方面，那么文化中抑制技术进步的那一面就是仪式方面。但这两个方面并非相互割裂的："所区分的这两个方面，仍旧是一个连续的活动在任何时候都会表现出来的两个方面。实际上，它们相互限制，相互规定，就像硬币的正反面一样……这种区分的本质是，这两种行为功能不仅是一个连续的人类行为整体的功能，而且甚至二者是对所有组织化行为表现出来的同样一些基本功能的运用和表达"（艾尔斯，1944，第115页）。艾尔斯遵循凡勃伦二分法得到的这种观点，是对技术与制度共生演化思想的基本概括。

那么，"凡勃伦称之为仪式的东西"（Ayres，1961，p.xvi）为什么可能抑制技术进步呢？因为仪式行为是以传说和神话以及过去的信念为基础，仪式组织"必然是静态的。这意味着它必然站在技术过程的推动力的对立面"（Ayres，1961，p.137）。尽管"效率"是技术行为的目标，但"仪式适当"却是仪式行为的目标。仪式适当的意思是"能力并非通过（技术上的）证实来决定，而是由仪式来决定"（艾尔斯，1944，第165页）。"仪式适当所要求的是不顾后果地尊崇传统——也就是说，不顾单纯的技术后果"（Ayres，1961，p.137）。因此，"仪式行为体系与技术活动是对立的，因为尽管技术的固有特征是发展的，而仪式功能却是静态的，是抵抗和抑制变革的"（艾尔斯，1944，第177页）。于是，"人类历史就是这些力量永远对立的历史，技术上的动态力量不断带来变革，仪式（身份地位、道德观念、传说的信仰）上的静态力量对抗变革"（艾尔斯，1944，第179页）。在这种对抗中，"技术的发展通过改变物质环境而迫使制度结构发生了变化"（艾尔斯，1944，第189页），从而发生了布什所说的"进步的制度变迁"。技术和制度正是在这个对抗过程中共生演化。

具体而言，技术创新如何受到抑制？为什么只有一部分人才能实现技术上的新组合，成为企业家？布什的"仪式锁闭"回答了这个问题："只有在不扰乱已深入共同体价值结构的现存仪式支配程度的情况下，新知识才能成功地结合到制度结构中去，并只有在这样的范围内新知识才能取得仪式上的适当性"（Bush，1986，p.30）。换言之，只有那些与共同体的价值结构相一致的技术创新，或者满足"仪式适当"标准的技术创新，才会被接受。从而只有那些实现了这种性质的技术新组合的人，才能成为企业家。在资本主义条件下，仪式适当的技术创新要能有助于人们达到凡勃伦所说的"金钱的生活水准"，要符合"金钱的爱好准则"，总而言之，要能够创造利润。于是，资本主义条件下的企业家就是能够通过实现新组合而带来利润的人，而不单纯是熊彼特所说的"实现新组合的人"。如果一项新技术与金钱标准格格不入，或者一个人的创新妨碍了现存制度结构中的既得利益者盈利，那么这项技术不可能被推广，这个人也不可能成为企业家。①

西摩·梅尔曼（Seymour Melman）在对美国汽车产业的一项研究中，从经验上支持了技术进步受仪式体系抑制这种观点。他指出："技术是人创造的。它的应用要与那些在社会中拥有经济决策权的人所运用的标准相一致……在各种技术中作出的特定设计和选择……受到私人的和政府的产业经理的决定性控制，他们根据自己的利益来研究、发展和生产技术……技术受到用于决定技术的经济和社会标准的变化而导致的重大更替的约束"（梅尔曼，1989，第61—62页）。他在对美国汽车产业进行详细考察之后得到的结论是："特定技术一旦被创造出来投入使用，对人类的生活就会产生重要的影响。但是，在什么场合、按照什么样的方向来使用我们关于自然的知识，这种决策来自特定的社会体系中盛行的权力关系和价值观"（梅尔曼，1989，第76页）。

四、结　论

如果把熊彼特的创新理论和制度主义的技术理论作为两个已有的"发明物"，那么它们的结合就能产生新的发明物，或者说是创新。本文将二者尝试性地结合在一起，得到了一个以制度主义的技术理论为基础的熊彼特创新理论，这个理论的核心有以下三点：

（1）技术进步不是假定的，工具结合原理解释了技术为何进步。

（2）企业家是创新的实现者，任何人都可能成为企业家。但之所以只有一部分人成为企业家从而显得与众不同，主要不是因为他们具有超凡的能力，而是因为他们实现的新组合符合现存制度结构的价值标准，是"仪式适当"的。

---

① 近年来在计算机软件领域出现的"开放源代码"或者"自由软件运动"就是一个很好的例子。

（3）作为"资本主义的本质性事实"的"创造性毁灭的过程"（熊彼特，1999，第147 页），主要是"具有一种累积性的、动态的、进步的特征"（洛厄，1988，第 237 页）的技术变革与制度相对抗的过程。

制度主义和熊彼特的思想不只是两个"发明物"，而是两组"发明物"，其中的很多组成元件都有结合的可能。今天的演化经济学需要熊彼特传统和凡勃伦传统发生更多的这种结合。

参考文献

杰弗里·霍奇逊：《经济学是如何忘记历史的：社会科学中的历史特性问题》，中国人民大学出版社 2008 年版。

克莱伦斯·艾尔斯：《经济进步理论》，商务印书馆 2011 年版。

米尔顿·D.洛厄：《制度主义视角中的技术概念》，载马克·R.图尔主编《进化经济学（第 1 卷）：制度思想的基础》，商务印书馆 2011 年版。

托尔斯坦·凡勃伦：《有闲阶级论》，商务印书馆 1964 年版。

西摩·梅尔曼：《经济学对技术的影响》，载马克·R.图尔、沃伦·J.塞缪尔斯主编《作为一个权力体系的经济》，商务印书馆 2012 年版。

熊彼特：《经济发展理论：对于利润、资本、信贷、利息和经济周期的考察》，商务印书馆 1990 年版。

熊彼特：《资本主义、社会主义与民主》，商务印书馆 1999 年版。

Ayres, Clarence E., 1961, *Toward a Reasonable Society*, Austin: The Unviersity of Texas Press.

Bush, Paul D., 1983, "An Exploration of the Structural Characteristics of a Veblen-Ayres-Foster Defined Institutional Domain," *Journal of Economic Issues*, Vol.19, No.1 (Mar.), pp.35-66.

Bush, Paul D., 1987, "The Theory of Institutional Change," *Journal of Economic Issues*, Vol.21, No.3 (Sep.), pp.1075-1116.

Bush, Paul D., 1993, "The Methodology of Institutional Economics: A Pragmatic Instrumentalist Perspective." in Marc R. Tool (ed.) *Institutional Economics: Theory, Method, Policy*, pp.59-107, Boston: Kluwer Academic Publishers.

Bush, Paul D., 1994, "The Pragmatic Instrumentalist Perspective on the Theory of Institutional Change", *Journal of Economic Issues*, Vol.28, No.2 (Jun.), pp.647-657.

Bush, Paul D., 2009, "The Institutionalist Theory of Value: Remarks upon Receipt of the Veblen-Commons Award", *Journal of Economic Issues*, Vol.43, No.2 (Jun.), pp.293-306.

DeGregori, Thomas R. and Shepherd, Deborah A., 1993, "Theory of Technology." in Geoffrey M.

Hodgson, Warren J. Samuels and Marc R. Tool (eds.) *The Elgar Companion to Institutional and Evolutionary Economics*, Vol.2, pp.320-325, Hants, England: Edward Elgar.

Liebhafsky, H.H, 1960, "Institutions and Technology in Economic Progress: Schumpeter's Theory of Economic Development as a Special Case of the Institutionalist Theory", *American Journal of Economics and Sociology*, Vol.19, No.2, pp.139-150.

Nelson, Richard, 1959, "The Economics of Invention: A Survey of the Literature", *Journal of Business*, Vol.32, No.2, pp.101-127.

Nelson, Richard and S.G. Winter, 1977, "In Search of Useful Theory of Innovation", *Research Policy*, Vol.6, pp.36-76.

Parayil, Govindan, 1991, "Schumpeter on Invention, Innovation and Technological Change", *Journal of History of Economic Thought*, Vol.13 (Spring), pp.78-89.

Riesman, David, 1953, *Thorstein Veblen*, New Brunswick: Transaction Publishers.

Rosenberg, Nathan, 1976, *Perspectives on Technology*, Cambridge, MA: Cambridge University Press.

Ruttan, Vernon W., 1971, "Uhser and Schumpeter on Invention, Innovation and Technological Change", in Nathan Rosenberg (ed.) *The Economics of Technological Change*, Harmondsworth: Penguin Books, 1971.

Schumpeter, Joseph A., 1939, *Business Cycles*, New York: McGraw-Hill.

Solo, Carolyn S., 1951, "Innovation in the Capitalist Process: A Critique of the Schumpeterian Theory", *Quarterly Journal of Economics*, Vol.65, No.3, pp.417-428.

Veblen, Thorstein, 1899, *The Theory of the Leisure Class: An Economic Study of Institutions*, New York: Macmillan.

Veblen, Thorstein, 1904, *The Theory of Business Enterprise*, New York: Charles Scribner's Sons.

Veblen, Thorstein, 1914, *The Instinct of Workmanship and the State of the Industrial Arts*, New York: Macmillan.

Waller, William, 1982, "The Evolution of the Veblenian Dichotomy", *Journal of Economic Issues*, Vol.16, No.3, pp.757-771.

第三次工业革命与智能工业化[*]

贾根良

科技创新和科技革命是推动人类社会持续发展的根本动力，是在新一轮科技革命的激烈国际竞争中，大国立于不败之地最重要的物质基础。把科技革命作为引领发展的基础性动力，必须研究和把握近代以来科技革命的世界性发展规律。生产力的发展变化总是在一定生产关系的制约下活动和展开的，新生产力诞生后的大发展总是发生在调整生产关系与其相适应的大变革之后，但生产力的自行发展有其内在的原因和发展规律。①本文的分析视角主要限于后者。

自 2008 年国际金融危机爆发以来，世界经济至今仍复苏艰难，各国纷纷把摆脱困境的终极希望寄托在新一轮科技革命的兴起，制造业正处于根本性的变革中。相关热点话题如发达国家的"制造业回流"和"再工业化"、"第三次工业革命"、"互联网+"、德国"工业 4.0"（在德文语境中又称"第四次工业革命"）、"互联网时代"等议论众说纷纭，急需理论层次的梳理和深入研究。中国是一个发展中大国，从欠发达国家崛起和赶超的视角以及纵观工业革命史的方位，探讨科技革命的规律性发展和第三次工业革命的基本特征，对认识我国面临的严峻挑战和历史机遇极为重要。

本文将通过批判性地考察 19 世纪美国学派的相关理论，特别是试图从马克思有关"工具机革命"在工业革命中的关键性作用，以及精神生产力未来将控制物质生产力的深刻洞察中获取灵感，提出资本的信息—智能生产率理论和智能工业化理论，为相关讨论提供新的理论观点和历史视野。美国学派的"资本的能量生产率理论"，不仅为美国和德国在第二次工业革命中后来居上奠定了理论基础，而且也揭示了前两次工业革命的基础性特征。本文第一节将集中论述该理论的创新之处。但是，美国学派的"资本的能量生产率理论"只是适合前两次工业革命的特定工业化理论，它不能解释第三次工业革命的新现象。马克思有关工业革命的理论，为克服美国学派的理论缺陷指明了方向。本文第二节将集中讨论马克思的相关理论对于理解信息革命时代工业化所具有的重要意

＊　原文载《中国社会科学》2016 年第 6 期。《新华文摘》2016 年第 16 期全文转载，本文增补了附录。作者单位：中国人民大学。

①　参见马昀、卫兴华：《用唯物史观科学把握生产力的历史作用》，《中国社会科学》2013 年第 11 期。

义。按照历史与逻辑相统一的原则，在对第三次工业革命与前两次工业革命进行比较的基础上，本文第三节将遵循美国学派和马克思相关理论的研究传统，通过对信息革命、互联网和资本智能化等问题的讨论，提出资本的信息—智能生产率理论和智能工业化理论，为理解第三次工业革命提供理论洞察力，并对我国的工业化道路提出政策建议。

一、美国学派"能量生产率"的工业化理论

从生产力发展质的飞跃看，人们一般将英国在 18 世纪下半叶开始的以机器生产替代手工劳动、以工厂取代手工工场和家庭作坊、以无机能源取代人力和畜力，进而从农业社会向工业社会的历史性转变称作"第一次工业革命"。机器（物化劳动或死劳动）对劳动（活劳动）的替代，在历次工业革命中都处于关键地位。在第一次工业革命中，其表现形式就是机器生产替代手工劳动。正如马克思所概括的："劳动资料取得机器这种物质存在方式，要求以自然力来代替人力，以自觉应用自然科学来代替从经验中得出的成规。"[1]"资本的已经发展的原则恰恰在于，使特殊技能成为多余的，并使手工劳动，即一般直接体力劳动，不管是熟练劳动还是肌肉紧张的劳动，都成为多余的；相反，把技能投入死的自然力。"[2]

在对古典经济学庸俗成分及庸俗经济学的批判中，马克思发现，商品生产中的劳动具有具体劳动和抽象劳动的二重性，进而把古典经济学开创的劳动价值论奠定在科学的基础上。马克思坚持认为，经济范畴只是一定历史阶段生产关系的抽象，资本作为历史范畴，以劳动力商品的存在为决定性条件。资本乃是物化在生产资料、生活资料、商品和货币中的生产关系，货币资本的自我增殖源于资本家在生产过程中剥削雇佣工人创造的剩余价值。在本文关于工业革命的文献中，流行着"资本"这一历史范畴非马克思主义的使用，其含义是指资本的"使用价值"或"物质存在"[3]，即作为资本生产关系之基础的物质载体（生产资料或物化的具体劳动），是除了投入的活劳动之外的其他生产要素。囿于叙述的便利，本文中"资本"概念的含义一般系指资本的物质存在，而非资本的社会形式。

马克思经济学研究的主要对象是社会再生产过程的社会形式即生产关系属性，通过

---

[1] 《马克思恩格斯文集》第 5 卷，北京：人民出版社 2009 年版，第 443 页。
[2] 《马克思恩格斯全集》第 46 卷（下），北京：人民出版社 1980 年版，第 86 页。
[3] "在机器中，尤其是在作为自动体系的机器装置中，劳动资料就其使用价值来说，也就是就其物质存在来说，转化为一种与固定资本和资本一般相适合的存在"。（《马克思恩格斯文集》第 8 卷，北京：人民出版社 2009 年版，第 184 页）。

它与再生产的物质内容即生产力的矛盾运动，揭示一定社会形态的经济运动规律。关于生产力自身发展的"各个因素及其内在关系和主要结构"，"马克思提出了一些基本观点和构想，但还来不及进行系统的论述"。①例如，马克思认为，考察促进生产的条件，"就得研究在各个民族的发展过程中各个时期的生产率程度"。"一个工业民族，当它一般地达到它的历史高峰的时候，也就达到它的生产高峰。实际上，一个民族的工业高峰是在这个民族的主要任务还不是维护利润，而是谋取利润的时候达到的。就这一点来说，美国人胜过英国人。"② 在始自 18 世纪末的一个世纪中，对于美国这样一个处于"谋取利润"时期的不发达资本主义国家，工业革命成为它赶超英国的利剑，其相关理论值得格外关注。

在美国学派看来，资本系以机器设备等实物形态存在的资本品（capital goods）。从 19 世纪的美国学派③、阿林·杨格，一直到 20 世纪 60 年代末的经典发展经济学，其理论都是以这种资本概念为基础的。发展经济学的先驱之一拉格纳·讷克斯在其名著《不发达国家的资本形成问题》（1952）一书中所谓的"资本形成"，就是指各种各样能够大力增加生产力效果的资本品供给，而非金融意义上的货币资本供给。讷克斯批评了斯密定理（即"分工受市场范围的限制"）的缺陷，亚当·斯密"看到了分工同在生产过程使用资本一事有密切的联系。他实际上等于说使用资本的程度受到市场容量的限制，在这里他指出了一条十分重要的根本真理。但是这并不是全部真理。这个问题还有另外一面，那就是，市场的范围倒转过来又在很大程度上取决于分工"，"他避开了这样的循环关系，而提出了一种直线式的因果关系"。④马克思对生产、分配、交换和消费之间相互作用的一般关系做了辩证分析，"它们构成一个总体的各个环节，一个统一体内部的差别"，其中，生产起着支配作用，"交换的深度、广度和方式都是由生产的发展和结构决定的"，但交换对生产也有反作用，"当市场扩大，即交换范围扩大时，生产的规模也就增大，生产也就分得更细"。⑤

亚当·斯密是英国工场手工业时期古典经济学的主要代表，在生产对交换起支配作用问题上的认识不足，源于他对工业革命尤其是物化为机器体系的固定资本作用认识的极大历史局限性。马克思指出，"生产方式的变革，在工场手工业中以劳动力为

---

① 陈筠泉：《马克思论科学在生产中的应用》，《哲学研究》1998 年第 4 期。
② 着重号为马克思原文所标记，马克思提出各民族不同发展时期的"生产率程度"这个重要命题时，明确表示尚待展开阐述，详见《马克思恩格斯文集》第 8 卷，第 10 页。
③ 参见贾根良：《美国学派：推进美国经济崛起的国民经济学说》，《中国社会科学》2011 年第 4 期。
④ 拉格纳·讷克斯：《不发达国家的资本形成问题》，谨斋译，北京：商务印书馆 1966 年版，第 21 页。
⑤ 《马克思恩格斯文集》第 8 卷，第 23 页。

起点，在大工业中以劳动资料为起点。"① "与资本相适应的生产方式，只能有两种形式：工场手工业或大工业"，"在第一种情况下，工人（积累的工人）数量同资本的数量相比应该更大；在第二种情况下，固定资本同大量共同劳动的工人人数相比应该更大。"② 因此，"关于分工，亚当·斯密没有提出任何一个新原理。人们把他看作工场手工业时期集大成的政治经济学家，是因为他特别强调分工。他认为机器只起了从属作用，这种说法在大工业初期遭到罗德戴尔的反驳，在往后的发展时期又遭到尤尔的反驳。"③

许多学者对亚当·斯密忽视机器生产对于资本主义发展的重要性也提出了批评。阿林·杨格在其 1928 年的经典论文中，针对亚当·斯密的分工理论指出，"他忽略了主要之点，即分工使一组复杂的过程转化为相继完成的简单过程，其中某些过程终于导致机器的采用"④，其结果必然是认识不到机器生产对工业革命的意义。亚当·斯密之所以忽视机器生产对于资本主义发展的重要性，原因之一就在于，"斯密未能预见到工业革命将会带来的变化"，因为亚当·斯密根本上"就没有意识到工业革命的存在"。⑤这样，亚当·斯密的资本概念仅指社会产品中不用于消费而用于投资的"预储资财"，实际的代表是货币资本。他说，一个人"他所有的资财，如足够维持他数月或数年的生活，他自然希望这笔资财中有一大部分可以提供收入；他将仅保留一适当部分，作为未曾取得收入以前的消费，以维持他的生活。他的全部资财于是分成两部分。他希望从以取得收入的部分，称为资本。另一部分，则供目前消费"。⑥迈克尔·赫德森曾对此评论说，"亚当·斯密与李嘉图在对价值进行讨论时，关于资本所列举的事例并未说明资本可以产生能量并替代劳动（例如，他们并不认为蒸汽机是一种提供劳动的独立生产个体），而是认为资本仅仅是辅助劳动的简单工具。根据这种观点，手动织布机与蒸汽织布机、铅笔与蒸汽机都是同质的资本形式。"⑦

在经济思想史中，最早认识到机器生产对工业革命重要性的，是美国学派的先驱

---

① 《马克思恩格斯文集》第 5 卷，第 427 页。

② 《马克思恩格斯全集》第 46 卷（下），第 83—84 页。

③ 《马克思恩格斯文集》第 5 卷，第 404 页注（44）。

④ 阿林·杨格：《报酬递增与经济进步》，贾根良译，《经济社会体制比较》1996 年第 2 期。

⑤ 查尔斯·P.金德尔伯格：《世界经济霸权：1500—1990》，高祖贵译，北京：商务印书馆 2003 年版，第 207—208 页。

⑥ 亚当·斯密：《国民财富的性质和原因的研究》，郭大力、王亚南译，北京：商务印书馆 1972 年版，第 254 页。

⑦ 迈克尔·赫德森：《保护主义：美国经济崛起的秘诀（1815—1914）》，贾根良等译，北京：中国人民大学出版社 2010 年版，第 149 页。

和美国第一任财政部长亚历山大·汉密尔顿（Alexander Hamilton）；最早明确地将资本视为一种可以替代劳动乃至成为自主生产要素的，是 19 世纪 20 年代的美国学派经济学家丹尼尔·雷蒙德（Daniel Raymond）。早在 1791 年，汉密尔顿就写道，"机器的使用，在国家总产业中具有极为重要的作用。它是一种用以支援人的自然力的人造力量，对劳动的一切目的来说，它是四肢的延伸，是力量的增强。"① 美国著名政治家和美国学派的早期代表人物亨利·克莱（Henry Clay）继承和发展了汉密尔顿的思想。他以英国工业革命的事实说明，机器如何可以使劳动生产率提高 200 倍，并直接将机器的使用与科学技术的进步联系在一起。"科学使一个人像 200 人甚至 1 000 个人那样强有力，它不靠自然力，因此科学将胜过也必将胜过依靠劳动力的数量。在其他条件相等的情况下，一个建立在科学基础之上的、培育实用的、机械的和制造工艺优势的国家必将在力量上是优异的，并能保持这种优势地位。"② 基于对英国工业革命的观察，雷蒙德的《政治经济学原理》更明确地将资本看作是一种自主的或独立的生产要素，它可以完成人力无法做到的工作，如使产品标准化，因而可以进行互换零部件的大规模生产。③

以促进国家生产力发展为目标的美国学派，将其对资本研究的目光聚焦在激发自然生产力和开发大自然的作用上，将资本视作是构建人类可以更好地支配自然能量的生产体系。这一理论的重要发展就是由第二代美国学派代表人物之一帕申·史密斯（Peshine Smith）提出的、以工业开发的自然能量所测度的资本生产率学说④，我们称其为"资本的能量生产率理论"。

正如迈克尔·赫德森指出的，早在 18 世纪晚期，汉密尔顿及其追随者就已经将工业制成品在国际间竞争的性质，抽象为一种唯一的共同要素投入，即生产中施加和利用的工业能量。⑤利用德国著名有机化学家李比希等人在农业化学中有关土壤肥力的研究，帕申·史密斯发现，可将能量这种对共同要素投入的抽象推广到农产品的国际间竞争。美国学派认为，这种唯一的共同要素投入就是资本、劳动和土地在生产力性质上拥有的共同特征，即在提供类似的生产服务时，其贡献都可被还原为某种"工作作用力"，也就是推动工具做功或促进生物成长的能量。正是在能量提供及其效率这种共同要素投入

---

① Alexander Hamilton, "Report on the Subject of Manufactures（1791）", reprinted in Frank Taussig, ed., *State Papers and Speeches on the Tariff*, Cambridge, MA：Harvard University, 1892, p.17.

② Calvin Colton, *Life and Times of Henry Clay*, vol.2, New York：A.S Barnes & C., 1846, p.160.

③ Daniel Raymond, *The Elements of Political Economy*, Baltimore：F.Lucas, Jun. and E.J.Coale, 1823.

④ 迈克尔·赫德森：《保护主义：美国经济崛起的秘诀（1815—1914）》，"第二版导言"，第 11 页。

⑤ 迈克尔·赫德森：《保护主义：美国经济崛起的秘诀（1815—1914）》，第 330 页。

的基础上，资本、劳动和土地之间存在着竞争。即资本可以创造体力劳动提供的能量产出，从而替代后者成为原始工作的提供者；以化学肥料和农业机械形式存在的资本可以增加土地生产率，从而部分地替代土地。以工业生产为例，蒸汽动力生产每人时"工作作用力"的成本，要比人类体力劳动提供同样能量所需要的成本低得多，因为给机器提供燃料和操作机器的成本，要比供养和维持人身体的成本低得多。资本的生产率在日益提高的程度上超过它的（劳动等）成本，这主要是由每个工人所能推动的能量日益增长所导致的。在第一次工业革命时期，蒸汽织布机比手动织布机的生产率之所以高十几倍，原因就在于人的肌肉作为动力来源，被动力程度高十几倍和单位成本更低的蒸汽动力所替代。

美国学派发现，19 世纪一些拥有丰富体力劳动资源和肥沃土地的国家，其工农业产品却因价格过高，失去了世界市场的立足之地。原因就在于，工业化国家拥有的、由自然能量驱动的高质量资本，排挤了落后国家未经改良的土地和缺乏技能的劳动。正如史密斯指出的，工业革命使英国的机器生产力已经提高到相当于 6 亿人口的力量，对机器的使用是英国夺得世界经济霸权的关键，一国通过不断拓宽工业技术的使用边界，可以在商品贸易中击败那些过度依靠工人体力和土壤肥力来提供能量的过时生产方式。[①]因此，美国学派认为，各国商品的国际竞争，实质上都是自然能量这一根本性生产要素的投入和开发水平的竞争。发达国家的资本—技术密集型工业和资本—肥力密集型农业，与落后国家的简单劳动密集型工业和肥力耗竭式农业展开竞争，前者拥有的国际贸易优势取决于其生产要素开发自然能量的绝对优势。正是资本的高能量生产率，使率先实现工业化的国家在国际贸易中拥有了绝对竞争优势。避而不谈发达国家丰富的资本供给最初都是通过工业保护形成的，倡导自由贸易的比较优势理论及其派生出的要素禀赋理论，非历史地假定资本稀缺的落后国家天生就被赋予了劳动或者土地的比较优势，因而认为应继续在低质量的经济活动中消耗其体力劳动或土壤肥力。美国学派的理论锋芒穿透了自由贸易理论设置的重重迷雾，揭示出工业资本在开发自然能量方面的巨大作用，探究了国际贸易中生产要素相互竞争的真实机制。以此为基础，美国学派为李斯特的工业保护主义学说，提供了强有力的理论论证，更为马克思的民族发展阶段"生产率程度"论提供了依据，对当时美国、德国等后发国家经济发展战略和经济政策的制定产生了深远影响。

美国学派的"资本的能量生产率理论"虽已被尘封了一个多世纪，但无法掩蔽其理论创新的强大生命力。首先，它清楚地揭示，前两次工业革命中生产力成功发展的根源在于，利用自然能量驱动的资本对体力劳动的替代，利用自然能量驱动的资本使人类彻

---

① E.Peshine Smith，A Manual of Political Economy，New York：G.P.Putnam & Son，1853，p.72.

底摆脱了体力作为动力来源的限制，体力劳动再也无法与之相竞争。其次，它为理解后发国家在前两次工业革命时期成功的经济追赶提供了深刻的解释力。生产力理论是德国历史学派先驱李斯特经济学的基石，李斯特所谓的财富生产力是指创造财富的能力。他之所以使用"制造力"一词来表达制造业创造财富的能力远高于原材料生产和农业，原因就在于：在李斯特的时代，只有制造业才具有创新窗口大、规模经济效应和更高附加值的特征。简言之，它是高质量的经济活动：不同的经济活动在创造财富的能力上是不同的，只有高质量的经济活动才能富国裕民。但是，李斯特的生产力理论仍然保留在德国浪漫主义的传统之中，没有具体解释工业的"制造力"如何提高生产力及其在国际竞争中的决定性作用。美国学派突破性的贡献就是提出了"资本的能量生产率理论"，将利用高等级能量驱动的资本（如机器设备和化肥等）视作生产力发展的根本。[1] 在19世纪上半叶，虽然一些经济学家已经注意到资本正在替代劳动甚至替代土地，但只有美国学派独树一帜地强调并解释了这种替代对国家竞争力的深刻影响。在第二次工业革命开始时，美国和德国正是通过实施工业保护主义措施，从电力电气、内燃机和钢制品等新兴产业入手，率先开发了作为其核心生产力的"电力和石油密集型"资本，才一举跃迁至在第一次工业革命时拥有"煤炭密集型"资本绝对优势的英国之前列。按照美国学派的理论，正是日益扩大的、国家间自然能量密集型资本的生产率差距，成为富国愈富和穷国愈穷的物质基础；后发国家只有创造出本国资本自然能量生产率的绝对竞争优势，才能取得经济追赶的成功。这一理论已被世界经济发展的史实所证明。

二、马克思的机器大工业理论及其当代意义

但是，美国学派"资本的能量生产率理论"存在两大缺陷，已不能解释生态经济文明和第三次工业革命的新现象。首先，它假定自然资源尤其是其被人类利用的能量是潜在无限的，所以不能为我们应对资源枯竭和环境污染问题提供理论指导，这与本文主题没有直接关系，暂且存而不论。其次，美国学派"资本的能量生产率理论"认为，经济增长的源泉在于人类开发自然能量以替代人类的肌肉力量，或替代人类体力劳动产生的能量，经济发展的关键在于开发出更高效利用自然能量的资本品，所以该理论只是一种资本替代体力劳动的工业化理论，无法解释作为第三次工业革命资本替代脑力劳动的新现象。由于这些严重缺陷，美国学派虽在前两次工业革命方面成为美、德、日、韩等后发国家经济追赶成功的重要推动力量，但在第三次工业革命时代已不能为我国制定经济

---

① 贾根良：《新李斯特经济学作为一个学派何以成立？》，《教学与研究》2015年第3期。

战略及其政策提供理论指导，需要创造新的工业化理论。本文第三节将提出资本的信息—智能生产率和智能工业化理论，旨在填补这一空白。但在补白之前还需高屋建瓴——回顾马克思关于工业化进程中生产力在科技革命条件下发展的基本理论，包括自动机器体系的建构。

关于资本替代劳动①的一般性理论，马克思在《资本论》第一卷第十三章"机器和大工业"及其《经济学手稿》（1857—1858 年）的相关论述中有过深入的阐述。"所有发达的机器都由三个本质上不同的部分组成：发动机，传动机构，工具机或工作机。"机器的前两部分"仅仅是把运动分配并传送到工具机，由此工具机才抓住劳动对象，并按照一定的目的来改变它。机器的这一部分——工具机，是 18 世纪工业革命的起点"。②17 世纪末发明的蒸汽机并没有引起工业革命，而是"工具机革命"对工业革命的诞生起了决定性作用。马克思把发动机与工具机的两分，追溯到手工工场工匠同时兼任的"作为单纯动力的人和作为真正操作工人的人之间的区别"，如在纺车上脚起动力作用，手在纱锭上做引纱和捻纱的工作。③工匠作为操作工人，由于"人能够同时使用的工具的数量，受到人天生的生产工具的数量，即他自己身体的器官数量的限制"，所以，其功能"首先受到了工业革命的侵袭"，珍妮纺纱机发明的目的就是要克服人类操作活动所受器官的限制。④而工具机的革命又使蒸汽机的革命成为必要。一旦发动机摆脱了人力的限制，成为"自动的原动机"，就能同时推动许多工作机，"只需要人从旁照料"，并带动传动装置的扩展，于是"就有了自动的机器体系"。马克思写道："只有在劳动对象顺次通过一系列互相连结的不同的阶段过程，而这些过程是由一系列各不相同而又互为补充的工具机来完成的地方，真正的机器体系才代替了各个独立的机器。……当工作机不需要人的帮助就能完成加工原料所必需的一切运动，而只需要人从旁照料时，我们就有了自动的机器体系"。⑤"通过传动机由一个中央自动机推动的工作机的有组织的体系，是机器生产的最发达的形态。"⑥马克思强调，"机器生产

---

① 我们在这里使用资本替代劳动的概念，而不使用马克思原著中的机器替代人类劳动力的概念，是因为当时技术进步主要表现为机械技术的革命，化学生物技术革命还处于萌芽状态。在化学生物技术革命的情况下，化肥和杀虫剂作为资本货物或马克思所说的劳动资料，像机器一样可以替代劳动力。正如马克思指出的，"机器的生产率是由它代替人类劳动力的程度来衡量的"。（《马克思恩格斯文集》第 5 卷，第 449 页）马克思已预见到，随着大工业的发展，现实财富的创造将越来越"取决于一般的科学水平和技术进步"，"例如，农业将不过成为一种物质变换的科学的应用，这种物质变换能加以最有利的调节以造福于整个社会体"。（《马克思恩格斯文集》第 8 卷，第 196 页）

② 《马克思恩格斯文集》第 5 卷，第 429 页。

③ 《马克思恩格斯文集》第 5 卷，第 431 页。

④ 《马克思恩格斯文集》第 5 卷，第 430、431 页。

⑤ 《马克思恩格斯文集》第 5 卷，第 436、438 页。

⑥ 《马克思恩格斯文集》第 5 卷，第 438 页。

是在与它不相适应的物质基础上自然兴起的。机器生产发展到一定程度，就必定推翻这个最初是现成地遇到的、后来又在其旧形式中进一步发展了的基础本身，建立起与它自身的生产方式相适应的新基础"，"尤其使社会生产过程的一般条件即交通运输手段的革命成为必要"。①而"要解决这些任务到处都碰到人身的限制"，② 这尤其关乎"知识和技能的积累，社会智慧的一般生产力的积累"③，"在这种情况下，发明就将成为一种职业"④。马克思在这里分析了生产力内部不同生产要素及其结构之间在发生不同步质变时，适应与不适应之间的矛盾运动。对于马克思来说，上述自动机器体系的建立绝不是生产力发展的历史终结，科技革命条件下生产力发展的内在结构性矛盾将继续推动其新的飞跃发展。

马克思深邃地预见到，随着"资本唤起科学和自然界的一切力量"，一般社会知识变成直接的生产力，社会生活过程的条件本身将在更大的程度上"受到一般智力的控制并按照这种智力得到改造"。⑤工人不再是站在机器之旁用眼看管机器和用手纠正机器的差错，"不再像以前那样被包括在生产过程中"，"不再是工人把改变了形态的自然物作为中间环节放在自己和对象之间"，"工人不再是生产过程的主要作用者"，"相反地，表现为人以生产过程的监督者和调节者的身份同生产过程本身发生关系"，"工人把由他改变为工业工程的自然过程作为中介放在自己和被他支配的无机自然界之间"，因而"是站在生产过程的旁边"，马克思还补充道，这些情况"同样适用于人们活动的结合和人们交往的发展"。⑥马克思在这里指出，随着智力劳动特别是自然科学的发展，科学的社会智慧作为一般的社会生产力、知识形态最主要的精神生产力，未来将使整个生产过程都成为科学的应用，科学技术的发现和发明将引起生产力的变革，并由此引起生产关系和其他社会关系及人们生活方式的改变。在未来精神生产力控制和改造物质生产力的新科技革命中，社会智慧的智力劳动会不会如同自动的机器体系那般，通过其内部特有的"发动机、传动机构和工作机"三位一体相辅相成的先后变革，实现马克思的科学预见呢？

马克思关于科技革命条件下生产力发展的基本理论，不仅为美国学派"资本的能量生产率理论"找到了寓于其中的历史及理论定位的依据，而且为认识目前的第三次工业

---

① 《马克思恩格斯文集》第 5 卷，第 439、441 页。
② 《马克思恩格斯文集》第 5 卷，第 440 页。
③ 《马克思恩格斯文集》第 8 卷，第 186—187 页。
④ 《马克思恩格斯文集》第 8 卷，第 195 页。
⑤ 《马克思恩格斯文集》第 8 卷，第 197、198 页。
⑥ 《马克思恩格斯文集》第 8 卷，第 196 页。

革命提供了一种历久弥新的基本理论分析框架。

马克思清楚地告诉我们，正是纺织机械这种工具机的革命而非蒸汽机的动力革命，才是第一次工业革命的起点和诞生的标志，纺织机械的发明是机器大工业与工场手工业相区别的根本性标志。罗斯托说，直到工业革命时，"英国的发明者和革新者终于解决了用棉线作经线的问题，从而以机器同印度人的灵巧的双手展开了竞争"①，打败了印度原先领先的棉纺织业。但马克思也没有忽视蒸汽机这种动力革命的重要性，尤其是它对建构自动的机器体系的基础性作用。动力革命或者说自然能量替代人体能量，对资本主义制度和前两次工业革命的重要性不可低估。正如马克思所强调的，"手推磨产生的是封建主的社会，蒸汽磨产生的是工业资本家的社会。"② 马克思指出，作为工业革命起点的工具机"还只是机器生产的简单要素"，工具机"要克服它本身的阻力，就必须有一种比人力强大的动力"。③这就使发动机的革命成为必要。马克思分析了人力、畜力和水力所提供的能量无法适应纺织机械高速、"划一运动"和连续运转所需要的驱动力困境，认为正是这个原因才促使瓦特发明了第二种蒸汽机即所谓双向蒸汽机④，蒸汽机成为工业城市之母，利用自然能量驱动的资本对体力劳动的替代，最终导致了农业社会向工业社会的历史性转变。在这个意义上，美国学派"资本的能量生产率理论"，恰当地刻画了自然能量替代人体能量在前两次工业革命中的核心地位。这也是《第二次机器革命》⑤ 的作者，强调提供自然能量的蒸汽机、电动机、内燃机在克服人类肌肉力量限制上之重要性的原因。

在马克思看来，从动力和工具操作两方面摆脱人类生理器官的限制，以物化劳动不断取代活劳动，是工业革命的基本推动力。他还提出了人类以精神生产力控制和改造物质生产力这样具有远见卓识的重大命题。

按照马克思分析的逻辑，摆脱人类生理器官的限制，既包括人类肢体的四肢和五官等器官，也包括人类大脑思维的器官。在计算机发明之前的第一、二次工业革命中，机器替代的只是工人的四肢和五官等器官，即替代工人的肌肉力量及其高强度的紧张。计算机的发明酝酿了以人工智能系统替代脑力劳动的第三次工业革命，

---

① W.W. 罗斯托：《这一切是怎么开始的——现代经济的起源》，黄其祥、纪坚博译，商务印书馆1997年版，第106页。

② 《马克思恩格斯文集》第1卷，北京：人民出版社2009年版，第602页。

③ 《马克思恩格斯文集》第5卷，第432页。

④ 《马克思恩格斯文集》第5卷，第432—434页。

⑤ 埃里克·布莱恩约尔弗森、安德鲁·麦卡菲：《第二次机器革命：数字化技术将如何改变我们的经济与社会》，蒋永军译，北京：中信出版社2014年版。

人类开始进入以科学的社会智慧替代个人大脑思维器官的时代。马克思为我们提供了统一分析科学在生产中的自觉应用，使体力劳动和脑力劳动先后被逐步替代的基本框架。反观美国学派，虽然他们将机器等资本看作是一种自主的生产要素，认为它可以完成人力无法做到的工作，但却没有进一步深究"机器使人类摆脱所受器官限制"的问题，因此也就不可能像马克思那样做出"作为单纯动力的人和作为真正操作工人的人之间的区别"，更不可能提出以"社会智慧的一般生产力"替代脑力劳动的问题。其理论发展只集中在与"作为单纯动力的人"有关的、替代人类"工作作用力"的"能量生产率理论"，是仅适于前两次工业革命特定范围的科技革命理论。

马克思的理论对于澄清广泛流传和根深蒂固的一些错误看法，提供了最重要的文献来源，为厘清第三次工业革命的特征提供了基本思路。长期以来，人们将蒸汽机的广泛使用看作是第一次工业革命的标志，误以为第一次工业革命起源于发动机的改进。这种广泛流传的错误看法至今在关于第三次工业革命的论著中仍屡见不鲜。例如，美国学者杰里米·里夫金在其畅销书《第三次工业革命》中就认为，"通讯革命和能源革命的结合"是历次工业革命爆发的标志或原因。[1]又如在另一本畅销书中，埃里克·布莱恩约尔弗森和安德鲁·麦卡菲也认为，"第一次机器革命时代开始于以蒸汽机为特征的18世纪末。紧接着，电动机、内燃机以及很多其他创新技术的出现，使人们克服了肌肉力量的限制"，而第二次机器革命[2]"这个时代不是以增强肌肉的机器为特征的，相反，它是以增强人类思维能力为特征的。人工智能、大数据、创新网络、高能机器人、3D打印机和基因技术已经在使工作岗位、公司和整个行业发生巨大的变化。而以上这些仅仅是第二次机器革命时代的最初产物，我们非常自信地认为，更多的新生事物将会纷纷到来"。[3]该书作者对于两次机器革命或者说第三次工业革命与前两次工业革命之本质区别的看法是正确的，但他们将发动机看作是机器革命或工业革命标志的看法却是错误的。

马克思为什么强调"工具机革命"在历次工业革命中的引领作用呢？原因就在于不同类型的"工具机革命"需要性质完全不同的动力类型。在第三次工业革命中，资本替代劳动的目标既不是"作为真正操作工人的人"的体力劳动器官，也不是替代"作为单

---

[1] 有关笔者对这种观点的批评请参见贾根良：《第三次工业革命：世界经济史的长期视角》，《学习与探索》2014年第9期。

[2] 该书作者的这个说法相当于本文所讨论的第三次工业革命。

[3] 埃里克·布莱恩约尔弗森、安德鲁·麦卡菲：《第二次机器革命：数字化技术将如何改变我们的经济与社会》，中文版序。

纯动力的人"（由机器提供做工的能量）。马克思最初做出这种区分时针对的只是机器替代体力劳动，但在第三次工业革命中，"工具机革命"已表现为资本对人类脑力劳动器官的替代。与计算机、机器人和搜索引擎等替代人类脑力劳动器官的"工具机革命"相匹配的"动力革命"，只能是作为其驱动程序的软件和人工智能，而不可能是前两次工业革命中作为其动力源的自然能量。在当代生产力发展的历史条件下，马克思的科技革命理论有待深化。

首先，马克思在第一次工业革命条件下有关"自动机器体系"的理论需要创新。马克思的"自动机器体系"理论无疑是20世纪初流水线生产和20世纪中叶自动化生产的思想先驱，清楚地表达了其系统论和控制体系的技术思想，是20世纪50年代以后才得以发展的系统论技术观的先驱，但这一思想现在需要根据第三次工业革命的新发展予以创新。20世纪70年代中期，由于计算机可编程逻辑控制器的使用，生产的自动化取得了巨大进步。特别是随着互联网的发展，"软件不再仅仅是为了控制仪器或者执行某步具体的工作程序而编写，也不再仅仅被嵌入产品和生产系统里。产品和服务借助于互联网和其他网络服务，通过软件、电子及环境的结合，生产出全新的产品和服务。越来越多的产品功能无需操作人员介入，也就是说他们可能是自主的"。[1]例如，"智能手机或者汽车通过GPS'知道'自己在哪里。通过内置微型相机和传感器，一个系统可以'辨认出'另一个系统。通过优秀的程序控制，一个系统能独立地对外界条件做出反应，也能做到'自适应'——更准确地说，就是在一定程度上优化自己的行为"。[2]在这种情况下，原来由人直接操纵的控制机器运作的机构，就变成了由智能机器自主操纵的自动机构。马克思解构的机器体系三大组成部分（发动机、传动机构和工具机），发展成为再加"智能控制装置"的四个组成部分，智能在第三次工业革命中突现为机器体系的基本特征。"在'智能工厂'中，员工已从'服务者'转换成了操纵者、协调者。未来的生产需要员工作为决策者和优化过程中的执行者"[3]，马克思关于工人"站在生产过程的旁边"，通过精神生产力控制和改造物质生产力的实现线路图，已经开始呈现在当代人面前。

其次，马克思在第一次工业革命条件下有关社会生产过程的一般条件，或我们今天所说的基础设施的分析框架需要创新。工业革命的不同类型对交通运输和信息通讯这两

---

① 乌尔里希·森德勒主编：《工业4.0：即将来袭的第四次工业革命》，邓敏、李现民译，北京：机械工业出版社2014年版，第9—10页。

② 乌尔里希·森德勒主编：《工业4.0：即将来袭的第四次工业革命》，第13页。

③ 乌尔里希·森德勒主编：《工业4.0：即将来袭的第四次工业革命》，第47页。

大基础设施革命提出的要求是不同的。马克思在出版《资本论》第一卷时，第二次工业革命还未发生，与第一次工业革命机器大生产相匹配的基础设施变革，集中在交通运输的革命。"工农业生产方式的革命，尤其使社会生产过程的一般条件即交通运输手段的革命成为必要。"[①] 在当代，作为基础设施的信息通讯革命则尤为重要。工业革命史告诉我们，与前两次工业革命中资本替代体力劳动的工业化相适应，交通运输基础设施的革命占主导地位，在第一次工业革命中表现为运河、铁路和蒸汽船的开发，在第二次工业革命中表现为钢轨、钢制船舰、高速公路和机场的开发。在这两次工业革命中，信息通讯虽然经历了从电报、电话到无线电的革命性发展，但其相对于交通运输的革命来说都处于从属地位。[②]然而，在以人工智能系统替代脑力劳动为特征的第三次工业革命中，信息通讯基础设施革命的重要性远远超过交通运输基础设施革命的作用，信息和数据的社会化程度已经成为"社会生产过程的一般条件"，"云计算"和"大数据"等互联网革命的不断推陈出新，对于本文第三节将讨论的"资本的智能生产率"和智能工业化具有决定性的影响。

三、资本的智能生产率理论和智能工业化理论

在对第三次工业革命及其发展趋势进行分析之前，对三次工业革命及其每次工业革命的阶段性划分进行简要说明是必要的。根据经济史学家图泽尔曼和钱德勒将第一次和第二次康德拉季耶夫长波合称为"第一次工业革命"的传统[③]，笔者曾将第三和第四次长波合称为"第二次工业革命"，将第五次和第六次长波合称为"第三次工业革命"。[④]演化经济学家佩蕾丝以每次诱发技术革命浪潮的重大技术突破（大爆炸）作为起点，划分出五次技术革命浪潮，做了与康德拉季耶夫五次长波相类似的说明。[⑤]据此，我们可以将历次工业革命划分为两个阶段，每个阶段都由一次技术革命浪潮构成（见下表）。按照每次工业革命含两次技术革命浪潮的划分，笔者对第三次工业革命两阶段的讨论，将直接使用第五次和第六次技术革命浪潮的概念。

---

① 《马克思恩格斯文集》第 5 卷，第 441 页。

② 克利斯·弗里曼、弗朗西斯科·卢桑：《光阴似箭：从工业革命到信息革命》，沈宏亮等译，北京：中国人民大学出版社 2007 年版，第 145—146 页。

③ 克利斯·弗里曼、弗朗西斯科·卢桑：《光阴似箭：从工业革命到信息革命》，第 150 页。

④ 贾根良：《第三次工业革命与新型工业化道路的新思维——来自演化经济学和经济史的视角》，《中国人民大学学报》2013 年第 2 期。

⑤ 卡萝塔·佩蕾丝：《技术革命与金融资本》，田方萌等译，北京：中国人民大学出版社 2007 年版，第 67—75、29、40 页。

三次工业革命与六次技术革命浪潮

工业革命	技术革命浪潮	核心及关键性投入	诱发技术革命的大爆炸	交通运输和信息通讯基础设施	该时期的流行名称	核心国家
第一次工业革命	第一次技术革命浪潮	生铁棉花	阿克莱特在克隆福德设厂(1771年)	运河收费公路轮船	产业革命	英国
	第二次技术革命浪潮	铁煤	蒸汽动力机车"火箭号"在利物浦到曼彻斯特的铁路试验成功(1829年)	铁路电报蒸汽船	蒸汽和铁路时代	英国(扩散到欧洲大陆和美国)
第二次工业革命	第三次技术革命浪潮	钢铁电力	卡内基酸性转炉钢厂在宾夕法尼亚的匹兹堡开工(1875年)	钢轨钢制舰船	钢铁、电力和重化工业时代	美国和德国追赶并超越英国
	第四次技术革命浪潮	石油天然气合成材料	第一辆T型车从底特律的福特工厂出产(1908年)	高速公路机场无线电	石油、汽车和大规模生产的时代	由美国扩散到欧洲
第三次工业革命	第五次技术革命浪潮	芯片信息	在加利福尼亚州的圣克拉拉,英特尔的微处理器问世(1971年)	信息高速公路(互联网)	信息和远程通讯时代	由美国扩散到欧洲和亚洲
	第六次技术革命浪潮	信息数据可再生能源	云计算、大数据(2008年前后)可再生能源(? 年)	新一代无线网络(5G、Wi-Fi)、物联网和云计算(云网络)、智能电网等	智能工业化时代?	美国、日本、欧洲和中国?

资料来源:第一次至第五次技术革命浪潮的内容根据克利斯·弗里曼、弗朗西斯科·卢桑《光阴似箭:从工业革命到信息革命》第145—146页和卡萝塔·佩蕾丝《技术革命与金融资本》第18—19页的观点整理而成,第六次技术革命浪潮为作者补充。

上述讨论已阐明,第一次工业革命是人类生产力发展史无前例的突破和裂变,而第二次工业革命则与之存在着连续性,因为它们都是资本对体力劳动(包括四肢等操作活动和人类体能做动力)的替代。但第三次工业革命则与第二次工业革命或者说前两次工业革命之间存在新的裂变,因为从机器替代体力劳动到人工智能系统替代脑力劳动是广义的机器性质的质变,是人类生产力发展的飞跃,其意义只有第一次工业革命才能与之相媲美。第三次工业革命在本质上是信息—智能密集的资本对脑力劳动的替代,这是第三次工业革命与前两次工业革命根本不同的特征。在前两次工业革命时期,人类通过操纵纸、笔和算盘等诸如此类的工具从事脑力劳动,智力工作仍具有手工劳动的特点。在第三次工业革命中,作为智力劳动工具机的计算机,操纵着作为信息处理工具的软件,替代了人类对纸、笔和算盘等手工工具的操作。计算机的发明使人类摆脱了思维器官和手工劳动在计算速度、信息收集和信息存储等诸多方面不可逾越的生理局限性，不仅使人类从繁重的、简单的脑力劳动中解放出来，而且也导致了智力劳动效率的极大提高。在前两次工业革命时期，机器是对人类体力劳动生理器官及其动力的替代；在第三次工业革命时期，凝聚了科学技术更大发展的新机器系统，则是对人类脑力劳动生理器官及其智能的替代。计算机、机器人、搜索引擎、手机、平板和 3D 打印机等工具机制造业的发展，因而在第三次工业革命中具有基础性和先导性。这是信息技术硬件在移动互联网出现之前的第三次工业革命上半段，即第五次技术革命浪潮中飞速发展的原因。

但正如许多信息技术专家指出的，近年来，支配信息技术硬件发展的摩尔定律正在逐渐逼近其物理极限。其实这反而意味着，信息技术革命正在酝酿更大的突变：当信息技术硬件的发展出现报酬递减迹象之时，作为其动力系统即驱动程序的软件和互联网的推陈出新，就开始主导第三次工业革命下半段的发展，软件和互联网的进一步革命对资本的信息—智能生产率越来越重要，越来越具有决定性作用。不同类型的"工具机革命"需要性质完全不同的动力类型。替代人类体力劳动的工具机，其驱动力是自然能量；替代人类脑力劳动的计算机、机器人和搜索引擎等，驱动力只能是作为其驱动程序的软件和人工智能。如果说在前两次工业革命时期，生产力的发展水平是由资本的能量生产率所决定的，那么，在第三次工业革命的下半段，生产力的发展水平则是由软件的智能程度即资本的智能生产率所决定。正如在第一次工业革命中"工具机革命"最初只能在既有的旧的物质基础或一般生产条件的缝隙中生长，而蒸汽机的改进和交通运输革命在那次工业革命的最终完成中起了决定性作用，软件和互联网的智能化革命将成为第六次技术革命高潮的基本推动力量。

信息化是智能化的基础，智能化则是在信息化基础上涌现的生产力高级形态，它是随着移动互联网和大数据而到来的。对第三次工业革命史的考察发现，机器设备、软件等资本的智能化是一个在不断累积中产生突变的过程。例如，计算机未来发展的方向是智能计算机，但实际上，计算机一诞生就与一般的机器和计算装置不同，其人机对话的交互性就已具有初步的智能性，人们称它"电脑"。又如 1959 年，英格伯格和德沃尔联手制造的第一台工业机器人是没有感知能力的，更像一种精密的仪器。但第二代工业机器人已经具有一些对外部信息进行感知和反馈的能力如触觉、视觉等，特别适合于完成矿井、海底、高温高压和高腐蚀环境下的勘探、操作和科学考察等任务，已经具备一定的智能性。目前，工业机器人的发展已经进入第三代，即"智能机器人"或称"仿人机器人"的发展阶段，这种机器人将具有类似于人类的判断和处理能力。机器的智能化虽不能完全代替人类的大脑，但某些功能却已远远超过人的大脑，无人驾驶汽车或在智力竞赛及象棋比赛中打败世界冠军的机器人和计算机就是例证。

虽然计算机和机器人的发明在信息革命中是关键性的，但对机器的智能化具有决定性影响的，却是移动互联网的发明和大数据的创生。没有联网的计算机和机器人还只是"信息和知识的孤岛"，只有互联网才导致了"信息大爆炸"①和知识的真正共享，特别是移动互联网的发展产生了大数据，并诱导了云计算技术的革命性发展。将来还会发生何种技术革命，我们现在尚无法预测。互联网导致了知识生产的指数性增长和技术革命步伐的日益加快。这是因为，与物质交换及其生产遵循报酬递减规律不同，信息和知识交换及其生产遵循的是报酬递增规律。例如，甲用两把斧头等价交换乙的一只绵羊，交换结果并没有使双方的价值得到增加，但如果甲乙双方交换两种知识，不仅使各自的知识增加一倍，而且由于知识的杂交，很有可能使一方或双方产出新的知识。在芸芸众生的社会群体中，作为精神生产积累的社会智慧，其知识生产无不呈现链式反应的特征。

"信息大爆炸"和知识生产的链式反应，客观上要求机器设备在无人介入的情况下自动处理信息，并自主地执行人类越来越多的智能（资本的智能生产率），目前，这一瓶颈已成为生产力发展最大的制约因素，因此，人类精神生产力通过资本智能化的大规模开发已势在必然。互联网发展经历了三个阶段：（1）人们通过计算机彼此联网，打开了任意多人构成的社交网络；（2）移动互联网使人们的交往不再局限于电脑旁；（3）人际交往可经任意具备万维网接口的设备互联，互联网进入物联网阶段。德国"工业 4.0"实际上就是物联网发展计划，德国学者和工程师们称其为基于信息物理融合系统（Cyber-Physical System，CPS）的第四次工业革命。所谓信息物理融合系统是互联网与"机器对机器（M2M）通信"融合的结果，美国称其为"工业互联网"。"机器对机器（M2M）的通信"系统终端设备之间的数据传输和交换，它不依赖于通过互联网的网络化，通过电缆和传统的电路就可以顺利进行。与自动化一样，这种通信并非新鲜事物，但如果没有它的普及，机器人流水线和计算机控制的制造中心就不可能存在。所谓"工业 4.0"就是在"机器对机器（M2M）通信"上添加了由无线服务和标准协议所建立的互联网。②

在德国"工业 4.0"中，借助物联网，人、机器和资源如同在社交网络中进行的沟

---

① 目前"在全球范围内，数字信息的总量每 5 年会增长 10 倍"，见乌尔里希·森德勒主编：《工业 4.0：即将来袭的第四次工业革命》，第 49 页。

② 乌尔里希·森德勒主编：《工业 4.0：即将来袭的第四次工业革命》，第 49 页。

通协作，产品不仅能理解制造的细节以及自己将被如何使用，而且还能协助生产过程，回答诸如"我是什么时候被制造的""哪组参数应该被用来处理我""我应该被传送到哪"等问题。由于物联网的发展，人们可以实现终端之间的实时信息交换，从生产到最后的产品回收服务，都能对其进行实时监控。物联网的发展对于国民经济体系的智能化是关键性的，"万物可联，处处可联"使无数个孤立的"人工大脑"实时连接起来，互联网成为一个与人类大脑高度相似的进化系统。基于互联网海量的"大数据"和每时每刻与现实世界的信息交互，人工智能从此进入一个新的时代——互联网人工智能时代。德国"工业 4.0"旨在通过"智能工厂"创新的成功，全面开启工农业生产乃至整个国民经济体系的智能化过程。

与信息化不同，智能化的基本特征是在上述机器替代体力劳动的基础上，通过资本的智能化实现对各种体力劳动的大规模替代，这是资本替代脑力劳动的高级形态。由于工业部门在可控程度、标准化、创新窗口和劳动的可替代程度等诸方面，在国民经济各部门中是最高的，工业生产过程的智能化最容易进行。它的成功将最终打开机器人在越来越大的程度上"自主"从事工农业生产、仓储、流通和社会服务等领域多种体力劳动的大门，从而实现国民经济体系的智能化。①因此，德国"工业 4.0"或工业互联网在资本的智能化过程中，处于纲举目张的地位。德国学者预测，到 2030 年，互联网和其他服务联网系统将使德国所有行业都实现智能化。②但在笔者看来，即使在德国等发达国家，2030 年的智能化仍将处于初级阶段，整个国民经济体系的智能化可能需要半个世纪左右的时间。因为按照前述三次工业革命的理论，历次工业革命都是百年周期，第三次工业革命浪潮有可能至少要持续到 21 世纪 70 年代才会落幕，尽管资本智能化的发展不会就此终结。

针对第三次工业革命下半段长达半个世纪之久的经济发展，提出资本的智能生产率理论和智能工业化理论已具可能。在整个第三次工业革命过程中，生产力的发展水平都是由"资本的信息—智能生产率"所决定的，但在其上半段即第五次技术革命浪潮中，芯片作为信息技术硬件的核心投入决定了"资本的信息生产率"，这个阶段可以称为"信息化时代"（流行的术语是"信息和远程通讯时代"）；而在第三次工业革命的下半段即第六次技术革命浪潮中，生产力的发展水平则主要是由资本的智能生产率所推动，可称之为"智能化时代"。

---

① 贾根良：《第三次工业革命重新定义"新型工业化道路"》，《光明日报》2013 年 2 月 22 日，第 11 版。
② 乌尔里希·森德勒主编：《工业 4.0：即将来袭的第四次工业革命》，"前言"。

在第六次技术革命浪潮中，虽然能量密集的资本在目前国际竞争中仍发挥重要作用，但随着资本智能化进程的展开，一国的国际竞争力将日益取决于"资本的智能生产率"。智能密集的资本正跨越国界，广泛地与劳动、物质和能量展开替代性竞争。机器人替代脑力劳动，进而实现对体力劳动的大规模替代，转基因作物部分地替代土地，智能材料等新材料替代传统材料，可再生能源替代传统能源，互联网创造的新型产业组织替代传统产业组织。简言之，工业化就是广义的机器替代人类器官并为之提供力量。在前两次工业革命时期，人类为替代体力劳动器官的机器提供的力量是自然能量，一国生产力的水平表现为"资本的能量生产率"，在今后约半个世纪的第六次技术革命浪潮中，人类为替代脑力劳动器官的机器提供的力量，则是对信息和大数据进行高效处理的人工智能系统。能量密集的资本是前两次工业革命国际竞争的战略制高点；智能密集的资本则是第六次技术浪潮国际竞争的战略制高点。

笔者针对第六次技术革命浪潮提出一个关键性概念——智能工业化即智能工业革命。从工业化的历史进程看，人们习以为常的工业化概念实际上只是工业化的特定类型，即资本替代体力劳动的工业化。但是，资本替代脑力劳动并进而大规模替代体力劳动难道不是工业化吗？信息化特别是智能工业化，无疑是工业化的新类型及高级阶段，是替代脑力劳动的工业化。在第六次技术革命浪潮中，信息化已经开始让位于以智能制造为核心的智能工业化。所谓智能工业化，就是开发人的智力资本，创造智能工具机（智能计算机、智能机器人等）、智能软件、智能材料和各种智能基础设施（智能电网和智能交通等），通过人机一体化的智能系统和基于互联网的分散式增强型控制，对所有传统产业和整个国民经济体系进行智能工业化改造的过程。其实质是人类通过发展自然科学的精神生产力对物质生产力进行的改造和控制。将来人们会发现，拥有丰富人力资源、自然资源和流水线生产，但尚未实现智能工业化的国家，其产品将因价格过高而在世界市场失去立足之地；而资本的智能生产率上具有绝对竞争优势的国家，在国际贸易中将击败那些尚未实现智能工业化、在过时生产模式中挣扎的国家。

四、结　语

本文提出资本的信息—智能生产率和智能工业化理论，目的就在于填补关于第三次工业革命性质的理论空白。从英国工业革命算起，传统工业化过程长达近 200 年之久，经历了第一次和第二次工业革命两个阶段，与之比较，智能工业化仍处于幼年阶段。显而易见，本文上述理论还很不完善，有待于根据实践进一步发展。尽管如此，目前仍处于发轫时期的智能工业化，已经对尚未完成传统工业化的发展中国家特别是中国提出了严峻挑战。本文的研究对于我国经济发展战略的选择具有重要的理论和现实意义，择其简要讨论如下。

第一，我国经济发展战略的首要目标仍是工业化，特别是以智能制造为核心的智能工业化。由于中国 GDP 的快速提升以及产能严重过剩，一些学者和专家认为，中国的工业化已经完成，未来面临的主要任务是产业转型升级，大力发展服务经济，着力于城镇化和金融化（所谓的"金融深化"）。面对第三次工业革命的严峻挑战，这种观点显然是站不住脚的。第三次工业革命对制造业或者说传统工业产生了三种主要影响。（1）创造新的工业部门，如新一代计算机、机器人、3D 打印、软件工业、传感器制造业、新材料、新能源制造业，以及我们现在无法预测但将来有可能出现的新工业部门。工业化在相当长的时期内仍将继续向纵深发展。（2）服务业的工业化。服务业也不能幸免于智能工业化，服务业中的绝大部分工作将来都将由机器人所替代，如清洁、家政、销售、厨师、邮递、照顾老人等等，服务业很难说是未来劳动力就业的根本出路。（3）传统工农业的智能工业化改造。正如佩蕾丝指出的，"每次技术革命都使得整个生产体系得以现代化和更新，从而在每 50 年左右都使总的效率水平提高到一个新的高度"，[①] 智能工业革命更是如此。在工农业发展中的信息化和"互联网+"，实质是对传统工农业生产过程的再工业化或智能工业化改造，目的在于激发其"潜在生产率的量子跃迁"。因此，坚定不移地推进智能工业化道路特别是高端装备制造业的智能化，是我国走新型工业化道路的关键选择。

第二，资本的智能生产率正在成为国家兴衰的决定性因素。中国经济在世界上曾处于领先地位，但当利用自然能量驱动的第一次工业革命兴起后，中国就迅速衰落了。西方列强先是用蒸汽动力推动的坚船利炮打败了腐败的满清政府，日本帝国主义又凭借石油驱动的飞机坦克发动了灭绝中国的侵华战争。中国在鸦片战争后的百年屈辱史，不啻是一部以资本能量生产率为核心的生产力竞争败北的历史。自第一次工业革命开启资本替代劳动的工业化过程以来，劳动生产率就表现为资本的生产率并由其所决定，资本的能量生产率成为前两次工业革命时期国家兴衰的决定性因素。今天人类社会迎来了资本的智能生产率时代，资本的能量生产率在国际竞争中的作用，不仅日益由资本的智能生产率所决定，而且其曾经的支配地位正在让位于资本的智能生产率。后者不仅将决定一国国民收入水平的高低，而且也是一国军事工业和国防安全的决定性因素，如果在智能工业化上不能取得国际竞争的绝对优势，中国的军事工业和国防安全就不能得到根本性

---

① 卡萝塔·佩蕾丝：《技术革命与金融资本》，第 14 页。

的保障。受前两次工业革命落后的拖累，我国已经在第三次工业革命中失去先机，只有奋起直追，才能避免重蹈近代史被动挨打的覆辙。

第三，世界经济史表明，虽然技术创新是经济发展的驱动力，但技术创新导致了领先技术的供应国与领先技术的使用国之间贫富差距的拉大，因为供应国能不断获取创新收益。智能工业化是先进智能技术体系对传统产业改造的过程，后者的市场在中国这样的发展中大国主要是国内市场。中国要在先进智能技术体系上处于国际领先地位，需要通过保护国内高端产品市场，创造独立自主的核心技术，充分利用被智能化改造的国民经济具有广袤国内市场的大国优势，彻底改变我国"出口低端产品，进口高端产品"的传统对外经济发展方式。

第四，软件和互联网革命的推陈出新而非机器设备等硬件的创新，将成为第六次技术革命高潮的核心推动力。我国已经颁布了以智能制造为核心、以建设制造业强国为战略目标的纲领性文件《中国制造2025》，提出制造业需要在十大装备制造业重点领域取得突破性发展。美国工业互联网、德国"工业4.0"计划着重以数据、软件工业和物联网重新定义制造业，发展"智能装备+智能软件+网络互联"三位一体的智能制造架构。与之相比较，我国"重装备、轻软件"的局限性显得尤为突出。[1]在前两次工业革命中，"工具机革命"和"动力革命"总是分别发生在每次工业革命中的前后两个匹配阶段[2]，我国制造业强国战略应该高度重视作为第三次工业革命之"动力革命"的软件和互联网推陈出新。

第五，智能工业化道路为开发我国国际竞争的最大优势"人力资本"提供了前提条件。与要素禀赋理论和比较优势理论一样，在我国流行的"人口红利"说和比较优势发展战略也是一种静态理论。智能工业化时代依仗马克思所言作为精神生产力的"社会智慧"。我国科技人员数量已居世界首位，人数将来还会迅速增加，13亿中国人的人力资源优势在于其智力资本和科技创新潜在的巨大规模优势，而非从事劳动密集型产业的低廉人力成本，前者的开发以价值链高端生产和新兴产业为基础。由于接受发达国家产业转移时一度重数量轻质量，被锁入全球价值链低端，致使我国存在高层次人才就业困难、高等教育和科技资源浪费和人才大量外流的现象。只有抓住智能工业化道路的重大历史机遇，并创造国民经济各产业价值链高端的国内领先市场，我国人力资本所蕴含的巨大科技创新潜力才能喷薄而出。

---

[1] 黄阳华：《工业革命中生产组织方式变革的历史考察与展望——基于康德拉季耶夫长波的分析》，中国社会科学杂志社"互联网与社会科学"跨学科论坛会议论文，沈阳，2015年9月。
[2] 贾根良：《第三次工业革命：世界经济史的长期视角》，《学习与探索》2014年第9期。

第六，智能工业化道路将为我国"一带一路"对外经济发展战略的成功提供根本性保障。"走出去"战略绝不意味着外资走进来占据我国价值链高端，而我们则走出去与其他发展中国家争夺价值链中低端市场，否则将使我国丧失第三次工业革命的历史机遇，也会不利于东道国工业的转型升级。英国在第二次工业革命中落伍的重要原因，就在于其试图通过全球化战略，使第一次工业革命的产品占领全世界的各个角落，却严重忽视了开创第二次工业革命的国内领先市场，在国内经济结构走向金融化和贸易服务业的同时，其国内市场在相当大程度上也被美国和德国新兴产业的产品所占领。相反，德国成功地避免了"英国病"：在过去的 20 多年中，德国制造业在世界所占份额保持稳定，其原因就在于"德语区的工业尽可能地实现了自动化，而没有大规模外迁到工资和生活成本较低的国家去"。①因此，必须抓住智能工业化的历史机遇，把创造第三次工业革命的国内领先市场作为"走出去"战略成功的基础。只有当我国在智能工业化道路上处于国际领先地位，并建立起全球高端价值链时，我们才有可能打破西方霸权主义的控制，通过技术转移为其他发展中国家经济的持续发展和转型升级，提供产业和市场的广阔空间，才有可能建立更加公平的国际经济新秩序。

附　录

（一）关于"智能工业化"概念首创者的说明

本文在投稿《中国社会科学》时，原题是《第三次工业革命与智能工业化》，而不是在《中国社会科学》2016 年第 6 期发表时的题目《第三次工业革命与工业智能化》，原因就在于编辑在本文发表前打电话告诉我说，编辑部开会经过讨论，发表时全文中所有的"智能工业化"概念都将改为"工业智能化"。我在电话中立即就提出异议，我说"智能工业化"概念包括所有产业领域的智能化，而非只是局限在工业领域的"智能化"，我文中的"国民经济体系的智能化"也是这个意思。但编辑说，这是编辑部开会经过讨论的，就按这个决定发表吧。我拗不过他，就没有再坚持。借此次将该文收录到这本《中国演化经济学年刊》的机会，笔者恢复在投稿时全文中使用的"智能工业化"概念。

这里有个插曲值得说明一下。有位读者在 2017 年 4 月给笔者来信说，"学生热爱理论写作，但无奈理论功底薄弱，学术能力有待提高，迫切需要像您这样大师的'点拨'和'引路'。一直以来很仰慕您，很想认识您，聆听您的教诲，但苦于缺乏（没有）合

---

① 乌尔里希·森德勒主编：《工业 4.0：即将来袭的第四次工业革命》，第 5 页。

适的机会。学生这次终于鼓起勇气，斗胆给您发送邮件，附上近期所写的一篇文章（主要是受您发表在《中国社会科学》上文章的启发），并恳请您的批评与指正！"我出于其导师是南开大学（我原先的工作单位）毕业的博士，就热心地阅读了其文章，对文中存在的一些问题用带颜色的字体提出修改意见，建议他将文中的"智能型工业化"概念改成"智能工业化"，并给他讲了前述编辑部的故事。

2017年11月初，这位读者来信说："关于'智能工业化'的那篇文章，感谢您提出的宝贵修改意见，后来学生就按照您提的要求进行了修改，之后投了×××杂志，刚刚网上出来了电子版，现学生给您发过去。"我打开附件阅读时，原以为他会在文中对我提出修改建议特别是建议使用"智能工业化"概念表示感谢，然而，我发现文中不仅没有提到我曾对其提出修改意见并对我表示感谢，反而写道：本文智能工业化这个概念"参考了贾根良（2016）[1] 对'工业智能化'的定义。但关于'智能工业化'和'工业智能化'，本文认为两者具有明显区别：前者是'工业化'的智能化，工业化不仅涉及工业，还涉及农业、服务业等产业，因此，'智能工业化'不仅包括农业领域的智能化，还包括工业领域的智能化，更包括服务业领域的智能化，但主要是以工业领域的智能化为主；后者仅是'工业'领域的智能化，其范围要小于前者。从某种意义上看，智能工业化是以工业智能化为主的工业化过程。"显而易见，我给他提的为什么要使用"智能工业化"概念的修改理由反而变成了他批评我2016年文章中"工业智能化"的论据。看到他这种做法，我当然很生气，也很惊讶，他竟然还将这种做法的文章发给我表示感谢。我当时本想去信批评他，但对这种缺乏起码学术道德的读者，我气得懒得再去理他。

该读者自以为在文中不提我对他的建议，就可以说是他在其文章中"提出'智能工业化'这一核心范畴"，但其实，我早在笔者起草的"第八届中国演化经济学年会（2016年）征文启事"中首次提出了这一范畴或概念，请看"征文启事"第四点："工业化理论与中国工业化道路的反思：演化经济学与经济学各流派的对话"选题内容包括演化经济学与经济学其他流派的工业化理论再认识，信息革命、第三次工业革命对传统工业化理论的挑战，工业4.0与智能工业化新理论，新型工业化道路面临的新挑战，发达资本主义国家和我国的去工业化问题，工业化历史与国际比较及其对我国的借鉴，中国工业化道路的反思等相关主题。[2]

笔者在这里说明这一点并非只是为了申明"智能工业化"概念究竟是谁先提出的这

---

[1] 这里是指贾根良：《第三次工业革命与工业智能化》，《中国社会科学》2016年第6期。

[2] http://www.cpeer.org/html/dongtai/yantaohui/2015/0811/6137.html.

一问题，而是感叹目前的学术生态竟然如此之恶劣。我碰到的不尊重别人劳动成果的事情太多了，形式也是五花八门。过去我发现抄袭我的文章，我虽不快，但从不追究；我指导的有些学生将我的许多看法写成他们的创新点，我怡然接受。但竟然没想到这次热心的指导反而招惹一肚子气，过去虽也曾多次碰到过此类事情，但由于程度低，我虽也曾快快不快，但仍不改热心助人的脾气。但在此事发生之后，笔者在这里就很抱歉地发个声明，除我指导的学生外，笔者不再接受任何人希望对其文章提出建议的请求。

（二）本文主要创新点的说明

本文批判性地考察了 19 世纪美国学派"资本的能量生产率"的工业化理论对于理解前两次工业革命的重要洞察力，创造性阐释了马克思的机器大工业和科技革命的理论特别是有关工业革命中"作为单纯动力的人和作为真正操作工人的人之间的区别"对于分析第三次（有人也称作第四次）工业革命的重大意义；在此基础上，本文提出了"资本的信息—智能生产率"概念和智能工业化理论，旨在于填补第三次工业革命理论的空白。该理论认为，人们习以为常的工业化概念实际上只是工业化的特定类型，即前两次工业革命中资本替代体力劳动的工业化。与前两次工业革命存在着本质上的不同，第三次工业革命的核心是以人工智能系统替代人类的脑力劳动，这种以智能生产为核心的智能工业化方兴未艾，代表着工业化的新类型及其高级阶段，工业化将向纵深发展，"资本的信息—智能生产率"和智能工业化已经成为国际竞争的战略制高点，在智能工业化道路上取得先发和绝对优势的国家在国际竞争中将击败那些仍在过时的生产模式中挣扎的国家。

本文为我国第三次工业革命的发展战略和中国制造 2025 等提供了新的理论基础和相关政策建议：（1）我国经济发展战略的首要目标仍是工业化，特别是智能工业化，所谓中国的工业化已经完成、大力发展服务经济的观点是站不住脚的。（2）中国在鸦片战争之后百年的屈辱历史就是一部在以"资本的能量生产率"为核心的生产力上败北的历史；现在，资本的智能生产率不仅决定着一国国民收入水平的高低，而且也是一国军事工业和国防安全的决定性因素，如果在智能工业化上不能取得国际竞争的绝对优势，我国的军事工业和国防安全就不能得到根本性的保障。（3）创造智能工业化的国内领先市场是一国在国际竞争中拥有绝对竞争优势的决定性条件。（4）只有智能工业化道路才能为我国"一带一路"的对外经济发展战略取得成功提供根本性的保障，等等。

该文运用了笔者在《"新经济思想史"刍议》（2010）① 中提出的"创造解释学"

---

① 贾根良：《"新经济思想史"刍议》，《社会科学战线》2010 年第 1 期。

的"新经济思想史研究方法论":基于对经济前沿重大现象的经验观察,通过对经济思想史中旧有学说"微言大义"的批判性继承和创新,提出新理论,解释新现象,并提出新的政策建议。

由于篇幅所限,这里只指出本文一个重要发现:马克思在《资本论》中对"作为单纯动力的人和作为真正操作工人的人之间的区别"的讨论,是创造性地发展马克思主义工业革命理论的基石,对于构建和发展第三(四)次工业革命的理论分析框架及其政策制定具有重大现实意义。马克思指出,正是因为"作为真正操作工人的人"而非"作为单纯动力的人""首先受到了工业革命的侵袭",从而使之成为"18世纪工业革命的起点",其作用就是要摆脱人类"自己身体的器官数量的限制"。马克思所讨论的摆脱人类"自己身体的器官数量的限制"作为"工业革命的起点"对所有类型工业革命都具有普遍意义。因此,笔者在2013年初曾指出:前两次工业革命是用机器替代体力劳动,而第三次工业革命的特征则是用机器替代脑力劳动,并通过替代脑力劳动在更大程度上替代体力劳动。①

重读马克思的机器大工业和科技革命的理论,笔者发现:马克思的相关论述不仅为笔者的经验观察提供了理论分析框架,而且研究马克思学说的学者们可能都没有注意到马克思关于"作为单纯动力的人和作为真正操作工人的人之间的区别"对于工业革命理论的重大意义。笔者运用马克思的这一区分,创造性地提出了"资本的信息—智能生产率"和智能工业化的新理论,发展了马克思的工业革命理论。

---

① 贾根良:《第三次工业革命重新定义"新型工业化道路"》,《光明日报》2013年2月22日。

演化经济地理学：21 世纪的经济地理学[*]

刘志高　崔岳春

一、演化思想在经济学中的复兴

20 世纪 80 年代以来，信息经济和知识经济的到来深刻改变了人类经济运行法则，传统的经济学观点从而受到极大地挑战。人类文化、社会演化过程与生物基因变化过程的相似性逐步受到重视，演化的思想在经济学界逐渐兴盛，在社会发展领域的应用研究也取得了显著进展。

实际上，经济学家对"演化"这一概念并不陌生。早年斯密、马克思、门格尔、马歇尔、凡勃伦和熊彼特都有所论述。如马歇尔（Marshall, 1890）的"经济学的生物隐喻"、凡勃伦（Veblen, 1898）的"为什么经济学不是演化的科学"，以及熊彼特从马克思那里继承的动态、演化思想等。熊彼特之后的 20 世纪 50、60 年代是演化经济学发展的黑暗时代，直到纳尔逊和温特（Nelson and Winter, 1982）的经典著作《经济变迁的演化理论》之后，演化思想才在经济学界得到重新发现和发展。现代演化经济学借用现代生物学的进化隐喻，对主流经济学的"硬核"进行了革命性改造，把正统理论中处于背景状态的演化力量和机制放在了核心地位，形成了解释经济学现实的全新范式（贾根良, 2004）。传统经济学，尤其是新古典经济学是均衡经济学，是"结果经济学"，描述"尘埃落定"之后状态，而不管尘埃是如何落定的，非价格因素被排除在主流经济学的研究范围之外。而演化经济学是"过程经济学"，它在接受西蒙"有限理性"的基础上，以揭示经济发展过程为己任。

现代演化经济学经过 20 多年的发展，正走向全面、深入的具体研究阶段（Dopfer, 2005；Witt, 2003）。主要表现在：第一，微观、中观和宏观演化经济学概念的提出和三大理论体系的建立（Dopfer, 2001, 2004；Potts, 2000）；第二，演化经济学思想在众多经济学分支，如产业创新分析（Malerba, 2002）、可持续和能源经济学（Buenstorf, 2004；Van den Bergh and Gowdy, 2001）以及经济地理学（Boschma and Lambooy, 1999；Lambooy

＊　原文载《社会科学战线》2008 年第 6 期，略有改动。作者单位：刘志高，中国科学院；崔岳春，中国地质大学。

and Boschma，2001）中得到全面引入；第三，演化经济学和制度经济学呈现一定程度的融合和交叉（Nelson and Sampat，2000；Nelson，2002；Schamp，2002；Pelikan，2003），同时演化主义者也开始关注创新研究（Nelson et al.，Nelson，1993；Mowery and Nelson，1999）；第四，由演化机理分析转向政策研究（Witt，2003；Dopfe，2004）。这些研究动向表明，越来越多的经济学家开始认为，以动态演化的视角理解社会经济过程，已经成为分析和描述复杂经济现象的重要方法。

二、经济地理学的"演化主义转向"

（一）演化经济地理学的研究任务和基本特征

进入 90 年代后，国际经济地理学界，尤其是欧洲经济地理学界，出现了试图将演化主义的思想全面贯彻到经济地理学中的新动态，即经济地理学的"演化主义转向"（evolutionary turn）。这种研究趋势是经济地理学界内偏好演化主义的学者和演化经济学里关注空间问题研究的学者共同推进的结果。这些经济地理家主要包括荷兰乌得勒支大学经济地理系 Ron Boschma 教授、英国剑桥大学地理系的 Ron Martin 教授，以及德国法兰克福大学人文地理系 Eike Schamp 教授；与演化经济地理学家积极对话的经济学家除了丹麦奥尔堡大学教授、国家创新系统研究代表人物 Bengt-Aake Lundvall 和英国卡迪夫大学教授、区域创新系统提出者 Philip Nicholas Cooke，还有美国斯坦福大学 William Brian Arthur 教授[1]、德国马克斯普朗克经济学研究院 Thomas Brenner 博士、瑞典查尔姆斯理工大学心 Maureen McKelvey 教授，以及 Nelson 等人。

Martin 在最近的一篇文章指出，演化经济地理学是继经济地理学里的"文化—制度"转变和以 Paul Krugman、Fujita 为代表经济学的"新经济地理学"之后的"第三条道路"。[2]但是他并没有明显指出演化经济地理学的研究任务。我们认为，演化经地理学是以演化思想，尤其是演化经济学思想在时空约束条件下探讨经济行为主体空间或地理变化的经济地理学说。它既吸收了演化经济学的基本前提，如时间不可逆、有限理性和非最优假说，以及演化经济学的基本主张和研究方法，如主张历史主义研究方法，承认历史的重要性，认为经济发展的动力来自新异，种群之间是共同演化的，同时也由于地

---

① Arthur 教授 1990 年因为在报酬递增经济学作出了杰出的贡献，被授予熊彼特经济学奖。

② 有关演化经济地理学与制度经济地理学和新经济地理学的区别可以参见 Boschma 和 Lambooy（1999），9（4）:411—429。但是作者不同意他们的观点，作者认为新经济地理学是属于经济学"地理化"趋势阵营的，本质上属于经济学，而制度经济地理学，包括关系经济地理学都依然属于新古典经济学控制下的经济地理学说。尽管演化经济地理学出现在经济地理学的"文化—制度"转向之后，但是它决不和他们有着明显的区别。因此，演化经济地理学是当前经济地理学里与新古典经济学控制下的经济地理学并列的两大体系之一。

理是创新的重要维度，经济地理学家可以对演化理论做出重要贡献。它能够为创新或空间活动的差异提供独到的视角。

从 Boschma 和 Lambooy（1999）在《演化经济学》期刊上发表《演化经济学和经济地理学》之后短短 8 年多时间里，出现了大量的演化经济地理学理论和实证研究，从总体上看，目前国际演化经济学领域出现了几个值得注意的现象：（1）基础理论和研究方法的构建，这里主要包括演化经济地理学的研究内容（Boschma，2006；Schamp，2000），演化经济地理学与其他经济地理学派的关系（Boschma and Lambooy），演化经济学核心概念的"地理改造"（Martin，2006；Schamp，2007）以及演化经济地理学的研究方法论（Martin and Sunley，2007）等问题；① （2）研究领域由制造业产业空间演化研究，扩展到服务业的产业空间演化研究（Weterings，2004）、城市增长的复杂性分析（Ioannides and Overman，2004）、区域竞争力（Boschma，2004）、区域差异（Boschma and Weterings，2005）的演化分析等；（3）分析中广泛地利用了经济地理学的相关最新研究成果，如关系经济地理学（Bathelt and Gertler，2005；Bathelt and Glückler，2005）和制度经济地理学（Schamp，2000，2002；Hayter，2004）；（4）创新系统研究与演化经济地理学研究相互交叉（Nelson，1993；Cooke et al.，1998；Cooke，2005），并在演化思想的指导下，对创新政策进行反思（Fuchs and Shapira，2005）。

（二）演化经济地理学的进化史

（1）演化经济地理学思想萌芽、酝酿阶段：1989—1999 年。

研究创新系统和产业集群过程中一些经济地理学家发现了演化经济学的价值（Storper and Walker，1989；Cooke and Morgan，1998；Rigby and Essletzbichler，1997；Essletzbichler and Rigby，2005；Cooke，Roper and Wylie，2003；Cooke，2005），同时演化经济学家涉及一些地域空间问题（Arthur，1987、1990；Swann and Prevezer，1996；Antonelli，2000；Caniëls，2000；Breschi and Lissoni，2001；Brenner，2004；Werker and Athreye，2004），但是总体上都是零星，不成体系的。明确将演化思想引入经济地理学界的是 Boschma 和 Lambooy。他们于 1999 年在《演化经济学杂志》（*Journal of Evolutionary Economics*）合作发表的《演化经济学与经济地理》一文标志了演化经济地理学的诞生。论文以技术变革为例讨论了新奇（new variety）与经济空间系统之间的相互影响关系。

---

① 本文作者同意 Martin 等人提出的，演化经济地理学应该吸收复杂性科学的思想。但是我们认为复杂性科学不是演化经济地理学的理论基础。从研究方法和研究思路讲，演化经济地理学还从混沌学、非平衡态热力学和经济学里的历史主义学派学习。Martin 的不足在于将理论基础和研究方法混淆了，我们认为科学的研究方法对演化经济地理学的发展有着异常重要的作用。

（2）演化经济地理学理论体系初建时期：1999—2005 年。

这一时期涌现了两个欧洲演化经济地理学研究团队。一是以 Boschma 教授和 Frenken 教授为核心的荷兰乌得勒支大学（Utrecht University）经济地理系演化经济地理学研究小组。Ron Boschma 教授 1994 年博士毕业于荷兰丁伯根研究所（Tinbergen Institute），1999 年以前一直在博士论文基础上，从事本地窗口机会（windows of locational opportunity）与区域发展关系研究。后和 Koen Frenken 建立起演化经济地理学研究小组。该研究小组的非正式学术论文（series papers in evolutionary economic geography）是国际演化经济地理学重要智力库。除了理论框架和适用性讨论外，他们还特别关注演化经济学在产业的空间演化、网络、集群、城市和区域，及新技术的影响、创新系统、企业家精神、创意城市和全球化等具体议题。第二个团队是德国法兰克福大学人文地理系，主要成员是 Eike W. Schamp 教授、Christian Berndt 教授和 Johannes Glückler 博士。这一团队不仅与 Boschma 教授的研究小组有着密切的合作联系，还与德国著名演化经济学家 Witt 教授所在德国马普学会经济系统研究所演化经济学研究小组联系非常密切。

这一时期的学术交流活动非常活跃，最突出的有 2003 年荷兰乌得勒支大学经济地理系的"经济的空间演化：走向演化经济地理"为主题的国际研讨会，和 2005 年 2 月在德国法兰克福人文地理系召开的德荷演化经济地理国际研讨会。会议上，德荷经济地理学家基于共同的研究兴趣，成立了"国际演化经济地理学研究小组"，后期剑桥大学地理学 Martin 教授也加入进来。这一虚拟的研究网络极大地促进了欧洲演化经济地理学。

初建时期的演化经济地理学主要任务就是构建自己的理论系统，并在经济地理学各个子领域进行大量实证研究，取得的主要成果有：一是旗帜鲜明地提出了演化经济地理学将是经济地理学的发展方向之一。这一研究主要集中在 Boscham 教授等人的论文里，在比较演化经济地理学与 Krugman 为代表的新经济地理学、制度经济地理学差异后，指出了演化经济地理是经济地理学的第三种选择。[①]二是确立了演化经济地理学在演化经济学系统中的地位及其基本概念——制度、演化和空间。Schamp 教授于 2000 年在其德文著作《网络化生产：制度视野下的产业地理》讨论了演化经济学的基本体系，认为经济地理学是演化经济学三大系统之一，演化经济地理学有助于研究新产业的空间锁定、地理临近和集体学习关系、技术与区域发展路径等问题。与演化经济学家不同，由于长期

---

① 遗憾的是，Boschma 教授对演化经济地理学与制度经济地理学和新经济地理学的革命性认识并不强烈。我们认为：无论是制度经济地理学、经济学的新经济地理学，还是后来发展起来的关系经济地理学，都属于新古典经济学阵营，不同的仅仅是他们放宽了前提假设而已。

和创新学派有着密切的联系，并受到欧洲老制度主义和法国调节学派的影响，经济地理学家在构建演化经济地理学体系建立之初就明确指出了制度是不可忽视的因素（Schmap，2000，2002）。

在实证研究方面，演化主义在地理空间的很多问题上，如产业空间演化、老工业区复苏、城市增长、区域竞争力和区域差异的演化分析等方面都取得了显著进展；同时，演化经济地理学开始吸收当前经济地理学的相关前沿理论，出现了关系经济地理学与演化经济地理学、制度经济地理学与演化经济地理学交叉的迹象；创新系统研究与演化经济地理学研究也开始相互交叉，并在演化经济学的指导下反思创新政策。

（3）演化经济地理学理论系统整理阶段：2006年至今。

Boschma教授与Frenken博士合作研究了近20年来新古典经济学、制度经济学和演化经济学对经济地理学的影响，并比较了三者之间的异同点，最后指出演化经济地理学是经济地理学发展的新方向（Boschma and Frenken，2006）。这意味着演化经济学与传统的经济地理学共同构成了当今经济地理学的理论支架。

Martin教授和Boschma教授联合发起了欧洲演化经济地理学研讨会，并于2006年4月，在剑桥大学地理系召开。这次大会标志着演化经济地理学已进入理论整理与综合。大会主要议题是：讨论演化经济地理学的研究范围，并提倡技术和产业的空间演化、网络与经济演化、产业集群、城市与区域发展等实证研究。Martin教授和Sunley教授合作提交了《路径依赖与区域经济演化》，以路径依赖为例讨论了演化经济地理学应该如何去吸收演化经济学核心概念的问题。演化经济地理学家认同演化经济学的基本核心概念，如新奇、路径依赖和竞争、选择，但认为这些核心概念还需要进一步改造。正如Martin和Sunley（2006）在分析路径依赖的经济地理学涵义时指出的一样，不仅存在着技术路径依赖、制度路径依赖和路径依赖带来的递增报酬；同时经济行为、技术、组织等还存在着空间位置依赖（place dependence）。由此可见，由于经济地理学研究的独特视角，所以经济地理学家能对演化主义做出特别的贡献。

最近两年，经济地理学界出现了两本值得关注的书。一是法兰克福大学人文地理系Christian Berndt教授和Johannes Glückler博士合作主编的德语的《异端经济地理的反思》（Denkanstöße zu einer anderen Geographie der Ökonomie），收集了Ash Amin、Trevor Barnes、Gernot Grabher和Ron Martin等人的最新研究成果，认为知识经济和全球化时代的经济地理学应该是多元化的，应该加强经济地理学与哲学、文化学、异端经济学和组织社会学的交流，并明确指出文化、网络和演化是重要的交流领域。二是荷兰乌得勒支大学的Koen Frenken教授主编的《应用演化经济学和经济地理学》（*Applied Evolutionary*

Economics and Economic Geography）。本书收集了包括美国学者 Steven Klepper 和 Jürgen Essletzbichler 等经济学家、地理学家和社会学家在企业微观、产业和网络中观和空间系统领域内的演化案例研究。

三、经济地理学的"演化主义转向"的原因分析

演化经济地理学在 20 世纪 90 年代的出现，绝不是空穴来风，它是由于创新经济发展到一定程度，现有理论又难以对其进行解释，在演化经济学的影响下而出现的产物。具体原因分析如下：

（1）巨变的历史与无力的解释。

进入 20 世纪 80 年代后，一方面，知识、信息和创新在经济发展中的重要性越来越得到体现，另一方面，创新能力差异所导致的区域经济发展差异也越来越明显。这无疑需要经济地理学家去思考这些差异背后的原因。

与此同时，在经济地理学界也发生了重大的变化，出现了"文化转向""制度转向"和"关系转向"，但是遗憾的是这些理论都是静态的，其研究焦点问题也不是经济变化的根本动力——创新。他们仅仅为新古典经济学支配的经济地理学做了一些有益的修补工作，即关注到经济活动的制度维度和文化维度，但终究解释力有限，难以提供一个有力的解释框架去理解 80 年代出现的技术带来的经济发展和区域差异现实，因此需要新的理论框架。

（2）经济学和经济地理学对话。

经济学和经济地理学的发展史上，经典的经济学家也曾在经济地理学和区域发展等问题上也做出了重要的贡献。二战后，在经济学界出现了两次空间问题主流化的努力，即 20 世纪 50 年代 Walter Alsard 领导的区域科学运动和 60 年代末和 70 年代初出现的"新城市经济学"。尽管这两次努力都失败了，但却为 90 年代后期经济地理学的"新经济地理学"和经济学的"新经济地理学"的出现起了一定铺垫和舆论作用。考察经济地理学与经济学的关系史可以知道，经济地理学和经济学的关系史是一部"合久必分，分久必合"的历史。当前经济学和经济地理学里的一些迹象表明，经济学和经济地理学似乎到了"合的时代"。

20 世纪 80 年代后，西方经济学领域，欧洲经济学界熊彼特主义和老制度学派的复兴、法国调节学派的活跃和反经济学形式化运动，出现了多元化的局面和"新鲜空气"。这些经济学的动向在经济地理学里也有所表现。演化经济学作为异端经济学的一面旗帜得到了极大的关注。同时，由于演化经济学将其研究目标定位在揭示经济运动的过程，

而不在其结果，主要讨论技术与经济发展的关系，作为一直关注经济活动空间差异的经济地理学自然也开始关注演化经济学。本文认为，经济学与经济地理学将在"演化主义"上"合"，至少将是经济学和经济地理学一个重要汇合点。

（3）"理论空气"准备。

20 世纪 80 年代末和 90 年代初期后，经济地理学经历了一次广泛的扩充，出现了"文化转向""制度转向"和"关系转向"，开始从单纯经济要素分析，转向关注历史、文化、制度和政治因素。这些转变的经济学基础是制度主义，尤其是发源于凡勃伦的欧洲老制度经济学主义，而制度主义和演化经济学有着天然的亲密关系[1]，因此可以说，经济地理学的"制度主义"流行为演化经济地理学的出现做了很好的"理论空气"准备。

需要特别强调的是，尽管演化经济地理学出现紧跟在这些转变之后，但是它们绝不属于同一阵营。经济地理学的"文化转向"、制度经济地理学和关系经济地理学，从根本上来说还是被控制在新古典经济学均衡的、静态的分析框架里；而演化经济地理学的经济学基础则是与新古典经济学相对立的演化经济学。

（4）创新系统研究的发展。

从前面的分析我们可以知道，演化经济地理学的经济学来源是老制度经济学、法国调节学派、熊彼特主义、新制度经济学等学派中的演化思想；而演化经济地理学研究中最活跃的中观分析层面——产业演化和区域经济演化研究，其地理学基础是新产业区理论、产业集群理论和创新系统理论。这些研究中，以创新系统研究，尤其是国家创新系统和区域创新系统研究最引人注目。

国家创新系统学者和区域创新系统学者对演化经济学高度关注。上面提到的三次演化经济地理学会议，有两次当代区域创新学派重要代表人物 Cooke 教授都参加了。这说明创新学派与演化经济学，尤其是与演化经济地理学进行着富有成果的对话。同时，国家创新系统研究的学者也对演化经济学和创新系统研究的关系做了深刻的阐述。Freeman 说，演化理论是研究技术变化的重要理论，它为研究创新系统提供了一个有效的理论框架（Freeman and Soete，1997，p.31）。Lundvall 指出，国家创新系统理论体系构建来源除了 Freeman 为首的 20 世纪 70、80 年代的经验研究外，就是纳尔逊和温特的演化经济学。同时，他还在分析国家创新系统的不足和发展出路时指出，国家创新系统如果要成为经

---

[1] 本人同意纳尔逊关于制度经济学与演化经济学关系的论述：他认为经典的经济学既是制度主义的，也是演化主义的。但是本文认为，在科学界线分明的今天，演化经济学和制度经济学不会存在着一个汇合，他们各自承担着自己的研究任务。参见 Nelson 和 Nelson（2002）。

济分析的理论工具，就必须建立更加坚实的理论基础，而这一理论基础的基石就是新熊彼特主义和经济学里的演化主义传统（Lundval et al.，2002）。在越来越多的演化经济学家开始关注创新系统研究的同时，演化经济学概念也被引入创新系统，乃至写进国际组织的政策，如 1996 年的欧盟委员会的《创新绿皮书》。

演化经济学强调变化和对新环境的适应，但它忽视正式的制度；而创新系统的研究更关注政策制定和环境，但是这种结构主义的分析难以揭示经济变迁的本质。因此，二者之间的对话一方面有利于研究实行互补，相互借鉴，既能动态分析，也能将制度融合起来分析经济发展的动力问题；同时也有利于推进演化经济地理学的发展。毕竟创新形成了强大的理论系统，如 Lundvall 和 Freeman 的国家创新系统、Cooke 的区域创新系统、Carlsson 的技术创新系统和 Malerba 的产业创新系统等几大分支，无论是在理论研究领域，还是在政策界都具有很大的影响力。

四、经济地理学将是"演化主义"的主战场

（一）演化经济学并没有获得经济学的主流地位

20 世纪 90 年代后，尤其是 21 世纪以来，虽然演化思想在经济学得到了极大的发展，并逐渐渗透到几乎所有的经济学领域，但是这不意味着演化经济学已经获得了经济学王国中的领导权，事实上它依然是非主流的经济学，依然处于非核心地位。演化思想一时还难以在坚固的经济学堡垒里，尤其是英语世界的经济学中获得主流的地位。一个重要的表现就是，包括演化经济学在内的异端经济学家难以在世界一流经济学大学和研究所得到席位，这点在剑桥大学最为明显。随着异端新剑桥学派代表人物琼·罗宾逊、斯拉法、卡尔多的相继逝世，英国剑桥大学经济学到了 1990 年后完全被主流经济学控制。

演化经济学一时难以获得主流地位的一个重要原因就是新古典经济学在当今经济学中处于绝对垄断的地位。1890 年马歇尔《经济学原理》的发表标志着新"新古典主义"的诞生。马歇尔之后，庇古提出了系统的福利经济学、琼·罗宾逊和张伯伦提出了不完全竞争（垄断竞争）的理论，发展了马歇尔的完全竞争理论，加上斯拉法对马歇尔体系的疑问性发展、凯恩斯又系统发展起货币理论，标志着新古典经济学体系的全面建立。尽管在 70 年代后，经济学里出现过几次戏剧性的事件，如 70 年代"新制度经济学"的创建、肯尼思·博尔丁（Keneth Boulding，1981）《演化经济学》、理查德·R.纳尔逊和悉尼·G.温特的《经济变迁的演化理论》（1982）、赫伯特·西蒙（Herbert A.Simon）和道格拉斯·诺思（Douglas C.North）分别于 1978 年和 1993 年获得诺贝尔经济学奖。但

是到了 90 年代，经济学走向更加形式化和狭隘的死胡同。这意味着，包括演化经济学在内的异端经济学一时还难以在新古典经济学霸权主义时代取得主流地位。[①]

（二）演化经济地理学在欧洲已开始趋向主流地位

贾根良教授在分析演化经济学的命运之时指出："一种新型经济学的萌芽可以在主流经济学锁定非常严重的国度被发现，但它的成长和壮大很可能要转移到其他国家，特别是如果某个国家的经济将来在世界上处于领先地位，……演化经济学将有可能在中国获得更快的发展，并有可能在 21 世纪下半叶领导经济学的国际潮流。"[②]

本文认为，演化主义的思想将不仅可以在个别国家得到局部突破，还可以从个别相近学科中得到突破。经济地理学是一门与经济学有着天然密切关系的学科，尤其是在演化经济学研究比较活跃的国家和地区内经济地理学将是"演化主义"与"新古典主义"争斗的主战场。这场争斗中，演化主义强大的解释力和这些国家和地区的经济地理学界对演化主义的友好态度，将使得演化主义成为最后的胜利者，至少与"新古典主义"控制下的经济地理学平分天下。

从欧洲演化经济地理学家的地位和主流经济地理学期刊对演化主义论文的欢迎态度可以发现，演化经济地理学将成为欧洲经济地理学的主流学派。

与演化经济学家的处境不一样，欧洲一些出色的演化经济地理学家位居本国，乃至世界经济地理的一流教学研究机构，如首先提出"演化经济地理学"范式和认为演化经济地理学是"新经济地理学"的新取代的 Boschma 教授所在的荷兰乌得勒支大学经济地理系、近来对演化经济地理学有着浓厚兴趣并试图构建演化经济地理学核心概念的 Martin 教授所在的英国剑桥大学地理系，以及演化经济地理学制度学派人物 Schamp 教授所在的德国法兰克福大学人文地理系等，无疑都是世界一流的经济地理学研究机构。这里需要另外说明的是，演化经济地理学研究活跃的国家和地区在很大程度上就是演化经济学研究发达的地区。公认的世界演化经济地理学在荷兰、英国和德国，而德国和英国的演化经济学也是非常活跃的。魏特（Ulrich Witt）和瑞士的多普非（Kurt Dopfer）和英国的霍奇逊（Geoffrey M. Hodgson）无疑是德语世界和英国的演化经济学著名代表人物。

同时，近年来欧洲主流经济地理学期刊刊登了越来越多的演化经济地理学的论文，

---

① 有关 20 世纪 70 年代后经济学的变化可以参见贾根良等人译翻译的杰弗里·M.霍奇逊著作，《制度与演化经济学现代文选——关键性概念》，高等教育出版社 2005 年版。

② 贾根良：《演化经济学译丛》，见贾根良等人译，杰弗里·M.霍奇逊著，《制度与演化经济学现代文选——关键性概念》，高等教育出版社 2005 年版，第Ⅲ页。

如英国的《经济地理》（*Journal of Economic Geography*）、荷兰的《经济和社会地理杂志》（*Tijdshrift voor Economische en Sociale Geografie*），以及德国的《地理》（*Geographische Zeitschrift*），尤其是英国牛津大学的《经济地理》。近年来一些演化经济地理学的经典文献都发表于此，已成为演化经济地理学研究的重要阵地。

五、中国：不久将来的世界演化经济地理学研究中心

从上面的分析看，演化经济地理学要在一个国家扎下根，并发展起来，需要具备几个条件：一是技术进步和创新驱动下经济的发达；二是演化经济学研究的深入；三是相关领域研究的活跃。本文认为，中国不仅具备了这些必要条件，而且还因为中国经济空间演化机制和规律与西方国家不同，中国学者有可能为国际演化经济地理学界做出特殊的贡献，因此在不久的将来，中国将成为继欧洲之后的第二个演化经济地理学研究中心。

（1）中国的改革和发展既需要演化经济地理学，也为其在中国的兴盛提供了土壤。

改革开放后，中国区域经济发生了重大变化：既出现了上海、北京、深圳、广州、青岛、重庆和武汉等城市经济的高速发展，也存在一些社会经济和生态环境走下坡的资源型老工业城市；既在东南沿海一带出现了以民营经济为主体的中小企业集群，还有一大批破产或濒临破产的老国有企业；既有一批如上海张江生机勃勃的高新开发区，也有些开发区大量土地闲置。

如何去认识这些现象，如何去提升中国经济的创新力？演化经济地理学将能够提供一些启示。西方学者对老工业区的衰退和重生、新产业区的生命周期和风险防范、区域经济差异等问题进行了深入的探讨，这对于我国具有重要启示。同时，中国处于经济社会转型期，制度变化大，加上中国独特的文化及悠久的历史，中西的经济演化动力机制有着很大差异，这既使得理论创新成为可能，也可以为解决现实问题提供智力支持。

（2）马克思主义哲学和经济学的影响及中国演化经济学兴起的影响。

尽管新古典经济学在中国学术界和政策领域影响巨大，但是并不是密封着的"铁桶"局面。相反，马克思主义经济学和制度经济学在中国占有非常重要的地位。加上近年来，国内演化经济学研究的兴起，无疑为演化经济地理学在中国的传播和发展提供了非常重要的智力来源。

尽管中国经济地理学脱胎于自然地理学，与经济学的关系不是很密切，但是中国经济地理学学者一直长期接受着马克思主义哲学和马克思政治经济学的熏陶。唯物辩证法告诉我们：真理是有条件的，是对事物发展的一定阶段的正确认识。这与演化主义强调

"时间的不可逆"具有相似性。同时历史唯物主义指出，在社会发展过程中，生产力是社会发展的最终决定力量；科学技术是"历史的有力的杠杆"，是"最高意义上的革命力量"[①]，则与演化主义强调新奇或创新是经济变化的内在动力具有相通性。在研究方法上，马克思采取历史的研究方法，这点无论在演化经济学，还是演化经济地理学都比较流行。从思想的继承性看，现代演化经济学的直接理论来源是熊彼特主义，而熊彼特本人的思想和研究方法就深受马克思的影响，并尊马克思为导师。因此，中国的经济地理学学者在接触到演化主义的基本观点和研究方法后会有种亲切感。

再者，目前中国经济学界研究演化经济学的学者越来越多，其中三个研究团队最为活跃：一是以中国人民大学经济学院的贾根良教授为代表的思想史学派，试图给中国后继研究者一个清晰的理论面貌；二是中国人民大学经济学院的孟捷教授和在欧洲老制度经济学那里留学多时的中南财经政法大学杨虎涛副教授为代表的政治经济学学派，力图用演化经济学来完善和发展马克思经济学；三是以南京大学管理科学与工程研究院盛昭瀚教授为首的实证学派，积极地促进着中德演化经济学学术交流。本文同意贾根良教授的观点，21世纪的中国演化经济学将是领导世界演化经济学的重镇。中国的经济地理学发展逃脱不了整个经济地理学学科发展的规律，随着中国演化经济学的兴起，必将有很多的经济地理学和区域经济学的学者关注到这一激动人心的领域，并将应用到自己的研究中去，为演化思想的发展做出自己的贡献。

（3）活跃的创新研究和集群研究队伍为中国演化经济地理学发展准备了人才。

20世纪80年代末，在中国自然基金委管理科学部的资助下，清华大学、浙江大学、中国科技促进发展研究中心、国务院发展研究中心等单位开展技术创新理论与实证研究。经过近20年的积累，既促进了中国国家创新工程的实施和各地创新系统的建设，推动并指导行业、企业及地方的技术创新活动，也促进了中国学术界与国际同行的对话；既培养了大批科研和管理人才，也使创新观念深入人心，逐步获得全社会的认同。

雨后春笋般的集群现象给中国经济带来了强大的竞争力，也引起了中国学者的关注。90年代早期，中国学者对国外产业集群研究做了理论介绍并进行了初步案例研究。2001年北京大学王缉慈等人出版的《创新的空间—企业集群与区域发展》是早期研究的代表作。此后，越来越多学科的学者和青年学生加入到产业集群的研究行列中来。在中国，产业集群学界已构建了比较完善的学术联系网络。一是2004年以来的"产业集群

---

① 参见《马克思恩格斯全集》第19卷，人民出版社1963年版，第372页。

和区域发展国际学术会议"。该会议已分别在浙江大学、中山大学、山东大学、东华大学和北京大学举办了六届，这几次会议为提升中国集群研究水平，加强国际对话起了一定作用；二是 2003 年 5 月由王缉慈教授为首建立起来的中国"地方产业集群研网"（www.clusterstudy.com）对推动产业集群理论在中国的普及和学术研究起到了不可忽视的作用。2008 年 5 月注册会员已超过 5 100 人，成员包括教授和政府官员，但以硕士生和博士生为主，横跨经济地理学、经济学、管理学、经济社会学等几大学科。

从国际研究经验可以发现：由于产业集群被认为是创新最活跃的空间组织，也容易被锁定，因此成为国家创新系统和区域创新系统和演化经济地理学研究的重要对象；同时，研究集群和演化的学者都不得不从演化经济地理学寻找理论启示。因此，可以说，中国欣欣向荣的创新系统研究和集群研究为中国演化经济地理学的兴起和发展准备了人才并积累了知识。

（4）产业演化和区域演化：中国学者大有作为。

从国际演化经济地理研究内容看，产业演化和区域经济演化是演化经济地理学的重要研究领域。近年来，欧洲学者也开始利用演化思想探讨相关问题。Storper（1997）提出，对于产业聚集和地方产业优势的来源应该从演化的观点分析。Bathelt 和 Glückler（2002）以 128 号公路和北卡罗来纳的研究三角园为例研究了北美高技术产业集群演化。Brenner（2004）研究了整个德国产业集群的聚集机制，但是由于数据收集的困难导致他的研究也同样缺乏动态性。Boschma 和 Wenting（2005）及 Klepper（2002）分别研究了英美两国汽车产业的演化。Wetering（2004）讨论了荷兰服务业的产业演化。同样，区域经济演化研究，尤其是老工业区的衰落和复兴等问题当前的研究重点。①

与以往的理论相比，产业和区域经济的演化主义框架具有如下特点：（1）企业是其分析的基本单位；（2）路径依赖使得历史具有重要的作用，同时，偶然事件会突然改变发展方向，并使得趋势多元化；（3）强调时间的不可逆和空间异质性；（4）主张动态的、历史的研究；（5）强调演化过程中的企业衍生机制、聚集经济机制和已存企业与知识产生和扩散的关系。本文认同上述观点，但是由于我国人文环境、历史文化与西方的不同必将导致演化机制的不同，这点在企业衍生动力机制中体现得最明显。另外，我国新产业区成长于市场经济制度不完善的环境里，体制转变带来的老工业基地问题等等，都可以成为我国学者努力的方向。

---

① 有关研究进展见 Robert Hassink and Dong-Ho Shin, 2005, "The Restructuring of Old Industrial Areas in Europe and Asia", *Environment and Planning*, A 37:571-580.

参考文献

杰弗里·M.霍奇逊：《制度与演化经济学现代文选——关键性概念》，贾根良等人译，高等教育出版社 2005 年版。

贾根良：《演化经济学：经济学革命的策源地》，山西人民出版社 2004 年版。

刘志高、尹贻梅：《经济地理学与经济学关系的历史考察》，《经济地理》2006 年第 3 期。

刘志高、尹贻梅：《演化经济地理学评价》，《经济学动态》2005 年第 12 期。

王缉慈：《第五届产业集群与区域发展国际学术会议大会宣言》，2006 年，http://oec.pku.edu.cn/icrd/index.asp。

Ayter R., 2004, "Economic Geography as Dissenting Institutionalism: The Evolution, Embeddedness and Differentiation of Regions", *Geografiska Annaler*, 86B:95-115.

Arthur W. B., 1990, "Silicon Valley Locational Clusters: When Do Increasing Returns Imply Monopoly?", *Mathematical Social Sciences*, 19 (3):235-251.

Antonelli, C., 2000, "Collective Knowledge Communication and Innovation: The Evidence of Technological Districts", *Regional Studies*, 34 (6):535-547.

Buenstorf G., 2004, *The Economics of Energy and the Production Process: An Evolutionary Approach*, Edward Elgar Publishing.

Boschma R.A., Lambooy J.G., 1999, "Evolutionary Economics and Economic Geography", *Journal of Evolutionary Economics*, 9 (4):411-429.

Boschma R. and Frenken K., 2006, "Applications of Evolutionary Economic Geography", Paper presented at the DRUID conference, 18-20 June 2006.

Boschma, R.A., 2004, "Competitiveness of Regions from an Evolutionary Perspective", *Regional Studies*, 38 (9):1001-1014.

Boschma, R.A. and A.B.R.Weterings, 2005, "The Effect of Regional Differences on the Performance of Software Firms in the Netherlands", *Journal of Economic Geography*, 5 (5), pp.567-588.

Bathelt, H. and Gertler, M.S., 2005, "The German Variety of Capitalism: Forces and Dynamics of Evolutionary Change", *Economic Geography* 81 (1):1-9.

Bathelt, H. and Glückler, J., 2002, *Wirtschaftsgeographie: Ökonomische Beziehungen in räumlicher Perspektive (Economic Geography: Economic Relations in Spatial Perspective)*, Stuttgart: UTB-Ulmer.

Bathelt, H. and Glückler, J., 2003, Wirtschaftsgeographie: Ökonomische Beziehungen in räumlicher Perspektive (Economic Geography: Economic Relations in Spatial Perspective), 2nd Edition, UTB-Ulmer: Stuttgart.

Breschi, S., Lissoni, F., 2001, "Knowledge Spillovers and Local Innovation Systems: A Critical Survey", *Industrial and Corporate Change*, 10 (4): 975-1005.

Brenner, T., 2004, *Local Industrial Clusters: Existence, Emergence and Evolution*. London: Routledge.

Boschma, R.A., 1994, "Looking through a Window of Locational Opportunity: A Long-term Spatial Analysis of Techno-industrial Upheavals in Great Britain and Belgium", Ph. D.Thesis (Rotterdam: Tinbergen Institute).

Boschma, R.A. and K.Frenken, 2006, "Why Is Economic Geography Not an Evolutionary Science? Towards an Evolutionary Economic Geography", *Journal of Economic Geography*, 6 (3): 273-302.

Berndt, C. and Glückler, J., 2006, *Denkanstöße zu einer anderen Geographie der Ökonomie* (Reflections on Heterodox Economic Geography), Bielefeld: Verlag.

Boulding, K., 1981, *Evolutionary Economics*, Sage Publications, London.

Bathelt, H. and Glückler, J., 2003, *Wirtschaftsgeographie. Ökonomische Beziehungen in räumlicher Perspektive* (Economic Geography: Economic Relations in Spatial Perspective), 2nd Edition, UTB-Ulmer: Stuttgart.

Boschma, R.A. and Wentings R., 2005, "The Spatial Formation of the Automobile Industry in Great Britain: Does Location Matter?" In: P.Nijkamp & A.Reggiani (Eds.), *Spatial Evolution and Modelling*, *Cheltenham*, Edward Elgar.

Cooke, P., Uranga M.G., and Extebarria, G., 1998, "Regional Innovation Systems: An Evolutionary Perspective", *Environment and Planning A*, 30: 1563-1584.

Cooke P., 2005, Regional Innovation Systems: An Evolutionary Approach, in Cooke, P., Heidenreich, M.; Braczyk H-J (ed): *Regional Innovation Systems: The Role of Governance in a Globalized World*, 2nd edition, London; New York: Routledge.

Cooke, P., and Morgan, K., 1998, *The Associational Economy: Firms, Regions and Innovation*, Oxford: Oxford University Press.

Cooke P; Roper S; Wylie P, 2003, "The Golden Thread of Innovation and Northern Ireland's Evolving Regional Innovation System", *Regional Studies*, 37 (4): 365-380.

Caniëls, M., 2000, *Knowledge Spillovers and Economic Growth: Regional Growth Differentials Across Europe*, Cheltenham: Edward Elgar.

Dopfer, K. (eds), 2005, *The Evolutionary Foundations of Economics*, Cambridge: Cambridge University Press.

Dopfer K, J Foster and J Potts, 2004, "Micro Meso Macro", *Journal of Evolutionary Economics*, 14 (3): 263-279.

Essletzbichler, J. and Rigby, D.L., 2005, "Competition, Variety and the Geography of Technology

Evolution", *Tijdschrift voor Economische en Sociale Geografie*, 96（1）:48-62.

European Commission, Bulletin of the European Union, 1996, Supplement 5/95, Green Paper on Innovation, Document drawn up on the basis of COM（95）688 final, Luxembourg, EC. 103.

Fujita, Masahisa, Paul Krugman, and Anthony J. Venables, 1999, *The Spatial Economy: Cities, Regions, and International Trade*, The MIT Press.

Fuchs, G. and Shapira, P., 2005, *Rethinking Regional Innovation and Change: Path Dependency or Regional Breakthrough*, New York: Springer.

Frenken, Koen, 2007, *Applied Evolutionary Economics and Economic Geography*, Cheltenham: Edward Elgar.

Freeman, C., Soete, L., 1997, The Economics of Industrial Innovation, Pinter.

Ioannides Y. and Overman H.G., 2004, "The Spatial Evolution of the US Urban System", *Journal of Economic Geography*, 4（2）:131-156.

Klepper, S., 2002, "The Capabilities of New Firms and the Evolution of the US Automobile Industry", *Industrial And Corporate Change*, 11（4）:645-666.

Krugman, Paul, 1996, "Urban Concentration: The Role of Increasing Returns and Transport Costs", *International Regional Science Review*, 19（1-2）:5-30.

Lambooy, JG. and Boschma, RA., 2001, "Evolutionary Economics and Regional Policy", *The Annals of Regional Science*, 35（1）:113-131.

Lundvall, Bengt-Aake, Johnson, B., Anderson, ES, and Dalum, B., 2002, "National Systems of Production, Innovation and Competence Building", *Research Policy*, 31（2）:213-231.

Mowery, D., Nelson, RR., 1999, *The Sources of Industrial Leadership*, Cambridge: Cambridge University Press.

Marshall, A., 1890, *The Principles of Economics*, London: Macmillan.

Martin R. and Sunley P., 2006, "Path Dependence and Regional Economic Evolution", *Journal of Economic Geography*, 6（4）:395-437.

Martin Ron and Sunley Peter, 2007, "Complexity Thinking and Evolutionary Economic Geography", *Journal of Economic Geography*, 7（5）:573-601.

Nelson, RR and Sampat, BN, 2001, "Making Sense of Institutions as a Factor Shaping Economic Performance", *Journal of Economic Behaviour & Organization*, 44（1）:31-54.

Nelson, R.R., 2002, "Bringing Institutions into Evolutionary Growth Theory", *Journal of Evolutionary Economics*, 12（1）:17-28.

Nelson, RR, and Nelson, K., 2002, "*Technology, Institutions, and Innovation Systems*", *Research Policy*, 31（8-9）:265-272.

Nelson, RR., 1993, *National Innovation Systems: A Comparative Analysis*, Oxford University Press.

Nelson, R., 1993, *National Systems of Innovation: A Comparative Study*, Oxford: Oxford University Press.

Nelson, R. R. and Winter, S. G., 1982, *An Evolutionary Theory of Economic Change*, Cambridge: Harvard University Press.

Potts J, 2000, *New Evolutionary Microeconomics: Complexity, Competence and Adaptive Behaviour*, Edward Elgar, Cheltenham.

Malerba, F., 2002, "Sectoral Systems of Innovation and Production", *Research Policy*, 31 (2): 247-264.

Pelikan, P., 2003, "Bringing Institutions into Evolutionary Economics: Another View with Links to Changes in Physical and Social Technologies", *Journal of Evolutionary Economics*, 13 (3):237-258.

Rigby, D.L. and J.Essletzbichler, 1997, "Evolution, Process Variety and Regional Trajectories of Technological Change in US Manufacturing", *Economic Geography* 73 (3), pp.269-284.

Schamp E W, 2002, Evolution und Institution als Grundlagen einer dynamischen Wirtschaftsgeographie: Die Bedeutung von externen Skalenerträgen fuer geographische Konzentration (Evolution and Institution as a Basis for a Dynamic Economic Geography: The Meaning of External Economies of Scale for Geographical Concentration), *Geographische Zeitschrift*, 90 (1):40-51.

Schamp, E.W., 2000, *Vernetzte Produktion: Industriegeographie aus institutioneller Perspektive* (Networked Production: Industrial Geography in an Institutional Perspective), Darmstadt: Wissenschaftliche Buchgesellschaft.

Schamp, E.W., 2008, "On the Notion of Co-Evolution in Economic Geography", In, Boschma, R.A. and R.Martin, 2008, (eds.), *The Handbook on Evolutionary Economic Geography*, Cheltenham: Edward Elgar (forthcoming).

Swann, P. and Prevezer, M., 1996, "A Comparison of the Dynamics of Industrial Clustering in Computing and Biotechnology", *Research Policy*, 25 (7):1139-57.

Storper, M., 1997, *The Regional World: Territorial Development in a Global Economy*, New York, London: Guilford.

Storper, M., and Walker, R., 1989, *The Capitalist Imperative: Territory, Technology and Industrial Growth*, New York: Basil Blackwell.

Schamp, E.W., 2003, *Raum, Interaktion und Institution: Anmerkungen zu drei Grundperspektiven der deutschen Wirtschaftsgeographie* (Networked Production. Industrial Geography in an Institutional Perspective), Zeitschrift für Wirtschaftsgeographie 47 (3+4), S.19.

Van den Bergh, J. and Gowdy J., 2000, "Evolutionary Theories in Environmental and Resource Econmics: Approaches and Application", *Environmental and Resource Economics*, 17:37-57.

Veblen, T., 1898, "Why Is Economics Not an Evolutionary Science", *Quarterly Journal of Economics*, 12 (4), 373—397.

Witt, U., 2003, *The Evolving Economy: Essays on the Evolutionary Approach to Economics*, Edward Elgar Publishing Limited.

Weterings Anet, 2004, "The Dynamics in the Spatial Pattern of the Dutch Computer Service Sector: 1981-2001", Paper presented at ICT and Learning in Regions Conference, June 1-2, 2004.

Werker, C., and Athreye, S., 2004, "Marshall's Disciples: Knowledge and Innovation Driving Regional Economic Development and Growth", *Journal of Evolutionary Economics*, 14:505-523.

Weterings A., 2004, "The Spatial Evolution of the Dutch Software Sector: Open Windows of Locational Opportunity?", Paper Presented at The DRUID Winter Conference 2004, Aalborg.

异质性、经济增长与结构变迁：演化宏观经济理论的发展[*]

刘志铭　郭惠武

近 20 年以来，演化经济学逐渐发展成为当代经济学的一支重要力量，并初步形成了自己的理论体系。由于关注技术变迁与创新、组织与制度创新以及经济结构的变迁，演化经济学对于经济系统的运行和发展提供了与新古典经济学完全不同的视角。在这一发展的基础上，演化经济学对于传统宏观经济理论的发展尤其是增长理论也提出了批评并试图提供一个替代性理论框架。正如多普菲（2001，Dopfer）指出的，与传统宏观经济理论依赖于均衡观念和方法和关注总量分析不同，演化宏观经济理论关注的焦点是经济变迁的演化性质，它提供了关于结构和过程的理论阐释，在理论上的特点是能够处理新奇事物和异质性，在方法论上则能容纳基本的不确定性。本文试图对演化宏观经济理论的主要发展做分析性介绍。

一、演化经济学对宏观经济分析微观基础的反思

个体群方法是演化经济学最重要的方法论特征。这一方法对于宏观经济学的微观基础具有重要的意义：即宏观经济学的研究不应是由代表性个体来代表整个群体，而是在群体中个体多样性的基础上来分析宏观层面的演化。Metcalfe（2001）强调这种个体群方法与作为新古典经济学方法论基础的本质论（typological approach）是相对立的。本质论认为本质先于存在，群体中的理想类型（代表性个体）体现了本质，所有对理想类型的偏离都是偶然的，是无足轻重的，这样，只要分析理想类型就够了，没有必要去研究变异的情况。个体群思维（population thinking）的观点则认为多样性并不是对本质的偏离，事实上多样性本身就是本质。因此，宏观经济分析应以群体中的多样性为基础。个体群中多样性的动态变化指的是选择（selection）过程，即群体中具有竞争力的个体发展壮大而没有竞争力的个体被淘汰，而这种动态演化的过程本身就应是宏观经济学分析的内容。某一个个体群可作为选择的单位也可以作为选择的环境，这要看分析是在哪一

---

* 原文载《经济评论》2006 年第 4 期,略有改动。作者单位:华南师范大学。

个层次上进行。被选择的个体不是把选择环境视为给定的参数，选择的环境是由其中的个体构建而成的，个体可以努力影响选择的环境，以使它对自己有利，而这种选择环境的构建过程是更高层次的演化。

在演化经济学看来，当代宏观经济学的主要研究对象及其赖以成立的微观基础不能深入研究宏观经济变动的本质特征。多普菲（2001）提出了关于微观和宏观划分的新视角。他指出，传统宏观经济学关注由个体决策及合成的各种聚合体，如投资、消费和储蓄，并就其行为和关系提出了各种命题，宏观加总行为被看作是取决于固定的倾向。一个经济的"政体"被看作是与固定行为倾向的结构相关的一种资源结构。资源的变化由一种或几种资源数量的外生变化引起，而不是由个体或集体行为中内生表现的变化引起的，这样就把经济系统中深层结构的复杂性尤其是制度和技术的复杂性遗忘了。而要对结构和过程进行分析，首先要对微观和宏观进行适当的划分。异质性、多样性是演化的结构和过程解释的基本核心，微观、宏观的划分也就应该围绕多样性进行。新奇的产生、多样性的产生是在个体的行为、在微观层面上起作用；多样性基础上的选择、扩散和保持稳定的状态是宏观层面的问题。微观领域处理真实现象的变异状态，即新奇的创生，宏观领域处理真实现象的多样化方面。在经济主体、企业和市场三个层级中，前一个层级是下一个层级（个体群）的一个个体，也就是说每一个层级相对于前一个层级来说是宏观水平，而相对于后一个层级来说是微观水平，所以微观和宏观的划分取决于理论构建者的视角。

Bergh 和 Gowdy（2000）通过对进化生物学中关于群体选择（group selection）和间断均衡（punctuated equilibrium）争论的研究，认为宏观经济学理论应该从生物学的争论中得到启示，宏观经济学的微观基础不应仅仅从个体的和最优化的角度来建立，它还应该在层级选择的基础上，考虑更广泛的因素。

在进化生物学中，通常认为群体一般不能成为选择的对象，只有存在亲缘关系的群体和相互利他的群体才可能成为选择的对象，而一些生物学家认为群体也可以成为选择的单位。群体内的非亲缘的、非相互的利他行为导致了群体的被选择，也就是说在选择过程中虽然某个群体中的某个等位基因的频率降低了，但由于这种等位基因相对于其他等位基因在群体内的比例比其他群体高所以这个群体存活下来，使得这种等位基因的总的频率上升了。这样，群内的一些个体为了群体的生存牺牲了自己，也就是说正是群体内的合作行为导致了群体的被选择。这样的选择就是在群体的层次上进行的。能否出现群体选择主要看群体中的搭便车者是不是占主流。在社会组织中一般存在某种机制来抑制搭便车的行为，所以在具有复杂的奖励和惩罚制度的社会经济体系中，群体选择的引入使得宏观演化理论和模型的解释力得到很大增强。博弈论的研究和经验研究也表明人类社会中的合作行为是常见的，所以群体选择在社会经济中是普遍存在的。这样宏观经济分析就不能只是从个体出发，应该引入更高层级选择单位的分析。

演化宏观经济理论还从生物学中的间断均衡理论中得到重要启发。间断均衡理论认为，某些生物进化过程不是渐变和最优化的结果，而是由于环境等因素引起的突变导致的。这种间断均衡不是自然选择（natural selection）的结果而是层级选择（hierachical selection）的结果。据此，可以归纳出自然选择是在个体层次上发挥作用，而生态、气候和地质的突变导致在层级水平上的物种选择。依据间断均衡理论，可以区分选择（selection）和拣选（sorting），前者是达尔文的自然选择，是渐变和最优化的结果，后者指由各种各样的原因导致的选择的结果。选择只是导致拣选的众多原因中的一个。同时被选择个体的适应也可分为适应（adaption）和外适应（exaption）。适应是指有针对性地、渐进地、趋于最优化地适应；外适应是指某种目前能够提高适应度的功能或性状并不是适应当前环境的结果，即这种功能最初是偶然产生的，或不是针对现在的环境而产生的，而是适应以前的、其他的环境的结果。在社会经济体系中，层级选择和非最优化的选择结果也是普遍存在的，如爱迪生的留声机的发明过程，福特汽车最初的工人来源于自行车和马车制造厂，汽车的流水线应用到其他产业等例子。在间断均衡理论的启示下，演化经济学对层级选择的分析，相对于新古典经济学能够为解释经济变迁提供一个更一般的框架。它强调选择是在多层次水平上进行的，选择的结果也不一定是最优的，而新古典经济学通过以利润作为度量的效率来对单个企业进行选择的方法是不能很好地解释经济变迁的。

总体上，演化经济学不认同主流经济学的仅仅从代表性个体企业出发，从渐进的、边际上的效率改进的角度来研究宏观经济的方法，认为应该采用个体群分析方法并借鉴生物学上的最新发展，不仅研究个体企业还要研究更高层次的群体选择，并且要充分关注非最优化的经济变迁。演化的产业动态和经济增长理论都是在演化的微观基础上进行分析的。

二、异质性与增长和发展的演化理论：技术为驱动力

遵循前述对宏观经济理论微观基础分析的基本原则，演化经济学对经济增长理论作出了重要发展，而演化经济增长理论也成为演化经济学研究的一个主要内容。新古典增长理论把经济的微观个体看作是同质的，这些同质的微观要素加总成为宏观要素，经济增长由这些不同类的要素按照一定的函数关系决定。与新古典增长理论不同，演化增长

理论把企业和技术的异质性作为分析的基础，着重分析以异质性为基础的选择过程所导致的经济的结构变迁，并认为结构的变迁也是经济增长的动力。演化增长理论一般不引入要素加总的宏观生产函数，也不采用利润最大化假设，而是普遍采用描述选择过程的模仿者方程来模拟经济的结构变迁。演化视角的经济增长理论不仅研究增长还关注以结构变迁为表现的"发展"，而新古典增长理论抽象掉了经济的异质性，也就不能对经济的结构变迁作出解释。

通过引入西蒙的有限理性，Nelson 和 Winter（1982）运用演化的方法给出了一个完整的经济增长模拟模型，开创了演化增长理论的先河。Nelson 和 Winter 的模型（以下简写为 NW 模型）通过企业生产条件和结果的不断迭代的动态过程来模拟宏观经济的增长。NW 模型以企业的技术系数或者说惯例（routines）的不同来体现企业的异质性，这些惯例的不同导致选择过程的发生，技术的创新过程由企业的"搜寻"（search）活动来完成。

NW 模型中在任何一个时期的初始状态，每一个企业的特征由其资本存量和主导惯例加以刻画，当把惯例作一简化只考虑技术惯例时，一个企业的每一时刻的状态可由一个三元组来表示即可以由 (a_L, a_K, K) 识别码来表示，a_L、a_K 为劳动和资本的技术系数用以表示技术惯例，K 为初始的资本存量。总产出和劳动需求直接决定于行业的状态。工资率是内生的，在每个时期参照劳动供给曲线来决定。在一个外生给定的企业集合及企业生存的环境中，根据每个企业的产出形成价格。资本的总报酬是收入减去对劳动的支付，这样也确定了每个企业的利润水平。

NW 模型以满意假定代替了新古典经济学的利润最大化假定。根据这一假定，企业若在现有的状态下达到给定的利润率，他们就不进行"搜寻"而是只保持其现有的惯例。若企业利润率低于目标水平，则企业会进行"搜寻"。"搜寻"是指寻找新惯例和改善现有惯例的活动。"搜寻"活动有两种类型：一是本地"搜寻"；另一个是模仿。本地"搜寻"就是自主创新，即在一个技术可能性集合中寻找新的技术，新技术越接近旧技术，它被"搜寻"到的可能性就越大。模仿就是模仿其他企业的技术。一个企业"搜寻"到不同技术的实际概率是本地"搜寻"界定的概率和"模仿"界定的概率的加权平均，技术的改变也就是技术系数的改变。

第一轮产出结束后，一部分企业进行"搜寻"，另一些企业保持原有惯例，这样，下一期的惯例或者说技术系数就确定了。同时，企业根据自己的投资决策惯例确定了下一期的资本量。下一期的行业状态也被决定了，经济开始了新一轮的迭代。

用计算机来模拟这个动态的随机系统进行多次迭代之后就可以得出经济体系一系列

指标的变动情况，每一轮的迭代都是行业状态再结合随机条件来进行的。可以通过变动初始条件来进行比较动态分析。经过计算机模拟，NW 模型的结果与卡尔多的程式化事实是一致的。

沿着 NW 模型的技术"搜寻"思路，后来的一些学者作了一些扩展。Conlisk（1989）在企业技术异质性的基础上研究了以新加入的企业的技术进步所体现的经济增长。Conlisk 主要依据 Nelson 和 Winter（1982）提出的累积性技术（cumulative technology）的思想，建立了一个经济增长的模拟模型，认为经济增长是非稳态的随机漂移过程，而不是新古典增长理论的稳态增长。所谓的累积性技术是指新加入的企业的技术建立在已有企业的技术的基础上，而且新加入企业的创新会影响到今后将要加入的企业的技术。其模型是这样描述的：

设 $N(t)$ 为 t 时刻工厂的数目，$m(t)$ 为 t 时刻新建的工厂的数目，$y_i(t)$ 为现有工厂的生产率向量，i 为工厂代码。$s = \dfrac{m(t)}{N(t)}$，s 为储蓄参数，代表使用现有资源用于建新工厂的努力程度，如果工厂成本与平均生产率增长速度相同，则这里的储蓄参数与一般意义上的储蓄率就是一致的。$x_i(t)$ 代表新建工厂的生产率向量，$x_i(t)$ 由下面随机化函数确定：

$$\log x_i(t) = \mu(t) + \sigma \varepsilon_i(t)，\varepsilon_i(t) \text{ 服从均值为 0，方差为 1 的分布}$$

$$i = 1, 2, \cdots, m(t)$$

这样，$\log x_i(t)$ 就是服从均值为 $\mu(t)$，标准差为 σ 的概率分布的随机变量。$\mu(t)$ 由以下式子确定：

$$\mu(t) = \frac{1}{k(t)} \sum_{i=1}^{k(t)} \log y_i(t)$$

$\mu(t)$ 为 $N(t)$ 个企业中，生产率排名前 k 个企业的生产率的对数的均值，σ 为其标准差。k 为 $N(t)$ 的正比例函数，k 反映了技术扩散的速度，k 越小，说明新技术越可能被新加入的企业所掌握。这里新建的工厂的技术水平建立在创新型企业水平上。Conlisk 用 $E(\Delta\mu(t))$ 的值来代表长期的增长率，也就是参照标准制定企业的技术的平均水平的增长即是经济的长期增长，所以通过新加入企业对参照标准的影响来研究技术变迁对长期增长的影响。这就是技术累积性的体现。

Conlisk 试图通过模型说明储蓄参数的变动对经济增长存在长期的影响，而新古典增长理论认为储蓄率的变动对经济增长只有暂时的效应，没有永久的效应。当 m 增加时也

就是 s 增加时：一方面，每年更多的新工厂的建立会在平均水平上使运行着的企业掌握的技术更新、更现代，这是暂时的效应；另一方面，更多的新工厂的建立使得"标准制定"工厂群体的整体技术水平提高的概率增加，因为可能会有一些技术较好的企业取代一些原来的标准制定者，这样新企业进入的参照标准就会上升，又由于模型中没有使标准下降的机制，所以一旦标准被抬高，今后的标准只能高于或等于这个标准，这就形成了对经济增长的永久的效应。如果新企业进入没有改变标准，那么这时 m 的提高只有暂时的效应，对今后的历史没有影响。

新进入企业能否成为标准的制定者，要看随机变量 $\varepsilon_i(t)$ 的值。当 $\varepsilon_i(t)$ 为正且足够大时，新进入企业会成为标准制定者；若 $\varepsilon_i(t)$ 为负且足够小时，新进入的企业不能成为标准的制定者。当有新进入企业成为标准制定者时，今后进入的企业会站在一个更高的起点上，这样就改变了长期增长的路径，形成了增长路径的非稳态的漂移。如果进入的企业没有成为标准制定者，那么新企业的进入可能只有暂时的效应，经济增长的水平没有改变而只有短期的经济波动。这样就把经济周期和长期增长纳入了同一个解释框架，即经济周期和长期增长都是由技术变迁引起的。这里技术水平的不断跃迁体现了熊彼特的"创造性破坏"思想。

20 世纪 90 年代以后，演化增长理论较多地采用了英国遗传学家和统计学家费雪（Fisher，1930）提出的费雪方程即模仿者方程（replicator equation）来模拟经济增长过程。费雪方程以数学形式来反映达尔文的"适者生存"的进化思想。在该方程中，某生物个体的数量在群体中的比例由这个个体的适应度决定；类似的，在社会经济系统中，企业的市场份额可以由企业的成本决定。在经济系统中，被选择的个体可以包含的范围很广，如技术、企业或部门等，适应度也可以用许多内容来代表，如成本、利润率等。

在把生物学上的模仿者方程引入演化经济分析的尝试中，属 Silverberg 和 Lehnert（1993）的模型和 Metcalfe（2001）的模型较为典型，这二者的模型中分析了单一部门内部的多样性。

Silverberg 和 Lehnert（1993）借助模仿者方程建立了一个技术多样性基础上的技术选择的模型（SL 模型）。在该模型中，技术的选择过程引起经济的结构变迁。这一模型是建立在熊彼特"创造性破坏"理论的基础上的，即技术的选择和扩散导致经济的周期波动。在 SL 模型的模仿者方程中，选择的对象是技术，适应度是技术的利润率。具体的模型为：

实际工资的增长率从菲利普斯曲线得出：

$$\dot{w} = -mw + nwv$$

m 和 n 是常数，v 为就业率，w 为工资率。

SL 模型通过技术的资本存量的演化来代表技术的选择过程，技术的资本存量的增长率等于这种技术的净利润，具体方程为：

$$\frac{\dot{k_i}}{k_i} = r_i - \gamma = \frac{1}{c_i}\left(1 - \frac{w}{a_i}\right) - \gamma, \quad i = 1, 2, \cdots, n \text{ 种技术}$$

r_i 为利润率，γ 为资本折旧率，c_i 为资本产出比，a_i 为劳动生产率。这个方程说明对技术的投资依赖于这种技术产生的净利润。具有高额利润的技术将会扩张，不能得到正的净利润的技术将会萎缩。对上式进行适当扩展可得：

$$\frac{\dot{k_i}}{k_i} = r_i - \gamma = \frac{1}{c_i}\left(1 - \frac{w}{a_i}\right) + s(r_i - \bar{r}) - \gamma$$

$\bar{r}$ 为以资本存量为权重的平均利润率，s 表示技术交叉投资的强度。该方程表示存在技术交叉投资情况下，技术资本存量的演化过程，这时，一种技术产生的利润可以投资于另一种盈利能力更强的技术。

SL 模型对技术的就业增长率作了规定：

$$\frac{\dot{v_i}}{v_i} = \frac{\dot{k_i}}{k_i} - \alpha = \frac{1}{c_i}\left(1 - \frac{w}{a_i}\right) + s(r_i - \bar{r}) - \beta$$

α 为劳动人口的增长率，$\beta = \alpha + \gamma$。

模型中还引入了创新机制，创新的产生遵循泊松随机过程，这个过程由两个参数来控制，ω 为相继两个创新之间的平均等待时间，Δ 为相继两个创新之间的劳动生产率的提高的水平。则劳动生产率的平均增长率可以定义为：

$$\tau = \frac{\Delta}{\omega}$$

定义 f_i 为技术资本存量在全部资本量中的份额，下式描述了它的动态过程：

$$\dot{f_i} = (1 + s)(r_i - \bar{r})$$

在这个方程中，利润超过平均水平的技术其资本份额将会上升。这个式子描述了技术的演化机制，即具有竞争力的技术在总资本中的份额上升就意味这种技术的扩散。这样 SL 模型就建立了一个从技术的创新到技术的扩散的完整的分析框架。创新到扩散的过程就是"创造性破坏"的过程，这样的过程导致了经济的波动和长期的增长。

Metcalfe（2001）运用 Fisher 方程，建立了一个简单的描述选择和发展两个阶段的模型，Metcalfe 认为选择过程中出现的多样性的减弱是选择方程的一个问题，由此他试图在模型中加入多样性的补充和创生机制。在 Metcalfe 模型的模仿者方程中，选择对象为企业，适应度为成本。

在一个 n 个企业组成的一个群体，每个企业生产同样的产品，企业间的区别仅仅是产品生产中单位成本的不同。h_i 为单位成本。产品价格相同均为 p，每一单位产出所获利润为（$p-h_i$）。企业在生产能力扩张中拿出同样份额的利润用于投资，资本—产出比相同。于是，每一企业的增长率为：

$$g_i = f(p - h_i) \qquad (1)$$

f 为投资的每一单位资本存量所获的利润。

在每一时点上，用 s_i 表示企业 i 在企业群体中的产出份额。产出的总增长率为 $\sum s_i g_i = g$。

以上假设界定了一个以模仿者动态为基础的选择过程。于是，任一企业的市场份额的变化率即选择过程为：

$$\frac{\mathrm{d}s_i}{\mathrm{d}t} = s_i(g_i - g)$$

将它与式（1）合并，变为：

$$\frac{\mathrm{d}s_i}{\mathrm{d}t} = s_i f[\bar{h}_s - h_i], \qquad \bar{h}_s = \sum s_i h_i$$

这时企业的适应度由企业的增长率转化为企业的成本。

在这个方程下，经济的结构将不断变迁。比群体平均水平更有效率的企业，其市场份额将会提高，效率低于群体平均水平的企业的市场份额下降。正是企业异质性导致的选择过程产生了结构的变迁。

群体中平均单位成本 h_i 的变化率为：

$$\frac{\mathrm{d}\bar{h}_s}{\mathrm{d}t} = \sum \frac{\mathrm{d}s_i}{\mathrm{d}t} h_i = f \sum s_i(\bar{h}_s - h_i) h_i$$
$$= f V_s(h)$$

这里，$V_s(h)$ 为企业单位成本的方差。根据费雪定理，选择过程通过有利于更有效率的企业产出的再分配降低了平均单位成本。

在单位成本固定的情况下，群体的单位成本会收敛到最有效率的企业的单位成本上，其他所有企业的市场份额降至零。这样，群体中的多样性最终会被消耗掉，选择过程也会停止，而多样性是演化经济学分析的基础，多样性的消失和选择过程的停止与现实的经济现象是相违背的。因此，需要一个能再生出单位成本多样性的发展过程。

Metcalfe 引入逻辑斯蒂方程（logistic function）来描述单位成本的多样性。这种成本的变动过程被称为发展。这里引入动态报酬递增思想，即企业投资和增长越快，其生产率上升的速率或单位成本下降的速率也就越快。令：

$$\frac{\mathrm{d}}{\mathrm{d}t}\log h_i = -\left[\alpha_i + \beta g\right]$$

这个方程体现了平均经济增长率对每个企业单位成本的历时变化的影响，其中 β 表示报酬递增弹性，α_i 表示企业特异的创新速率。由此，选择过程影响增长率的分布，增长率导致的技术进步的变化影响单位成本的分布。

Metcalfe 的这个模型描述了经济系统中的选择过程，同时又加入了多样性的创生机制，这样就建立了一个以多样性为经济变迁的动力，同时多样性又不断产生的分析框架，即容纳了选择和发展两个过程。

近年来，以技术作为驱动力的演化增长模型的发展出现了一个新动向，即不满足于单一部门内部企业的异质性和只研究企业或生产的方面，认为这使得演化模型还只是主流经济学的延续。一些演化经济学者开始尝试进行多部门即部门之间的异质性基础上的宏观经济分析，强调不同部门之间的相互作用对企业以及部门的选择过程的影响，并在模型中引入消费和需求乃至国际贸易等更广泛地分析因素。这样的努力就使演化模型的分析内容更加丰富，也更贴近经济现实，从而提高了模型的解释力。这方面的主要有 Montobbio（2002）的模型和 Verspagen（2002）的模型。

Montobbio（2002）在企业和部门异质性的基础上引入制度分析和需求分析，研究多部门情况下各部门的非一致性增长（即经济的结构变迁）的原因和总体经济增长的动力。该模型一个比较突出的结论是：在没有技术进步的情况下，企业的异质性本身就可导致经济增长。

假设在一个部门情况下：

$$h_i = a_i + bR, \quad a_i = \frac{L_i}{Y_i}, \quad b = \frac{K_i}{Y_i} \tag{2}$$

h_i 为单位成本，R 为资本成本与劳动力成本的比，技术由生产的技术系数来体现。

$$\frac{\dot{y}_i}{y_i} = f_i m_i = f_i (p_i - h_i)；如果(p_i \leqslant h_i)，则\frac{\dot{y}_i}{y_i} = 0 \tag{3}$$

y_i 为企业 i 的产出，p_i 为企业 i 的产品价格，f_i 为积累倾向，这个假设说明企业产出的增长率依赖于企业的单位利润。

$$\frac{\dot{y}_{Di}}{y_{Di}} = \frac{\dot{y}_D}{y_D} + \delta(\bar{p}_s - p_i)\bar{p}_s = \sum_{i=1}^{n} s_i p_i \tag{4}$$

$\frac{\dot{y}_{Di}}{y_{Di}}$ 为市场对企业 i 的产品的需求增长率。$\frac{\dot{y}_D}{y_D}$ 为市场对整个部门的产品的需求增长率。s_i 为企业 i 的市场份额。δ 测度企业价格偏离市场平均价格时对企业需求增长率的影响，δ 表示消费者转换到其他品牌的容易程度，最终是测度选择机制的速度和竞争激烈程度，$\delta=0$ 时市场是垄断性市场，$\delta=\infty$ 时市场是完全竞争市场。式（4）描述了一个部门情况下，市场对企业的选择过程。

在多部门情况下，有以下假设即式（5）和式（6）：

$$\dot{s}_i^j = \sum_{k=1}^{n^l} d^{jl} s_i^j s_k^l z^l (p_k^l - p_i^j) + \cdots + \sum_{k=1}^{n^m} d^{jm} s_i^j s_k^m z^m (p_k^m - p_i^j) \tag{5}$$

对于 $j=1, \cdots, m$ 个部门，和 $i=1, \cdots, n^j$ 个企业。d^{jl} 表示不同部门之间的替代关系。z^l 为 l 部门在总体经济支出中所占的份额。这个公式也是模仿者方程的一个变形，它要表达的是在多部门情况下基于成本的一种选择机制。

$$\frac{\dot{y}_D^j}{y_D^j} = \varphi^j \frac{\dot{y}}{y} \tag{6}$$

这个式子表示对部门的需求的增长依赖于外生的经济增长率，φ^j 是部门需求对经济增长率的弹性，也就是部门需求的国民收入弹性。

由以上的假设可以得到下面的式子，为简便起见假设 $f^j = f$，$d^{jl} = d$。

$$\frac{\dot{y}^j}{y^j} = \left(\frac{f\varphi^j + d}{f + d}\right)\frac{\dot{y}}{y} + \Delta(\bar{\bar{h}} - \bar{h}_s^j) \tag{7}$$

其中，$\bar{\bar{h}} = \sum_{l=1}^{m} z^l \bar{h}_s^l = \sum_{l=1}^{m} z^l \sum_{i=1}^{n^l} s_i^l h_i^l = \sum_{k=1}^{n} v_k h_k$ 为全部企业的平均成本。$n = \sum_{l=1}^{m} n^l$ 是经济中企业的总数；$v_k = s_k^l z^l = \frac{y_k^l}{y^l}\frac{y^l}{y}$ 是 k 企业在整体经济中的市场份额；$\Delta = \frac{fd}{f + d}$。

式（7）说明了在中观层面上的增长机制即行业产出的增长机制。行业的增长受两方面因素的影响，第一方面是 $\left(\dfrac{f\varphi^j+d}{f+d}\right)\dfrac{\dot{y}}{y}$，即受到外生的总体收入的增长和收入弹性的影响，这一点与国民收入增长时产业需求构成会发生变化这一事实是一致的，需求收入弹性的差异体现了行业的异质性，这种影响被称为拣选；另一方面是 $\Delta\,(\bar{h}-\bar{h}_s^j)$，是基于成本的内生的选择机制被称为选择，$\Delta$ 体现了制度方面的因素包括金融方面和部门之间的关系。部门之间没有替代关系的情况下，选择不发生作用，拣选仍然起作用。要想各个行业都达到相同的增长率，对于拣选，要求 φ^j 都相同，或者 $\dfrac{\dot{y}}{y}=0$，或 d 趋于无穷；对于选择，要求或所有部门都有相同的单位成本，或 $d=0$ 即没有部门之间的替代。要达到以上这些条件是极为困难的，所以各部门不一致的增长是常态。这样企业和部门的异质性以及相互替代性假设就导致了经济的结构变迁。

由以上式子可以推导出经济总体增长率的变动趋势，即总体的增长率与企业间的成本的方差成正比，即多样性程度越大，经济增长率就越高。这样就构建了一个由异质性导致经济增长的分析框架。其机制是这样的：多样性导致经济的挑选，挑选有两种因素导致，一是拣选即外生的需求增长率和需求收入弹性导致，另一个是选择，由企业和行业间的替代性以及成本的差异导致，选择过程就是企业和行业间的替代，即更有竞争优势的企业和行业生存下来，这也意味着经济结构的变迁，这种优胜劣汰的结构变迁就体现为经济的增长。在这里，分析的过程没有纳入技术的创新，说明在没有技术进步的情况下，仅仅由于经济的异质性就可以导致经济的增长。因此 Montobbio 认为索洛剩余可以被解释为经济的异质性而不一定是技术进步。

Verspagen（2002）把演化的分析方法引入后凯恩斯主义（post-Keynesian）的投入产出模型，构建了一个演化的宏观经济模型，并运用此模型对荷兰的经济增长进行了模拟。Verspagen 的模型中引入了技术以外的更广泛的分析内容，包括各部门消费需求在总支出中的份额，以及开放条件下国际间的企业竞争等。

该模型是国际收支约束下的投入产出模型，其中进口和经济部门的份额由模仿者方程得出。

$$q = Aq + f + in + x - m$$

其中，q 为总产出向量；A 为技术系数矩阵；f 为最终各部门消费需求的向量；in 为投资需求向量；x 为出口向量；m 为进口向量。

定义向量 **z** 的元素为 $z_i = \dfrac{\tilde{z}_i}{1 - \tilde{z}_i}$，其中 $\tilde{z}_i$ 为各行业进口量占全部国内销售量的比重即 $\tilde{z}_i = \dfrac{m_i}{q_i + m_i - x_i}$，也就是在部门 i，外国生产者在本国市场上的份额，$\tilde{z}_i$ 由一个模仿者方程产生：

$$\frac{\tilde{z}_{it} - \tilde{z}_{it-1}}{\tilde{z}_{it-1}} = \varphi_i \left(\frac{1}{\tilde{z}_{it-1} + (1 - \tilde{z}_{it-1}) e_i} - 1 \right)$$

其中，e_i 为在这个行业本国企业的竞争力与外国企业竞争力之比；φ_i 为调整参数。

投入产出方程中的进口 m 和出口 x 可以由 $\tilde{z}_i$ 得出，也就是说进口和出口是由模仿者动态得出的。

又 **f** $=y$**p**，y 为总消费支出，**p** 为各部门在总支出中的份额向量，其中的元素 p 也由模仿者方程得出：

$$\frac{p_{it} - p_{it-1}}{p_{it-1}} = \varphi_i \left(\frac{E_i}{\overline{E}} - 1 \right), \quad \overline{E} = \sum_j p_{it-1} E_i$$

对于这个投入产出方程，在国际收支平衡约束下，可求得总支出 y，进而可求得GDP。这样，模型就建立了一个模仿者动态推动下的国民收入变动机制。

模型中的投入系数矩阵 A，各部门的资本产出比和各部门新增资本品的份额都属于外生的技术层面问题。假设这三者的增长率都与劳动生产率成正比，劳动生产率的增长率用来代表技术的进步率，这样就可把 GDP 变动与技术进步连接起来。

Verspagen 通过改变三组变量即劳动生产率、部门需求构成（即向量 **p**）和在开放经济条件下的企业竞争力（由 $\tilde{z}_i$ 和 e_i 来描述）来模拟荷兰 GDP 变动的趋势。方法是对三组变量先确定一个基点，然后使每一组变量高于或低于这个基点，再看 GDP 增长率在模拟过程中的变动状况。在对荷兰 1997 年到 2010 年时间段进行模拟后，发现劳动生产率高于基点则 GDP 增长率呈上升趋势，否则下降。在需求构成方面，环境友好的产业的需求构成提高时对长期的增长率和对该产业的投资份额不利；服务业需求份额提高时，会获得一个更高的增长率。在竞争力方面，通过对农业技术产业、重工业和服务业的模拟发现本国企业竞争力高于平均竞争力时会导致经济的长期增长。

三、演化经济增长理论的新方向：技术与制度的协同演化作为驱动力

长期以来以新熊彼特学派为主体的演化增长理论着重从技术变迁为基础的产业动态

角度来研究经济增长。在制度经济理论的影响下，近年来，Nelson（2001，2002）开始把制度分析纳入增长理论的视野，强调技术和制度的协同演化对经济增长的推动作用。Pelikan（2003）则提出要拓展 Nelson 的制度概念以更有效地制度分析与演化分析结合起来并更好地分析经济增长过程。

　　Nelson（2002）认为制度分析与演化分析的结合是有基础的，两种理论都持有共同的行为前提假设：即要把人的行为和相互影响理解为共同的行为和思想习惯的结果，反对最大化分析。Nelson（2001，2002）认为利用惯例（routines）概念可以把制度经济学和演化经济学统一起来。惯例是一种程序，包括生产中每一种分工的具体的操作程序和技术，可称作"物质技术"，也包括劳动分工和分工之间的协调，即是制度，也可以称做"社会技术"。"社会技术"的概念可涵盖企业组织的制度、市场制度和公共选择与行动。现存的制度即是在社会中占主流的"社会技术"。不同企业的"社会技术"会不同，但偏离主流的"社会技术"风险比较大。把制度定义为主导的"社会技术"即是把制度看作是在人与人相互作用的环境中，经济行为人完成任务的行为方式，而不是把制度看作是对行为的约束，因为技术本身不应被看作是对行为的约束，所以 Nelson（2002）反对把制度定义为约束规则。惯例和技术是演化经济学的核心概念，所以把制度看作是"社会技术"也就把制度分析与演化分析结合起来了。Nelson 认为物质技术的进步仍然是经济增长的主要推动力，"社会技术"主要通过推动物质技术的发展来推动经济增长。新的"社会技术"的产生是指经济行为者相互作用的新的模式的产生（如新的组织生产的方式、新的市场、新的法律和新的集体行动的形式），而新的制度结构对于正在使用的和发展的技术有着深刻的影响。Nelson 通过考察 19 世纪末美国大规模生产的兴起，研究了制度与技术的协同演化对经济增长的作用。美国 19 世纪末到 20 世纪初出现的大规模生产在公司治理和融资上都超出了家族经营所能应付的水平，雇用职业经理人必要性的增加和家族经营者投资意愿的下降促进了金融制度和金融市场的发展，职业经理人的需求又推动了商业学校的发展。这些新的制度的发展反过来又促进了美国的大规模生产的迅速发展。这个例子说明了制度或者说"社会技术"的演化通过影响物质技术的演化来影响经济增长。

　　Pelikan（2003）认为把制度分析引入演化经济学可以分析和解释许多重要问题，但这种分析的力度的大小取决于对制度概念的确定，应用 North（1990）对制度的定义即把制度定义为人们设计的约束规则比 Nelson 把制度定义为"社会技术"或者说人的行为惯例分析的力度更强。作为约束规则的制度有两个特征：一是相对易于观察且是编码化的法律和道德规范的结合；二是它是不同经济体进行比较的最小变量和经济绩效方面最重要的特征。这两个特征首先使得人们可以对经济制度进行更细致的分类，而不是仅仅局限在资本主义和社会主义的分类上；其次，也可使经济学变成演化的科学，即令经济学不但可以研究资本主义的资源的优化配置，而且可以研究资本主义经济结构的创生和破坏，并由此进而区分资本主义具体的不同类型。但若把制度定义为行为惯例就不能实现这样的效果。

把制度定义为约束规则后，可以把经济演化分成两类：一是经济演化代理人及其技术和相互关系的演化；二是制度本身的演化。Nelson 关于物质技术和社会技术的研究属于第一类演化，只有把制度定义为约束规则才能更好的关注第二类演化。

从资源配置角度考虑，制度对技术存在两方面的影响：一方面，制度为技术的创新提供自由的空间，另一方面，制度影响技术创新的激励；从演化过程来看，制度一方面影响落后技术的剔除速度，另一方面，也影响选择的正确性和先进技术扩散的速度。若只把制度定义为惯例规则，那么就会只关注制度对技术的资源配置方面的影响而忽视制度对技术选择过程的影响。而我们把制度定义为约束规则就能够更多的关注技术选择过程，也就把对制度的演化、技术的演化以及经济的增长过程的分析很好的结合起来。

四、简短的结语

演化视角的宏观经济理论试图深入到经济的深层结构，直接面对经济的复杂性，主张经济的总体变动源于经济体系内复杂结构的变迁。所以要理解宏观经济现象，就必须研究经济系统中异质性个体的行为和相互作用，放弃新古典的理性人假设，采用有限理性假设和考虑异质性的个体群方法，而且选择的单位也应该包括更高的层级，同时也应关注非最优化的选择结果。在增长理论方面，演化增长模型普遍在异质性的分析基础上，以模仿者方程（replicator equation）来模拟选择过程。模型中的选择过程导致经济结构的变迁，而这种经济结构的变迁又是经济增长的动力。此外，演化增长理论关注技术与制度的协同演化对经济增长的推动。演化分析的更宽松的假设虽然提高了模型的复杂程度，从而为得出清晰的结论带来了困难，但它为人们更深刻地认识经济现实提供了很有价值的方法和途径。

参考文献

贾根良：《理解演化经济学》，《中国社会科学》2004 年第 2 期。

库尔特·多普菲：《演化经济学：分析框架》，载于库尔特·多普菲：《演化经济学——纲领与范围》，贾根良等译，高等教育出版社 2004 年版。

斯坦利·梅特卡夫：《个体群思维的演化方法与增长和发展问题》，载于库尔特·多普菲：《演化经济学——纲领与范围》，贾根良等译，高等教育出版社 2004 年版。

Bergh, J.C., J.M. van den, and Gowdy, J.M, 2000, "The Micro-Foundations of Macroeconomics: An Evolutionary Perspective", Tinbergen Institute Discussion Paper TI 2000-021/3.

Conlisk, J., 1989, "An Aggregate Model of Technical Change", *The Quarterly Journal of Economics*, November: 787-821.

Fagerberg, Jan., 2002, "A Layman's Guide to Evolutionary Economics", Working Paper no.17/2002, TIK-Center for Technology, Innovation and Culture, University of Oslo.

Fisher, R.A., 1930, *The Genetic Theory of Natural Selection*, Clarendon Press, Oxford.

Kwasnicki, W., and Kwasnicka H., 1992, "Market, Innovation and Competition", *Journal of Economic Behaviour and Organisation*, 19, 343-368.

Montobbio, F., 2002, "An Evolutionary Model of Industrial Growth and Structural Change", *Structure Change and Economic Dynamics*, 13:387-414.

Mulder, P., Henri L.F. De Groot, and Marjan W. Hofkes, 2001, "Economic Growth and Technological Change: A Comparison of Insights from a Neo-Classical and an Evolutionary Perspective", *Technological Forecasting & Social Change*, 68:151-171.

Nelson, R.R, Winter. S, *An Evolutionary Theory of Economic Change*, Harvard University Press, Cambridge, MA, 1982.

Nelson, R.R., 2001, "The Coevolution of Technology and Institutions as the Driver of Economic Growth", In: Foster, J., Metcalfe, J.S. (eds) *Frontiers of Evolutionary Economics*, Edward Elgar, Cheltenham Northampton, 19-30.

Nelson, R.R., and Sampat, B.N., 2001, "Making Sense of Institutions as a Factor Shaping Economic Performance", *Journal of Economic Behavior and Organizations*, 44:31-54

Nelson, R.R., 2002, "Bringing Institutions into Evolutionary Economics", *Journal of Evolutionary Economics*, 12:17-28.

Pelikan, P., 2003, "Bringing Institutions into Evolutionary Economics: Another View with Links to Changes in Physical and Social Technologies", *Journal of Evolutionary Economics*, 13:237-258.

Silverberg, G. and Lehnert, D., 1993, "Long Waves and 'Evolutionary Chaos' in a Simple Schumpeterian Model of Embodied Technical Change", *Structure Change Economic Dynamics*, 4:9-37.

Silverberg, G., 1997, "Evolutionary Modeling in Economics: Recent History and Immediate Prospects" Research Memoranda No 8, MERIT, University of Maastricht.

Verspagen, B., 2001, "Economic Growth and Technological Change: An Evolutionary Interpretation",

OECD Science, Technology and Industry Working Papers, 2001/1, OECD Publishing.

Verspagen, B., 2002, "Evolutionary Macroeconomics: A Synthesis between Neo-Schumpeterian and Post-Keynesian Lines of Thought", *The Electronic Journal of Evolutionary Model and Economic Dynamics*, article number: 1007.

Windrum, P., 2004, "Neo-Schumpeterian Simulation Models", MERIT-Infonomics Research Memorandum Series.

马克思演化经济学思想的微观基础[*]

王焕祥

达尔文（Darwin）是正统进化论的先驱，马歇尔（Marshal）和凡勃伦（Veblen）则被肯定为演化经济学的先驱。马克思的思想体系形成于达尔文时代，但在马歇尔与凡勃伦之前，演化经济学者基本都认同其理论体系中具有丰富的演化思想，但关于马克思是否是演化经济学家的问题，仍存在诸多争论。究其原因，一是当代演化经济学对马克思经济学中演化思想的发掘尚不够深入，更多的研究主要集中于马歇尔、凡勃伦及奥地利学派中的一些学者，即使有一些相关文献，但在如何发掘与阐释马克思演化经济学思想方面也存在一些问题；二是人们用来衡量马克思演化思想的标准存在问题，这也许是因为演化经济学本身发展尚未成熟所致。基于此本文将指出，马克思不但是一个成功地进行生物学隐喻的经济学家，而且他的演化思想比达尔文更为深入和全面，尤其在演化分析的微观基础方面，弥补了达尔文进化论中分析方法的不足，对解决现代演化经济学中的一些重大问题具有启发意义。

一、关于马克思演化经济学思想的争论

（一）西方学者的争论

关于马克思是否是演化经济学家这一问题，演化经济学者的意见不外乎有两种。

一种看法将马克思视为演化经济学先驱。如新演化经济学的代表人物纳尔逊和温特（Nelson and Winter，1982）就曾指出："马克思的经济理论有许多是演化的。……他们不能公正地对待他关于经济变迁规律的思想。我们自己的某些思想与马克思的思想是很一致的，我们都强调，资本主义的生产组织界定一种动态的演化体系，企业的规模和利润的分布也必须从演化体系的角度来理解。"约翰·劳伦特（John Laurent，2001）则指出，在 1859 年出版的《政治经济学批判导言》一书中，马克思涉及了"作为社会动物的人"这一生物类比意义的主题，处理社会经济情境中"人"的方法与同年达尔文出版的《物种起源》中的方式近似，因而他甚至认为马克思的演化思想要早于达尔文。C.弗里曼和

---

[*] 原文载《当代经济研究》2008 年第 12 期,略有改动。作者单位:嘉兴学院。

F.娄卡（Freeman and Louca，2002）也把马克思肯定为演化经济学的先驱。B.考利安特和 G.多西认为马克思和熊彼特的演化理论同属于对长期历史型态的一般性的解释推测，是对社会演化及其历史进程的演化分析。S.雷纳特（Reinert，2003）也认为马克思和熊彼特的研究同属于德国历史学派的传统，具有强调技术和经济动态学特征的演化思想。G.巴克豪斯（G.Backhaus，2003）指出，从 20 世纪经济学的观点来看，只有马克思给予了技术因素足够的关注，将其视为经济发展的主要动力，而这是演化经济学的基本命题。

另一种看法截然相反，将马克思置于演化经济学家行列之外。例如，杰克·J.佛罗门（Jack J.Vromen，1995）认为"演化"意味着渐进的变化和发展过程，与马克思的"革命"观不同，"革命"指的是破坏性的激进变化。最具代表性的是霍奇逊（Hodgson，1999）的观点。他根据本体论、方法论和隐喻这三个标准，界定了他所认同和主张的"演化经济学"——NEAR 演化经济学。这里的 NEAR 是"接纳新事象，反对还原论"（Novelty Embracing，Anti-Reductionism）这几个英文单词首字母的缩写。其中，生物学隐喻是个"软"标准，霍奇逊最终在为不同经济学家分类时，只采纳了前两个标准，即只要某位学者符合这两个标准，不管他是否赞成采纳生物学隐喻，都被看作"NEAR 演化经济学家"。他的观点是有代表性的，基本反映了演化经济学的主旨。不过他据此把马克思逐于演化经济学之外，因为在他看来马克思经济学不符合接纳新事象这个本体论标准。不过，霍奇逊本人也承认，对包括亚当·斯密、马克思、马歇尔、门格尔（Menger）等在内的经济学家进行归类也有麻烦，因为他们都注意到了经济过程中的发明和创新。但他又进一步指出，斯密着重于决定主义或非线性发展，马克思着重于技术的视角而将历史视为朝着给定方向的进步过程，门格尔、马歇尔等人则着重于均衡结果，却都没有对新事象和创新给予足够的重视。

（二）国内学者的研究

国内学者毫无疑义地肯定了马克思在演化经济学中的地位。其中，代表性的观点集中在两个方面：一是认为马克思的制度变迁理论包含了丰富而深刻的演化思想，尤其是在和新制度经济学方法的比较研究中，对马克思制度变迁理论的发掘是较为充分的。二是认为马克思的技术变迁理论包含了丰富的演化经济学思想，例如杨勇华（2007）就指出，马克思在关于技术与社会的关系、技术的本质、技术进步的累积过程和选择过程，以及关于技术消失的论述中广泛应用了生物学隐喻研究方法。贾根良（2004）的研究涉及了科学哲学问题，他认为马克思是根植于演化经济学各流派之中的批判实在论的先驱，是回溯法即隐喻和类比的首倡者。孟捷（2006）则针对霍奇逊的观点，通过马克思的"生产力—生产方式—生产关系"原理指出，马克思自始至终强调了人类劳动具有目的论设定特征，所谓新事象或新奇性可以出现在两个环节：第一个环节是设定目的，这意味着"可选特征"的出现；另一个环节则是确定和选择实现这一目的的手段，这是一个对自然的认识过程，知识的形成对于手段的确定是至关重要的前提，因为确定手段就是要在劳动对象中发现进行新的组合和执行新的职能的可能性，即类似于熊彼特意义上的"创新"。

（三）现有相关研究存在的问题

综合中外学者关于马克思演化经济学思想的研究，我们不难发现它们存在一些共同的特征和问题：（1）利用现代演化经济学的理论框架去衡量和比较马克思经济学中所蕴含的演化思想，据此作出马克思是否是演化经济学家的判断。这与一般的思想史研究相悖。前人成果往往对后起理论具有思想性贡献和启发意义，因而先驱思想与后起理论并不在一个层面上。马克思经济学中的演化思想经过发掘和发展，要通过后来的理论体系来体现，而不是相反。（2）在尚未对马克思演化经济学思想进行充分发掘和阐释的情况下，利用现代演化经济学所确立的一些概念体系对他的理论进行评价，不免会产生一些问题。从目前的文献来看，西方学者对于门格尔、马歇尔和凡勃伦等人演化思想的发掘和阐释要丰富和深入得多。（3）过多地强调马克思的制度与技术变迁思想，掩盖乃至忽略了其本体意义上的演化思想。在现代演化经济学中，制度与技术变迁是被解释变量，是演化思想的具体应用和体现，并不能取代演化思想的基本理论。

无论是马克思的制度变迁还是技术变迁理论，都是其演化思想的体现和应用。因此，我们应该从更本质的意义上去发掘和阐释马克思的演化经济学思想，从更抽象的层次上去探求马克思演化经济学思想的本体，从而在理论基础及其应用两个层面上对马克思的演化思想形成一个完整的认识。而且，作为演化经济学思想的先驱，马克思的地位及其影响的确定，将其与同时代的达尔文及稍后的马歇尔等进行比较更有意义，尤其是与达尔文的演化思想进行比较。本文通过比较马克思与达尔文的演化思想指出，马克思的演化思想在某些方面超越了达尔文，在一定程度上弥补了其不足。

二、现代演化经济学的系统发生分析及其问题

（一）达尔文的演化思想及经济学隐喻

达尔文的演化思想一般被概括为保证多样性的变异、遗传和自然选择三个方面。相应地，通过隐喻，现代演化经济学认为一个关于经济变迁的演化理论至少包括以下几个

方面：多样性即创新，包括由现有企业实施或因新企业创立而产生的创新，也包括企业决定进入或退出一个行业的过程；复制机制，即创新被保留和累积，也包括历史因素的作用，因为创新要受过去的经验及发展过程中其他因素所施加的影响；选择，即成功的商业单位是通过适应市场选择环境而被选择出来的，任何商业单位的独特成长优势取决于与之竞争的个体的特征以及具体的环境特征，因而经济体系的演化包含着个体间的互动和协调。

现代演化经济学不仅隐喻了达尔文思想，还进一步拓展了这种隐喻。首先，现代演化经济学更倾向于达尔文主义与拉马克主义（强调环境压力的作用和生命体对环境适应的"意志力"）的折衷，认为除了市场压力的选择机制发挥作用外，个体的适应性学习也成为"自然选择"的一个机制；其次，习惯、惯例、制度及技术等因素在社会经济中的复制，与生物界相当不同，是不完全性的复制，其复制行为也不仅仅是在代际间发生；最后，分离和趋异有利于自然界中的世系演化与种群繁衍，而整合与趋同在社会经济体系中更有效率。

（二）演化经济学的系统发生分析

现代演化经济学较为成功地对达尔文的演化思想进行了引申。但从现有研究来看，无论是企业个体适应性学习的演化机制分析，还是"自然选择"的演化机制分析，一般侧重于系统发生（phylogenesis）分析，强调中观产业及其基础上的宏观经济体系的演化过程。作为对生物进化理论隐喻的结果，这与达尔文的演化思想有关。达尔文预设了有机体的个体停滞，把选择的作用层次限定在种群上，生命个体在面对选择时只能被动地适应。因而，对于达尔文而言，物种或种群是被解释变量，而有机体是解释变量。显然，达尔文式的演化机制，属于一种系统发生的分析，关注的是某种个体群的"起源"及其演化，缺少了一个基于个体发生（ontogenesis）分析的微观基础，个体群的"起源"及其演化也因此缺乏微观动力机制。

个体发生意味着一组给定不变的基因所设定的特定有机体的发展，其经济学分析强调的是微观主体的演化，如企业的成长，以及个人目标、偏好、习惯和信念变化的非惰性特征。但在演化经济学中，被解释的主要是产业发展趋势及其基础上的整个经济体系的增长特征，企业个体（包括作为个体的人）更多的情况是被视为解释变量，而不是被解释变量，这也是新古典经济学的特征。这种观念在纳尔逊和温特的演化模型中极为明显。按照他们的想法，对企业的分析并非最终目的，他们的目标同新古典经济学一样，要形成一个中观层次上的、关于产业行为的理论（Nelson and Winter, 1982）。故在他们的演化理论中，企业作为分析单位，主要是为分析行业或其他大规模的经济组织单位

（如产业群乃至整个经济体系）行为提供和奠定一个微观基础，其本身并非解释目标。①

三、马克思演化经济学思想的微观基础

（一）劳动价值论中的"二分"演化分析

马克思将技术与制度作为经济发展动力的观点已被普遍认同，这也是现代演化经济学的基本命题（Nelson，2002），因此很多学者将马克思视为演化经济学的先驱。不过，在演化经济学的基本理论体系中，技术与制度只是演化经济学基本思想在中观或宏观层面的体现和应用，还有一个解释技术与制度形成和变迁及其联合推动经济增长的微观分析作为基础。受达尔文系统发生分析方法的影响，演化经济学虽然注意到了这个问题，但在此方面一直没有取得明显的进展。相反，马克思虽然隐喻了达尔文的思想，但其演化思想中却包含了微观分析，其技术与制度变迁理论有一个微观基础，这一点一直被集中关注马克思技术与制度变迁理论的学者忽略了。

实际上，马克思演化经济学思想的微观基础就体现在其经典理论——劳动价值论中，劳动价值论是其技术与制度变迁理论的起点。为了剖析和批判资本主义社会，马克思从对微观分析单位即经济社会个体的分析出发，属于一种个体发生的分析方法。他无论是分析当时整个资本主义经济社会状况，还是分析宏大的人类经济社会制度变迁，都是基于经济社会中的微观个体——"人"提出和构建理论体系的。为了分析个人所面对的经济社会中的不平等、不公平现象，马克思从生产资料所有制的宏观制度层面上寻找原因，但他为了论证这一思考，选择了资本主义经济社会的基本细胞——商品作为出发点。关于选择商品作为分析层次的问题，现代演化经济学也越来越接受演化的多层次分析，而不是达尔文传统的系统发生的单一层次分析，博尔丁（Boulding，1981）、埃里克（Eleck，2000）、盐泽由典（Yoshinori Shiozawa，2004）等学者认为商品可以作为经济演化分析的一个单位或层次。不过，现代演化经济学以商品为分析单位的目的是服务于技术创新及其变迁分析。而马克思选择商品作为分析单位，通过提出和论证一系列"二分"概念，既发现了商品中包含的技术因素，也发现了其中包含的制度因素。换而言之，马克思从商品的微观分析出发，在商品中发现的是生产力与生产关系要素及其相互作用决定下的经济社会演化的宏观问题。

从商品的价值属性出发，马克思通过价值与使用价值、抽象劳动与具体劳动等"二

---

① 实际上，个体发生和系统发生的演化概念并不是互斥的。系统发生包括个体发生，一个种群的"系统"的发展包含了其个体的个体发生过程。因此，这二者的分析应该整合起来。

分"概念，提出和构建了劳动价值理论体系。这种二分法体现了古典思想中所包含的演化观。例如，在达尔文明确提出物种起源的演化理论之前，古典生物学就已经有这种观念：尽管物种或生命形式是多样性的，但作为物种或生命稳定型态的某种"内在物质"规定（direct）着它们。当时的物理学也认为，尽管温度是千变万化的，但作为热现象或温度稳定型态的某种"热物质"规定着它们。同样，以斯密为代表的古典政治经济学认为，尽管市场经济形式是多种多样的，但作为市场机制稳定型态的某种内在规律即"看不见的手"规定着它们。这些学科中所暗含的"二分"思想是十分明显的：行为或事物可以表现出丰富的形式，但其内在和本质却由某种稳定物质规定着。现在我们知道：生命有机体具有不同的显型（phenotye），但它们受基因型（genotype）规定；温度虽然千变万化，但决定于一种叫做"热粒子"的物质；不同的产业现象及其绩效则由类似于"惯例"、"制度"等"稳定物质"规定着。达尔文本人的生物演化思想并没有超出这种二分法。若用现代生物学术语来表述的话，他的生物演化思想可以描述为：生命体的特征可以分为两个维度，一个是基因型，一个是显型；基因型即生命体的基因结构，而显型则是指生命体的外部特征和形态结构；显型受基因规定。由此来看，作为演化思想组成部分的"二分"分析方法，在当时是有一定时代背景的，马克思在这方面先于达尔文是有可能的。

显然，马克思劳动价值论中的思想就具有这种古典的二分特征。马克思在探究资本主义政治、法律等上层建筑领域内的不平等时，是在经济基础的领域内寻找根本原因的。为此，他首先要对"什么是平等"进行阐释，商品等价交换理论就是最基本的体现。衡量或计量交换商品的单位是劳动——抽象劳动，这可以说是马克思为复杂的商品体系乃至整个经济体系中种种经济现象寻找到的、类似于基因的"稳定物质"，它不仅与社会中的人紧密联系，而且还与生产、分配和消费等经济活动环节联系在一起。按照抽象劳动的定义，不仅同一时空内的不同商品受抽象劳动的规定，而且不同时期内的商品也受抽象劳动的规定，例如当期工人使用的、作为劳动对立物的资本，就是以前劳动的结果，凝结着一定数量的抽象劳动。因而，马克思劳动价值论的一个基本思想是：尽管经济社会中商品的多样性，以及生产多样性商品的具体劳动的多样性，但其中存在着某种本质的共同属性的东西，使不同商品之间及不同劳动之间可以通约、换算，它就是抽象劳动。同样，达尔文为了寻找不同物种的一般演化规律，也是从众多的物种形式中抽象出了现代生物学意义上的、作为稳定物质的基因。

（二）劳动价值论中的演化微观分析

尽管马克思和达尔文的演化思想中都有古典的二分思想，但在分析层次上，达尔文走向了系统发生的宏观解释，预设了生命个体的停滞，并在分析其演化机制时，将基因型与显型之间的作用关系定义为单向的，即基因型规定着显型。马克思则不然，其演化思想在这两方面超越了达尔文。

首先，在分析层次上，马克思的目的是要剖析和解决资本主义经济社会制度的公平与公正问题，这是一个宏观层面的问题；类似地，达尔文也是从宏观问题出发的，他要解决的是一个种群的过去、现在与将来，即这个演化过程是怎样的。不过，达尔文的分析单位并不是个体，而是种群，它对应着演化经济学中的产业分析，因而，他没有给种群的演化提供微观的解释，使得种群的演化缺乏微观动力。马克思则吸收了古典政治经济学的劳动价值论，为其经济社会演化分析构建了一个从商品到劳动再到人的因素的微观分析基础：劳动对应着劳动力（工资）即人的因素，从而对应着生产力因素；作为对立面的资本，虽然也是抽象劳动的凝结，但已经异化为剥削手段（利润），对应的是生产关系；由微观层面的工资与利润间的矛盾到宏观层面的生产力与生产关系间的矛盾，构成了马克思宏观历史制度演化解释的主要思路和方法。在微观分析中，马克思同时也赋予人以积极、能动的角色，经济社会中的个人对劳动与资本的冲突有一个明确的意识和判断，他们不会像生物界中的生命个体那样接受大自然的"自然选择"而"适者生存"，而是会通过选择革命或改良战略主动和有意识地改变不公平的社会。

其次，在分析演化机制方面，达尔文和马克思都采用了具有辩证法思想的矛盾论方法，即"稳定物质"和表现形式之间存在一种特定作用关系的机制。但达尔文的演化理论将这种演化机制设定为单向的，即基因型规定着显型。而马克思的演化理论从一开始就将这种演化机制视为双向的，交换价值与使用价值、抽象劳动与具体劳动之间是一种互动的辩证关系。这种双向互动关系引申到劳动与资本之间进而生产力与生产关系之间时，作为宏观历史制度演化机制的微观基础也就建立起来了。在这种分析中，生产方式即"组织和进行劳动的方式"是一个重要概念，马克思把它视为联系生产力和生产关系的中介。从微观的"人"出发到宏观经济社会变革的分析，生产力和生产关系相互作用的原理是主要的演化作用机制，但其中诸要素的联系及其作用机制是通过生产方式实现的。马克思将生产方式视为人的生存方式的实现条件，从而将人及其生存条件的微观因素纳入到生产方式中介的宏观因素中，"人"为了改善其生存条件发挥能动性从而推动生产力与生产关系的变革。其中，在组织和进行劳动的过程中，社会分工和协作基础上的生产专门化，生产专门化导致的生产规模扩大、质量提高与创造能力降低之间的异化，人与劳动工具、人与资本的生产关系，都体现于人的生存方式改善与创造能力提高的社会条件构建之间作用与反作用的动态机制中。这种机制成为人类经济社会发展的主要演化机制，它暗含的思想实际上就是技术与制度联合演化（co-evolution）推动经济发展的演化经济学思想。①

最后，马克思以劳动价值论为基础，指出了生产力、生产关系诸要素与政治、法律等上层建筑诸要素相互作用的微观机制，并以此分析了同一社会形态内部运转的自我协调机制。如前所述，正是对个体特征预设的不同，使得马克思与达尔文的演化思想之间形成了明显的区别，也导致后来学者对马克思的演化思想产生了异议。例如迪特马·迈耶（Dietmar Meyer, 2003）曾就这一点指出，马克思关于人的能动性（革命性）假设，不仅意味着社会个体具有能够主动影响乃至改变社会经济生活的可能性，而且还表明马克思的演化分析转向了革命理论。这种观点在西方学者中具有普遍性，但如果因此否定了马克思的整个演化思想，则有失偏颇。因为马克思也曾指出过，通过阶级斗争和革命方式实现的社会制度变革一般是指基本社会制度的变革，非基本的具体制度的变革则不必通过革命的方式，因而制度变革可以采取暴力与和平、革命与改良两种不同的方式。劳动价值理论不仅解决了不同社会形态之间"突变"式演化的微观基础，同时也为社会形态内部有序和渐进的演化发展提供了微观解释。按照马克思的思想，生产力诸要素与生产关系及上层建筑诸要素之间的双向作用机制，要通过一系列制度环节的中间结构来实现，这种中间结构则是随着生产力诸要素的发展而不断生成与完善的自然历史过程。其中，"人"的因素及其作用仍然是第一位的。按照马克思的观点，当科技创新成为生产力提高的主要动力时，不但知识产权制度会产生，激励作为创新主体的人的分配制度也会产生，同时，整个社会中与此相关的公平、合理等价值观的意识形态也会相应地做出调整。从这个过程的微观基础来看，如果劳动与资本是对立的，即使创新没有受到抑制，这种社会形态内部的调整过程最终也会导致社会形态之间的"突变"；反之，如果劳动与资本是非对立的，创新会推动这种社会形态内部调整的平衡演化。这种动态调整观对现代演化经济学中的法国"调节（regulation）学派"具有直接和重大影响，调节学派作为演化经济学的一个分支，被认为是马克思主义传统的代表。因而，马克思的劳动价值理论为经济社会"突变"与"渐变"的演化发展提供了一个微观基础及其动力机制。这种分析是达尔文的演化思想所缺乏的。

（三）技术变迁的演化微观分析

霍奇逊曾以马克思缺乏对新奇即经济演化过程包含着持续的或周期性出现的新奇和

---

① 现代演化经济学在技术与制度变迁方面取得了丰富的研究成果，构建了具有共识性的理论体系，但关于技术与制度联合演化的理论体系尚未建立起来，这已成为现代演化经济学的主要议题之一。

创造性足够的强调，将他排除出演化经济学家的行列。从这个意义上讲，马克思不同于熊彼特，熊彼特确实强调了资本主义制度内部持续的或周期性出现的新奇，而马克思强调的是资本主义制度的腐朽和必亡特征。但是，马克思关于技术变迁的演化思想是极为丰富的，只是他观察和阐释这一问题的视角不同于熊彼特和现代演化经济学。

首先，马克思从人类社会发展的宏观层次上探讨了技术进步、技术留存、技术积累等问题，而没有着眼于特定经济社会、特定制度及其特定历史发展时期内的技术创新问题。关于这一点，我国学者杨勇华（2007）进行过较为全面的分析。其次，马克思分析技术变迁，更多地是通过生产力概念及其三要素间的内在动力机制，以及生产力要素与生产关系要素相互作用的历史条件进行的，其中，生产力诸要素的逻辑发展与生产关系的逻辑发展是相互交织、同时并存的，主要论述的是生产力诸要素与生产关系诸要素如何具体地、历史地发生作用与反作用。再次，基于以上两点，马克思认为生产力发展和技术进步是人类社会经济增长的决定因素，是社会制度形态依次更替的决定因素，因而，他将技术进步置于人类社会整体性历史演化的背景下进行研究。综合这几点可以看出，马克思实际上是把技术变迁理解为一种社会过程，这种观念与现代演化经济学中关于技术与制度协同演化、技术创新的制度嵌入的思想（Nelson，2002）具有高度一致性。最后，按照现代演化经济学的基本观点，新奇的源泉是个人创造性的心智，新奇就是对新的行动可能性的发现，它是人类创造性思维与活动的结果（Herrmann-Pillath，2001），因此，在关于新奇产生的微观基础这一问题上，一般采用的是基于个人主义的分析。如前所述，马克思对生产力中"人"的因素给予了高度关注，把"人"视为生产力中最积极、最活跃的因素，因而"人"不仅是作为劳动而创造价值的主体，也是技术创新的主体；马克思还进一步把技术描述为"物化的知识力量"即知识，因而机器、设备等的资本及其操作方法在马克思看来都是由人根据社会知识、学问创造出来的。关于技术进步的分析层次在马克思这里已经触及到了"知识"这一层次，这与现代演化经济学将知识视为技术变迁中的"基因"单位的思想（Dawkins，1982；Shiozawa，2004）也是高度一致的。

所以，马克思虽然是在人类社会演化过程的宏观背景下讨论技术变迁问题的，没有直接论述具体的新奇的产生过程，但他却对其产生的微观基础进行了具有启发意义的分析。马克思关于技术变迁的微观分析在其劳动价值论中也有明显的体现。在关于劳动转换机制即商品转换为货币、单个企业劳动转换为社会劳动的分析中，他认为技术水平决定了劳动的生产效率进而决定了商品的交换价值，从而也决定了一个企业在市场竞争中的强弱。不仅如此，马克思还指出技术因素通过影响企业的资本积累水平和速度而影响企业资本有机构成，加剧劳动与资本之间的对立，从而导致非根本制度（如劳动法、社会保障法等）或根本制度的变革。因而，在马克思的技术变迁理论中，作为生产力提高形式的技术进步对作为生产关系调整形式的制度变革的作用，其微观基础依然是劳动价值理论。

四、结　论

本文通过回顾、总结和评价中西方学者关于马克思演化经济学思想的研究，指出了其中存在的某些不足。正确和全面地认识马克思的演化经济学思想，需要对马克思演化经济学思想进行全面而深入地发掘和阐释。本文将马克思经济学的演化思想与作为现代演化经济学隐喻来源的达尔文的演化思想进行了比较，发现马克思经济学中的演化思想在某些方面要比达尔文的全面和深入。马克思的演化经济学思想中具备坚实的微观基础即劳动价值论，且其演化机制是双向的。以劳动价值论为微观分析的起点，马克思将制度（生产关系）演化分析与技术（生产力）变迁有机地结合在一起，构建了一个具有微观基础的、同一经济社会形态内部及不同经济社会形态之间演化过程的理论体系。因而与达尔文基于系统发生的宏观分析相比，马克思的演化思想更为深刻和全面，对现代演化经济学中的微观分析、技术与制度联合演化这两大难题具有相当大的启发意义。当然，对于如何将马克思的演化经济学思想与现代演化经济学连接起来，本文尚未涉及，这将是一个有意义的研究议题。

参考文献

B.考利安特、G.多西：《经济变迁的制度嵌入：对"演化"与"调节主义"研究纲领的一个评价》，载杰弗里·M.霍奇逊主编：《制度与演化经济学现代文选：关键性概念》，贾根良等译，高等教育出版社 2005 年版。

J.弗罗门：《经济演化——探究新制度经济学的理论基础》，李振明等译，经济科学出版社 2005 年版。

何梦笔（Carsten Herrmann-Pillath）：《演化经济学的本体论基础》，载于库尔特·多普菲编：《演化经济学：纲领与范围》，贾根良等译，北京：高等教育出版 2004 年版。

贾根良：《演化经济学——经济学革命的策源地》，山西人民出版社 2004 年版。

孟捷：《演化经济学与马克思主义》，《经济学动态》2006 年第 6 期。

纳尔逊：《经济增长的演化观》，载于库尔特·多普菲编：《演化经济学：纲领与范围》，贾根良等译，北京：高等教育出版社 2004 年版。

纳尔逊、温特:《经济变迁的演化理论》, 商务印书馆 1997 年版, 第 52—53 页。

杨勇华:《马克思关于技术变迁的演化经济思想》,《经济学家》2007 年第 4 期。

Backhaus, G., "Growth or Development: The Concept of the Historically Writing Economist", Backhaus, J. G. (eds.), *Evolutionary Economic Thought: European Contributions and Concepts*, Cheltenham, UK: Edward Elgar, 2003.

Boulding, E., *Evolutionary Economics*, London: Beveryly Hills, 1981.

Dawkins, R., *The Extended Phenotype: The Gene as the Unit of Selection*, Oxford: Oxford University Press, 1982.

Dietmar Meyer, "Karl Marx-an Evolutionary Scientist?", Judgen G. Backhaus Edited, *Evolutionary Economic Thought: European Contributions and Concepts*, Cheltenham, UK: Edward Elgar, 2003.

Eleck, J., "Artefact-Activity: The Coevolution of Artefacts, Knowledge and Organization in Technological Innovation", in John Ziman edited, *Technological Innovation as an Evolutionary Process*, Cambridge, UK: Cambridge University Press, 2000.

Freeman, C., Louca, F., *As Time Goes By: From Industrial Revolution to Information Revolution*, Oxford: Oxford University Press, 2002.

Herrmann-Pillath, "On the Ontological Foundations of Evolutionary Economics", in Dopfer, K. (eds.), *Evolutionary Economics: Program and Scope*, Kluwer Academic Publishers, 2001.

Hodgson, G. M., *Evolution and Institutions: On Evolutionary Economics and the Evolution of Economics*, Cheltenham, UK: Edward Elgar, 1999.

John Laurent, Darwin, "Economics and Contemporary Economics", John Laurent, John Nightingale Edited, *Darwinism and Evolutionary Economics*, Northampton: Edward Elgar, 2001.

Nelson, R. R., "Evolutionary Theorising in Economics", in Wheeler, M., Ziman, J. and Boden, M. A. (eds), *The Evolution of Cultural Entities*, Oxford: Oxford University Press, 2002.

Nelson, R. R. and Winter, S. G., *An Evolutionary Theory of Economic Change*, Cambridge, MA: Harvard University Press, 1982.

Reinert, S., "Austrian Economics and 'The Other Cannon': The Austrian between the Activistic-Idealistic and the Passivistic-Materialistic Traditions of Economics", in Judgen G. Backhaus Edited, *Evolutionary Economic Thought: European Contributions and Concepts*, Cheltenham, UK: Edward Elgar, 2003.

Shiozawa, Y., "Evolutionary Economics in the 21st Century: A Manifesto", *Evolutionary and Institutional Economics Review*, 3 (2):5—47, 2004.

Vromen, J. J., *Economic Evolution: An Inquiry Into the Foundations of the New Institutional Economics*, London: Routledge, 1995.

工业革命中生产组织方式变革的历史考察与展望

——基于康德拉季耶夫长波的分析 [*]

黄阳华

  18 世纪英国工业革命爆发出的巨大能量使得经济首次实现了持续增长，人类社会发展轨迹也得以改弦易辙。机器、能源和材料的推陈出新及广泛应用促进了劳动生产率史无前例的增长，与人均收入、人口总量、知识、投资及技术创新形成了正反馈机制，助力人类最终跳出了"马尔萨斯陷阱"。（哈巴库克、波斯坦，2002：第 259—260 页）诚然，一系列重大发明的产业化是促成这一切的必要条件，但是如果没有与之相适应的生产组织方式变革，技术进步只能是一种"潜力"，那么伴随技术创新扩散过程而渐次出现的经济社会巨变也仅是一种可能性。本文试图在微观层面上从浩浩汤汤的工业发展史中抽离出历次重大技术变革中生产组织方式的变革规律，并以这种"理性化的历史"为启发式，展望当前方兴未艾的新一轮产业变革中生产组织方式的演变特点与趋势。

  本文的研究思路是在演化经济学经典的技术经济范式分析框架下，剖析新一轮产业变革中初现端倪的新的技术经济范式的核心构件的演进，希望在如下三方面拓展既有研究：一是在理论上继承演化经济学家未竟的事业，在他们已有工业革命史研究成果的基础上补足当代现实变化，并根据新一轮产业变革的最新进展对他们过去曾做出的预测加以必要的校准；二是推动现有关于新一轮产业变革的研究从现象描述向结构化、系统化和理论化研究转变，以更好地把握这场变革的核心节点，为制定和优化产业政策提供扎实的理论指导；三是重视微观层面生产组织方式的变革，推动当前以宏观战略和产业分析为主的新工业革命研究深入至微观层面，为更好地认识和推动新一轮产业变革奠定坚实的微观基础。

  本文结构安排如下。第一节对生产组织方式与技术浪潮进行历史考察，重申演化经济学家对"工业革命""技术浪潮""康德拉季耶夫长波"和"技术经济范式"等概念的界定，并主张以创新及其扩散作为工业革命分析框架的核心，指导后文对技术经济范式演进的研究。第二节对历次康德拉季耶夫长波中的生产组织方式变革进行细致梳理，

---

  [*] 原文载《中国人民大学学报》2016 年第 5 期，略有改动。作者单位：中国社会科学院。

说明历史上典型生产组织方式的演进并不是自发的，而是与要素结构、产业结构和基础设施形态所构成的特定情境相匹配，其基本功能是有效提升生产管理效率，降低企业组织的制度成本。基于上述理论与历史的研究，第三节展望新一轮工业革命中技术经济范式各核心构件的演进，特别关注演进过程更漫长、更复杂的生产组织方式的变革，以全面增进我们对新一轮产业变革的理解。第四节以一些政策性评论对全文进行总结。

一、生产组织方式与技术浪潮的历史考察

相比于历史学家常用"工业革命"概念，深受熊彼特创新理论影响的演化经济学家更青睐"技术浪潮"概念。在传统工业革命史研究中，技术虽然居于重要地位，但是技术在工业革命中的作用常被视为是外生的和线性的。在演化经济学家看来，工业革命史更为复杂。第一，重大技术演进本身就是一项重要的研究课题。如果仅仅将技术作为外生冲击，那么对工业革命的解释就不可避免地存在局限性，这也是以新政治经济学家为代表的制度主义在解释工业革命时面临的主要批评。例如，图洛克（G.Tullock，1988）认为英国大刀阔斧地削减特许专营数量、废除限制性制度提高了寻租成本①，引导了人们从寻租活动转向生产活动是工业革命发生英国的主要原因。类似地，阿西莫格鲁（D.Acemoglu，2005）等指出 1500—1850 年大西洋贸易孕育了对私有产权保护怀有强烈诉求的新兴商业阶层，以多种方式限制了王室权力侵犯私有财产②，为工业革命的爆发奠定了制度基础。我们认为，这些研究中过于强调制度是英国工业革命的充分条件，以至于忽视了技术创新是工业革命的必要条件，故不能充分解释为什么其他私有产权得到有效保护的时代（或国家）没有出现工业革命。解答这些问题必须对技术本身的演进加以研究。

第二，技术创新对产业的影响不是简单明了的"冲击—反应"模式。如果机械地认为技术突破将自发导致工业革命，那么容易陷入技术决定论。演化经济学家坚持发明都必须经成功的商业化才能成为创新，才能引发产业、经济和社会系统的变化。这个过程极为漫长、复杂且不确定，应成为工业革命史研究的重点。创新可分为非连续的激进创新和既定技术路线上的渐进创新，对产业结构的影响也存在明显差异，那么

---

① 为了论证这一观点，图洛克还以同时代的法国为案例。法国王权独揽，权力集中更便于寻租，导致重商主义在法国存续多年，不具备爆发工业革命的制度环境。

② 包括 1642—1649 年"英国内战"和 1688—1689 年"光荣革命"两场决定英国政治体制的重要战争中支持议会。

引爆"工业革命"的是激进创新还是渐进式改进？对此，弗里曼和卢桑（Freeman and Louçã，2001，p.140）认为激进创新带来了通用技术的更替，导致全要素生产率出现跨越式增长。因此，在工业化历史长河中打捞里程碑式的激进创新，成为研究工业革命的切入点。

第三，研究创新及其扩散的历史甚至比技术史更为重要。激进创新通常是在某些先导产业率先出现后向其他产业扩散，对其他产业的带动效应是多种形式的，例如提供关键原材料和通用装备，或者改善交通和通讯基础设施。因此，聚焦先导产业的成长有助于深入揭示工业革命的发展过程。在给定技术机会的前提下，先导产业的发展受制于三方面的因素，即核心要素的可得、基础设施的支撑和经济组织的支撑。先导产业与这三方面的因素共同构成了技术经济范式的核心构件。可见，管理与组织变革贯穿于历次长波当中（Freeman、Louçã，2001；Lazonick，1990；Chandler，1977；Chandler、Hikino，1999），以至于钱德勒（A.Chandler）以"组织能力"所处的制度环境、组织能力的构建和扩散分析历次工业革命中典型国家产业竞争力的形成，提出"组织能力即为核心能力"这一著名命题（Chandler，1999，p.594）。

综上，在注重过程分析的演化经济学家看来，工业革命的发展过程可用图1表示。首先，从技术突破到非均衡产业结构变化是一个漫长、复杂但层次清晰的历史过程。在此过程中，创新的发生及其扩散居于核心地位，先导产业是激进创新的载体。其次，激进创新的扩散需要与核心投入、基础设施和生产组织协同演化，促进先导产业部门的成长。再次，先导产业通过直接或间接的产业关联和示范效应，带动产业体系发生显著变化。整个这个过程也被称之为技术经济范式的转变。演化经济学家借助该分析框架，通过详实的史料分析，不仅全景式分析了18世纪工业革命以来的产业演化史，而且还精巧地将历次激进创新浪潮与康德拉季耶夫长波相匹配，赋予了创新浪潮更丰富的经济学意义（Freeman，2001；Perez，2002）。所以，在技术层面看似跳跃的工业革命在经济层面却是连续展开的，"革命"一词虽然突出了工业革命对经济社会的巨大影响，但模糊了技术创新及其扩散过程的连续性。因此，弗里曼和卢桑主张使用"连续发生的工业革命"反映波澜壮阔的产业演进过程。相应地，他们提出18世纪中期英国第一次工业革命实现了工业机械化实质是第一、二次创新浪潮的演进过程，19世纪第三、四次创新浪潮实现了工业自动化为特征的第二次工业革命。依照上述理论分析框架和历史过程研究，有学者推断20世纪下半叶以来的"第三次工业革命"，很可能是第五、第六次创新浪潮的涌现与拓展过程（贾根良，2013）。当前引起热切关注的新一轮产业变革极可能是第六次创新浪潮，应该继续按照成熟的技术经济范式加以系统化的深入研究。

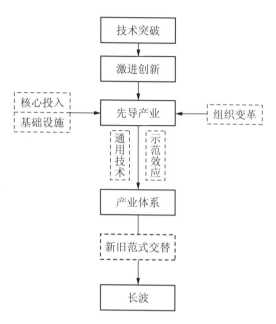

图1 以创新为核心的工业革命分析框架

二、前五次长波中的生产组织方式变革

（一）第一次工业革命中的生产组织变革

第一次工业革命也被称为"制造业的机械化革命"，由第一次和第二次康德拉季耶夫长波的组合。在这两次长波中形成的典型生产组织方式是工厂制和技工承包制。

表1　　　　　　　　　　　　　技术创新浪潮与康德拉季耶夫长波

技术和组织创新浪潮	技术与商业创新的明例	"先导"产业和主导产业	核心及关键投入	交通与通讯基础设施	管理与组织变革	繁荣/衰退
工业的水力机械化	阿克怀特的克罗福德作坊（1771年）	棉纺、铁制品、水车、漂白剂	铁、原棉、煤	运河、收费公路、帆船	工厂制、企业家、合伙制	1780—1815年
	科特搅练法（1784年）					1815—1848年
工业与交通的蒸汽机械化	利物浦—曼彻斯特铁路（1831年）	铁路与铁路设备、蒸汽机、机床、制碱业	铁、煤	铁路、电报、蒸汽船	股份制、技工承包制	1848—1873年
	布鲁内尔的"大西方"跨大西洋蒸汽船（1838年）					1873—1895年

技术和组织创新浪潮	技术与商业创新的明例	"先导"产业和主导产业	核心及关键投入	交通与通讯基础设施	管理与组织变革	繁荣/衰退
工业、运输和家庭电气化	卡耐基的贝西莫钢轨厂（1875年）	电气设备、重型机械、重化工、钢制品	钢、铜、合金	钢轨、钢船、电话	职业经理人、"泰勒制"、大企业	1895—1918年
	爱迪生纽约珍珠发电站（1882年）					1918—1940年
交通、军民摩托化	福特海兰德公园装配线（1908年）	汽车、卡车、拖拉机、坦克、柴油机、飞机、炼油厂	石油、天然气、合成材料	无线电、高速公路、机场、航空公司	大规模生产与消费、福特制、科层制	1941—1971年
	伯顿重油裂化工艺（1913年）					1971—1997年
国民经济计算机化	IBM1410和360系列（1964年）	计算机、软件、电信、设备、生物技术	"芯片"（集成电路）	"信息高速公路"（互联网）	内部网、局域网和全球网	1971—2000年
	英特尔处理器（1971年）					2000—2020年？

1. 第一次长波与工厂制度的形成

棉纺织业是第一次工业革命重要的经济增长点，在工业革命史研究中一直占据重要地位。纺织机械的技术进步极大地提升了生产效率，棉花加工效率从1780年的1磅/小时上升至1830年的14.3磅/小时，单个工人在一个童工的配合下可同时操作4台动力织布机，生产效率相当于20名手织工（兰德斯，2002）。铁是轧棉机的主要原料，铁的成本在相当大程度上决定了轧棉机成本。所以，在演化经济学的分析框架下，铁成为制约先进生产工艺大规模推广的瓶颈。[①]18世纪焦炭炼铁法和科特搅练法两项关键炼铁技术的突破使得铁能够廉价供给，促进了以蒸汽机和轧棉机为代表的机械装备的广泛采用，工业革命才真正步入了快车道。蒸汽机的广泛应用引致了煤炭需求，采煤业引入蒸汽机后提高了生产效率，煤炭价格下降又降低了蒸汽机的使用成本。因此，受棉纺织业刺激而发展起来的铁和煤成为工业革命的核心投入要素，不仅极大地推动了其他产业的机械化，而且还推动了运输力从水力转变为蒸汽动力。

1890年前后纺纱经历了从分包制到工厂制的转变。一方面，传统生产工艺下纺纱业劳动密集程度高，早期企业不具备雇佣、培训和监督工人的管理能力。另一方面，以农民为主的劳动者尚不适应工厂的工作制度，不愿意进入工厂生产，企业主倾向于采用市场交易的方式（Coase，1937），将纺纱外包给纺织工（即"外包制"），降低企业招聘、培训和监督工人的管理成本。随着企业增加专用性固定资产投资，外包会导致高昂的交

---

① 甚至因为廉价铁不可得，延缓了瓦特蒸汽机的大规模推广。

易成本，不利于发挥规模经济。工厂制度凭借资本集中、企业内分工、再生产和分销网络优势，以及更好地执行劳动纪律，到 18 世纪 90 年代成为纺织业的主流生产组织。工厂制产生了较强的示范效应，诸多行业纷纷效仿。蒸汽动力代替水力、风力等自然力，为工厂的选址带来更大的自由度，促进了工厂制的流行。早期工厂内部管理分工尚不发达，限制了工厂规模的扩张，随后出现的合伙制在很大程度上克服了这一限制。

2. 第二次长波与技工承包制

瓦特改良的双动蒸汽机虽然数倍地提升了功率，但由于成本高昂，在相当长时间内并未取得商业成功。直到两个条件具备后瓦特蒸汽机才被广泛采用：一是在供给方，机器、铁、煤被广泛应用，特别是机床的出现降低了蒸汽机的成本；二是在需求方，铁路网的扩张拉动了蒸汽机车制造、铁路车辆和铁路装备产业的成长。[1]机床作为通用装备可被广泛应用至其他产业[2]，由此形成了"铁—煤—蒸汽机—铁路装备—精密机床"之间的协同效应，不仅提高了工业生产率，而且促进了工业革命向更广阔地区（特别是欧洲大陆）传播。第一，工厂增加机器和专用设备种类后，专用性投资随之提高，企业规模不断扩大，工厂组织的制度成本也不断上涨。为此，工厂内部兴起了技术工人承包制（即"内包制"），即将生产责任发包下放至技术工人或领班，由他们组织工人生产和管理机器（Freeman，2001，p.216；Lazonick，1990）。这一时期的分包制是在工厂内部分包（"内包制"），而 18 世纪 90 年代以前则是"外包制"，在一定程度上是外包制与工厂制的结合。相比于工厂制，技术工人承包制增加了生产的科层，形成了多层委托代理关系，降低了监管成本。相比于外包制，工厂还可以实行指令管理。技术工人承包制持续了约一个世纪，促进了英国产业工人积累专业技能、提升行业合作精神和技术工人的责任感，塑造了精益求精的工匠文化。第二，铁路对现代企业制度的形成带来了示范效应（Chandler，1977，p.79）。今天高效企业所具备的属性很多源于铁路运营和扩张（特别是长距离运输）的实践。例如，守时、前向服务规划、惯例化检修、控制关键供应商、及时配送、总部管控、分段运营形成的科层制、层次分明的职责体系，乃至围绕铁路建设运行创新投融资体系（如股份制）等对 19 世纪下半叶以来大型企业的经营尤为重要。

综上，第一次和第二次长波构成了第一次工业革命，铁、煤等核心要素廉价且大量

---

① 铁路出现之前，公路运输的主要问题是铺设和维护费用高、容易逃费、四轮马车运费贵和交通速度慢等；运河修建费用高、航道受限、受制于水情、维护难度大和运输速度慢；汽船依赖于水路、航道不稳定、危险性高、航道受限等。而铁路具有运输速度快、线路灵活度高且不受季节气候限制等优势，对传统运输方式进行了较好的替代。因此，铁路一出现就有巨大的潜在市场需求。

② 铁轨和蒸汽动力结合的关键是制造出比以前笨拙的静止发动机更紧凑、更轻、更高效的蒸汽发动机。

供应一方面促进了棉纺、铁制品、铁路（装备）、蒸汽机和机床等先导产业的发展，另一方面也推动了以铁路运输为代表的交通基础设施的长足发展。资本和技术密集型生产设备的广泛采用大幅增加了工业生产的复杂度，出于提高管理效率的需要，第一次工业革命中涌现了工厂制、企业家、股份制、技术工人分包制等典型的生产组织方式。

（二）第二次工业革命中的生产组织变革

第二次工业革命被称之为"制造业的电气化革命"，由第三次和第四次长波的组合，依次形成了泰勒制和福特制两种典型的生产组织方式。

1. 第三次长波与泰勒制的诞生

电力对第二次工业革命的意义堪比于铁和煤之于第一次工业革命。19世纪中期电枢、交流发电机、转子等发电设备的核心部件得以突破后，一些国家率先实现了大规模发电和输变电。电力作为一种新兴工业品，初始市场是有轨电车和城市电气轨道交通，在推广过程中涉及昂贵的设备、先进的技术、复杂的保养、繁琐的会计核算及各类协调。过去所有者和经营者不分的马车市政管理当局已经难以胜任电气化交通的管理任务，受薪职业经理人阶层应运而生（Freeman, 2001, p.226），从而对工厂制形成了较大冲击。电力通过改善工作环境和优化工业流程两个渠道重塑了工业生产组织方式（Nye, 1992, p.187）。在使用电力之前，生产线依靠多台蒸汽机协作提供动力，任一蒸汽机故障都会影响整条生产线的运转。经电气化改造后，生产流程变得简洁、稳定、灵活，电网不断扩张也提高了工厂选址的灵活度。电力还改变了机械装备的设计、制造和操作，进一步优化了生产流程。在这些创新的驱动下，不仅工业生产效率快速增长，而且工业生产组织方式也发生了重要变迁（Nye, 1992, p.185）。

在制造业电气化浪潮的推动下，一大批新兴产业特别是原材料工业快速发展，并且产生了极强的溢出效应。①钢材具有良好的延展性且可被有效压缩，价格下降空间大，以钢为原材料的中间产品创新提升了下游产业的效率，形成了中间产品和终端产品相互促进的"内生增长模式"（Agion and Howitt, 1998）。在交通运输方面，工程性能更优的钢轨替代了铁轨。铜是理想的导电材料，电解铜技术采用降低了铜价，廉价铜线压低了输电成本和电价，又反过来降低了铜的成本，形成了"铜材—输变电—电价"的正反馈效应。这一时期，蒸汽船、铁路得到长足发展，电话电报和打字机促进生产和分销的快速

---

① 以钢为基础，又发展出了钨钢、锰钢、碳钢、合金钢、硅钢、不锈钢、螺纹钢、高铬钢等多种新型钢材。军火、手工工具、运输工具、桥梁、发动机、炼油厂、管网、起重机、动力工具、压力容器、发电机、军舰、涡轮机、罐头、文件柜等各类新产品相继问世。钢产业的发展也是19世纪晚期建筑大型化的前提条件，工厂、摩天大楼、仓库、火车站等建筑得以进一步发展。

扩张，全球市场一体化达到了前所未有的水平，形成了早期的国际产业分工网络，工业领域内出现了最早的跨国公司，工业生产组织方式出现了新的形势。一是小工厂演变成了对产业和国家具有重要影响的大企业（Chandler，1977，1999），对传统的企业治理结构提出了新挑战。二是产品复杂度不断提高，生产流程持续延长和技术知识快速增长，不断提高了管理的专业化水平，企业内部的协调成本急剧上升。三是技术工人难以掌握全部生产知识，职业经理人管控模式逐渐形成。四是企业主和管理者不分的私人企业演变为所有权和管理权分离的公司治理结构，被后世称之为"管理革命"（Chandler，1977）。企业管理的职业化、专业化促进了成本会计、生产流程控制、营销等发展成为专业技能，企业内部的研发设计、人力资源、公共关系、信息、市场研究等管理活动也逐渐专业化。以专业管理团队为基础的"泰勒制"随之发展起来，企业管理逐渐从车间上移至管理团队（Lazonick，1990）。专业管理团队的分工协作也增强了企业的动态能力，多元化战略也逐渐流行起来，经典案例便是杜邦公司实施多元化战略后管理部门的演变。此后，企业管理也逐渐发展成为一门独立的学科。

2. 第四次长波与福特制的形成

福特制的建立标志着制造业进入了自动化阶段，常被视作是第二次工业革命的标志。[①]制造业自动化可上溯至18世纪末的"美国制造体系"（罗森伯格，2004，第131页；Pisano and Shih，2012）。"美国制造体系"脱胎于美国军工产业，基本特征是产品（武器）标准化，可互换零部件和采用大功率生产设备。这种基于标准化制造的理念不仅有效提高了军工产业的生产效率，而且衍生了庞大的制造体系，成为美国工业化重要的推进器。这一时期，以新型机床为代表的装备工业大发展进一步强化了以高效率、标准化、可互换性为特征的"美国制造体系"，为推广流水线奠定了产业基础，并最终使其成为第四次长波的典型组织方式，推动了国民经济从电气化向自动化跃升。在本次长波中，产业结构的突出特征是耐用消费品制造业成为先导部门，需求因素超过供给因素成为拉动产业成长的首要驱动力。第一，1929年"大萧条"抑制了第一次全球化，国家之间的利益冲突激化，全球笼罩着战争阴霾。铁路投送军队不再适应机动化作战的需要，军事列强纷纷加速了摩托化和机械化的进程。巨大的军事需求刺激了汽车、卡车、坦克和航空器的增长。第二，汽车、卡车和拖拉机等耐用消费品虽颇受民用市场青睐，但居高不下的生产和使用成本抑制了需求。在福特"T型车"之前，主流的生产方式是

---

① 今天关于流水线的起源有两种观点。一是认为1913年福特"T型车"下线标志着流水线生产首次成功应用。此观点流传甚广，以至于福特制和流水线常被当作同义词。二是认为早在1870年，辛辛那提的屠宰场便建立了自动化流水线。

用户直接向汽车制造商"定制"汽车，虽满足了用户的个性化需求，但缺乏规模经济，汽车价格昂贵，交付周期较长，汽车是富人标榜社会地位的炫耀性商品。①福特"T型车"实现了从订制生产到标准化生产的转变，极大降低了汽车生产成本。以伯顿裂化炼油工艺和胡德利催化裂化工艺②为代表的炼化技术进步降低了汽油的价格，加油站和公路网的拓展降低了汽车使用成本。③

福特制利用标准化生产打破了工人技能对产量的限制，上下游工序流程再造形成了流水线，专业化分工提高了各工序生产效率，标准化零部件产生了规模经济，这些因素综合起来有效降低了生产成本。劳动生产率的大幅提升提高了工资水平与消费能力，金钱外部性又刺激了对其他产品的市场需求。④这种"大规模生产、大规模消费"方式至今仍是主流。产品标准化程度提高后，企业主要竞争策略有二。一是产品多样化策略，即设立不同的产品线，用更丰富的产品型号开拓细分市场并差异化定价。采取这种策略的企业规模也会随之扩大，如美国通用汽车公司。二是成本控制策略。实施福特制的必要条件是零部件的标准化和及时供应，那么供应链和车间管理效率对福特制的成败具有决定性意义。该策略的成功案例便是日本丰田汽车公司采取的精益生产方式（即"丰田制"）（Ohno，1988；Fujimoto，1999）。

3. 第五次长波与生产组织变革

自 20 世纪 70 年代进入了工业信息化时代，可以视作是第五次长波。在这次长波中，电子芯片扮演了核心投入的角色。自 20 世纪 50 年代末第一块集成电路诞生后，将电子元件集成在一块硅芯片上促进了电子产品小型化、高精度、高稳定、高能效和智能化。与前四次长波类似，核心投入的供给速度决定了先导产业和基础设施发展的水平。"摩尔定律"很好地归纳了电子芯片技术的演变特征，即每隔 1—2 年芯片容量就会翻倍，

---

① 根据笔者 2010 年 10 月在北京市顺义区某大型汽车厂的调研，因为汽车组装线高度自动化，大部分的工序由工业机器人完成，今天的汽车生产线须达到年产量百万辆以上才能获得较高的规模经济。

② 1911 年，印第安纳标准石油公司伯顿（W.Burton）建成了世界第一座半工业化的热裂化装置，汽油采收率提高了一倍多。两年后，公司获得了伯顿热裂化工艺的专利权。在此基础上，炼油装置经历了热裂化蒸馏釜、克拉克热裂化管式裂解炉炉、达布斯连续裂化装置等后续改进，使得炼油业的资源利用率大幅提升。1927 年尤金·霍德里（Eugene Houdry）发明了重质原油催化裂化工艺，经过不断的改进和中试，以及关键性的催化剂的定型，1936 年第一座半商业化的催化裂化装置投产，极大地提升了石油的处理能力。

③ 当然，汽车生产和使用成本的快速下降取决于若干重大创新，包括内燃机的改进、燃料成本的下降、保养维护成本的降低、加油站网络的形成、道路里程和通行条件的改善等等。

④ 流水线将生产过程分割成一系列相互关联的工序，每道工序上的工人从事单调的重复劳动，不仅强度高，而且容易消磨工人的劳动精神，令工人头脑迟钝，激化劳资矛盾，维持工人队伍的稳定性对企业管理提出严峻挑战。为此，1914 年，福特不仅减少工人的工作时间，而且翻倍了日工资水平（从 2.5 美元/天提高到 5 美元/天）。福特的高工资战略有效降低了员工的流动率（从 380% 下降到 90%）和旷工率（从 10% 下降至 0.3%），吸引了优秀的技术工人。工人收入水平的提高增强了购买力，通过"金钱外部性"促进了产业的发展。

大幅提高了电子芯片的性价比，加快了电子计算机的普及和应用。在这一阶段，通讯基础设施对于核心投入的大范围应用具有不可替代的作用。

计算机的出现对工业的影响是极为深刻的。从 20 世纪中期开始，机床植入了计算机系统后形成了数控机床的雏形，逐渐发展出了工业控制系统，促进了工业设计、控制和编程的持续改进。值得一提的是，1972 年英特尔处理器大幅降低了计算机的成本，计算机同时在消费品市场和资本品市场加快了应用。制造业信息化促进了自动化水平的显著提升，出现了至今仍具有广泛影响的"柔性制造系统"（FMS）。建立在标准化之上的大规模生产是减少产品种类以追求规模经济，但是数控机床出现后厂商可将消费者的个性化需求分门别类，减少生产设备的调整，缩短生产延时，生产出不同批次的、具有一定差异化的产品。这种柔性生产方式对企业竞争策略具有显而易见的意义，于是自 20 世纪 70 年代开始，美国、欧洲、日本和韩国等纷纷着手构建 FMS。得益于计算机芯片、传感数控机床、软件工程、目标导向数据库、可视化工具和数控检测设备的改进，FMS 不断地更新换代，到了 20 世纪 80—90 年代，"灵活制造"（agile manufacturing）风行一时，不仅实现了更高水平的自动化，而且制造柔性更高，适应小批量生产之需。

生产工艺的巨变促成生产组织方式发生如下变化。第一，企业组织结构扁平化。在大规模生产方式下，企业为了实现产品差异化，通常是在内部设立不同事业部负责不同的产线，科层组织可以更有效地协调部门之间的信息传递，降低企业内部的交易成本。但是随着企业规模的不断扩大，特别是一些企业横向一体化不断变大后，部门间信息传递效率低下的"大企业病"日益严重。但是到了信息化时代，信息的收集、传递和分析的成本明显降低，企业管理对科层结构的依赖程度也相应下降，企业结构呈现出扁平化的趋势。第二，企业网络这一新型产业组织兴起。在第二次工业革命时代，生产高度一体化要求企业具有较强的资源动员能力，要求企业掌握技术、职能和管理三类的知识（Chandler，2005）。通常而言，一体化大企业能够利用相对稳定的盈利支撑这三类知识的获取，因而更具优势。但是到了信息化时代，生产一体化转向碎片化，原先在企业内部完成的业务流程越来越多地由企业间协作完成。更为重要的是，信息大爆炸一方面降低了企业的知识学习成本，另一方面企业间信息传递效率的提高也更方便利用知识的互补性。因此，在某些产业，企业网络这种新型产业组织方式的重要性不断提升。

三、第六次长波与技术经济范式转变

目前关于新一轮工业革命最常见的表述有二：一是第三次工业革命，二是工业化的第四个阶段（又称"工业 4.0"）（黄阳华，2015）。无论采用哪种表述方法，均认为呼之欲出的"工业革命"将助推工业从信息化向智能化跃升。按照技术经济范式理论，新一轮工业革命并非孤立事件，而是200多年"连续发生的工业革命"的拓展与升华。因此，本文遵循贾根良的习惯，将新一轮工业革命称之为第六次技术浪潮。本节我们将严格按照技术经济范式的分析框架，结合当前主要工业化国家及我国应对新一轮工业革命的探索实践和政策调整，研判第六次长波发生与拓展过程，展望生产组织方式可能的变革及相应的理论涵义。[①]受传统工业革命史研究思路的影响，人们好奇的首要问题是新工业革命的"标志性"技术是什么。各界对此问题的关注引起了对3D打印、工业机器人、人工智能等新型制造技术的热切关注（中国社会科学院工业经济研究所课题组，2012；黄阳华和吕铁，2013；黄阳华、林智和李萌，2015）。按照演化经济学家的观点，这些新型制造技术更准确的表述是先导产业，它们虽然对产业和经济社会的转型升级具有不可替代的作用，但是其自身的发展并不是自我实现的，而是严重依赖于两个前提条件：一是核心要素变得物美价廉，二是基础设施及时升级以满足先导产业发展所需。因此，虽然各界普遍关注新一轮工业革命中的标志性技术或者先导产业，但是更为本质的问题有二：一是什么要素是这些先导产业部门扩张所必需的核心投入？二是这些先导产业扩张需要什么新型基础设施的支撑？

（一）数据将成为核心投入

种种迹象表明，不同于以往技术经济范式的转换高度依赖于物理装备的升级，驱动第六次长波的核心要素将是数据。换言之，数据要素将会成为决定未来工业化水平的最稀缺的要素（中国社会科学院工业经济研究所课题组，2012）。因此，相比于先导产业的更替，核心要素的更替更具革命性。虽然工业机器人、3D打印、人工智能等新型制造装备进一步提升了生产的自动化和柔性，但是仅是生产效率的提升尚不足以引发"革命性"的变化。按照目前美国"工业互联网"、德国"工业4.0计划"和我国"互联网+"战略的设计和部署，迅猛发展的新一代互联网技术加速向制造业领域渗透，与新型制造技术深度融合后推动既有制造系统发生重大转变（黄阳华和吕铁，2013），也就促使数据要素成为驱动生产组织方式变革的关键要素。自20世纪70年代工厂引入"可编程控制器"（programmable logic controller）后逐渐完成了初等信息化，但是与智能制造仍然有显著区别。[②]PLC仅实现虚拟信息世界向现实物理世界的单向输出，物理世界并

---

① 根据前五次康德拉季耶夫长波的周期（特别是第五次长波拓展期）判断，第六次长波的导入期可能发生在2020年前后，到21世纪30年代中期都将是长周期的上升期，之后进入拓展期，延续到21世纪中期结束。这与德国"工业4.0"计划规划的愿景将于21世纪30年代实现相吻合。

② 可编程控制器即工业控制计算机，其基本架构与个人计算机类似，即通过可编程存储器执行顺序控制、定时和计算等操作指令，通过输入和输出接口控制各类制造设备，达到干预生产过程的目的。

不能向信息世界作出反馈，数据的产生、采集、分析和利用也都是单向的，数据要素对企业边际利润的贡献附着于物质资本，缺乏显著性和独立性。

新一代互联网技术向生产的全面渗透将彻底改变这种局面，大幅提升数据对企业边际利润的贡献。当前，代表全球制造业最高水平的国际知名企业的探索实践征兆着数据的获取和配置不仅进一步提高生产效率，而且正在挑战流水线生产方式。博世集团和西门子集团等德国的工业巨头是德国"工业4.0计划"的主要倡导者和实践者，正在围绕数据构建智能环境和以此为基础的"智能工厂"，即在制造装备、原材料、零部件、生产设施及产品上广泛植入智能传感器，借助物联网和服务网实现终端之间的实时数据交换，达到实时行动触发和智能控制，实现对生产进行全生命周期的个性化管理。智能工厂为智能产品的生产奠定了坚实的基础。智能产品记录了消费者的需求特征以及从生产、配送到使用的全过程数据，在生产过程当中可根据消费者的个性化需求，以数据交换的形式与生产设备"对话"，选择最优的配料和排产方案，极大地提高了制造系统的柔性。曾被福特制替代的"大规模订制"这一生产组织方式重新具有了技术和经济可行性。

数据要素对于生产系统重构的意义还在形成智能工厂和智能产品的闭环。依托物理—信息系统，生产数据和消费数据形成大数据系统，经实时分析和数据归并后形成"智能数据"，再经可视化和交互式处理后，实时向智能工厂反馈产品和工艺的优化方案，从而形成"智能工厂—智能产品—智能数据"的闭环，驱动生产系统智能化。这一切的实现既依赖于数据这一新型生产要素的生成和利用，也依赖于"云设施"的升级与完善。如同资本要素的供给来自资本积累，劳动要素的供给来自人口增长和教育，数据要素的供给则依赖于传感器和高速通信设施的广泛应用。因此，在数据要素成为核心投入的过程中，"可以廉价获得"的传感器便是新一轮长波中派生出的核心要素。按照德国"工业4.0"计划的部署，新型传感器单价将降至1欧元以下，即便广泛植入也不会造成使用成本的显著增加，这样便可以有效提高数据要素的积累效率。

（二）通信基础设施的重要性将超过交通基础设施

核心投入与基础设施的动态匹配是促进先导产业快速发展的必要条件。历史经验表明，核心投入"可以廉价获得"是基础设施快速完善的产业基础，基础设施建设的巨大需求为核心投入产业的发展提供初始市场，从而形成正反馈效应。例如，与铁、煤相匹配的基础设施是运河和铁路，与钢相匹配的基础设施是钢轨和钢船，与石油、天然气相匹配的基础设施是高速公路、机场等，与集成电路相匹配的是互联网。随着数据要素（及其相派生的传感器）成为新一轮长波的核心投入，那么问题是：第五次长波中形成的基础设施——互联网——是否与新兴的数据要素相适应？对此问题的解答，需从互联网的演进历程加以剖析。

互联网发展至今经历了三个阶段。第一代互联网（1969—1989 年），即军事和科研阿帕网，主要用于公共部门的内网使用。第二代互联网（1990—2005 年），即基于个人计算机的万维网，刺激了电子商务爆炸性增长。在互联网取得巨大成功的同时也面临着严峻的挑战：一是架构灵活性不高，难以适应不断涌现的新业态的需求；二是难以满足未来海量数据增长的需求；三是实时性、安全性和灵活性尚不能满足产业融合发展所需，工业互联网、能源互联网、互联网金融、车联网等对互联网的升级提出了强烈且迫切的需求。为了克服这些问题和局限性，互联网技术正在通过多条技术路线向第三个阶段演进。其中，传统 IP 网络向软件定义网络（SDN）转变便是一大趋势，可实现数据层和控制层的分离，定义和编程网络设备资源，实时反馈网络及网络设施的运行状态，提高网络部署的灵活化和稳定性。

当前，新一代互联网基础设施对核心要素和先导产业的支撑还远远不够，但是已经在加速集聚爆炸式发展所需的资源。首先，在政府层面，美国、欧盟和日本等的公共研究机构已经立项研究新一代互联网技术路线，讨论和制定新一代互联网的协议。例如，2011 年美国通过了《联邦政府云战略》，将 1/4（约 200 亿美元）联邦政府 IT 支出转为采购第三方公共云服务；2012 年欧盟发布"发挥欧洲云计算潜力"战略，在各领域推广云计算的应用。其次，在产业层面，2012 年，13 家全球主要电信运营商共同发起了网络功能虚拟化组织，截至 2014 年 10 月，已有 250 家网络运营商、电信设备供应商、IT设备供应商以及技术供应商参与。同时，2013 年全球主要电信设备和软件公司联合开发SDN 控制器和操作系统。再次，在技术层面，新一代光网络、新一代无线网络（5G、Wi-Fi）、物联网、云计算（云网络）等网络基础设施在硬件设备开发、网络协议和标准制定、网络传输速度和频谱利用率提升、功耗和延时降低、兼容性、灵活性和安全性提升等方面取得了一定的进展。最后，新一代互联网基础设施在应用层的潜力逐步显现。在产业应用层面，以物联网为例，2012 年全球物联网市场规模约 1 700 亿美元，预计2015 将接近 3 500 亿美元，年增长率约 25%。2012 年全球云计算市场规模达到 1 072亿美元，预计 2017 年将达到 2 442 亿美元。在企业应用层面，除了上述德国企业正在利用物联网和服务网构建智能工厂，谷歌公司数据中心通过 SDN 将链路平均使用率从 30%提升至 95%，并于 2014 年第一季度投入 23 亿美元，采用最新网络技术构建骨干网满足公司快速增长的需要。在政府应用层面，2014 年 6 月新加坡推出建设世界上首个"智慧国家 2025 计划"，为大多数家庭提供超快的 1 Gbps 网速，在线提供 98% 的政府公共服务。我国政府也提出了"互联网+",大力促进互联网技术更广泛、更深入地融入到各行各业（黄阳华、林智和李萌，2015）。

我们认为，新一代互联网基础设施的逐步完善将为数据要素的积累和配置提供有力支撑，同时数据的利用能够提升新一代互联网基础设施的投资收益率，从而形成第六次长波的两大核心构件。

（三）制造智能发挥先导产业的作用

新一代互联网技术与制造业融合后，将为制造业的效率提升和价值创造带来新的机遇。第一，引领产品的智能化和网络化。"硬件+软件+网络互联"正逐渐成为产品的基本构成，并呈现出个性化和差异化趋势。例如，消费领域的智能手机、可穿戴设备、智能家电、智能家居，工业领域的智能机器人、智能专用设备以及新型传感器、视觉识别装置等组件。智能产品可通过网络实时和厂商、第三方服务提供商或上层智能控制平台通信，拓展产品功能和延伸服务需求。第二，推动生产和管理流程智能化。企业内部制造流程将整合至一个数字化、网络化和智能化平台，各种机器设备和数据信息互联互通，为优化决策提供支持。制造业的柔性进一步提高，消费者的个性化需求能够得到充分满足。第三，推动研发设计的网络化协同发展。研发设计部门和生产制造部门的界面信息进一步整合，"虚拟制造"有效提高研发效率，客户还可以通过网络参与在线设计融入个性化需求，有效缩短研发设计周期。第四，推动企业组织变革。不同层面的数据和信息可通过高速网络便捷传递，企业组织进一步扁平化。企业间组织趋于模块化，最大程度降低信息成本，重塑产业价值链。第五，推动制造业企业服务化转型。制造过程高度数字化，产品数据全生命周期集成，企业通过互联网及时获取消费者需求从而实现服务型制造，"私人定制""按需定制"和"网络定制"等服务模式将更加普遍。

制造业智能化将为其他领域提供通用技术。第一，在生产端，智能工厂生产的智能化装备和中间产品是其他产业的投入物。无论是新一代互联网设施的建设，传感器价廉量大地供给，还是智能交通、智能电网、智能物流、智能家居等智能系统的建设，都依赖于智能中间品的供给。第二，在消费端，应该认识到满足消费者对智能化、个性化产品需求的前提是生产系统的智能化，没有制造业智能化的商业模式的创新将是空中楼阁。第三，智能制造还对其他产业产生了较好的示范效应。以美国通用电气公司的工业互联网为例，该公司的新一代 GEnx 飞机发动机上装有 26 个传感器，以 16 次/秒的频率监测 300 个参数，仅一次长途飞行就可以存储 1.5 亿份数据，翔实地记录了航班的运行状态、发动机性能与效率。这些数据被传送至驾驶室和地面数据中心，经分析后用于监测、预测和改进发动机性能，有效缓解飞机的维修压力，从而降低航班延误的损失。仅此一项，就可以为节约 20 亿/年美元的成本。以数据为核心对生产和服务流程再造的案例越来越多。

（四）新型生产组织方式的兴起

虽然企业内部治理结构的扁平化和企业间网络不断增强，但是并不表示生产组织方式不会出现"革命性变化"。以数据为核心投入、智能制造为先导部门、新一代互联网基础设施为主要内容的新一轮技术经济范式正在蚕食福特制（及其改进版）的经济合理性。

零部件的标准化是流水线生产的前提，这就限制了产品的多样化，导致产品多样化大幅度减少。之所以出现产品多样化（个性化）和产量（规模经济）之间的权衡，主要是两种原因有二：一是制造业的生产流程投资具有专用性，调整产品种类需要转换生产线；二是产品零部件标准化程度高，零部件的调整成本高。过高的生产线和零部件转换成本使得产品调整不经济。因此，以标准化为核心的福特制虽然提高了生产效率，但是必须支付制造系统柔性低下的机会成本。

以数据为核心投入的新型制造系统具有更高的柔性。[①]第一，刚性生产系统转向可重构生产系统，客户需求管理能力的重要性不断提升。可重构生产系统以重排、重复利用和更新系统组态或子系统的方式，根据市场需求变化实现快速调试及制造，具有很强的兼容性、灵活性及突出的生产能力，实现生产制造与市场需求之间的动态匹配。例如，德国大众汽车开发的"模块化横向矩阵"实现在同一生产线上生产所有车型的底盘，可及时根据市场需求在时间上和空间上的变化灵活调整车型和产能。这一过程也表明制造业从产品模块化演化为生产线模块化。

第二，大规模生产转向大规模定制，范围经济可能超过规模经济成为企业的优先竞争策略（Chandler, 2005, p.14）。可重构生产系统使得大规模定制具备经济可行性，企业依靠规模经济降低成本的竞争策略的重要性也将有所下降。未来，满足消费者个性化需求将取代规模经济成为企业的主流竞争策略。为此，未来的企业组织将开放更多的接口直接面对消费者。例如，海尔集团进行企业组织的"倒三角"变革和组建以订单为中心的"自主经营体"也是为了应对这种变化。企业组织正演变为连接用户和员工之间的平台型企业。

第三，企业内部组织结构需要调整，以提高数据要素的附加值。制造业智能化显著

---

① 快速成型技术（俗称 3D 打印）的发展也将提高生产流程的柔性。根据笔者在印度的调研，印度一家以柔性制造著称的领先的精密加工企业已经将 3D 打印列为未来几年企业重点开发的工艺，以进一步提高企业的柔性，满足不同客户对精密产品定制化需求。

增加了生产的复杂度，对企业管理复杂度的能力也提出了更高要求。为此，企业内部的组织结构，从产品设计、原型开发、企业资源、订单、生产计划获取和执行，物流、能源，到营销、售后服务，都需要按照新的产品价值链加以整合。包括：顺应制造业服务化的趋势，提升企业内部支撑制造的服务部门的重要性；顺应从提供单一产品到提供一体化的解决方案的趋势，增强与消费者的互动能力；利用新型基础设施进行投融资方式和商业模式创新；加大对员工（特别是技术工人）终身学习计划的投入。

第四，工厂制造转向社会化制造，产能呈现出分散化的趋势。企业组织的主要功能是降低生产的信息成本，随着大量物质流被数字化为信息流，生产组织中的各环节可被无限细分，从而使生产方式呈现出碎片化，企业的信息成本可能成为不可承受之重，生产出现了"去企业化"从而呈现出社会化制造的势头。一些地区已出现专门为网络设计者、用户提供制造和产销服务的在线社区工厂，有效降低产业的进入门槛；社交网络上出现了由个体组成的"虚拟工厂"，个人能够通过在线交流进行产品的研发、设计、筛选和完善，社会制造这一新型产业组织逐渐形成（中国社会科学院工业经济研究所课题组，2012）。这将有利于向全社会疏散产能，有效防范产能的集中和过剩风险，这对深受产能过剩问题困扰的中国制造业转型升级有着重要的意义。

四、结　论

本文运用正统的技术经济范式分析框架系统梳理了自英国工业革命以来核心投入、先导产业、基础设施和工业生产组织方式的演进规律，展望新一轮产业变革中技术经济范式可能的演进形态与特征，推动工业革命研究结构化、体系化和理论化。本文提出，新一轮产业变革中涌现出的技术经济范式的核心构件具有如下特征。数据要素将成为新一轮产业变革的核心投入，数据的分析与利用能力将成为国家之间竞争力的重要决定因素。新型通信基础设施的重要性或超过交通基础设施，信息标准的竞争与合作将成为国际产业分工体系调整的基础。智能制造仍然是国民经济体系进步的先导部门，范围经济的重要性可与规模经济比肩，智能制造的发展还将影响服务业的发展层次，重塑产业价值链。大规模定制将与当前主流的大规模生产方式分庭抗礼，企业内部结构也必须按照新的价值链加以重新整合，企业组织的变革促使生产呈现出平台化和社会化的趋势。

今后我国的产业政策和创新政策宜按照技术经济范式核心组件的变化规律进行系统性地调整，加强顶层设计，增强各类政策之间的协调性。我国已经制定颁布了以智能制造为方向、以建设制造强国为战略目标的《中国制造2025》，这是我国制造业中长期发展的纲领性文件，将对我国制造业的提质升级产生深远影响。按照本文的分析框架，为增强我国把握新一轮工业革命的机会窗口的能力，《中国制造2025》仍然具有一定的拓展空间。

首先，从重视"硬"装备到"软"系统。《中国制造2025》提出了国家将引导社会各类资源集聚，大力推动新一代信息技术、高档数控机床和机器人、航天航空装备、海航工程装备及高技术船舶、先进轨道交通装备等十大重点领域突破发展。虽然这些复杂装备是我国制造业高端化的重点，也是推动我国制造业发展水平整体升级的重要支撑，但低估了数据要素在制造业智能化中的核心地位。实际上，长期对数据要素的重视不够，不仅是我国高端装备产业发展相对滞后的原因之一，也是影响我国高端装备产品品质（如产品稳定性）提升的重要制约因素，更为重要的是不符合制造业智能化的发展趋势。横向比较看，相比于美国工业互联网、德国"工业4.0"计划以数据要素重新定义制造业，发展以"智能装备+智能软件+网络互联"三位一体的智能制造架构，我国"重装备，轻软件"的局限性必将显现出来，可能在未来的全球价值链中处于不利地位。特别地，我国需要培育出类似西门子、博世、通用电气这类提供全流程数字化解决方案的集成企业，加强数据要素的积累和开发利用，促进制造装备、工艺、产品和服务的智能化。

其次，信息通信基础设施升级需要加速推进。我国作为后发国家，已经在宽带基础设施建设方面取得了长足发展，社会信息化水平和信息化渗透率等指标都上升较快，但是距离满足"互联网+"向各领域融合的需求仍有较大差距，要在网络传输速度、降低网络能耗和降低数据服务资费方面继续加强。目前我国通信基础设施的发展局限于信息通信产业本身，发展重点着眼于消费领域，对制造业智能化的支撑作用直到最近才开始引起了注意。通信基础设施升级是数据要素廉价且大量供给的必要条件，是制造业智能化的基础。今后在通信基础设施升级中应加强信息通信服务商与工业企业的对接，避免信息通信服务与企业智能化改造的需求不匹配的结构性问题。同时，在信息通信技术的标准制定方面加强国际合作，以信息通信技术标准的国际合作推动智能制造的国际合作。

再次，数据要素和新一代互联网技术向制造业领域的渗透亟须加速。制造业智能化是驱动国民体系智能化的主要驱动力，脱离制造业升级的商业模式创新难以为继。我国互联网服务最广、数据要素积累最多、利用水平较高的是商业服务领域，如百度积累的用户需求数据、阿里巴巴积累的消费数据和腾讯积累的社交数据。但是，这些在我国互联网高速发展中涌现出的具有全球影响力的互联网企业尚未将资本、数据、品牌、人才和技术优势导入至制造业领域。应鼓励这些企业集合各方面的资源，积极探索适合我国国情的制造业智能化发展之路。

最后，以开放、包容的态度对待生产组织方式的变革。相比于核心要素、基础设施、主导产业的演变，生产组织方式变革过程中新旧利益集团的斗争更为激烈和漫长。生产组织方式变革过程顺利与否，直接影响到技术经济范式转变的效率。目前的产业规制和政策形成于上一轮技术经济范式，过去行之有效的公共政策可能会成为新型产业组织成长的阻碍，如产业边界划定、行业准入标准、知识产权保护和产业政策等难以与新型生产组织方式相匹配。在这种情况下，应该给予新型生产组织试错机会，及时调整不合时宜的管制和政策。

参考文献

哈巴库克、波斯坦：《剑桥欧洲经济史（第六卷）：工业革命及其以后的经济发展》，王春法译，经济科学出版社 2002 年版。

黄阳华：《德国"工业 4.0"计划及对我国的启示》，《经济社会体制比较》2015 年第 2 期。

黄阳华、林智、李萌：《"互联网+"对我国制造业的影响》，《中国党政干部论坛》2015 年第 7 期。

黄阳华、吕铁：《市场需求方因素与新兴产业成长》，《中国人民大学学报》2013 年第 3 期。

贾根良：《第三次工业革命与新型工业化道路的新思维：来自演化经济学和经济史的视角》，《中国人民大学学报》2013 年第 2 期。

兰德斯：《1750—1914 年间西欧的技术变迁与工业发展》，载哈巴库克、波斯坦编：《剑桥欧洲经济史（第六卷）：工业革命及其以后的经济发展》，王春法译，经济科学出版社 2002 年版。

内森·罗森伯格：《探索黑箱：技术、经济学和历史》，商务印书馆 2004 年版。

中国社会科学院工业经济研究所课题组：《第三次工业革命与中国制造业的应对战略》，《学习与探索》2012 年第 9 期。

Acemoglu, D., S. Johnson, and J. Robinson, "The Rise of Europe: Atlantic Trade, Institutional Change and Economic Growth", *The American Economic Review*, Vol.95, No.3, 2005.

Agion, P., and P.Howitt, *Endogenous Growth Theory*, Cambridge, MA: MIT Press, 1998.

Chandler, A., and T. Hikino, *Big Business and the Wealth of Nations*, Cambridge: Harvard University Press, 1999.

Chandler, A., *Scale and Scope: the Dynamics of Industrial Capitalism*, Cambridge: Harvard University Press, 2005.

Chandler, A., *Shaping the Industrial Century: The Remarkable Story of the Evolution of the Modern Chemical and Pharmaceutical Industries*, Cambridge: Harvard University Press, 2005.

Chandler, A., *The Visible Hand: The Managerial Revolution in American Business*, Cambridge University Press, 1977.

Coase, R., "The Nature of Firms", *Economica*, 4 (16), 1937.

Freeman, C., and F. Louçã, *As Time Goes by: The Information Revolution and the Industrial Revolutions in Historical Perspective*, Oxford University Press, 2001.

Fujimoto, T., *The Evolution of a Manufacturing System at Toyota*, New York: Oxford University Press, 1999.

Lazonick, W., *Competitive Advantage on the Shop Floor*, Cambridge: Harvard University Press, 1990.

Nye, D., *Electrifying America: Social Meanings of a New Technology*, Cambridge: MIT Press, 1992.

Ohno, T., *Toyota Production System: Beyond Large-Scale Production*, New York: CRC Press, 1988.

Perez, C., *Technological Revolutions and Financial Capital: The Dynamics of Bubbles and Golden Age*, Cheltenham, U.K.: Edward Elgar, 2002.

Pisano, G., and W. Shih, *Producing Prosperity: Why America Needs a Manufacturing Renaissance*, Harvard Business Review Press, 2012.

Tullock, Gordon, "Why Did the Industrial Revolution Occur in England", in Charles K. Rowley, Robert D. Tollison and Gordon Tullock (eds.), *The Political Economy of Rent Seeking*, Boston/Dordrecht/Lancaster: Kluwer Academic Publishers, 1988.

国家作用与中国的工业化道路：
一个新李斯特主义的解读[*]

严　鹏

自 19 世纪以来，工业化一直是各国竞逐富强的必由之路。由于工业化主要表现为一种经济现象，不少学者遂主要从经济或者市场角度对工业化进行分析。然而，李斯特（Friedrich List）、格申克龙（Alexander Gerschenkron）等学者早已揭示国家对于工业化具有重要作用。[1]这一论点尤其被应用于对所谓后发展国家工业化的解释。不过，部分以主流经济学为研究工具的学者，虽强调国家或政府的作用，但对其评价过低，并据此将中国百余年的工业化道路视为低效的路径依赖。[2]这一主流经济学建构的历史图景，既存在较多历史事实的错误，也未能真正理解国家之于工业演化的意义。当前，国际金融危机的爆发呼唤着李斯特经济学的归来[3]，而一种新的李斯特经济学也必然要对工业化的历史给予解释，从而得出现实的教益。从新李斯特主义的角度来看，单纯的工业化已经不再能确保欠发达国家脱贫致富[4]，这就使透过历史现象剖析经济演化机制尤为重要。本文认为，工业化并非单纯的经济现象，而是一个李斯特式政治—经济过程，其政治维度决定了国家不单是一个功能性存在，更是工业化的一个基本组成要素。而国家对于中国工业化道路的作用，与其说是历史的例外，不如说仍然反映了历史的常态。

一、国家与工业化：历史的普遍性

李斯特作为德国历史学派的先驱，其研究方法的最大特色就在于"以历史与事物本质为依据"[5]。这一历史主义方法论的优势在于对时空特殊性的重视，从而批判了主流经

---

* 原文载《当代经济研究》2015 年第 12 期，略有改动。作者单位：华中师范大学。

① 弗里德里希·李斯特：《政治经济学的国民体系》，陈万煦译，商务印书馆 2012 年版；亚历山大·格申克龙：《经济落后的历史透视》，张凤林译，商务印书馆 2009 年版。最新的综合性研究可参考：Lars Magnusson：*Nation*，*State and the Industrial Revolution*：*The Visible Hand*，New York：Routledge，2009。

② 伍晓鹰：《中国工业化道路的再思考：对国家或政府作用的经济学解释》，《比较》2014 年第 6 期。

③ 贾根良：《李斯特经济学的历史地位、性质与重大现实意义》，《学习与探索》2015 年第 1 期，第 81—88 页。

④ 贾根良：《新李斯特经济学作为一个学派何以成立？》，《教学与研究》2015 年第 3 期，第 6—17 页。

⑤ 弗里德里希·李斯特：《政治经济学的国民体系》，第 8 页。

济学罔顾各国国情的空泛论说，进而抵制了那些无视经济发展阶段性的政策建议。然而，李斯特以及德国历史学派并未采取过度历史主义的立场，他们仍然相信具有普遍性的历史规律是存在的，只不过这种普遍规律会被不同的历史情境塑造成不同的样貌。因此，从新李斯特主义的角度出发，欲探讨中国的工业化道路，首先应该考察先行工业化国家的发展历程是否具有某种共性因素。

一般认为，国家或政府在后发展地区的工业化进程中，所发挥的作用要大于起步更早的地区。例如，张培刚在构建其工业化理论时，区分了工业化的不同类型，将英国、法国和美国的工业化视为"由个人发动而开始者"，并认为这种工业化类型"符合工业进化的自然趋势"①。更为一般性的结论，则如格申克龙所言："一个国家越落后，它的工业化就越可能在某种有组织的指导下进行。"② 在这样的视角下，从19世纪开始，德国、日本等后起工业强国的道路就被视为偏离了"自然趋势"的例外。随着时间的推移，加入工业化进程的后来者越多，例外国家的名单也就越长。然而，这种例外论存在着两个问题：（一）例外论潜在地假定了工业化只是一种经济现象，这就使国家所起的作用看上去偏离了常轨；（二）例外论假定工业化可以具有不同的类型，这是符合历史事实的，但是其分类是以国家为基础，而忽略了无论是先行国家还是后起国家，其内部都存在着因产业、部门差异而导致的多种工业化路径。因此，通过某种典型化的研究方法，学者建构出了以发展先后为标准的两种工业化类型，并将后发展视为偏离"自然"的例外，而所谓"自然"，又被假定为国家的不在场。但从一种更宽广的历史视角来看，例外论的两个立论基础都是残缺的。

从纯粹的历史角度看，国家是一种比工业化更古老的现象，因此，工业化并非是在一个无国界的制度真空中发生的。实际上，即使那些对国家作用持消极态度的学者，也不得不分国别来讨论工业化问题，这本身就暗示了国家的重要性。当然，那些质疑国家作用的学者，不可能从历史与现实世界中完全抹杀国家的存在，于是为国家安排了诸如"守夜人"这样的角色。以新古典经济学为内核的新制度主义经济史，更是将国家视为"经济史研究的核心"③。然而，这些学者在本质上只是将国家视为一种功能性存在，是给工业化带来好秩序或坏制度的外生因素。在标准的新制度主义模型中，国家对私有产权的保护，是西方世界爆发工业革命的前提条件。④工业革命在这一模型中，主要是由私

① 张培刚：《农业与工业化》（上），曾启贤等译，华中科技大学出版社 2002 年版，第 89 页。
② 亚历山大·格申克龙：《经济落后的历史透视》，第 53 页。
③ 道格拉斯·诺思：《经济史中的结构与变迁》，陈郁等译，上海三联书店 1994 年版，第 20 页。
④ 道格拉斯·诺思、罗伯斯·托马斯：《西方世界的兴起》，厉以平等译，华夏出版社 1999 年版，第 192 页。

人资本推动的经济过程，国家虽然重要，但其作用仅在于为私人资本搭建了适宜的活动舞台。国家在新制度主义模型中的形象，与主流经济学传统的"守夜人"假设，并没有太大不同，只是由纯粹的背景因素，转变成了更具主动性的背景因素。然而，国家比工业化更古老这一事实，暗示了工业化很可能从属于由国家主导的政治—经济进程，而非单纯的经济现象。在这一图式中，国家的重要性不仅在于为私人资本设置制度背景，相反，国家自身是与私人资本同等重要的行为主体，是工业化的积极创造者。而这一图式，较少割裂历史的延续性，并体现了更为普遍的共性因素。

新航路开辟以后，西方世界开始了真正意义上的"崛起"，但这一"崛起"是以西方世界内部的国家竞争为基础的。在相当一段时间内，欧洲国家间的竞争，其性质是政治性的，体现为领土兼并与大型民族国家的形成。至于竞争的手段，则具有多样性，涵盖军事、外交、经济等各个方面，而经济发挥着基础性的作用。各国统治阶层对国家财富与国家权力之间的关系日益明了，于是产生了重商主义（mercantilism）这一特殊的政治—经济体系。按照赫克歇尔（Eli F.Heckscher）的经典归纳，重商主义作为增强国家权势的方法有两种：或者基于政治、军事需求直接将经济活动引导至特定目标；或者更为一般性地创造某种经济资源的蓄水池，供政权汲取所需。[1]赫克歇尔主要从经济手段角度审视重商主义，施穆勒（Gustav Schmoller）则更准确地意识到重商主义不仅仅是手段，还是现代民族国家自我建构的进程。[2]因此，早在工业革命爆发前，欧洲各国在重商主义的指引下，已经成为积极的经济行为主体。也就是说，国家本身是有从事经济活动的"动机"与"意志"的，即使这种动机与意志只反映了统治阶层的利益诉求，并只由统治阶层代理执行。而从历史来看，重商主义国家的动机也确实产生了相应的行为。马格努松（Lars Magnusson）指出，近代早期的欧洲重商主义国家，能够广泛地运用各种财政政策、货币政策与产业政策来干预经济活动。[3]这一历史事实具有两方面的意义。首先，它表明欧洲国家在工业化时代采取的各种干预经济的手段，并非工业时代的新产物，而有着深厚的历史渊源。其次，更为重要的是，在工业革命之前，欧洲国家已经是积极的经济行为主体，并非消极的"守夜人"，按照"路径依赖"理论，欧洲国家的这一属性完全有可能延续下去。事实也正是如此。而欧洲国家具有经济行为主体的属性，恰恰是由国家的政治—军事动机决定的，并由此产生了国家内部工业化类型的多样性。

如前所述，在重商主义时代，国家介入经济的动机主要是政治性的，甚至只是出于

---

① Eli F.Heckscher: *Mercantilism*, London and New York: Routledge, 1994, p.31.
② 施穆勒：《重商制度及其历史意义》，郑学稼译，商务印书馆1936年版，第61页。
③ Lars Magnusson: *Nation*, *State and the Industrial Revolution: The Visible Hand*, pp.41-45.

为军事竞争蓄积力量。当时，虽然以非生命能源为动力的现代工业尚未出现，但以手工劳作为基础的传统工业（traditional industry）已经成为国家权势的重要基础。一方面，所谓的重工业部门，如冶金、火炮制造、造船等工业，直接为国家提供武器装备，是国家军事力量的构成部分；另一方面，直接面向市场的轻工业部门，如毛纺织、棉纺织、衣帽制造等工业，可以通过出口海外市场，为国家带来收入，从而为国家纯粹消耗性的军事开支提供资金支持。如此一来，重商主义国家对于发展工业抱有浓厚的兴趣，并采取广泛的保护主义政策。例如，通常被视为"自然演化"典范的英国，在近代早期曾通过授予本国企业特权及大量政府采购的方式，诱导资本进入军事工业。[①]因此，随着时间的推演，重商主义体系实际上促成了国家、工业与贸易之间的协同演化。一方面，积极培育工业的国家强化了其军事力量，通过殖民战争而在全球市场上获得了更有利的贸易地位；另一方面，这种经济优势反过来又使国家有了更多资源发展更强大的军事力量。正因为如此，主张自由贸易的亚当·斯密（Adam Smith）将《航海法案》这一反自由贸易的重商主义法令称为英国最明智的政策。[②]英国的《航海法案》是针对当时的霸权国家荷兰制定的。在新制度主义经济史看来，英荷两国都具有完善的私有产权制度，相对于西班牙与法国，都属于竞争胜出的国家。然而，在英荷两国之间，英国战胜了荷兰，而从更长远的眼光看，法国在产业革命中也胜过了荷兰，这表明私有产权并非国家竞争优势的决定因素。从根本上说，近代早期欧洲国家间的竞争是综合性的，不是纯粹经济性的。而国家间的军事斗争，对于工业革命的技术突破有直接推动作用。由于蒸汽机使人类开始常态化地利用非生命动力，因此，比起纺织机械的革新，蒸汽机的改良才真正具有革命性。但从历史角度看，瓦特（James Watt）对蒸汽机的改良依赖于威尔金森（John Wilkinson）发明的镗床，而威尔金森镗床最初是用于制造火炮的。[③]这是政治—军事因素推进工业革命的显著例证。进一步说，最早启动工业化的英国，其革命性的突破，既得益于重商主义国家创造的全球市场，又受惠于国家的军事需求产生的技术外溢。无论从直接还是间接的方面说，国家都在英国工业革命进程中发挥了不可或缺的作用，这使得英国的工业化看上去并没有那么"自然"。

当然，国家发挥了不可或缺的作用，并不表明国家对于每一个部门都发挥了相同的作用。只不过，传统上那种以棉纺织工业为中心审视英国工业革命的视角，有必要予以

---

① 李新宽：《国家与市场：英国重商主义时代的历史解读》，中央编译出版社 2013 年版，第 129—130 页。

② Adam Smith：*The Wealth of Nations*，New York：Bantam Dell，2003，pp.581-583.

③ 彭南生、严鹏：《技术演化与中西"大分流"——重工业角度的重新审视》，《中国经济史研究》2012 年第 3 期，第 95—103 页。

修正，才能完整地展现历史图景。历史的复杂性在于，即使在所谓重工业部门中，直到普遍被认为第一次工业革命已完成的 19 世纪 40 年代，英国金属制品业仍大量存在使用手工劳作的小规模企业。[1]因此，一国内部是可以存在多种工业发展类型的，甚至在某个产业部门中，也并不存在单一、线性的进化模式。如果必须将纷繁的历史现象抽象为简化的模型，则似乎可以认为，各主要国家的工业化道路都存在着二元结构的现象，即：一方面明显存在着由国家直接或间接推动的工业发展，其力量集中体现于资本—技术密集型的战略部门以及规模巨大的企业，并较多地服务于国家的政治—军事动机，这种类型可称为"李斯特式发展"；另一方面，市场可能会随机性地诱导某些产业发展，但其发展形势具有不确定性，且可能因为演化的渐进性而保留较多的原始性，这也就是学界习称的"斯密式发展"。承认这两条道路可以并存有着两方面的意义：（一）对于某些政府明显主导了工业化的国家，如德国、日本等，由于其地域发展等各方面的不平衡性，很可能某些产业的演化会保留较多原始性特征，但不能据此而否定这些国家的"李斯特式发展"；（二）对于那些看上去由私人资本主导工业化的国家，如英国、美国等，同样要看到其工业化进程中的国家能动性，这一点或许更为重要。

事实上，在上述二元结构中，两种工业化类型并非是对等的。由于国家主要是一个政治性存在，因此，对那些以独立生存为首要目标的大国而言，更具政治动机的"李斯特式发展"也就更具主导性。这种主导性不体现于单纯的规模或数量，而体现在对于国家独立自主的相对重要性。恰如斯密所言："国防比国富重要得多。"[2] 不管棉纺织业如何主导了工业革命最初的进程，但支撑大英帝国的主要是冶金、机械、造船、火炮制造这些战略性部门，而没有这些战略性部门供给的"坚船利炮"，曼彻斯特的纺织品也无法撬开中国市场的大门。以通常同样被视为"自然演化"典型的美国来说，其工业发展伴随着高关税等各种国家干预，而其动机同样并非纯粹经济性的。在鼓励美国发展制造业的汉密尔顿（Alexander Hamilton）看来，经济与军事息息相关，如果初生的美利坚合众国想要发展贸易，就必须尽全力组建海军。[3]曾与汉密尔顿针锋相对的杰斐逊（Thomas Jefferson），后来也改变了其早期观点，支持美国以保护主义手段发展民族工业，因为"反对民族制造业的人一定会让我们沦为他国的依附"，而"制造业对于我们的独立自主和幸福安康是不可或缺的"[4]。这种观点超越了单纯的经济利益，而是一种具有政治—军

---

① Lars Magnusson：*Nation，State and the Industrial Revolution：The Visible Hand*，p.59.

② Adam Smith：*The Wealth of Nations*，p.583.

③ Ron Chernow：*Alexander Hamilton*，New York：Penguin Books，2005，p.255.

④ 迈克尔·赫德森：《保护主义：美国经济崛起的秘诀（1815—1914）》，贾根良等译，中国人民大学出版社 2010 年版，第 32 页。

事视角的战略观。而这同样表明美国的工业化不那么"自然"。

因此，欧美早期工业化的历史表明，如果将国家的积极介入视为"非自然"状态，则经济史上根本不存在"自然"的工业发展。诚然，即使在那些国家明显起了更大作用的国家，也存在着主要由市场与私人资本主导的工业发展路径。但是，只要仍然以国别为基础考察工业化，就不得不承认工业化是嵌入于国家建设（state building）进程中的。究其原因，现代国家为了生存，有其自身的利益与动机，也就是国家理由（*raison d'état*）。①国家理由是一种政治逻辑，而工业化只是国家为实现其利益而采用的经济手段之一。国家对于工业化的这种支配性关系，就各国尤其是大国历史而言，乃是一种具有普遍性的共性因素。这种历史的普遍性，对于理解中国的工业化道路至为重要。

二、中国工业化的成因与道路多样性

就现代经济发展而言，中国是一个典型的后发展国家，因此，学者在格申克龙理论的框架下考察中国工业史，乃是极为自然的倾向。从这个角度说，有研究者认为中国工业化道路具有"特殊性"而进行"再思考"，却得出国家"持续扮演着非常重要的角色"这一结论②，可谓了无新意。然而，国家对于中国工业化的作用虽极为重要，但与经济一样，国家本身不是静态的，而是演化的。同时，中国工业化的内部也存在着多样性，这种多样性既构成抵消国家作用的力量，又成为强化国家介入的理由。

在西方经济史学界，有所谓"原始工业化"（proto-industrialization）理论。该理论旨在揭示工业革命之前欧洲制造业的演化机制。在部分地区，这些手工业一度发展出极为庞大的规模，并具有出口导向性等市场经济特征。值得注意的是，"原始工业化"的典型产业是纺织业等消费品产业。③部分学者认为"原始工业化"为真正的工业化拉开了序幕，但更多的研究表明，"原始工业化"与工业化的关系因地而异，实际上不能视为工业化的前提。④这一"原始工业化"理论后来被学者引入到中国经济史研究领域，用以描述和解释明清时期中国部分地区具有市场导向性的手工业之发展。不管这些学者的动机与结论是否恰当，单从现象上看，明清时代中国部分地区的农村手工业确实具有与欧洲"原始工业化"相类似的特征。例如，在经济并非最为发达的湖北地区，农村纺

① 弗里德里希·迈内克：《马基雅维里主义》，时殷弘译，商务印书馆 2008 年版，第 51—52 页。

② 伍晓鹰：《中国工业化道路的再思考：对国家或政府作用的经济学解释》，《比较》2014 年第 6 期。

③ 龙多·卡梅伦、拉里·尼尔：《世界经济简史：从旧石器时代到 20 世纪末》，潘宁等译，上海译文出版社 2012 年版，第 191 页。

④ Lars Magnusson：*Nation, State and the Industrial Revolution: The Visible Hand*, p.61.

织业生产的棉布大量远销四川、云贵、山陕等地区。①考虑到中国地域的辽阔性，这是堪与欧洲内部的国家间贸易相媲美的远程贸易，而且清朝庞大的国内市场和省际分工实际上降低了对海外贸易的依赖。②因此，在工业革命之前，中国的传统工业已经有了相当发展。

然而，正如欧洲的"原始工业化"并未直接诱发工业革命，明清时代的手工业也无法使中国自然地演化出现代工业。要之，现代工业与传统工业的本质差异不在于市场规模，也不完全在于生产组织，关键性的区别在于技术。而工业革命时期的技术，一部分是在纺织工业等消费品工业内部自发演化的，大部分则体现为更具战略性的资本品工业部门的溢出。没有蒸汽机，英国棉纺织业的机械革新仍然是手工业性质的，并不能建立起相对于印度、中国传统手工业的绝对优势。而制造蒸汽机的重工业部门，不是欧洲"原始工业化"的典型产业，更为明清中国所欠缺。所以，中国的传统工业在鸦片战争之前不可能演化为现代工业。中国的工业化，起始于晚清政府对西方战略性工业的引进，是典型的国家理由支配的产物。

其实，从纯粹的经济角度审视，西方的现代工业在相当长的一段时间内，并不具备完全压制中国传统工业的竞争力。以工业革命的主导产业棉纺织业来说，英国用现代机器纺的纱，确实淘汰了中国传统的手纺纱，但是，机器织的布却很难取代手工织的布。实际的演化情形是，中国农民从市场上购买机纺纱作为手织布的原料。而手织布能够长期盛行，一个重要原因是其粗糙的质地使其比机织布更耐用，更能满足收入较低的中国农民不经常更换衣物的消费偏好。③因此，从 1840 年至 1894 年，机纺纱在市场份额上对手纺纱的排挤度达到 25% 左右，而机织布对手织布的排挤仅达 14.15%。④以至于当中国的洋务派仿效西方开办现代纺织工厂时，一开始创办的机器织布厂都遇上了销路不畅的麻烦，不得不转而创办机器纺纱厂。⑤这一史实表明，在纯粹市场机制的作用下，即使当西方现代工业的产品已深入中国腹地时，中国传统工业仍具有强大的生命力，而中国消费者对于现代工业产品也不存在绝对的需求。事实上，市场只会选择适用性技术，而非最先进的技术。由此反推，在鸦片战争以前，中国具有一个相对自足的经济体系，尽管这一经济体系的技术程度不高，但其内部的产业循环大体能够满足国民需求，并有能力供养一个前现代组织的帝国政府，当时的中国并没有对现代工业的经济需求。在鸦片战

---

① 彭南生等：《固守与变迁：民国时期长江中下游农村手工业经济研究》，湖北人民出版社 2014 年版，第 60—61 页。

② 山本进：《清代社会经济史》，李继锋等译，山东画报出版社 2012 年版，第 32 页。

③ 彭南生等：《固守与变迁：民国时期长江中下游农村手工业经济研究》，第 83—84 页。

④ 许涤新、吴承明主编：《中国资本主义发展史》第 2 卷，人民出版社 2005 年版，第 282 页。

⑤ 陈旭麓等主编：《盛宣怀档案资料选辑之六·上海机器织布局》，上海人民出版社 2001 年版，第 162 页。

争之后十余年，中国对大英帝国的合法贸易仍然保持了出超。19世纪40年代，中国对英贸易，平均每年出超350万镑，而到50年代则增至900余万镑。为此，英国不得不继续走私鸦片来平衡贸易。然而，中国彼时尚未开始工业化，完全是依靠丝与茶等传统工业产品出口。[①]因此，中国直到1860年仍不开始工业化，恰恰是市场经济自然选择的结果，而且中国生产者的行为方式高度符合一个理性自利但缺乏前瞻性的经济人（homo economicus）的形象。

相对于由市场逻辑主导的消费品工业，清朝统治阶层在一开始对西方的资本品工业更为敏感。洋务派的所谓"师夷长技"，最初即着眼于火炮、军舰制造这些纯粹的军事工业，以对内平叛、对外御敌，而中国的工业化也肇端于他们创办的江南制造局等军工企业。在创办这些企业时，部分洋务大员确实有某种更为长远的经济眼光，意识到了现代工业不仅具有军事功能，还能够带来更广泛的经济变化。但囿于各种因素，最初的动机主要还是政治—军事性的。[②]对李鸿章等人而言，维护清朝的统治这一政治目标是根本性的，学习西方创办现代工业，只是一种手段，而且最初毫无经济上的考虑。从这个意义上说，中国的工业化不仅一开始即由国家主导，甚至在其早期阶段也根本不是一个经济现象。当然，工业发展有其自身的逻辑，随着时间的推移，不仅早期的军事企业开始对市场产生技术外溢效应，而且洋务派官员创办企业的兴趣也由纯粹的军火制造转向航运、纺织等民用部门。

但是，当时的中国还存在着其他的工业发展路径。如前所述，中国的传统工业具有强大的市场适应性，而且它们并非一直以传统面貌示人，相反，部分传统工业学会了运用现代工业提供的原料、设备乃至动力，呈现出向现代工业渐进演化的趋势。[③]这种变化，在沿海地区的造船等行业中，甚至可能不晚于洋务派兴办现代企业。[④]自然，这是一种纯粹受市场诱导的工业发展。实际上，在多数行业中，二元结构出现了。例如，在具有战略意义的机械工业中，一方面，清政府的官员创办了江南制造局等具有现代性的大企业，另一方面，一些后来表现极为出色的企业，比如制造动力设备的武汉周恒顺机器厂，最初不过是为寺庙铸佛像的手工炉坊。然而，在周恒顺机器厂的案例中，可以很清楚地看到江南制造局这一国营大企业向私人资本扩散了其技术乃至人才，促使后者得到升级发展。[⑤]至

---

① 许涤新、吴承明主编：《中国资本主义发展史》第2卷，第71—73页。
② 宝鋆等编：《筹办夷务始末（同治朝）》第4册，中华书局2008年版，第1467—1468页。
③ 彭南生：《半工业化——近代中国乡村手工业的发展与社会变迁》，中华书局2007年版，第232—239页。
④ 严中平主编：《中国近代经济史（1840—1894）》，人民出版社2012年版，第1465—1466页。
⑤ 严鹏：《战略性工业化的曲折展开：中国机械工业的演化（1900—1957）》，上海人民出版社2015年版，第41页。

于在纺织、食品等消费品工业中，私人资本就更为活跃了，一些日后称雄市场的大企业，比如荣氏集团，基本上只是遵循市场需求而不断扩大投资，靠自我积累而非国家扶持成长壮大。[①]甚至于，一批洋务派官员创办的企业，因经营不善，不得不租给私人资本经营。[②]因此，有学者将清末工业化描绘为一幅主要由政府推动的经济社会连锁变化的图景[③]，与历史事实完全不合。不错，在晚清中国，国家创造了工业化，也推动了工业化，但国家远未能主导工业化。而国家的这种弱势地位，至少要延续到1937年。

综上所述，中国工业化的成因是政治—军事性的，但其内部的道路具有多样性。在工业革命之前，乃至于在工业革命之后的相当时间内，中国的传统经济都具有较强的自足性，整体上不具备自发工业化的经济动机。中国的工业化，最初是统治阶层基于国家理由而创设的政治—军事议程。然而，就清末的具体情形而言，国家的作用仅在于引进了现代工业技术与组织，到王朝覆亡之时，国家基本上未能对工业化进行有效引导。相反，清朝末年见证了某些主流经济学家更加喜爱的由市场和私人资本主导的工业化，以及低技术—劳动密集型传统产业的渐进演化。因此，与在19世纪的工业化浪潮中成功应对了挑战的德国、美国和日本等国不同，中国的应对是失败的。如前所述，工业化本身是嵌入于国家建设的，因此，中国的应对失败，不是指纯粹作为经济现象的工业发展完全失败，而是这样一种工业发展与国家建设是脱嵌的。这种脱嵌，在20世纪前半叶最终阻碍了工业化的正常展开，并激起了更为强大的国家建设运动。

三、国家"凌驾"市场：体系演化的选择

从政治哲学的角度说，在由民族国家构成的现代世界体系中，国家的存在是以其他具有竞争关系的国家之存在为依据的。[④]因此，国家建设也好，工业化也好，都是发生在世界体系内部的演化，受制于体系自身的演化机制。而世界体系的演化，最基本的动力就是各民族国家间的竞争。韦伯（Max Weber）称："各民族之间的经济斗争是个自然过程，哪怕斗争是在'和平'的外表下进行。"[⑤]可谓抓住要害。因此，在整个20世纪，中国工业化道路中国家的作用不断强化，乃至于"凌驾"市场，并非某些学者所称的

---

① 荣德生：《荣德生文集》，上海古籍出版社2002年版，第25—32页。

② 该书编辑组：《裕大华纺织资本集团史料》，湖北人民出版社1984年版，第3页。

③ 伍晓鹰：《中国工业化道路的再思考：对国家或政府作用的经济学解释》，《比较》2014年第6期。

④ 安东尼·吉登斯：《民族—国家与暴力》，胡宗泽等译，三联书店1998年版，第5页。

⑤ 马克斯·韦伯：《民族国家与经济政策》，载于马克斯·韦伯：《韦伯政治著作选》，阎克文译，东方出版社2009年版，第11页。

"利益集团"处心积虑设计的结果①，而是体系演化的自然选择，并且不乏经济合理性。同时，那种认为存在着某个前后一致的利益集团的历史想象，更是彻头彻尾的向壁虚造。

工业化嵌入于国家建构进程中，意味着不仅工业在变化，国家本身也在变化。例如，尽管欧洲国家在重商主义时代已经广泛采用货币政策、财政政策和产业政策等极具现代性的手段来管理经济，但往往效果不彰。究其原因，近代早期的欧洲国家在相当时间内仍然保持着传统的政治组织形式，缺乏高效的行动能力。在所谓旧制度下，即使君主专制国家的权力也可能是"去中央集权化"与"碎片化"的。②就国家直接参与工业化的动机来说，往往是因为资源禀赋的自然结构在市场引导下，无法将生产要素吸引到对国家有利的领域，也就无法满足国家的战略需求。市场比较优势结构所施加的瓶颈，对后发展国家来说，又往往由于先行国家产业的竞争而得到强化。国家对于工业化的作用，从根本上说就是要打破市场所施加的束缚，并提升工业活动的质量。然而，国家要发挥打破市场瓶颈的作用，就必须具有相应的能力。国家能力不是凭空存在的，它依赖于具体的人在一定的制度组织下去从事恰当的活动。制度组织就是国家的政治体制尤其是行政制度，它划定了国家汲取、分配与利用资源的基本渠道。毫无疑问，某些制度作为渠道是不那么畅通的。然而，大量流于形式的制度表明，人的活动更为重要。而人的活动是受包括非经济利益在内的动机支配的，因此，思想意识具有基础性的作用。国家的行动能力，从逻辑上说，遂取决于统治阶层的眼界与意志，以及由此而设定的制度或形成的行为规则。

关于思想文化或意识形态对于工业化的作用，本非新论点。李斯特称"国家物质资本的增长有赖于国家精神资本的增长"③，即已将思想意识纳入经济分析中。这一思考方式，此后被德国历史学派所继承并发扬④，在凡勃伦（Thorstein B. Veblen）那里则与对制度演化的分析结合起来。⑤因此，新制度主义经济史将"信念及其演化方式"视为理解经济变迁过程的关键⑥，诚然是该学派的最新发展，却不过是复刻了更"旧"的那些

---

① 伍晓鹰：《中国工业化道路的再思考：对国家或政府作用的经济学解释》，《比较》2014 年第 6 期。

② Lars Magnusson: *Nation, State and the Industrial Revolution: The Visible Hand*, p.19.

③ 弗里德里希·李斯特：《政治经济学的国民体系》，第 220 页。

④ 施穆勒：《一般国民经济学大纲》，季陶达主编：《资产阶级庸俗政治经济学选辑》，商务印书馆 1978 年版，第 346 页。

⑤ 托尔斯坦·凡勃伦：《为什么经济学还不是一门进化科学？》，载于托尔斯坦·凡勃伦：《科学在现代文明中的地位》，张林等译，商务印书馆 2008 年版，第 59—61 页。

⑥ 道格拉斯·诺思：《理解经济变迁过程》，钟正生等译，中国人民大学出版社 2008 年版，第 5 页。

学派的精神而已。这一强调思想意识重要性的学术传统，能够用以分析国家参与工业活动的演化性。从一种新李斯特主义的角度看，世界体系的无政府状态及民族国家间的相互竞争，构成了体系演化的动力，也是国家参与工业化的最主要动机。但这一动机并非某种均质的实体，而是精英阶层对国际竞争的性质的认识，以及对竞争的强度的感知。精英阶层对国际竞争性质与强度的判断，与他们对自身利益的考量结合在一起，会形成不同的演化组合。有些精英可能会认为根本没必要采取工业化作为竞争手段，因为他们根本不打算以较高的强度投身于国际竞争。例如，美国内战前，南方的种植园主会更倾向于依附英国工业，而为自身牟取经济利益。追根溯源，早在独立之初，美国统治阶层中的部分精英就不认为维持中央政府、常备军以及建立海军有任何必要。而这种认识，在一定程度上又基于不少精英认为隔开美国与欧洲的大洋确保了美国的安全。[①]按这些精英的设计，美国只能成为一个由地方上的利益集团主导的软国家（soft state），经济上依附欧洲列强，缺乏基本的武备，与日后的拉美国家无异。但包括汉密尔顿在内的另一些精英则认为一个强大、独立的国家是有必要的。为了发展支撑富强国家的工业，汉密尔顿认为可以采用保护主义手段，适度牺牲眼前的局部的经济利益，来换取长远的整体性的收益。[②]汉密尔顿的观念后来赢得了他最大的反对者杰斐逊的支持，而杰斐逊的转向显然与 1812 年英国对美国的侵略有关。[③]因此，美国的历史极佳地诠释了一国精英阶层对国际竞争的认知与感受是如何塑造工业化路径的。进一步说，作为有能力推动工业化的精英阶层，并非铁板一块，国家作用于工业化的路径与形式，取决于精英阶层内部竞争的结果。在美国，这一竞争是以内战作为最终的表现方式并告一段落的。

因此，以国家为中心来考察，工业化实际上是由国际竞争引发的、国内具有不同观念的精英斗争的结果。精英固然是利益集团的实际构成者，但他们可以具有多样化的动机，其中某些动机并不局限于他们眼前的物质利益。当那些具有整体及长远利益观的精英占据上风，并找到适宜的手段高强度地参与国际竞争时，工业化就能够启动并得以维持。这是国家作用于工业化的一般性机制。然而，各国历史千差万别，是因为在完全偶然性的时空环境中，特殊的情境将一般性机制塑造成了不同的样貌，并赋予其合理性。中国工业化道路的"特殊性"，只能从这个意义上加以理解。

回到历史，显而易见的是，在清朝灭亡之际，中国的国家远未能"凌驾"市场，相

---

① Ron Chernow：*Alexander Hamilton*，p.255.

② Alexander Hamilton：Report on the Subject of Manufactures，Alexander Hamilton：*Alexander Hamilton*：*Writings*，New York：Literary Classics of the United States，Inc.，2001，p.701.

③ 里亚·格林菲尔德：《资本主义精神：民族主义与经济增长》，张京生等译，上海人民出版社 2009 年版，第 468 页。

反，整个国家的工业化看上去走上了主要由市场和私人资本支配的道路。辛亥革命以后，在北洋政府时期，由于第一次世界大战导致的列强后撤，民营企业家纷纷利用这一意外获得的市场空间投资工业，无论轻、重工业部门均欣欣向荣。而当时从中央到地方的各级军阀政权，从工业行政的角度看，没有太积极的作为，反而具有"掠夺型国家"的特征。因此，北洋时期中国工业的发展也经常被学者举为市场与私人资本优越性之证据。①然而，一战结束后，国家缺位的危害就开始显现。主导性的轻工业部门棉纺织业，在"黄金时代"结束后迅速陷入结构性萧条，而中国企业在日资企业的威胁下难以取得发展。②日资在华企业的优势固然是技术性的，但不可忽视的是，直到国民政府时期，日资企业仍能在中国市场上获得国内税优待，从而化解了国民政府通过提高关税保护本国工业的努力。③而日本政府为了给本国企业争取在华特权，是不惜利用在华军队对国民政府进行恫吓的。④而在重工业部门中，一战后的不景气也极大地打击了中国企业，一批领军企业因为经营困境而被外资兼并，政府则缺乏扶助举措。⑤但是，同期的日本虽同样遭遇不景气的周期，其造船业等战略性部门仍通过政府的补贴与订单得以维持。⑥而日本的战略性部门，此后成为其侵华战争的物质基础。

然而，日本对中国持续不断的侵略，也成为中国国家建构与工业化进程的转折点，并使中国的工业化道路看上去又有了某种"特殊性"。伍晓鹰认为，在南京国民政府于1927年成立后，主导了一场重工业化运动，并认为这一重工业化运动"相当顺畅地延续了"晚清洋务派的工业化路径，而其动因则包含了相关利益集团的"个人利益"。⑦这是彻底不符合史实的。首先，1937年之前由国民政府资源委员会主导的重工业建设，是在国民政府内部的派系斗争中艰难推进的，根本谈不上是当时主导性的工业化路径。在1927年及之后的几年间，国民政府产业政策制定者的趣味相当符合比较优势原则，关注点集中于轻工业。直到1931年"九一八"事变后，出于民族存亡的考虑，政府内部的蒋介石一系才创办了资源委员会，并开始从事侧重于军工的重工业建设。而一直到1935

① 杜恂诚主编：《中国近代经济史概论》，上海财经大学出版社2011年版，第74页。
② 森时彦：《中国近代棉纺织业史研究》，袁广泉译，社会科学文献出版社2010年版，第282页。
③ 严中平：《中国棉纺织史稿》，商务印书馆2011年版，第292页。
④ 久保亨：《走向自立之路：两次世界大战之间中国的关税通货政策和经济发展》，王小嘉译，中国社会科学出版社2004年版，第172页。
⑤ 严鹏：《企业家精神、国际契机与民族国家建构——辛亥革命前后中国机械制造业的发展（1900—1920）》，《兰州大学学报（社会科学版）》2012年第1期，第8—16页。
⑥ Yukiko Fukasaku: *Technology and Industrial Development in Pre-War Japan: Mitsubishi Nagasaki Shipyard, 1884-1934*, London and New York: Routledge, 1992, p.38.
⑦ 伍晓鹰：《中国工业化道路的再思考：对国家或政府作用的经济学解释》，《比较》2014年第6期。

年，汪精卫一系的实业部部长陈公博还认为中国应该只发展轻工业，以免刺激日本。即使在蒋介石集团内部，也存在着"造不如买"的思想，并由此延误了资源委员会创办重工企业。[1]其次，在伍晓鹰的整个叙事中，仿佛清末以来中国一直有一个不曾断绝的利益集团，出于自己所在部门的私利而极力推动重工业化。但是，20世纪30年代推动重工业化的技术官僚，主要是怀着救国热情而从学术界进入政界的知识分子，是一批自命要当"新的官僚"的精英，他们不仅和晚清洋务派没有直接传承，而且瞧不起那些缺乏现代技术知识的前辈。[2]其中一些留学生如果继续留在海外治学，很可能会有更大的个人成就，而他们回国办工厂挫折不断，被人认为"后半辈子都浪费掉了"[3]。如果伍晓鹰更细致地阅读他所引的关于资源委员会的研究成果，就应该清楚他有意无意贬低的那个"利益集团"，在当时的官场是相当清廉的异类。[4]因此，20世纪30年代的中国并没有很显著的重工业化运动。1933年，中国的机械、金属品、电器、交通用具、土石、水电气、化学品制造等7个制造业部门的总产值为488 706 000元，而在这7个部门中，有些细分行业是不属于重工业的。然而，轻工业中仅纺织业一业的产值就有879 291 000元，为前者的1.8倍。[5]当时中国的工业结构即如此。而推动重工业建设的技术官僚群体，如果非要将他们界定为一个"利益集团"，那么，他们也是和乔治·华盛顿（George Washington）、汉密尔顿等人一样，是力图在一个弱肉强食的世界体系中建设独立国家的"利益集团"。

由此看来，1927—1937年中国的工业化符合前述图式：在世界体系内部国际竞争的压力下，国家内部围绕着要如何应对竞争，产生了拥有不同观念的精英间的斗争。那些主张重工业化的精英，恰好是最具有超越个人私利动机的精英，体现了比较政治经济学所谓的"国家自主性"（state autonomy）。[6]但是，到1937年为止，精英间的内部斗争并未决出明显胜负，而日本已全面侵华。日本的侵略，反而使中国的精英达成了要发展重工业的广泛共识，并成为某种延续至1949年后的逻辑。这一结论也符合伍晓鹰的推测，但在具体的历史因果关系上，他又错了。目前，学术界不乏一些研究，将1949年后中国

---

① 严鹏：《战略性工业化的曲折展开：中国机械工业的演化（1900—1957）》，第124—141页。
② 翁文灏：《行政机关改革的必要》，载于李学通选编：《科学与工业化——翁文灏文存》，中华书局2009年版，第234页。
③ 吴大猷述，黄伟彦等整理：《早期中国物理发展的回忆》，联经出版事业公司2001年版，第108—109页。
④ 郑友揆、程麟荪等：《旧中国的资源委员会——史实与评价》，上海社会科学院出版社1991年版，第313—315页。
⑤ 原始数据见巫宝三：《中国国民所得（1933年）》，商务印书馆2011年版，第95页。
⑥ 西达·斯考克波：《找回国家——当前研究的战略分析》，载于彼得·埃文斯等编：《找回国家》，方力维等译，三联书店2009年版，第10页。

大陆的重工业优先战略以及计划经济手段的起源，追溯至抗战时期①，只是从抽离具体历史事实的逻辑角度看，这一观点具有合理性，因其抓住了某些类似现象背后共通的演化机制。但是，两个相似的历史现象即使在同一空间内相继发生，也不能认为前者一定会是后者的直接起源。所以，那种认为"很难想象"1949 年后留在中国大陆的资源委员会人员不会因为自身利益而维护重工业化路径的论点②，也就只是一种"想象"了。历史事实是，尽管在解放初期，新政权吸纳了原国民政府重工业建设系统的大量人员，并对其高层授予要职，但这些前政权人员也仅仅只能起到提建议的作用，而其建议即使被采纳，在实际执行时也未必能落实。③旧政权人员的这种实际处境，本应是简单的常识，用不着去"想象"其他的可能性。中共在建政之初，统一全国的解放战争尚未结束，因此，大量军事将领被安排在重工业等战略性部门担任领导，这些将领对于重工业在军事上的重要性有极为直接的认识，而新政权也极为重视培养自己的技术与管理人才。④是故，新政权在观念上并不依赖旧政权人员，在行动上则采取了全面削弱旧政权人员作用的策略。这样一来，尽管历史确实存在着某种一致性的逻辑，却并不存在一个前后一致的"利益集团"，而基于那种想象中的"利益集团"作出的所谓逻辑一致的经济学解释，与历史无关。进一步说，国民政府留在大陆的重工业厂矿固然为新中国的工业化准备了最初的物质条件，可一旦能够利用苏联提供的技术与设备，新政权就会放弃利用旧厂矿的计划，而将前政权的"遗产"安在相对次要的位置上。⑤

于是，一个更加历史主义的解释是：在 20 世纪 30 年代日本侵华的民族危机中，中国的部分精英形成了发展重工业来捍卫国家独立的共识，这种共识是超越党派的。而在中国这样一个落后国家发展缺乏比较优势的重工业，必须以人为手段扭曲市场要素的自然流动，将其导向重工业部门，这就是国民党技术官僚也会对苏联式计划经济表示认可的原因。⑥在战争期间乃至战后，甚至连希望政府救济的私人资本也主动请求国家采取某种程度的计划经济⑦，可见当时的思想氛围。直接师承苏联的中共在取得全国政权后采取的发展战略乃是大势所趋。其实，新中国成立初期，中共内部也不是没有主张其他工

---

① 卞历南：《制度变迁的逻辑：中国现代国营企业制度之形成》，卞历南译，浙江大学出版社 2011 年版，第 289—292 页。

② 伍晓鹰：《中国工业化道路的再思考：对国家或政府作用的经济学解释》，《比较》2014 年第 6 期。

③ 张柏春访问整理：《民国时期机电技术》，湖南教育出版社 2009 年版，第 223 页。

④ 严鹏：《战略性工业化的曲折展开：中国机械工业的演化（1900—1957）》，第 372—381 页。

⑤ 关云平：《中国汽车工业的早期发展（1920—1978）》，上海人民出版社 2015 年版，第 55—60 页。

⑥ 翁文灏：《我的意见不过如此》，载于李学通选编：《科学与工业化——翁文灏文存》，第 210 页。

⑦ 严鹏：《中共建政初期同业公会与产业发展之关系：以上海机械工业为中心（1949—1956）》，《史学集刊》2015 年第 2 期，第 89—95 页。

业化路径的声音，但朝鲜战争这一体系性因素又强化了优先发展重工业的共识。[1]此后，很明显的事实是，中国政府每一次强化重工业建设，都与国际形势有关。例如，三线建设是对越南战争升级的应对，而21世纪初的所谓第二轮重化工业化，就航空、船舶等工业而言是不能排除北约轰炸中国大使馆等因素的。但是，这并不表示中国的重工业化缺乏合理性。重工业作为资本品工业部门，其优先发展，不过相当于一种涉及基础设施、技术设备等物质基础的先期投资。早在战后，国民政府希望通过创建纺织机械制造业来带动纺织工业的发展[2]，已经具有此种考虑。新中国成立后，纺织工业部长钱之光采取了自主发展纺织机械工业的战略，实际地促进了纺织工业的发展，加速了纺织品的扩大供应。[3]因此，中国近代以来的重工业化，虽然经常不符合比较优势，而且呈现出国家"凌驾"市场的"非自然"态势，但具有内在的军事—经济合理性，是超越私利的精英集团应对体系压力的产物。换言之，这种"反常"的工业化道路，乃是世界体系的演化机制作用于中国特定时局的产物。然而，如果对日本经济史加以考察，又会发现这一国家主导的重工业化道路[4]，并不那么"独特"。

综上，中国工业化道路中的所谓国家"凌驾"市场这一特征，就整个近代历史来看，并非一直延续的结构，而是在特定时期被反复建构的行为。在中国工业化进程中，20世纪30年代以后国家力量的强化，是世界体系内部国际竞争的结果，也是对此前国家衰弱的一种反应，自有其政治—经济功能上的合理性。然而，在新李斯特主义图式中不存在历史决定论，也就是说，中国并不必然走上目前所知的工业化道路。实际的工业化路径，是由具有不同观念的精英的斗争塑造的，而这种事关国家走向的斗争具有高度不确定性。只要认识到在抗日战争前夜，中国政府内部也好，社会舆论也好，都存在着基于经济理由要"将海军根本取消"的论调[5]，就可以想见这种斗争是何其激烈。也正因为如此，中国在20世纪后半期由国家"凌驾"市场的工业化道路，是国际竞争迫使精英阶层取得共识的结果，是世界体系演化的自然选择。

---

① Evan A. Feigenbaum：*China's Techno-Warriors：National Security and Strategic Competition from the Nuclear to the Information Age*，Stanford：Stanford University Press，2003，pp.16-21.

② 严鹏：《中国纺织机器制造公司的技术管理（1946—1948）》，载于上海市档案馆编：《上海档案史料研究》第17辑，上海三联书店2014年版，第117—132页。

③ 该书编写组：《钱之光传》，中共党史出版社2011年版，第388—403页。

④ 高桥龟吉：《战后日本经济跃进的根本原因》，宋绍英等译，辽宁人民出版社1984年版，第19页。

⑤ 陈绍宽：《在海军部纪念周的讲演词》，载于高晓星编：《陈绍宽文集》，海潮出版社1994年版，第97页。

产业政策的两大思潮及其架桥[*]

朱富强

一、引 言

林毅夫努力推行的新结构经济学引发了激烈的产业政策之争，这个争论实际上体现在两个层次上：第一个层次，是否需要产业政策？政府应否承担积极的经济功能？第二个层次，政府如何制定合理的产业政策？政府的经济职能界限在哪儿？前一层次的争论主要发生在张维迎和林毅夫之间，由此引发了奥地利经济学范式和新古典经济学范式之争，涉及了对市场失灵根源的不同看法。不过，尽管这一层次的争论非常激烈，也引起了广泛的影响。但是，中肯而现实的经济学人大致还是形成了这样的共识：是否需要产业政策是一个伪问题，而真正应该关注的问题是如何制定有效的产业政策。[①]这样，争论就上升到第二层次：政府究竟应该推行什么样的产业政策呢？制定产业政策的合理依据是什么呢？这一争论主要体现在激进发展经济学与新古典经济学的思维和范式上的差异：新结构经济学总体上承袭新古典经济学分析框架而从市场失灵中导出有为政府的积极功能；激进发展经济学则反对新古典经济学范式而倡导更大力度的产业政策和政府作用。[②]

同时，从学说史看，产业政策的探究首先源自一群历史主义学者或者经济史学家，影响至今的如李斯特的生产力学说、格尔申克隆的替代模式以及熊彼特的创新说。这些学者不是抽象地讨论普适性的产业和经济政策，而是将之立基于一国的历史和现实，从动态角度剖析技术发展和产业升级的内在演进性，从而强调后发国家的政府作为市场的替代力量来推进经济增长和现代化发展。显然，这种思维和学说往往容易为民族主义经济学家所接受。同时，为了对抗支配性的新古典经济学范式，民族主义经济学家也积极吸纳激进发展经济学有关发展中国家的信息、技术、市场等结构不同于发达国家的论述，并将之纳入到演化经济学的分析框架之中。这样，发达国家中呈现的激进发展经济

---

* 　原文载《南方经济》2018年第1期，略有改动。作者单位：中山大学。

① 　朱富强：《为何需要产业政策：张维迎和林毅夫之争的逻辑考辨》，《社会科学战线》2017年第4期。

② 　宋磊：《被忽视的政治逻辑和管理实践——对林毅夫、张维迎之争再反思》，《文化纵横》2016年第12期。

学与新古典经济学之争，在时下中国学术界尤其是此次产业政策之争中就演变成演化经济学与新结构经济学的思维和政策之争；其中，演化经济学赋予政府更为独立的生产性功能，更加注重技术的自主研发。[①]显然，由于演化经济学与新结构经济学的学说和主张根基于更为不同的思维范式和分析框架，因而似乎更难以调和。那么，这两种学说思潮果真如此对立吗？这里尝试对两者的共性作一学理性挖掘，并致力于契合两者的思维和认知而探索更为周全的产业和科技政策。

二、产业升级的方式之争：技术拉动与资本推动

在当前学术界，围绕产业政策的制定依据所展开的争论主要集中在：一是重视一国要素禀赋结构而遵循比较优势原则；二是强调技术的内生演化而背离比较优势原则。一般地，前者关注要素结构的变动，尤其重视资本的积累，从而就导向资本推动的产业升级路向；后者则关注技术水平的进步，进而重视科研的开发和投入，从而导向技术拉动的产业升级路向。这两种主张典型地体现在林毅夫与张夏准之间，以张夏准的话作为总结："毅夫相信国家干预虽然重要，但应该主要是促进一个国家比较优势的利用；而我则认为，比较优势虽然重要，却不过是一个基线，一个国家想升级产业，就需要违背比较优势。"[②] 那么，我们究竟该如何理解这两种产业政策之争呢？这里围绕林毅夫与张夏准等人的认知差异及其内在逻辑作一比较性分析。

一般地，林毅夫倡导的新结构经济学强调，产业政策的制定应该遵循比较优势原则，产业结构的选择、转换和升级都应该根基于要素禀赋结构的变动；相应地，政府的作用就在于，确保产业能够按照要素禀赋结构内生变动而升级，进而通过完善软硬基础设施来帮助企业培育和提升自生能力。同时，新结构经济学还认为，要素禀赋结构变动主要体现为资本—劳动比的变化，而资本—劳动比变化又源于从基于比较优势的国际贸易中所获取的产品剩余和资本积累；因此，它强调资本积累在产业升级和发展的根本性作用，从而主张资本推动的产业升级。与此不同，张夏准等人则指出，各国的比较优势根本上体现了在技术开发和利用上的不同能力，技术水平将会改变要素禀赋的相对价格，进而导致一国具有国际竞争优势的产业发展与其要素禀赋结构的背离；同时，资本的异质性和技术的自我发展性，使得发展中国家要获得较高的技术能力，就需要进行技术的研发和投入。正因如此，张夏准等人强调，发展中国家的产业发展不应该固守其要

---

① 贾根良：《中国应该走一条什么样的技术追赶道路》，《求是》2014 年第 6 期。
② 林毅夫：《新结构经济学：反思经济发展与政策的理论框架》，苏剑译，北京大学出版社 2014 年版，张夏准书评，第 161 页。

素禀赋结构，而应该通过技术革新来建立和保护它不具有比较优势的产业以获取最大收益，从而主张技术拉动的产业升级。

我们如何理解两者的差异呢？其实，新结构经济学的产业政策潜含了这样的假设前提：发展中国家面临着一个资本密集度从低到高的技术和产业谱系的给定存在，以致以引进为主的技术创新和产业升级可以不断进行，根本性的障碍在于资本的稀缺。同时，新结构经济学的产业政策还预示了这样的现实依据：发展中国家自身投资技术研发不仅成功率很低，而且商业化率更低，而学习、模仿和购买发达国家的先进技术要比自己投资研究和开发更有效。为此，新结构经济学认为，发展中国家在大多数产业（主要是林毅夫界定的"追赶型产业"）上都只需要对既有技术进行选择和应用，而不应该在技术上花费太多成本进行自主创新。在林毅夫看来，技术模仿具有后发优势，许多技术已经过了专利保护期；进而，即使是发达国家刚发明的新技术，购买专利的成本往往只有开发成本的1/3左右，况且所购买的技术往往也是被证明成功的和有商业价值的技术。确实，在过去数百年里，由于技术层次较低级，技术进步也较缓慢，因而发展中国家往往有足够的能力和时间来模仿、学习和消化发达国家的先进技术，再凭借自身在要素禀赋上的比较优势而实现产业竞争优势的超出。

问题是，随着发展中国家的经济持续发展以及由此带来的技术差距的逐渐缩小，模仿和学习发达国家的技术就会变得越来越困难，因为发达国家逐渐意识到可以通过保密制度、专利制度等来阻止其核心技术的外流以降低新兴市场国家对其国际垄断地位的威胁。在这种情形下，发展中国家的产业升级和经济增长就会逐渐陷入"技术陷阱"，看似蓬勃发展的产业因为缺乏核心技术而受制于国际资本。那么，又如何避免这一点呢？显然，这就需要从更全面的视角来审视一国的技术进步，需要考虑技术进步的自我演化性，这也就涉及技术获得的另一种内生性。一般地，如果技术与产业（尤其是产品）较好地结合在一起，那么，先进技术将随着产业的转移而传播。相应地，此时的后发国家对既有的先进技术往往可以廉价地吸收和使用，从而也就需要且可以学习和模仿发达国家的产业和技术以节省研发成本，在资本极度稀缺的情况下尤其如此。相反，如果技术与产业（尤其是产品）存在明显的分离，那么，产业的转移并不带来技术水平的提高。相应地，此时的后发国家并不能容易地学习、接受和使用既有的先进技术，从而也就应该着手技术的自主研发以避免"技术陷阱"，一个面临技术封锁的大国更应如此。很大程度上，只有通盘考虑技术的两种内生性，才可以制定出更全面的产业升级政策，才能避免产业发展的中断。

当然，究竟如何提升其技术水平和产业结构，也与一国的具体条件有关。一般来说，劳动和资源等要素禀赋往往是自然的，充分利用这些自然因素来提升竞争优势往往比较廉价；与此不同，技术提升不仅需要资源和时间的投入，而且还要牺牲暂时的交换价值和经济剩余，因而完全通过技术进步来提高竞争优势往往就比较昂贵。由此，还可以获得进一步的推论：在确定产业发展目标时，要素禀赋遭受扭曲的程度越大，那么，通过技术进步来获取相应竞争优势所支付的代价也越大。很大程度上，这也是林毅夫反对将大跨步式产业升级扩展为政府支持产业升级政策的一般形式的根本原因。相反，林毅夫更倾向于将大跨步式的产业升级局限在少数和国防安全有关以及具有战略型意义的产业上。而且，这一点实际上也得到了张夏准的认同，张夏准写道："毅夫说要避免过多地偏离比较优势，这是绝对正确的。比较优势的确提供了一个有用的指南，告诉我们国家为保护其幼稚产业做出了多大的牺牲。越偏离比较优势，在新产业获取技术能力所要付出的就越多。"① 这也反映出，尽管张夏准强调技术在资源能否被利用以及利用效果如何上的关键作用，但也并不否定在技术进步已经导致资源可以被使用的情况下，要素禀赋差异对一国产业发展和竞争优势具有显著的影响。

与此同时，新结构经济学也从来不否认技术进步（通过盗用、模仿或创新）是维持长期经济增长的根本性来源，例如，林毅夫就强调："持续的技术升级是一国长期动态增长的最重要驱动力。"② 差异仅仅在于，如何推动技术进步？新结构经济学的不足在于，仅仅将技术视为内生于产业的，希望通过推动要素禀赋结构的变动来促进产业结构升级，进而获取已经存在的先进技术。所以，林毅夫说："愿意和能够不断地利用技术进步的国家，必须将它们的要素禀赋（劳动力、资本）准备好，并通过宏观经济和部门政策来引导人力资本和物质资本的积累。"③ 在林毅夫看来，即使一个发展中经济体使其升级的产业达到规模经济并掌握技术，只要这个产业违反其要素禀赋结构所决定的比较优势，也无法与资本相对丰富且在此产业上具有比较优势的国家竞争。林毅夫举例说，如从拥有发达国家的先进技术上讲，苏联和现在的俄罗斯在航空、航天等美国拥有的最先进产业上几乎不相上下，却没有因为拥有这些技术而在经济上赶上美国。正是基于这一认知逻辑，新结构经济学倾向于以要素禀赋结构而不是以规模经济、产业集群、技术学习等作为分析的切入点和理论体系建设的基础。

然而，正如上面分析指出的，由于先进技术尤其是核心技术在国际间的流动和传播

① 林毅夫：《新结构经济学：反思经济发展与政策的理论框架》，苏剑译，北京大学出版社 2014 年版，张夏准书评，第 163 页。

② 林毅夫：《经济发展与转型：思潮、战略与自生能力》，北京大学出版社 2008 年版，第 95 页。

③ 林毅夫、塞勒斯汀·孟加：《战胜命运：跨越贫困陷阱，创造经济奇迹》，张彤晓等译，北京大学出版社 2017 年版，第 183 页。

并不那么容易，自主研发的技术进步也呈现出明显的路径依赖，那么，一个国家如果局限于要素禀赋结构及其决定的比较优势来制定产业政策，那么也很可能导致技术偏离演化路径而无法取得实质进步，或者发展历程长期受制于发达国家，这些都将严重制约一国产业在国际市场的长期竞争能力和一国经济的持续发展能力。相反，更为合理的产业政策不仅要考虑要素禀赋决定的比较优势，同时也需要通过技术研发的注入使得产业比较优势能够适当偏离要素禀赋结构。为此，张夏准提出在一个国家的经济或产业偏离其比较优势的程度与该国的经济增长率之间的倒 U 形曲线关系：在某个点之前，偏离其比较优势的程度越大，经济增长率也将越高；该点之后，产业保护的负效应开始显现，甚至导致整体经济的负增长。实际上，林毅夫和张夏准都同意：在产业升级时到底是小步快跑好还是大跨步好，这是一个度的问题，也是经验的问题。[①]从这个意义上说，两派的认知差异实质上并不如外界所想象的那样大：新结构经济学并不只是将产业升级局限在要素禀赋的变动上，张夏准等也不是简单地要以技术替代要素禀赋作为促进产业升级的基本动力。

三、技术进步的路径之争：内部依赖与外部依赖

时下的产业政策之争是基于经济全球化和贸易自由化这一大背景，体现为经济一体化下一国的应对措施。一般地，经济全球化的推进往往会带来报酬递增、技术创新和网络协同等好处，进而不仅有助于生产出更为廉价的产品和服务，也有助于分工的深化而创造更大的就业机会。不过，我们也清楚地看到，经济全球化在促进全球物质财富增长的同时，也加速了国家间的贫富分化。那么，不同国家为何会出现这种发展上的巨大差异呢？关键就在于它们的产业结构选择，因为不同产品和服务的生产往往具有不同程度的规模经济或规模不经济。一般地，劳动、土地、资本等自然资源的使用往往随着规模的不断扩大而最终会出现报酬递减的趋势，以自然资源为主要生产要素的产业也就会具有规模不经济现象；相反，技术这类人为资源的使用则往往随着规模的不断扩大而呈现出越来越强的报酬递增趋势，以人为资源为主要生产要素的产业也就会具有显著的规模经济。赖纳特就写道："在这种不对称的全球化之下，那些专门从事报酬递增活动的国家将很容易陷入'专业化'贫穷……富国专门从事具有人为比较优势的活动，而穷国则专门从事具有天然比较优势的活动。那些具有天然比较优势的出口品生产迟早将进入报

---

① 林毅夫：《新结构经济学：反思经济发展与政策的理论框架》，苏剑译，北京大学出版社 2014 年版，张夏准书评，第 170 页。

酬递减阶段，因为大自然母亲提供的是一种具有品质产业的生产要素，而人们通常会首先使用那些品质最好的要素。"[①] 从这个角度上说，现代社会的经济增长和产业发展根本上就依赖于人为资源的积累和应用，进而依赖技术水平的不断进步。

本质上，产业升级就体现为产业向较高生产率和较高附加值的经济活动转移，而技术进步是实现这种转移的基本动力。问题是：如何有效实现技术进步？实际上，林毅夫与张夏准之间的产业政策争论反映出了两种不同的技术内生观：一是既定技术应用上嵌入在特定产业中的内生性；二是技术进步中自我演化的内生性。林毅夫的观点是：（1）同一产业在全球都使用大致相似的生产技术，因而一国的技术水平就内生于由要素禀赋结构所决定的产业中；（2）一国技术主要随着产业升级而不断进步，而产业升级则根基于要素禀赋结构的变动，而要素禀赋结构的变动又体现为资本的积累；（3）为了最大限度地提高资本积累，就需要充分发挥比较优势并在国际贸易中获取交换价值。显然，基于这一视角和分析逻辑，发展中国家需要发展的产业及其技术在发达国家都已经存在，产业的转移和升级就会自然带来技术的进步。相应地，新结构经济学也就主要关注产业的转移和升级而不关注技术的传播和变迁，进而重视资本的积累和要素禀赋的提升。张夏准等人则提出不同观点：（1）同一产业或产品生产在不同国家往往使用不同技术，而这构成了竞争优势；（2）不同产业所使用的资本根本上是异质的，任何呈现具体形式的资本都不能随意地配置，资本积累也不意味着技术进步和产业升级；（3）获取新产业所需技术往往要经历一个冗长的学习和实践过程，尤其依赖具体生产过程中的经验积累。因此，张夏准等人所关注的重点，就不在于如何充分利用由要素禀赋决定的比较优势在国际贸易中获取最大的交换价值和资本积累，而是关注如何缩小技术差距乃至实现技术赶超，进而主张，要成功实现产业升级，往往就需要投入高额的研发经费。

一般地，张夏准所持的技术内生观反映出技术的自我演化特性，从而体现了演化经济学的基本思维；相反，林毅夫所持的技术内生观将技术与已经存在的海外产业结合在一起，从而从另一个角度又可以视为是外生的。因此，这两种技术内生观又引起演化经济学与新结构经济学之间的思维和方法之争，这种方法论差异为路风、贾根良等人所深入剖析。总体上说，贾根良和路风等人所主张的政府作用无论在广度上还是强度上都远比新结构经济学为大，同时，他们积极采用演化经济学思维来理解技术和创新的内生性及其进步，从而主张与新古典经济学的思维和原理进一步脱离。不过，撇开各自强调的分歧，我们依然可以看到两者之间的显著共性。我们先来剖析下两类技术内生性之间的

[①] 赖纳特：《富国为什么富穷国为什么穷》，杨虎涛、陈国涛等译，中国人民大学出版社 2010 年版，第 85 页。

相通性。事实上，即使基于演化视角，技术进步也呈现出两大基本特点。（1）技术发展和进步过程中产生一个路径依赖效应，现有技术的发展方向和革新能力与历史上的相应投入有关。从这个意义上说，技术进步和产业升级根本上依赖于本国在这方面的投入，而且这是一个费时耗力的过程。（2）技术发展和进步也不是孤立的，而必须与一国的要素禀赋相适应才可以取得最大化的竞争优势。从这个意义上说，一国对技术的投入以及相应产业的规划就不是任意的而是有选择的，而要素禀赋结构往往构成了一个重要的选择依据。基于方法论的契合主义思维，笔者认为，技术革新应该兼顾新结构经济学和演化经济学各自侧重的两种内生性。

很大程度上，技术变迁的内生性体现了技术之间的正反馈机制，关于这一点，阿瑟早期就做了深入的研究。阿瑟写道："新技术需要更多的其他新技术来支持。例如，在人们发明了电脑以后，电脑就需要或'要求'更强大的数据储存技术、计算机编程语言、计算算法及固态开关设备，等等。而且，新技术也为其他新技术的出现创造了条件。举例来说，真空管的问世，使得无线电的传送和接受，广播、继电器电路、早期计算机以及雷达等技术的出现成为可能，或者说它为后来的这些技术提供了'供给'。同时，这些新技术反过来又催生了对更新技术的需求和供给。由此可见，一项新技术并不是只会使均衡受到一次性的破坏，相反，新技术远远都是更新技术的创造者和需求者，而且这些更新技术本身，也需要创造出比自己更新的技术……技术变化会内生地、不断地创造出更进一步的变化，从而使经济处于永远的变化之中。"① 事实上，所有技术都是从已经存在的而技术中被创造出来的，已有技术的组合使新技术成为可能。也即，技术从自身中构建出了自身。为此，阿瑟提出了组合进化（combinatorial evolution）一词来刻画技术的进化机制，其含义是：创造新的组合并选择那些有效的组合。在这里，阿瑟强调指出，技术的计划机制不同于达尔文的进化机制：后者依赖于因变化和选择而发生的增量变化的不断积累。②

同时，演化经济学大家安东内利对技术变迁的特性做了深入的探索，这里作一重点阐述。安东内利系统地剖析了既定相对要素价格对潜在和实际全要素生产率水平的影响，剖析了相对投入价格的变化对生产成本影响。在安东内利看来，当相对价格改变时，每种生产要素的产出弹性并不相同，这导致生产成本和产出水平也将发生变化；其中，最丰富要素相对价格的降低对于所有其他投入的影响越明显，产出弹性间的差异就

① 阿瑟：《复杂经济学》，贾拥民译，浙江人民出版社 2018 年版，第 37 页。
② 阿瑟：《复杂经济学》，贾拥民译，浙江人民出版社 2018 年版，第 189 页。

越是显著。相应地，在全球经济中，一个国家的一般效率的变动就取决于由新技术所导致的全要素生产率的增加，以及由相对价格结构变化所导致的生产成本的变化。进而，在全球经济中，每个地区的要素市场也是异质的，每一个企业的一般效率往往会受到技术变革和相对价格的双重影响；而且，相对价格的变化越明显，技术变革所呈现出的偏差或异质性也就越明显。正是针对拥有异质要素的国家在准同质产品的国际市场上的竞争，安东内利得出两大基本结论：（1）须界分潜在和实际全要素生产率增长，只有在最富有生产率的投入是最便宜的时候，在非中性生产函数中才可以得到潜在的全要素生产率的增长；（2）须界分一般效率和全要素生产率的增长，在给定技术条件下，生产成本受到相对投入成本的影响，因而生产的一般效率提升就需要新技术的引入，尤其是需要最富有生产率的投入的相对价格的下降。①

显然，安东内利的分析实际上考虑了技术自我演化以及技术选择的要素禀赋依赖两个方面。一方面，在技术变革或技术引进的条件上，安东内利将是否会促进全球生产率的增长当作重要评价指标。安东内利写道："当一种新技术是有偏的时候，它促进了某种生产要素更加密集地使用。新技术采用对生产率具有更为显著的影响。要素更为丰富，其价格也更低。在全球竞争的环境下，这种动态性对企业家出现的非对称性具有关键影响"；"在国际市场中，由于局部要素市场的差异，投入的相对价格也不同"，进而"根据它们的相对要素价格，一些国家能够比其他国家从同一技术的引入中受益更多"。显然，全要素生产率的提高必然需要考虑生产要素的投入比例之间的协调，进而也就涉及生产要素密度与生产要素比例之间的关系问题。另一方面，在生产要素比例与生产要素密度相适应的强度上，安东内利又不认为生产要素密度与生产要素比例之间需要保持完全一致。安东内利写道："最富生产率的要素成本的降低对生产成本的降低和单位投入产出的增加具有直接的影响。这种生产成本上的变化不会对全要素生产率的测量产生影响，但是能够对在由异质要素市场构成的全球市场上面临竞争的企业的竞争优势产生强大的影响"；相应地，"当拥有适当的资本密集型技术时，资本相对成本的下降即使被工资增加所抵消，也仍然会提高产出水平。"② 事实上，按照俄林的"生产要素比例—生产要素密度"原理，又哪里需要什么技术的作用呢？

由此，安东内利界分了技术发展中的两种路径依赖：一是内部路径依赖，技术革新和进步受到转换成本的作用而呈现出不可逆性，这与现有技术和学习机会等内部特征有

---

① 安东内利：《创新经济学——新技术与结构变迁》，刘刚等译，高等教育出版社 2006 年版，第 65—66 页。
② 安东内利：《创新经济学——新技术与结构变迁》，刘刚等译，高等教育出版社 2006 年版，第 53—54 页。

关；二是外部路径依赖，技术选择和变革受到相对价格的作用，这与要素禀赋和经济系统等外部条件有关。安东内利写道："当企业沿着由局部学习过程和其他生产要素不可逆性所决定的路径运行并最终进行创新时，内部路径依赖就会发生。相反，外部路径依赖是由外部条件所决定的，这种外部环境在系统层面上支配和决定作新技术的成功引入。"① 事实上，发达国家的跨国公司对发展中国家进行直接投资的一个基本目的就是，将自己掌握的技术与国外的要素禀赋结合起来，从而实现技术与局部相对价格的最佳匹配而寻求国际市场的竞争优势。相应地，如果发展中国家可以自主地引进跨国公司的直接投资以及相应的产业结构，也就可以最快速地提升竞争优势，最大限度地提高资本积累，进而最有效地推动产业升级。这是林毅夫所看到的，他根基于外部路径依赖的逻辑来倡导新结构经济学。不过，我们同时也应该考虑到：（1）大多数跨国公司直接投资的直接目的都是控制被收购的现有公司而非创造新的生产力，那些创造新生产力的跨国公司也会致力于强化对本国市场的控制并排挤掉其他本土企业；（2）依赖引进方式往往无法获得跨国公司的核心技术，更不要说对核心技术的掌握和运用往往依赖其他配套的专用性资源以及基础性的科技知识，而大多数专用技术主要建立在"干中学"的增量创新之上，通用技术则源于教育的普及和研发的投入。这是张夏准等人看到的，他们根基于内部路径依赖的逻辑来强调自主技术创新的重要性。进一步地，路风和贾根良等人也强调产业升级的内生性，主张通过技术突破、企业创新和产品开发来推进产业的不断升级。

四、两类范式的架桥：技术革新与要素禀赋的互动

通过全面考察技术进步的两类依赖性以及技术进步的生产性要求，我们就可以说：一国的技术选择和创新与其要素禀赋结构之间存在某种相关性，但不存在一一对应性；进而，发展中国家在引进新技术以及从事技术创新时，一方面需要考虑自身的要素禀赋结构，另一方面又要避免锁定在这一路径之中。这对直接参与国际市场竞争的企业决策是如此，对提升整体国家竞争力的政府决策也是如此。两者的差异在于：企业层面的技术创新往往需要在可见的未来获得绩效，从而研发投入的方向就会明显受制于它所嵌入经济系统的特定要素禀赋，需要特别关注相对要素价格和经济空间对竞争的影响；相反，国家层面的技术创新则可以突破单一企业或行业的预算约束，可以从更长远的发展视角着手研发投入，从而也就可以与要素禀赋结构发生更大程度的偏离。一般来说，国

① 安东内利：《创新经济学——新技术与结构变迁》，刘刚等译，高等教育出版社 2006 年版，第 131 页。

家经济规模越大，在特定行业的偏离程度也就可以越大，这也就是斯蒂格利茨、罗德里克、张夏准以及贾根良等人都认为发展中国家可以实现大跨步式产业升级的依据。与此同时，受到要素价格和经济空间的影响，一些在一个地区不具效率的技术被引入到另一区域后就可以实现高绩效，这正是林毅夫注重根据自身要素禀赋引进现有国际先进技术而实现小步跑式产业升级的重要原因。[①]显然，这些都反映出，偏重要素禀赋决定的新结构经济学与重视技术内生演化的发展经济学之间存在相通性，而不能简单地以一个维度的思维来否定另一维度的认知。

同时，一个国家在确定技术的选择和创新路径时，不仅要考虑本国的要素禀赋结构，而且还要考虑他国尤其是竞争对手的要素禀赋结构。这就涉及技术的传播和扩散问题：任何技术终将被模仿和复制，只是时间长短问题。这是鲍莫尔指出的，他将技术传播也视为是积极的生产性的企业家活动，并将之提到与技术创新同等的地位。[②]正是由于技术存在扩散，一国就要防止自己开发的技术恰恰适用于竞争对手所在的要素市场。否则，一旦这种新技术为竞争对手所采用，反而会降低本国的竞争优势，高成本的技术研发投入却只是"为他人做嫁衣"。当然，在经济和技术日益紧密的全球化时代，本国自主创新的技术成果可能为他国所享有，但同样，本国也可以合理、高效地选用他国的恰当技术。尤其是，作为技术全面落后的发展中国家，就可以有意识地利用和移植发达国家开发的但与本国要素禀赋结构相适应的技术，这也是林毅夫特别强调的。那么，一个国家究竟该如何推动技术进步呢？采用对外引进方式还是自主创新方式？这涉及不同产业的技术特性，也涉及国内外的技术状况，更涉及要素结构的对比。一般地，如果技术的流动性越高，技术演化的外部依赖性越强，那么，通过对外引进方式来实现技术变革往往可以有效降低成本；相反，如果技术的扩散壁垒越高，技术演化的内部依赖性越强，那么，通过自主创新方式来实现技术变革往往可以产生长期收益。从这个角度上，同样需要将偏重由要素禀赋决定的技术和产业引进与重视技术内生演化的技术和产业创新结合起来。

进一步地，我们需要考虑的是，如何才能将技术革新与要素禀赋结合起来？激进主义经济学者主张通过政府的强大投入在一些特定领域实现技术突破，以此推动高新技术产业的发展，进而实现"腾笼换鸟"式的产业升级。比较流行的做法：制定"中国制造2.0"或"中国制造3.0"目标，进而实施"互联网+""云计算""智能制造"产业规

[①]　朱富强：《如何通过比较优势的转换来实现产业升级：评林毅夫的新结构经济学》，《学术月刊》2017年第3期，第64—79页。

[②]　鲍莫尔：《企业家精神》，孙智君等译，武汉大学出版社2010年版，第9章。

划，并由此设立各种国家和省市项目进行有组织的资助。但是，路风却强调，产业升级不可能自上而下地"操作"出来，引发产业结构性变化的根本力量来自企业的创新活动；相反，这种自上而下的"操作"将会导致以行政手段排挤市场机制，进而产生一窝蜂的短视现象，这在当前中国社会已经非常明显。同时，通过对工业史的考察，路风还发现，众多的重要技术特别是那些导致新工业诞生的技术，都是由在位企业发明或创造的（如半导体晶体管、合成纤维、光纤、液晶显示器等），新兴工业的进入者也往往是其他工业领域的在位者，或者往往也是从在位企业中分离出去的。路风还引用发明"摩尔定律"的戈登·摩尔的话："成功的新创企业几乎总是开始于在大公司的研发组织中成熟的想法。如果失去大企业或大企业的研发组织，新创企业也就消失了。"[①] 一个典型的例子就是芬兰，作为通信业巨头的诺基亚的衰落之后，大量的诺基亚员工开始了自主创业，从而诞生出包括《愤怒的小鸟》《部落冲突》等明显游戏，以及 Jolla 等在内的移动互联网公司。林毅夫也多次用这个例子来说明，比较优势在产业发展和升级中的意义。正因如此，我们强调技术的自主创新，强调政府对企业的自主创新的引导和扶持。显然，企业的自主创新必然会更关注技术的生产性和生产率，进而也必然会充分考虑它所面对的要素市场。

当然，路风这里强调产业升级的内生性，主要是从技术进步的内部路径依赖上而言的，强调新的技术和能力产生于已有的基础并通过累积的方式前行。相应地，这个思路就被归入演化经济学和动态能力理论范畴，并被用于反对新古典自由主义的"休克疗法"。同时，路风认为，当前中国社会的劳动力市场存在明显的二元结构：一方面，传统高比例的农业人口造成了较低的人均收入和劳动成本；另一方面，相对整齐的工业体系造就素质和技能较高的劳动者、企业家和技术人员。因此，中国社会的生产技能高于人均收入水平通常所预期的水平。相应地，这不仅造就了国际市场中的强大竞争优势，而且造成了低端（劳动密集型）工业部门和高端（资本密集型）工业部门的同时并存的二元产业结构。但是，长期依赖技术引进、依赖外资、依赖廉价劳动力而忽视自主研发的经济发展模式，却导致我们的出口产品往往处于全球价值链的低端，并面临着外部需求下降和劳动力成本上升的严重冲击。路风还指出，在被广为赞誉的"深圳模式"中，华为等高技术企业只是金字塔的顶端，而更为重要的是金字塔底座那些灵活多变的中小制造企业。因此，产业升级根本上就应该引导、鼓励和支持这些产业沿着更高生产率和更高附加值的升级方向进行突破，经济发展的"新动能"只能来自自有的工业基础而不

---

① 路风：《产业升级与中国经济发展的政策选择》，《文化纵横》2016 年第 8 期。

能寄托在外在的移入。当然，企业的技术引入和创新往往是基于对价格—产出组合的反应，其中也就可能潜含了短视行为。为此，路风强调两点：（1）中国的产业升级需要上升到政治层面，需要借助政府的作用；（2）政府的产业政策主要引领大方向，并帮助和促成企业的技术变革。

显然，路风对技术变革和产业政策的强调以及对政府作用的积极引入与查默斯·约翰逊的发展型国家理论存在显著的相通性，它强调首先确定经济发展的优先目标，然而通过国家的经济介入、产业政策的实施以及对私人部门的引导和协调，促使经济发展目标的实现。承袭这种思维，赖纳特还将创造需求视为发展型国家的重要职能，将需求增长→收入再分配→更高工资视为一种正循环，尤其强调国家作为高级产品的需求者角色，这对技术边界的外衣起到重要作用。①受此影响，贾根良也长期强调通过政府采购来促进高端产品的自主创新和产业发展。其实，现代主流经济学往往将需求视为源自消费者的真实需求，但加尔布雷斯很早就指出，现代市场早就不再属于消费者主权而是生产者主权，拥有更大权力的生产者往往通过各种措施来引导、诱骗和"强迫"消费者购买那些并非反映真实需要的东西。同时，生产者的生产和供给原则是收益原则而非效用原则，为此，它一方面倾向于提供那些满足具有更高购买力的富人需要的东西，另一方面则诱发消费者基于攀比效应产生的非真实需要的欲求。相应地，正是由于由私人企业诱导的需求往往集中在脱离人们真实需要的奢侈品上，每当遇到经济危机时就会导致整个需求链的严重崩溃，进而导致大量的产能限制。②为了解决这种矛盾，"供给侧管理"就不能简单地诉诸市场，而应该充分利用政府的作用。基于这一逻辑，林毅夫指出，针对当前一些行业产能过剩的现状，政府一方面可以向那些附加价值高的产业投资，另一方面也通过国内基础设施建设以及"一带一路"建设消化严重过剩钢铁、煤炭、有色金属、平板玻璃、水泥。显然，"供给侧"改革的政策路向上，新结构经济学与发展型国家理论都强调政府在创造和引导需求方面的积极角色，而不是简单地推给市场。

同时，发展型国家理论的发展也进一步推向了马祖卡托的企业家型国家或企业家型政府，它将政府视为技术创新的真正组织者和开拓者。③贾根良根据马祖卡托的研究结果总结了政府在创新中的三大作用。第一，企业家型政府在引领创新中发挥关键性作用，而私人企业往往不愿意或难以承担创新的风险。例如：互联网的前身阿帕网是由美国国

① 赖纳特：《国家在经济增长中的作用》，载霍奇逊主编：《制度与演化经济学的现代文选：关键性概念》，贾根良等译，高等教育出版社 2005 年版，第 237—238 页。
② 朱富强：《纯粹市场经济体系能否满足社会大众的需求：反思现代主流经济学的两大市场信念》，《财经研究》2013 年第 5 期。
③ Mazzucato, M., 2011, *The Entrepreneurial State: Debunking Public vs. Private Sector Myths*, London：Demos.

防高级研究计划局资助的一个项目；地球定位系统源于一项被称为"导航星"的美国军事计划；iPhone 的触屏技术是由美国国家科学基金会和中央情报局资助的 Fingerworks 公司发明的；iPhone 的语音识别个人助理是美国国防部高级研究计划局一个智能项目的副产品。第二，企业家型政府在重大技术创新中扮演"造浪者"角色，民间风险资本往往只是"冲浪者"。例如，美国 IT 革命、生物技术以及纳米技术的研发，在早期阶段主要都是由美国"小企业创新研究计划"提供融资，而只是到了中间阶段才开始有私人风险资本介入并逐渐占主导。这是因为，早期阶段的创新应需要巨大资本并且成功概率较小而具有私人资本难以承受的风险。第三，企业家型政府往往能够成功地挑选出"优胜者"，从而实现了较高的资源配置效率。例如，美国国防部高级研究计划局先后成功地挑选出数百项新技术和新产品的"优胜者"，这包括互联网、半导体、全球定位系统、激光器、高速超音速飞机、无人驾驶汽车、隐形飞机、智能义肢、远程医疗和合金材料等。①同时，马祖卡托的研究也被林毅夫用来支持他的有为政府和产业政策：集中有限资源，协助企业家从事那些回报最高的技术创新和产业升级，从而避免陷入"低收入陷阱"或"中等收入陷阱"。②

此外，路风的主张也与贾根良倡导的新李斯特主义一脉相承，都强调中国经济的发展潜力主要取决于高生产率技术和资本密集型产业取得明显进展，而这需要企业的技术突破和能力成长，需要引入政府积极的组织和规划。根据新时代不同产业中价值链的分化以及中国"高端失守、低端过剩和混乱"的现状，贾根良从而提出新李斯特主义的国家致富新原则：进口价值链低端产品，出口价值链高端产品，并制定和保护本国价值链高端产品的产业政策。③后来贾根良对这一致富新原则的表述做了修改：进口价值链低中端产品，出口价值链中高端产品；进而，通过循序渐进而非"休克疗法"，实现产业或产品从价值链低中端向中高端的升级。不过，这里又会引出新的问题：如果过于强调借助政府的投资和研发来发展高端产品，是否会走向另一个层面的"休克疗法"？产业和技术发展是否又从内部依赖路径转向了外部依赖路径？是否会阻断产业和技术自我演化的内生性？当然，贾根良也仅仅只是将国家致富新原则视为对长期目标的追求，但强调中国应该从价值链高端入手实现技术赶超。④而且，贾根良还强调：产业或产品升级过程并非主要由政府投资；政府只是通过产业政策发挥引领者的作用，政府主要投资那些私

---

① 贾根良：《开创大变革时代国家经济作用大讨论的新纲领——评马祖卡托的〈企业家型国家：破除公共与私人部门的神话〉》，《政治经济学报》（第 8 卷），经济科学出版社 2017 年 5 月版。

② 林毅夫：《产业政策与我国的经济发展：新结构经济学的视角》，《复旦学报》（社会科学版）2017 年第 2 期。

③ 贾根良等：《新李斯特经济学在中国》，中国人民大学出版社 2015 年版，第 145 页。

④ 贾根良：《从价值链高端入手实现技术赶超》，《科技日报》2013 年 5 月 27 日。

人企业还无力或缺乏意愿的领域，集中在不确定性的、帮助企业度过"死亡之谷"的部分；而只有在那些颠覆式创新上才会成为主要的开拓者和组织者。显然，这一论述与林毅夫也没有实质性差异，不同之处在于，林毅夫认为可以甄别出有潜在比较优势的产业而有针对性地扶持。事实上，无论技术进步和产业升级是沿着外部依赖路径还是沿着内部依赖路径，真正的关键在于：投资所形成的新生产能力能否带来技术和生产率的变化？显然，这种变化往往需要与现有的要素禀赋联系起来，这是安东内利的分析。

由此，我们就可以清楚地看到两大产业政策思潮之间的明显共通性。首先，都强调政府与市场之间互补而非对立的关系，批判了流行经济学教科书对人们思维的禁锢和误导。例如，路风就指出，政府和市场同属于知识生产机制和经济协调机制的组成部分：一方面，由于新知识、新技术和新技能的产生机制源于市场竞争的分工和专业化，因而有用知识存量的增长及其应用的扩展主要由企业承担；另一方面，由于单个企业往往缺乏关于经济体系变化趋势，以及如何通过经济结构调整化解社会矛盾的知识，因而也就需要掌握这些知识的政府来引领。路风尤其强调，政府对技术创新的介入不会阻碍市场机制的作用，因为具体技术进步主要来自基层的创造性并通过竞争检验结果。[1]显然，这些分析和看法都与新结构经济学并没有多少区别：新结构经济学强调，市场有效要以政府有为为前提，政府有为须以市场有效为依归依；相应地，其基本政策目标就在于，实现有为政府和有效市场的有机契合，实现市场机制和政府机制的共进互补。其次，都重视政府对高端产业技术的引领和投入。实际上，马祖卡托和贾根良用于论证政府在创新中积极作用的三方面材料也都被新结构经济学用来支持有为政府和产业政策的经验依据，只不过对这些政府作用在经济发展中的地位以及对产业选择所依据的理论解释上存在不同的理解。一方面，新结构经济学并不是主张政府只能被动地根据要素禀赋结构的变动而在相关基础设施供给方面提供适当的帮助，而主要将这种功能角色适用于追赶型产业的情形。相反，在"弯道超车"型和战略型产业上，新结构经济学赋予了政府更为积极的自主功能，这方面与张夏准等持守的激进发展经济学、路风采用的动态能力理论以及贾根良倡导的演化发展经济学之间呈现出更大的相通性。另一方面，只要将市场失灵的内涵放宽，那么，政府的积极经济功能也就不再是局限于狭义市场失灵所界定的"有限政府"而是引导创新资源配置以及促进创新活动协调的有为政府，贾根良所侧重的这些政府生产性活动也就完全可以纳入有为政府的范畴。[2]最后，需要指出，企业家型

---

① 路风：《产业升级与中国经济发展的政策选择》，《文化纵横》2016年第8期。

② 朱富强：《政府的功能及其限度：评林毅夫与田国强、张维迎的论争》，《政治经济学报》（第7卷），社会科学文献出版社2016年12月版。

国家或企业家型政府理论认为，国家越穷，企业家才能就越缺乏，从而也就需要国家承担最后企业家和资本家的角色。[①]这里，实际上混淆了企业家才能的潜在存在和实现。按照张夏准的看法，发展中国家并不缺乏企业家才能和创新精神，而是缺乏将个体创业潜能成功地转化为社会创业动力的能力，这涉及有效的社会组织和完善的基础设施。在这个意义上，张夏准与林毅夫之间也是共通的，都将政府的主要职能放在软硬基础设施的建设方面。

五、结　语

本文的分析表明，目前围绕产业政策之争的两大思潮并不是截然对立的，要素禀赋与技术创新之间也不是独立的。一般来说，技术水平的不断提升是打破发达国家现有产业壁垒的关键要素，从这个意义上，发展中国家就必须采取有效措施来推进技术的进步；但同时，无论技术选择还是自主创新又都不能脱离特定的社会环境，更不可能全方位地推进，而是要嵌入在本国的要素禀赋结构之中。这从两方面加以说明：一方面，技术的选择和创新往往需要考虑要素禀赋结构以及决定的要素相对价格，从而得以降低技术创新的成本以及最大限度地提高竞争优势；另一方面，新技术的引入本身也会引起要素相对价格的变化，进而会改变一国的要素禀赋结构。也即，技术选择和创新既要考虑现在的投入成本，也要考虑对后续技术发展的影响。正因如此，一个国家在制定促进经济增长的产业政策和科技政策时，就需要关注要素禀赋、相对要素价格与技术创新的方向和速度之间的动态相互作用；进一步地，不仅要深入了解本国的要素禀赋和现有技术状况等，而且要系统剖析竞争对手的要素禀赋及其相应的专用技术。只有全面而综合地考虑这些因素，才能最有效地促进技术进步和产业升级。安东内利说："对于每一个区域和每一个相对价格系统，总存在一个比较好的技术，技术的优劣排序依赖于局部最充足要素的产出弹性。"[②]

正是考虑到上述种种情形，笔者主张，要全面认知并完善政府的经济职能，要有效实现技术进步和产业升级，就需要在林毅夫、张夏准、罗德里克、斯蒂格利茨以及贾根良等人的理论逻辑和政策主张之间进行架桥，需要通过契合主义思维实现取长补短而制定出尽可能周全的技术和产业政策。在笔者看来：产业的发展和升级过程也遵循不可跳跃的循序渐进原理，在工业化初级阶段的生产很难整体上跳过初级产品而全面地进入高

---

① 赖纳特：《国家在经济增长中的作用》，载霍奇逊主编：《制度与演化经济学的现代文选：关键性概念》，贾根良等译，高等教育出版社 2005 年版，第 239 页。

② 安东内利：《创新经济学——新技术与结构变迁》，刘刚等译，高等教育出版社 2006 年版，第 68 页。

级产品，在国际市场的出口也很难跳过低端产品阶段而大规模出口高端产品；究其原因，落后国家在这些产品和产业上还不具有国际竞争优势，这样做的结果必然依赖大量政府补贴。既然如此，政府在产业发展和升级过程中又有何作用呢？一般地，有为政府的积极作用大致可以体现在这两方面：（1）缩短产业从低级到高级的时间，政府在此过程中可以通过适当的产业政策以促进先进技术的持续引进或者自主创新，从而有效地促进综合比较优势的提升；（2）具有一定财力基础的大经济体，则可以花费相当比重的资源用于"挑选出"的某些高科技的自主研发，从而可以在一些产业上实现跨越式发展。其中，前者比较适合占主体地位的追赶型产业，后者则主要适合少数"弯道超车"型产业和战略型产业，但具体政策和措施往往依赖国际分工结构、国内外技术差距、国内外市场规模对比、国内生产要素分布、传统技术基础等现实社会环境和条件。同时，这两方面实际上都为林毅夫、张夏准，以及贾根良、路风等人所涉及，而当前学术界要做的则是致力于将这些思维和认知纳入到统一的分析框架和理论体系下，继续此方面的工作。

路径构造理论与演化经济学：分离还是融合？[*]

由路径依赖理论和路径创造理论共同构成的路径构造理论，已经成为经济学中一个前沿的研究领域，并且在社会科学中有着广泛的应用。由于该理论的发展和经济学研究范式的转换有着密切的关系，该理论也经历着分离和融合交替出现的复杂发展过程。从这个意义上来说，把握路径构造理论发展脉络的关键则是厘清它和演化经济学的关系。基于这种认识，本文详细梳理了路径构造理论和演化经济学分离和融合的过程，期望从中把握路径构造理论的发展脉络，探寻其未来的发展方向。

一、路径构造理论的发展

自 Sydow（2005）提出路径构造（path constitution）理论以来，该理论得到了迅速发展，但尚未形成理论体系。该理论的经典模型可以追溯到 David（1985）和 Arthur（1989）有关路径依赖的经典技术扩散模型。在 David 和 Arthur 有关路径依赖理论开创性研究的基础上，路径依赖理论得到了迅速发展，已经成为经济学、社会学、政治学和管理学等社会科学领域研究的热点问题。当前，该理论的主要研究集中在路径依赖的内涵和性质（David，2001；Schmidt and Spindler，2002；Stachurski，2003；Arrow，2004；Ebbinghaus，2005；Page，2006；Vergne and Durand，2010）、路径依赖的成因（Goldstone，1998；Arrow，2004；Page，2006；Vergne and Durand，2010；Kay，2013；Leibowitz and Margolis，2013；Vergne，2013；Margolis，2013；Arthur，2013）、路径依赖的类别和程度（Roe，1995；Leibowitz and Margolis，1999；Ebbinghaus，2005；Sydow，2009；Schreyogg and Sydow，2011）等方面。

刘汉民（2012）指出，路径依赖理论发展呈现以下一些新特点：第一，路径依赖概念应用于越来越多的学科领域，其跨学科研究趋势更加明显，尤其是系统动力学理论、社会学中的结构化理论和心理学中的相关理论在路径依赖理论中应用最为广泛。第二，日趋重视用定性和定量相结合的方法来进行经验研究。赵莉（2014）指出，路径依赖理

---

[*]　原文载《学习与探索》2018 年第 8 期，略有改动。作者单位：中南大学。

论未来研究由宏观趋于微观，由定性趋于定量，未来研究的目的在于，发现理论研究的一致性和方法研究的科学性。理论的一致性主要体现在关键概念的明确界定、路径依赖的成因分析、路径锁定结果的预测、路径如何终止等方向。对于路径依赖成因的分析，应该在分析外生变量的基础上深入剖析内生变量，加强内生变量的路径创新研究。关于实证方法的科学性，Vergne（2013）认为，应该从历史的案例研究中摆脱出来，转移到更容易控制的实证研究设计上来，如计算机仿真、室内实验法、虚拟事实模型等。

虽然路径依赖理论发展迅速，但是也存在一定的弊端，其中表现最为突出的就是该理论排除了内生性路径生成的可能性。尽管以 David 和 Arthur 为代表的经典路径依赖理论倡导者承认路径变化的可能性，但都把路径突破的动力仅仅归结为外来冲击，忽略了主体的能动作用。基于这样的认识，Garud 和 Karnøe（2001）明确提出了"路径创造"概念，明确指出路径创造不仅需要外部环境和恰当的时机，更需要企业家集体创造性地整合各种资源和进行集体学习，以实现发展思路的分叉（mindful deviation）。在此基础上，Pham（2006）发展了路径创造思想，并提出了路径创造的五条准则：即技术决定准则（现有的技术是创造新路径的基础）、有意识偏离准则（企业家是路径的真正创造者）、实时影响准则（企业家的行为对路径产生实时的影响）、相互依存准则（企业家和员工必须互动）、最小误解准则（企业家通过决定信息分享者和分享程度对路径进行充分的控制）。

这五条准则明确了路径形成的基础、面临的困难、行为主体影响路径的方式以及创造路径的行为主体应该具备的特质等问题。Schienstock（2011）区分了路径创造过程中相互作用的五大要素，分别是：存在与新的技术组织范例相联系的获得"新机会的窗户"、新的商业前景与市场前景、来自外部社会经济因素的压力、关键的变迁事件和人们有意愿做出改变。Kemp（2001）则总结了三种不同的路径创造方式：一是通过蛮横的力量来构造路径，也就是通过设计新的系统和克服实现理想路径的障碍来构造理想路径；二是通过使用经济奖励和惩罚来影响路径发展过程，以使一些路径更有吸引力和更可行；三是通过共同演化的过程和调整来构造理想路径。

Sydow（2005）则发展了路径创造理论，提出了"路径构造"（path constitution）概念，并把路径构造分为路径产生、路径持续和路径终止三个阶段，把 David 和 Arthur 提出的路径依赖概念变成了路径持续（path persistence），把基于企业家意愿的路径持续过程称为"路径延伸"（path extension）。在路径终止阶段，Sydow 认为有两种方式：一是非计划性路径消失（path dissolution）；二是由于人为原因而在原有路径的基础上从内部有意创造新的路径分支，即所谓的"路径偏离"（path deviation）。Meyer 和 Schubert（2007）通过引入技术路径对于科学技术的研究，进一步发展了路径终止的方式，提出了"路径突破"这一路径终止方式，认为路径终止实际上是由"路径消解"、"路径突破"和"路径偏离"三种方式组成，见图1。

关于路径突破和路径偏离的关系，时晓虹等（2014）指出，路径突破是在路径偏离基础上积累而成的对系统自身变迁路径的突破，这一突破的实现有赖于变迁主体有意识的主导决策行为，主体通过变迁将路径偏离导向制度的创新，进而全面取代旧路径，完成从路径偏离到路径突破的关键步骤。

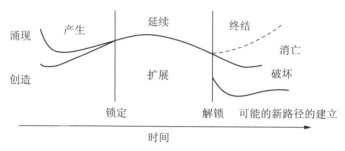

资料来源：Meyer 和 Schubert（2007）。

图1　路径构造框架基本示意图

Martin 和 Sunley（2006）在 Sydow（2005）、Schreyögg 和 Koch（2005）以及 Meyer 和 Schubert（2007）的基础上，进一步把路径构造理论发展成路径依赖的基础模型。该模型把路径的演化过程划分为四个阶段，即路径构造前阶段（pre-formation phase）、路径创造阶段（path creation phase）、路径锁定阶段（path lock-in phase）和路径消解阶段（path dissolution phase），并探讨了该基础模型在经济地理学中应用的两条不同的路径。Sydow 等（2012）则进一步说明了"路径构造"（PCA）这一分析框架对于理解"路径依赖"和"路径创造"概念的方法论意义，并指出：PCA 分析框架只有很好地结合多主体和多层次的特点，在现实中才有应用价值。在此基础上，他们从认知的角度对"路径"概念进行了重新定义。

从以上的分析可以看出：虽然路径构造理论发展十分迅速，但是其代表人物基本都是管理学家，他们更多的是从技术变迁的角度来实现路径依赖与路径创造的综合，缺乏从经济学视野来研究该理论的成果，也无法从制度与技术协同演化的视角来实现二者的综合。当前，虽然路径构造理论发展很迅速，但是该理论目前还存在以下一些亟待解决的问题：第一，路径构造理论究竟是以"均衡"为本体论传统，还是以"演化"为本体论传统？第二，路径构造理论如何构造模型进行经验研究？其中，最关键的问题还是路径构造理论的本体论传统问题，这就涉及到该理论的经济学基础究竟是以演化经济学为代表的非主流经济学，还是新古典主流经济学的问题，这也是本文研究的目标所在。

二、路径依赖理论与演化经济学的分离

David（1975）首次将路径依赖概念引入到经济学中。在此基础上，David（1985）和 Arthur（1989）发展出经典的技术扩散模型，该模型又是建立在 Nelson 和 Winter（1982）以及 Dosi（1982）等学者有关经济演化理论的相关研究基础上。因此，可以说路径依赖理论的产生和演化经济学有着必然的联系，为后来创新经济学的发展和技术创新理论的完善提供了重要的基础。该理论后来由 North（1990）将其引入到制度变迁的研究中，发展成为"制度变迁的路径依赖理论"，大大拓展了新制度经济学的研究。刘元春（1999）指出，由于新制度经济学对路径依赖的需求，以及新进化论、自然科学中的耗散论和非线性动态数学分析对路径依赖思想的供给，决定了新制度经济学成功地引入了路径依赖分析框架。路径依赖框架被新制度经济学引入以后，路径构造理论逐渐显示出与演化经济学逐渐分离的趋势。具体表现在以下一些方面：

（1）该理论仍然深受主流经济学"均衡"思维的影响，演化经济学的"内生演化"思维无法融入到该理论中。Setterfield（1997）认为路径依赖于均衡是完全不相容的，但是他仍然无法摆脱均衡思维。他认为均衡是路径依赖过程的"暂时结果"，它会随后产生均衡形成的内生过程。因此，路径依赖就被定义为一系列的"暂时均衡"。虽然他的"内生性均衡创新"思想对于通常所认为的"经济系统均衡的打破是由于受到外部冲击"，但是这种"暂时均衡"思想无法对"暂时"持续的时间标准进行确定，因此它与基于演化本体论的"间断均衡概念"有着本质区别。另一方面，由于新制度经济学仍然属于新古典主流经济学的范畴，因此 North 的制度变迁路径依赖理论仍然假设制度变迁是处于一般均衡状态的，这样它就等于否认了制度变迁存在多重均衡性的可能。North虽然在其制度变迁理论中提到了制度变迁的收益报酬递增的性质，但他并没有深入研究制度变迁的多重均衡问题（傅沂，2008）。虽然 North 的理论对新古典主流经济学的假设前提进行了适当的修正，但是没有对制度变迁的多重均衡问题进行深入分析，尤其是多重均衡的发生机制缺乏研究。究其原因，主要是该理论只是对新古典经济学的理性行为假设进行了修正，并没有提出行为体的异质性假设。事实上，行为主体的异质性才是多重均衡产生的根本原因。因此，该理论是无法从根本上解释多重均衡的产生。

（2）该理论对于报酬递增机制并没有深入研究。North 的制度变迁路径依赖理论虽然对新古典经济学的理性选择假设进行了修正，但是还是存在着一些问题，其中最为突出

的就是没有指出报酬递增是制度路径依赖形成的关键原因（赵晓男等，2007）。贾根良（1998）指出，经济学中有关报酬递增问题的研究一直有两种思路：一种是以马歇尔为代表的修正新古典主义，试图把外部经济纳入到不完全竞争的均衡框架中；另一种是以杨格、Arthur 为代表的结构主义分析方法，强调历史和偶然因素的影响，突出经济过程的非均衡特征。这种思路则成为路径依赖理论对报酬递增问题理解的核心（Arthur，1994），Arthur 提出的四种自增强机制同样适用于制度变迁领域。但是，North 将 Arthur 的理论引入到制度变迁研究中时却偏离了这一传统，并没有说明制度变迁路径依赖形成中报酬递增的作用机理。

（3）该理论对文化、信仰和意识形态在路径依赖形成中的作用机制缺乏深入研究。事实上，技术变迁和制度变迁最根本的区别在于：制度变迁更加强调文化、信仰和意识形态的作用，而技术变迁则强调分工的作用。虽然以文化背景的"心智模型"构建成为 North 制度变迁理论的重大转向，但是他并没有把该模型运用到制度变迁路径依赖理论的研究中，从而导致该理论无法有效地分析文化、信仰和意识形态等因素在制度变迁路径依赖形成中的作用，使得该理论的解释力受到影响，与演化经济学理解制度变迁的传统越走越远。

（4）该理论缺乏对制度路径依赖微观层次的系统研究。制度变迁既是一个宏观的过程，又是一个微观的过程。虽然 North 的制度变迁路径依赖理论从行为体的互补性、网络外部性和范围经济等视角探讨了路径依赖的成因，但是这种分析仍然是带有强烈的"技术变迁"传统，并没有跳出其分析路径依赖成因的局限。事实上，制度变迁路径依赖成因的微观层面分析，应该更多强调行为体的心理、文化和信仰等因素的作用，这些因素作用而形成的惯例则是制度变迁路径依赖的重要表现。

（5）该理论在宏观层次的研究也有待进一步深入。North 的制度变迁理论虽然探讨了经济增长和自由发展的关系，但是却没有深入探讨路径依赖与经济增长的关系。究其原因，主要是该理论无法很好地把意识形态和文化整合到经济增长模型中去，因此也就无法描述经济增长的路径依赖过程。

综上所述，虽然 North 的制度变迁路径依赖理论已经成为进一步整合诺斯制度理论的整体逻辑框架，但是它却偏离了路径依赖的演化经济学传统。其根本原因在于，North 的制度变迁理论仍然属于新制度经济学的范畴。虽然 North 的理论曾经出现过一些转向的趋势，但是由于新制度经济学总体上存在着被新古典主流经济学同化的趋势，从而导致其制度变迁路径依赖理论与演化经济学的研究传统出现了分离。

三、路径依赖理论向演化经济学的初步转向

进入 20 世纪 90 年代中期以来，随着 North 的制度变迁路径依赖理论越来越表现出其存在的问题，路径依赖理论逐渐呈现出反新古典范式的趋势，尤其是对新古典范式忽视信息成本和组织成本在路径依赖形成中的作用表现出不满。

Liebowitz 和 Margolis（1995）从信息的获取程度视角对路径依赖进行了分类，强调了信息成本对路径依赖的影响，开启了路径依赖理论对新古典范式批判的先河。Campbell 等（1991）试图构建一个渐进式的制度变迁模型。该模型把个体对制度的认知进行参数化处理，使该模型从根本上区别于完全理性和信息无成本的 D-N 模型，成为路径依赖理论区分于新古典范式的重要标志。但是，该模型缺陷也非常明显，它只是简单地把这一过程进行参数化处理，并没有深入分析这一认知过程如何形成与发展的。此后，Campbell 为了弥补该模型的缺陷，又进一步探讨了变迁主体对制度的认识和判断的形成过程，提出了制度与行为体的互动模式，使得路径依赖理论又逐渐向演化经济学的传统靠拢。

在 Campbell 等研究的基础上，Rizzello（2004）则将路径依赖理论彻底推向了奥地利学派的传统，从而为该理论寻求到了微观基础，也使得路径依赖理论具有了明显的演化经济学特征。具体来说，其理论特色主要体现在以下几方面：第一，用"满意"概念替代新古典范式的"利润最大化"原则。强调制度变迁的绩效根本在于给行为体带来的满意，它也是制度进一步创新（变迁）的动力；第二，强调制度变迁的根源需要从主观个体的"心理维度"中去寻找。基于这种认识，Rizzello 对于制度变迁路径依赖的理解更加深入，强调其不仅受到客观环境的正反馈影响，而且受到行为体主观学习意愿和能力的影响。因此，正是由于变迁个体的"心理维度"具有路径依赖性，从而决定了整个制度变迁过程也具有路径依赖性。第三，将西蒙的"有限理性"概念引入到制度变迁路径依赖特性的解释中，批判了新古典范式的"完全理性"和"完全信息"假设。Rizzello 从行为体主观"心理维度"来理解信息不对称，从而为制度路径依赖理论寻找微观基础开辟了新的路径。但是，他却并没有进一步深入探讨这种微观层面的信息不对称如何导致宏观层面制度变迁的路径依赖特性，这也有待于未来进一步深入研究。

通过以上论述，可以发现路径依赖理论逐渐出现了向演化经济学研究传统回归的趋势。Magnusson 和 Ottosson（1997）敏锐地发现了这一趋势，他们于 1997 年编辑出版了《演化经济学与路径依赖》这本论文集。在这本论文集中，多位学者从不同角度阐述了演化经济学和路径依赖理论的关系，进而为路径依赖理论未来的发展提供了方向。需要

指出的是，虽然路径依赖理论已经初步呈现出向演化经济学转向的趋势，但是由于其自身无法克服的缺陷（历史决定论色彩、忽视行为者的积极性以及排斥新奇），使得该理论向演化经济学的转向还是比较困难。正如曾云敏（2007）指出的那样，路径依赖的错误之处在于将企业家在搜索和实施创新中的不确定性问题转化成了随机问题，这样就排除了新奇的内生化可能，这与演化经济学强调创新中行为体主观能动性不是随机因素以及新奇的内生化传统不符合，从而制约了路径依赖理论与演化经济学的融合。因此，必须要在"路径依赖"概念的基础上创新出新的分析框架，以适应其演化经济学转向的需要。

四、路径创造理论的演化经济学传统

如果说 Magnusson 和 Ottosson 的《演化经济学与路径依赖》的出版只是标志着路径依赖理论向演化经济学初步转向，那么 Garud 和 Karnøe（2001）提出的"路径创造"理论与演化经济学的核心概念"新奇"具有逻辑上的必然联系，因此该理论也就具有明显的演化经济学色彩。具体来说，主要表现在以下几方面：

（1）"有意识的偏离"概念的提出，为"新奇"的创生提供了动力。作为路径构造理论的核心概念，"有意识的偏离"是指行为体在路径演化中表现出来的策略性和有意识的行为，它可以避免行为体陷入到旧发展路径的锁定状态中，并通过新路径的构建来突破这种状态。Garud 和 Karnøe 同时指出，现实中产生这种"有意识的偏离"行为的主体主要是企业家，并通过 Spencer Silver 公司突破 3M 公司路径锁定的案例来验证这一结论。他们还发现，企业家的异质性往往会强化这种行为，使得路径演化多重均衡状态的出现，从而为突破路径锁定状态提供了更多的可能性。我们知道，作为演化经济学的核心概念，"新奇"已经成为其研究的关键主题。其中，新奇的创生问题则引起了演化经济学家的极大兴趣。但是，他们并没有就"新奇创生的动力"这一核心问题达成一致，而"有意识的偏离"概念的提出，则为这一问题的解答提供了又一个可能，从而丰富和发展了演化经济学有关"新奇"问题的研究。从这个意义上看，路径创造理论本质上就是演化经济学传统的。

（2）强调企业家的作用，为"新奇"的创生提供了主体。虽然熊彼特在《经济发展理论》一书中就十分强调企业家精神的重要性，并指出其本质是在现有知识结构之外寻求新的知识，但是他却没有系统地论述企业家精神是如何促进"新奇的创生"。而 Garud 和 Karnøe 则进一步将企业家精神拓展为：意识到现有系统的无效率情况下能够有意识地偏离既存的工艺和相应结构，并直到如何去创造新的未来，从而使得"新奇"的内生化成为可能。这一论述无疑将企业家在"新奇"创生过程中的角色进行了说明，从而为其寻找到了主体。

（3）路径依赖"负锁定"效应的主观破解观念则为"新奇"的应用提供了方向。李宏伟（2012）指出，报酬递增导致的"锁定"可能受制于有意识的行动，路径创造是有意识的干预活动，外生力量的干预是不必的，这就为路径依赖"负锁定"效应的主观破解提供了可能。在主观破解过程中，观念是最重要的，而"新奇"则为这种观念的提出提供了支撑，同时也使得"新奇"的扩散有了更好的载体。

总之，路径创造过程是一种具有建构性的、意识主导的创新过程，它较好地诠释了"新奇的创生"这一演化经济学的核心问题，使得其核心内容与演化经济学理论的核心问题有了内在的逻辑关联，因此决定了该理论具有强烈的演化经济学色彩，进而为二者未来的创造性综合打下了基础。

五、路径构造理论具有演化经济学传统吗？

正如前文所述，路径创造理论具有明显的演化经济学色彩，具有与路径依赖理论明显不同的特征。李宏伟（2012）指出，不能机械地理解路径依赖与路径创造的区别，更不能把路径创造简单地视为路径依赖的替代理论。事实上，这两种理论也是存在着内在的逻辑关联。路径依赖和路径创造是路径演化的两个不同阶段，路径依赖理论认为路径进入到"锁定"状态就停止了，而路径创造理论则不太关注路径被创造出来后的发展。因此，发展一个能够包含二者的路径演化综合分析框架就显得十分必要。

国外学者已经较早地对这一问题进行了关注和研究。正如前文所述，Sydow（2005）第一次提出了"路径构造"这一概念，将路径演化的阶段进行了划分，并将路径依赖、路径创造与这些不同阶段进行了对应，实现了二者的有效融合。路径构造理论十分强调"路径持续"的重要性，这实际上就是把路径依赖概念进行了延伸，强调路径持续实际上就是指路径依赖是一个低效率路径持续发展作用的过程，而不是只强调路径进入锁定的那一瞬间状态。同时，路径构造理论也强调"路径分化"的重要性，也是把路径创造概念进行了延伸，强调了路径创造是一种人为的、有意识的路径分化，它可以创造出新的高效率路径。同时，也存在着那种非计划性的路径分化，这种分化过程则称为路径消失。

Meyer 和 Schubert（2007）则进一步发展了路径构造理论，不仅丰富了路径分化阶段的内容，而且用一种更加全面的眼光来看待路径演化过程。首先，Meyer 和 Schubert 提出了"路径突破"的概念，并强调它是在"路径偏离"概念基础上的重要发展。他们进一步指出，路径偏离是量的积累，路径突破是质的飞跃，二者相辅相成。如果没有路径突破，就不能真正创造出新的创造。其次，Meyer 和 Schubert 指出，偶然、小事件与有意识行为都有可能在路径产生、延续和终结的过程中起主要作用，路径演化既可能是一个路径依赖概念下的过程，也可能是一个路径创造概念下的过程。在此基础上，Martin 和 Sunley（2006）、Sydow 等（2012）不断丰富和发展了路径构造理论，使得该分析框架不断完善。

另一方面，在路径构造理论不断发展的过程中，新古典主流经济学一直试图同化该理论，从某种程度上阻碍了该理论的持续发展。Arestis 和 Sawyer 于 2009 年编辑出版了《路径依赖与宏观经济学》这本论文集，标志着新古典主流经济学对路径依赖理论的同化达到了巅峰状态。在这本论文集中，多个作者运用新古典主流经济学的方法和理论来研究路径依赖问题。其中比较有代表性的是：Arestis 和 Sawyer 研究了"总供给—总需求"理论和路径依赖理论的联系，并探讨了它们在宏观经济分析中融合的可能性。Dutt 则论述了路径依赖、均衡和经济增长之间的关系。同时，近年来国内有些学者也在致力于将路径依赖理论形式化、模型化。张铭洪（2002）构建了一个简单的新古典经济学配置模型，并分收益递增、收益递减和收益不变三种情况来说明路径依赖的经济学含义。杨友才（2010，2015）将制度因素纳入到经济增长模型中，探讨了制度变迁路径依赖对经济系统均衡和长期经济增长率的影响，并以中国为实证研究对象。研究发现，在控制了人力、物力资本以及技术等主要要素后，过渡到社会主义市场经济时期，制度对经济增长的作用大大增加了，制度与经济增长之间形成了良性互动和循环，其路径依赖又更进一步加强了制度对经济增长的促进作用。万欣荣等（2010）构建一个南北贸易的伯特兰德价格扩展模型，研究了在失灵的国际市场背景下，发展中国家的"干中学"产业立足于赶超的满足条件和路径依赖以及所应采取的战略。

通过上述分析可以发现，当前路径构造理论的发展一直深受两种经济学传统的影响，导致该理论和演化经济学的关系呈现出分离和融合并存的复杂态势，极大地阻碍了该理论的发展。因此，厘清路径构造理论的经济学传统就显得十分必要。基于这样的认识，本文将从不同的方面来阐述路径构造理论与演化经济学的密切关系，以期对二者的关系进行准确的定位，为路径构造理论未来的发展指明方向。

（1）路径构造理论是演化经济学研究传统转变的重要推动力量。路径构造理论由于用到了正反馈、涌现性等复杂性科学的概念，因此可以说复杂性科学是路径构造理论的重要研究方法。同时，演化经济学的研究传统也出现了向复杂性科学转向的趋势。由 Foster 和 Metcalfe 编辑的《演化经济学前沿：竞争自组织与创新政策》一书标志着复杂性科学已经成为演化经济学重要的研究方法，同时也使得其关注的焦点由选择机制已经转向到选择机制的动力上来，主要就是探讨新奇和变异究竟如何促进选择机制的形成。在研究选择机制的动力问题方面，演化经济学一直缺乏深入的研究，而路径构造理论则在路径形成和路径消解这两个阶段详细阐述了路径选择的动力问题，为演化经济学深入研究该问题进行了铺垫。具体来说，在路径形成阶段，当面临"涌现"和"创造"两种路径形成方式选择时，变异和新奇就发挥着关键的作用。在涌现性路径生成方式中，变异的作用大些。在创造式路径生成方式中，新奇的作用大些。在路径消解阶段，当面临"路径偏离"和"路径突破"两种路径消解方式选择时，新奇和变异也发挥着重要的作用。在路径偏离这种路径消解方式中，变异的作用大些。在路径突破这种路径消解方式中，新奇的作用大些。因此，可以说路径构造理论具备了推动演化经济学研究方法转变的基础。

（2）路径构造理论不断丰富和发展着演化经济学的研究内容。当前，演化经济学尚未建立完善的学科内容体系。自 Dopfer、Foster 和 Foster（2004）提出了演化经济学的"宏观—中观—微观"的内容体系以来，国内外演化经济学者一直为建立完善的内容体系而努力。在演化微观经济学领域，个体偏好演化理论发展最为迅速，尤其是在偏好演化的动机机制方面取得了较为成熟的研究成果。在演化中观经济学领域，制度演化理论则发展最为迅速。该理论抛弃了新制度经济学坚持的完全理性分析范式，强调从参与者认知过程和学习过程相结合的视角来探讨制度的内生演化问题。在演化宏观经济学领域，演化经济增长理论则发展最为迅速。该理论强调从技术和制度的协同演化中去重新寻找经济增长的动力，探求供给和需求的交互作用对经济增长的影响（黄凯南，2014）。从以上的分析可以看出，虽然演化经济学的内容体系不断的丰富和完善，但是其研究内容仍然较为单薄，尤其是在演化中观经济学领域中，尚未触及到产业、区域等核心的中观经济概念。另一方面，路径构造理论则在产业集群、区域经济发展等方面得到了广泛的应用，则该理论可以成为演化经济学拓展中观经济领域的重要支撑，不断推动着演化中观经济学的发展。同时，未来路径依赖理论与个体偏好演化理论的融合、路径创造理论与演化经济增长理论的融合也必将不断丰富和发展着演化微观经济学和演化宏观经济学。

（3）路径构造理论不断丰富和发展着演化经济学的研究方法。历史方法作为演化经济学的重要研究方法，对演化经济学的发展起到了重要的推动作用，路径依赖理论和路径创造理论则分别从不同的角度运用了该方法。贾根良（2010）指出，路径依赖理论强调结构对能动性的制约作用，而路径创造理论则强调能动性在结构转换中的历史作用。

如何在一个统一的框架中处理路径依赖和路径创造的关系，以及如何通过路径创造研究更加深入地解释能动性和结构转变之间的反馈机制，仍是历史方法有待深入研究的问题。路径构造理论的提出，就试图构建这样一个统一的分析框架，它很好地把路径依赖和路径构造理论融合到一个框架中，从而为演化经济学历史方法论的进一步完善提供了一个方向。同时还需要指出的是，路径依赖理论和路径构造理论在产业集群、区域经济发展等研究方面已经得到了广泛地应用，从而也为路径创造理论在演化经济地理学、演化产业经济学等演化经济学分支学科的发展提供了研究方法的支持。

六、结论与展望

路径构造理论的发展曾经在一定程度上促进了演化经济学的发展，但是由于其中的路径依赖理论存在着被主流经济学同化的趋势，导致该理论的经济学基础一直在演化经济学和主流经济学之间徘徊，使得该理论始终无法确定成熟的研究范式。本文通过研究认为，鉴于路径构造理论核心特征与观点和演化经济学具有高度的一致性，二者的融合则成为路径构造理论持续发展的关键所在。因此，路径构造理论必须要加大和演化经济学的融合力度，尽快构建该理论的演化经济学基础。

综合以上分析，笔者认为有以下几个努力的方向：第一，在演化经济学"新奇"本体论基础上，明确路径构造理论的本体论。由于演化经济学是研究新奇的创生、传播和由此所导致的结构转变过程的科学（Foss，1994）。由此可见，新奇是演化经济学的核心研究纲领，是它不同于其他经济学流派的根本标志。因此，如何实现路径构造的三个阶段（路径产生、路径持续和路径消解）与新奇的创生、传播以及相关结构转变的有效衔接，则成为路径构造理论下一步发展的重点，这也是该理论建立本体论基础的关键所在（贾根良，2010）。第二，路径构造理论要积极吸收演化经济学方法论的核心传统，进一步丰富与完善自身的方法论。路径构造理论由于是多个理论综合而产生的，因此其研究方法来源多而杂，也因此其方法论的提炼相对较为困难。但是，这并不意味着其没有实现创造性综合的可能性。因此，如何借鉴演化经济学在"批判实在论"基础上实现的方法论创新性综合的经验，则是路径构造理论方法论实现创造性综合的关键。第三，路径构造理论需要不断增加对转型时期中国现实经济问题的解释能力，成为演化经济学关注中国经济现实的一个重要理论视角。理论的生命力在于对现实的解释力，路径构造理论作为一个不太成熟的理论，需要在对现实经济问题的解释中不断成熟。作为世界上最有影响力的转型经济体，中国则为该理论的应用提供了广阔的空间。因此，该理论必须把握这一良机，与演化经济学一起夯实中国转型经济学的理论基础，这是历史赋予该理论的神圣使命，也是该理论与演化经济学融合的最终意义所在。

参考文献

傅沂：《路径依赖经济学分析框架的演变——从新制度经济学到演化经济学》，《江苏社会科学》，2008 年第 3 期，第 63—70 页。

黄凯南：《演化经济学理论发展梳理：方法论、微观、中观和宏观》，《南方经济》，2014 年第 10 期，第 100—106 页。

贾根良：《报酬递增经济学：回顾与展望（一）》，《南开经济研究》，1998 年第 6 期，第 29—34 页。

贾根良：《西方异端经济学主要流派研究》，中国人民大学出版社 2010 年版。

李宏伟、屈锡华：《路径演化：超越路径依赖与路径创造》，《四川大学学报（哲学社会科学版）》，2012 年第 2 期，第 110—116 页。

刘汉民、谷志文、康丽群：《国外路径依赖理论研究新进展》，《经济学动态》，2012 年第 4 期，第 111—116 页。

刘元春：《论路径依赖分析框架》，《教学与研究》，1999 年第 1 期，第 43—48 页。

时晓虹、耿刚德、李怀：《"路径依赖"理论新解》，《经济学家》，2014 年第 6 期，第 53—64 页。

万欣荣、黄新飞、程力耘：《"干中学"、技术追赶和路径依赖——基于南北贸易扩展模型的解释》，《江西社会科学》，2010 年第 11 期，第 77—81 页。

杨友才：《制度变迁、路径依赖与经济增长：一个数理模型分析》，《制度经济学研究》2010 年第 2 期，第 21—33 页。

杨友才：《制度变迁、路径依赖与经济增长的模型与实证分析——兼论中国制度红利》，《山东大学学报（哲学社会科学版）》，2015 年第 4 期，第 141—150 页。

曾云敏：《演化经济学分析框架的重新概念化》，《云南社会科学》，2007 年第 5 期，第 79—83 页。

张铭洪：《简单路径依赖模型及其经济学含义分析》，《厦门大学学报（哲学社会科学版）》，2002 年第 5 期，第 55—61 页。

赵莉：《路径依赖与路径锁定理论辨析》，《科技进步与对策》2014 年第 14 期。

赵晓男、刘霄：《制度路径依赖理论的发展、逻辑基础和分析框架》，《当代财经》，2007 年第 7 期，第 118—122 页。

Arrow, K J, "Path Dependence and Competitive Equilibrium", in: Guinnane, T W, et al. (eds), *History Matters*, Stanford University Press, 2004.

Arthur, W B, "Competing Technologies, Increasing Returns, and Lock-In by Historical Events", *The Economic Journal*, 1989, 99 (394): 116-131.

Arthur W B, "Comment on Neil Kay's Paper ' Rerun the Tape of History and QWERTY Always Wins', *Research Policy*, 2013, 42 (6-7):1186-1187.

Arthur W B, "Increasing Returns and Path Dependence in the Economy", *Breast Cancer Research & Treatment*, 1994, 80 (1):49-62.

Bebchuk L A, Roe M J, "A Theory of Path Dependence in Corporate Ownership and Governance", *Stanford Law Review*, 1999, 52 (1):127-170.

Campbell, J R, Hollingsworth, J R, and Lindberg L N (eds), *Governance of the American Economy*, Cambridge University Press, 1991.

David, P A, *Technical Choice, Innovation and Economic Growth: Essays on American and British Experience in the Nineteenth Century*, Cambridge University Press, 1975.

David, P A, "Clio and the Economics of QWERTY", *American Economic Review Proceedings*, 1985, 75.

David P.A., 2001, "Path Dependence, Its Critics, and the Quest for Historical Economics", in *Evolution and Path Dependence in Economic Ideas*, P.Garrouste and S.Ionnides, Eds., Cheltenham: Edward Elgar, Chapter 2.

Dosi, G, "Technological Paradigms and Technological Trajectories: A Suggested Interpretation of the Determinants and Directions of Technical Change", *Research Policy*, 1982, 11 (3): 0-162.

Ebbinghaus B, "Can Path Dependence Explain Institutional Change? Two Approaches Applied to Welfare State Reform", Mpifg Discussion Paper, 2005.

Ebbinghaus B, "Can Path Dependence Explain Institutional Change? Two Approaches Applied to Welfare State Reform", Mpifg Discussion Paper, 2005.

Foss, N J, "The Biological Analogy and the Theory of the Firm: Marshall and Monopolistic Competition", *Journal of Economic Issues*, 1994, 28 (4): 1115-1136.

Foster J, Metcalfe J S, *Frontiers of Evolutionary Economics: Competition, Self-Organization and Innovation Policy*, 2001.

Garud, R. and Karnøe, P, "Path Creation as a Process of Mindful Deviation", in R. Garud and P. Karnøe (eds.), *Path Dependence and Creation*, Mahwah, NJ: Earlbaum, 2001.

Goldstone, Jack A, "Initial Conditions, General Laws, Path Dependence, and Explanation in Historical Sociology", *American Journal of Sociology*, 1998, 104 (Volume 104, Number 3):829-845.

Kay N M, "Rerun the Tape of History and QWERTY Always Wins", *Research Policy*, 2013, 42 (6-7):1175-1185.

Kemp, R., Rip, A. and Schot J., Constructing Transition Paths through the Management of Niches, Path Dependence and Creation, Lawrence Erlbaum Associates Publishers, Mahwah, 2001, 269-299.

Kurt Dopfer, John Foster, Jason Potts, "Micro-Meso-Macro", *Journal of Evolutionary Economics*, 2004, 14（3）：263-279.

Liebowitz S J, Margolis S E, "Path Dependence, Lock-In, and History", *Journal of Law Economics & Organization*, 1995, 11（1）：205-226.

Liebowitz S J, Margolis S E, "The Troubled Path of the Lock-In Movement", *Journal of Competition Law and Economics*, 2013, 9（1）：125-152.

Magnusson L, Ottosson J, Magnusson L, et al., *Evolutionary Economics and Path Dependence*, Books, 1997.

Margolis S E, "A Tip of the Hat to Kay and QWERTY", *Research Policy*, 2013, 42（6-7）：1188-1190.

Martin, R. and Sunley, P, "Path Dependence and Regional Economic Evolution", *Journal of Economic Geography*, 2006, 6（4）：395-437.

Martin R, Sunley P, "Complexity Thinking and Evolutionary Economic Geography", *Journal of Economic Geography*, 2007, 7（703）：573-601.

Meyer, U. and Schubert, C., "Integrating Path Dependency and Path Creation in a General Understanding of Path Constitution", *Science, Technology & Innovation Studies*, 2007,（3）：251-253.

Nelson, R R, and Winter S G, *An Evolutionary Theory of Economic Change*, Harvard University Press, 1982.

North, D C, *Institutions, Institutional Change and Economic Performance*, Cambridge University Press, 1990.

Page, "An Essay on the Existence and Cause of path Dependence", working papers, 2005.

Pham, X, "Five Principles of Path Creation", *Oeconomicus*, 2006, 8（1）：5-17.

Rizzello S, "Knowledge as a Path-Dependence Process", *Journal of Bioeconomics*, 2004, 6（3）：255-274.

Schienstock, G, "Path Dependency and Path Creation: Continuity vs. Fundamental Change in National Economies", *Journal Futures Studies*, 2011, 15.

Schmidt R H, Spindler G, "Path Dependence, Corporate Governance and Complementarity", *International Finance*, 2002, 5（3）：311-333.

Schreyögg, G, Koch J, *Knowledge Management and Narratives: Organizational Effectiveness through Storytelling*, Erich Schmidt Verlag, 2005.

Schreyögg G, Sydow J, *The Hidden Dynamics of Path Dependence*, Palgrave Macmillan, 2009.

Schreyogg G, Sydow J, "Organizational Path Dependence: A Process View", *Organization Studies*, 2011, 32 (3):321-335.

Setterfield, M, "Should Economists Dispense with the Notion of Equilibrium?", *Journal of Post Keynesian Economics*, 1997, 20 (1): 47-76.

Stachurski J, "Stochastic Growth with Increasing Returns: Stability and Path Dependence", *Studies in Nonlinear Dynamics & Econometrics*, 2003, 7 (2):1-1.

Sydow J, Windeler A, Müller-Seitz G, et al., "Path Constitution Analysis: A Methodology for Understanding Path Dependence and Path Creation", *Business Research*, 2012, 5 (2):155-176.

Sydow, "Path-creating Networks: The Role of Consortia in Processes of Path Extension and Creation", 21St EGOS Colloquium, 2005.

Vergne J P, Durand R, "The Missing Link Between the Theory and Empirics of Path Dependence: Conceptual Clarification, Testability Issue, and Methodological Implications", *Journal of Management Studies*, 2010, 47 (4):736-759.

Vergne, J P, "QWERTY is Dead; Long Live Path Dependence", *Research Policy*, 2013, 42 (6-7): 1191-1194.

企业成长之谜

——一个演化论经济学的解释*

刘　刚

20 世纪 80 年代以来，面对经济全球化和信息技术迅猛发展所造成的企业外部经营环境的重大变化，企业的生存危机引起了人们的普遍关注。随着对该问题的深入研究，学者们发现，尽管大多数企业的平均寿命只有不到 20 年，但是少数企业的寿命却可以长达一个或若干个世纪。实际企业寿命和预期寿命之间如此巨大的差距，成为企业理论研究中的企业成长之谜。对企业成长之谜，以新古典理论为核心的正统经济学是无能为力的。对新古典经济学企业理论的反思和理论创新是解释该问题的前提。

一、企业成长的潜力

20 世纪 80 年代，在日本企业的竞争冲击面前，企业的生存危机成为欧美发达国家企业经营所面临的重大挑战。据美国商务部统计，美国企业的倒闭率在 20 世纪 70 年代为 2.3%—4.3%，但是到了 80 年代这一比例却猛增到 6%—12%。美国波士顿咨询公司对《财富》世界 500 强企业的研究表明，即使是世界上规模最大的公司也难逃生存危机的厄运：20 世纪 50 年代《财富》杂志所列的世界 500 强名单中的近一半在 90 年代的名单中消失；而 70 年代所列的 500 个企业中，到 90 年代已有 1/3 在新名单中消失。

企业的生存危机引发了对企业生命周期的研究。据 1983 年壳牌公司的一项专门调查表明，在北半球，企业的平均寿命低于 20 年，即使是占比很小的大公司，其平均寿命也不到 50 年。但是，世界上还存在少数长寿公司，如杜邦、葛兰素和三井等公司的寿命都超过 100 年，而瑞典的斯托拉公司的寿命竟然高达 700 多年。

爱瑞·德·葛斯（1999，Arie De Geus）针对上述调查结果指出，企业的实际平均寿命与最大预期寿命之间如此巨大的落差是不正常的，这说明大部分企业都未能充分发挥其潜力。世界上的大多数公司在其成长的初级阶段就夭折了，仅仅发挥和利用了其潜能的很小部分。

---

*　原文载《南开经济研究》2003 年第 5 期，略有改动。作者单位：南开大学。

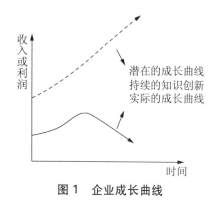

图 1　企业成长曲线

我们用图 1 来描述企业实际寿命和预期寿命之间的差距。图 1 下方的实线是企业的实际成长曲线。在短暂的生命周期内，先经过快速的收入增长过程，当达到最高点后开始下滑，并最终走向生命的终点。而上方的虚线则是企业的潜在或预期成长曲线。如果企业的潜力得到了正常的发挥，企业是持续成长和发展的。我们把这两条曲线的差距及其存在的原因称为"企业成长之谜"。

葛斯（1999）对 30 个寿命超过 100 年的公司的研究表明，对周围环境的敏感性、适应性和对新思想的宽容精神，是企业从实际的成长曲线向潜在的成长曲线跨越的关键。

提斯、皮萨罗和舒恩（Teece, Pisano, and Shuen, 1990）对 20 世纪 80 年代以来高科技企业发展的实证分析表明，对外部环境变化的反应能力是解释企业成功发展的关键。国际市场上的优胜者是那些能够适时反应技术和市场环境变化，通过对企业内部和外部资源进行有效整合进行快速和灵活的产品创新的企业。提斯、皮萨罗和舒恩把企业对外部环境变化的反应能力称为企业的动态能力。

20 世纪 90 年代以来，许多学者从知识创新的角度解释企业的成长之谜。野中郁次郎（1999）认为，企业对外部环境变化的反应机制是理解企业成长的关键。而在一个不确定是惟一确定因素的经济环境中，知识无疑是企业获得持续竞争优势和发展的源泉：

当原有的市场开始衰落、新技术突飞猛进、竞争对手成倍增长、产品淘汰飞快的时候，只有那些持续创造新知识、将新知识传遍整个组织，并迅速开发出新技术和新产品的企业才能成功。而这种企业就是知识创新型企业，其核心任务是持续创新。（野中郁次郎，1999，第 20 页）

在上述认识的基础上，我们认为，在外部环境不断变化的条件下，持续的知识创新是企业持续成长或从实际成长曲线向潜在成长曲线跨越的关键。但是，就知识创新的研究而言，由于对企业本质理解的局限性，正统企业理论缺乏有力的分析工具和方法。而演化论经济学对企业本质的考察则为我们从理论上解释企业成长之谜提供了有益的思路和方法。

二、演化论经济学对企业本质的理解

演化论经济学提出自己对企业本质的理解是从质疑新古典经济学的企业最优化行为假设开始的。因为，标准经济理论（教科书）的基础仍然是新古典经济学，新古典经济学对企业理论发展的影响如此根深蒂固，以至于现代企业理论的发展大多数被看作是对新古典经济理论的修正和补充（德姆塞茨，1999a）。

新古典经济学的企业理论，与其说是理论，不如说是对生产者行为所做的一个基本假设，即以实现利润最大化为目标的最优化生产者。

阿尔钦（Alchain，1950）首先从预期不确定性的角度对上述假设提出了质疑。他认为，由于缺乏完全性知识，人们对未来的预期是不确定的，而在不确定性条件下，利润最大化等最优化分析只是一种理论的抽象，没有任何现实指导意义。不确定性至少有两个基本来源：预期的困难和人类解决复杂问题时能力的有限性。无论是哪一个来源，不确定性都表现为对有关事件的基本性质和可能出现的结果缺乏必要的知识和信息。

德姆塞茨（1999b）从企业行为面临的知识和信息约束的角度对新古典经济学的最优化假设提出了尖锐的批评：

这种模型规定，企业是不费分文就能够充分地获得有关生产的各种可能性及价格变化的知识，并在此条件下进行决策，以实现利润最大化的目标。在这种具有完备的，并且是免费获得知识的模型中，要分析经营者那种数不胜计的作用——探索各种不确定性，有意识地控制资源，而资源所有者又执着地追求自己的利益——就不容易了。

……由于所需要的信息俯拾即得，所需要的计算也不费吹灰之力，该模型把经营者完成这一任务的最后一点有意义的创造性也一并剥夺了。实现利润最大化所需付出的成本被抛到九霄云外，或者干脆假定它不存在。这实际上就是把利润最大化决策所需要的那些资源看作是根本就不稀缺的。（德姆塞茨，1999b，第179—180页）

纳尔逊和温特（1997，Nelson and Winter）在继承阿尔钦上述思想的基础上建立一个完整的经济变迁的演化理论，并试图解释在变化的市场环境中企业是如何行动的。他们提出，在其演化理论中，企业将被看作是由利润推动的，但它们的行为却不被假定为在明确界定的和外在给定的选择集合上使利润最大化（纳尔逊和温特，1997）。在不确定性条件下，企业行为的最大的限制是知识的不完全性。为了说明企业在不确定性条件下的竞争行为，纳尔逊和温特把企业假定为在任何给定的时间具有一定的能力和决策规律的生产者，即生产性知识和能力的集合。纳尔逊和温特用"惯例"表示企业组织演化中所形成的生产性知识和能力。企业通过惯例化应对在经营活动中所面临的不确定问题，从而提高组织活动的效率。因而，企业解决不确定性问题的过程就是惯例化的过程。

80 年代以来，在演化论经济学上述发展的基础上，许多学者从企业内部出发讨论不确定条件下企业的竞争行为，并形成了"资源基础理论"（沃纳菲尔德（Wernerfield），1984；巴尼（Barney），1986、1991）、"动态能力理论"（Teece, Pisano and Shuen，1990）和"核心能力理论"（Prahalad and Hamel，1990）。尽管这些理论的出发点和核心观点存在着某种程度的差异，但是，它们具有一个共同的理论基点，即企业内部条件（资源、能力和知识）是解释不确定条件下企业本质和竞争行为的基础。尤其是 20 世纪 90 年代以来，强调企业的知识特征成为上述流派的一个发展趋势。事实上，潘汉尔德和哈默（1990：80）在讨论企业的核心能力时，已经意识到核心能力的知识特征，并把核心能力界定为"组织中的累积性知识，特别是关于如何协调不同的选择技能和有机结合多种技术源流的知识"。

但是，学者们对究竟哪些知识真正构成企业竞争优势的基础仍然存在着分歧。野中郁次郎（1999）指出，从泰勒到西蒙，西方传统经济和管理理论一直把组织当作一种决策的信息处理器。根据这一观点，只有正式的、系统化的东西才是惟一有用的知识。然而，野中郁次郎却认为，真正构成企业长期竞争优势的不是正式的系统化知识，而是组织中的超文本化的默认知识。因为，正式的或系统化的知识是竞争性的，如某些技术专利，可以进行市场定价并在企业之间公开交易。纳尔逊和温特所说的惯例是指存在于企业组织行为中的默认知识，如技巧和诀窍等，而不是确定的知识。因而，我们把构成企业持续成长和竞争优势的默认性知识称为企业的核心知识。为了进一步说明企业的核心知识是什么，我们试图从组织资本和社会资本的角度作出更为深入的分析。

普瑞斯科特和维斯克（Prescott and Visscher，1980）把知识和信息看作是组织资本的基本源泉。"知识和信息是企业的一种资产，因为知识和信息影响到企业的生产可能性曲线。我们把这一企业的资产称为组织资本"（Prescott and Visscher，1980，p.447）。在本质上，这种资产能够提高组织对所承担的工作的协调能力。

普瑞斯科特和维斯克把企业的组织资本划分为四类：第一，与工作人员个体及其工作相关的知识和信息，包括每个工作人员的能力和技术以及他们如何与所承担的职责相关的知识和信息；第二，和个体知识和信息相对应的工作团队的知识和信息；第三，和工作人员的个体人力资本相关的知识和信息，包括对哪些技能在组织中是有用，哪些技能可以通过投资才能获得的知识和信息；第四，和工作任务相关的知识和信息，包括所承担的工作任务要达到怎样的生产效率的知识和信息。

在上述对组织资本的定义和划分中，普瑞斯科特和维斯克的组织资本实质上是指企业专业化协作中的共同知识以及和共同知识相关的专用性个体知识。组织资本尤其强调了有效协调经济活动对组织效率的影响。因而，组织资本概念为更好地界定企业的核心知识范畴提供了一个重要线索，即核心知识是和企业有效配置资源的方式相关的知识种类。但是，组织资本这一概念的局限在于：第一，忽略了个体的动机和价值；第二，缺乏对企业活动环境的认识和考虑。

而考尔曼（Coleman，1988）所提出的"社会资本"概念却强调企业的价值观和环境对企业组织效率的影响，对组织资本概念作出了有益的补充。他指出，

社会资本的定义来自它的功能。社会资本强调的不是单个个体，而是众多不同个体的集合体，它有两个基本特征：这些个体都由社会结构的某些方面组成，并在社会结构中服从某些特定行为的约束，不管行为人是单个自然人还是企业。……社会资本的功能在于作为资源提供给行为人用来获取收益的那部分社会结构的价值。（Coleman，1988，pp.100—101）

根据考尔曼的论述，社会资本是行为主体的一种社会关系结构，它存在于行为人之间的相互关系之中，而不是存在于单个个体或物质产品当中。

考尔曼（Coleman，1988）进一步把社会资本划分为三类：第一，组织的任务、预期和可信度；第二，有效的评价和奖惩体系；第三，沟通信息的渠道。事实上，社会资本更多地具有文化协调的涵义，从企业组织的角度看，它属于共同知识的一部分，即作为价值前提的共同知识。

根据上述分析，我们把企业的核心知识定义为对企业行为具有基础性影响的共同知识和专用性个体知识。

从实际运行看，企业的核心知识更多地表现为支撑企业运行的惯例，即惯例本身属于企业的核心知识或核心知识的载体。核心知识的积累本身就表现为企业组织惯例化的过程。纳尔逊和温特（1997，第112页）指出，"一个组织的惯例化构成储存于组织中的专门操作知识的最重要的形式"。在长期知识的积累过程中，惯例表现为对改进效率有益的经验、技能和技巧的记忆。惯例本质上是运用知识的过程，即组织必须依靠运用或做才能有效的记忆，这和个体认知中的熟能生巧有着相同的功效。

组织的知识主要表现为两类：①书面记录的知识和能力；②运用中的知识和能力。

事实上，企业组织的核心知识表现为运用中的知识和能力。惯例主要指不断运用中的知识。

组织的惯例化首先表现为个体专用性知识的积累过程。作为组织成员的个体，其才能表现在许多方面。例如，一个工程师，同时他又是一个业余篮球运动员。但是，组织对其成员才能的需求依据组织活动整体运行的需要，这种需要是具体的和专业化的，企业组织只需要一个专业的工程师所具有的专业知识和技能。事实上，组织活动首先建立在个体知识专业化的基础之上。在组织惯例化的过程中，个体知识通过在组织中的整合，进一步专门化为组织所需要的专用性知识和能力。因而，组织惯例化是组织成员个体专用性知识的积累过程。

其次，惯例化也是企业组织共同知识的积累过程。

一个生产组织要完成的事情的中心是协调配合，而协调配合的中心是各个成员知道他们的工作，正确地解释和呼应他们收到的信息。成员们对信息的解释是一种机制，它从与成员的演出节目单一致的一大堆可能性中，挑出一组个人成员要完成的事，这些事实际构成整个组织要完成的生产。（纳尔逊和温特，1997，第 117 页）

在专业化生产中，要知道在特定的时间里完成哪些惯例，信息的传递和接受是协调中面临的首要问题。信息的传递可以采取书面的正式形式，也可采取非正式的方式。前者涉及组织的正式权威，后者则主要表现为非正式权威的暗示（一个手势、姿势或眼色等）。在企业的长期活动中，许多协调通过这种非正式的方式实现专业化操作的默契配合。

在企业的专业化协作中，组织内部通过信息及其传递方式的惯例化建立信息和专业人员所要做的事情之间是有内在联系的。这种惯例成为组织成员决策前提的重要组成部分，它属于共同知识，在组织成员之间具有共享性。这种惯例往往以一种非正式的语言或符号体系来表达，

它是一种方言，充满了当地理解的，代表特定的产品、零件、顾客、工厂所在地和个人的名词，还涉及很地方化的意思……（纳尔逊和温特，1997，第 115 页）

阿罗（Arrow，1974）认识到这种惯例化对组织之间竞争行为的影响，指出，这些默认性知识是正规组织生产成本节约的重要来源，而且是形成组织之间发展过程中长期动

态差异的重要原因。

在对组织惯例作出上述分析的基础上，我们可以给出以惯例为基础的组织活动的大致情形。信息由外部环境输入，组织成员根据组织整体经济活动对个体专业化操作的需要解释这些信息，并搜寻与之相关的惯例操作。在共同知识的作用下，每个组织成员通过惯例完成他所承担的工作。

事实上，专业化生产协作中惯例的共同知识特性可以用来解释企业整体上的相对独立性。如果仅仅从知识储存的角度看问题，"一个组织拥有的知识可以分解为它各个成员的知识这种说法具有很大的真实性"（纳尔逊和温特，1997）。毕竟知识只能存在于每个个体的记忆当中，无论是显性的还是隐性的知识和能力，都构成个体的技巧和技能。但是，一旦我们涉及这些知识的运用，就会发现这些知识是组织成员共同的，它建立在共同经验的基础上。一旦脱离具体组织环境的共同知识，将使个体知识，尤其是专用性个体知识，失去其原来的价值。

把企业的本质归结为惯例化的生产性知识集合，仅仅为我们探讨企业成长之谜提供了一个重要线索。因为，核心知识本身还不足以支撑企业的持续成长。在变化了的环境下，核心知识反而可能成为企业发展的阻碍。多萝西·伦纳德·巴顿（2000，Dorothy Leonard-Barton）指出，企业的核心知识和能力本身构成了企业的核心刚度，尤其是在外部环境发生重大变化了的条件下。因而，在不断变化的条件下，企业的核心知识需要不断的更新和演进。因而，持续的知识创新才是解释企业成长之谜的关键。

为了理解核心知识的演进和知识创新之间的关系，我们引入了"主导逻辑"概念。主导逻辑是指惯例化的企业核心知识，在既定的条例下，主导逻辑推动了企业的发展和扩张并构成企业竞争优势的基础。但是，当外部环境发生变化时，主导逻辑必须通过自身的不断演进来适应环境的变化。如果现有的主导逻辑无法适应外部环境的变化，企业需要通过知识创新来构造新的主导逻辑。通过主导逻辑的推广普及、差异化、知识重组和新的主导逻辑的形成等演进过程，企业获得持续的成长。通过主导逻辑概念，我们把企业核心知识的演进与知识创新联系在一起，从而为我们考察企业成长之谜构建一个演化论经济学的逻辑分析框架。

三、主导逻辑的演进和企业扩张周期

既然持续创新是企业实现其成长潜力的根本途径，对创新过程及其条件的把握就成为分析企业成长之谜的关键。

熊彼特（1999）认为，经济活动本质上不是静止的，而是一个不断演变的过程。在某个特定时期，拥有竞争优势（表现为优于一般水平的产品、技术或组织能力等）的企业将获得纯利润。但是，动态地看，这种竞争优势是不可能持续的，因为，外部环境的变化将对原有的竞争优势基础造成冲击。在这种冲击的作用下，企业原有的竞争优势来源将被新来源所取代。熊彼特把这种演变过程称为"创造性破坏"。能够利用"创造性破坏"所带来的机会的企业，将在下一个相对静止的时期获得竞争优势和扩张。

熊彼特的"创造性破坏"强调外部环境变化对企业成长的影响。因而，与开发新产品、新技术、新原材料和新的组织管理方式的动态创新性竞争相比较，新古典经济学所强调的静态价格竞争仅仅具了战术价值。

在不变的条件、不变的生产方法，特别是不变的行业组织形式的僵硬模式中的竞争，实际上依旧是人们惟一注意的中心……有价值的不是那种竞争，而是新商品、新技术、新供应来源、新组织形式（如巨大规模的控制）机构的竞争，也就是占有成本上或质量上的决定性优势的竞争，这种竞争打击的不是现有企业的边际利润和产量，而是它们的基础和它们的生命。这种竞争比其他竞争有大得多的效率，犹如炮轰和徒手攻击的比较，这种竞争是如此重要，以至在寻常意义上它的作用发挥得快还是慢，变得比较无关紧要了；可是从长期观点看，扩大产量和降低成本的有力杠杆无论如何是用其他材料制成的。（熊彼特，1999，第148—149页）

但是，熊彼特（1999）仅仅把创新归结为企业家才能或精神，即企业家发现创新机会而行动的能力：

从事这样的新事物和建立一种截然不同的经济职能是困难的，首先是因为它们不属于人人懂得日常事务，其次是社会环境抗拒这种新事物。抗拒的方法多种多样，根据社会条件不同而不同，从简单地拒绝投资生产新产品或拒绝购买新产品，到对试图生产新产品的人进行人身攻击。在熟悉的标志灯的照明范围之外，满怀信心地敢作敢为，并克服这种抗拒，需要目前只有少数人具有的显示企业家风格和企业家职能的智力与才能。这个职能主要不在于发明某种东西或创造供企业利用的条件，而在于有办法促使人们去完成这些事情。（熊彼特，1999，第210—211页）。

但是，在熊彼特关于创新问题的讨论中，存在着以下不足：一是他把企业的发展仅仅归结为企业家精神，忽视了作为一个整体的组织的存在。而在现实中，企业家的创新是建立在既定的组织知识和能力基础上的，现有组织的既定的惯例和利益结构必然影响到企业家的创新决策。二是熊彼特只是指出了创新的涵义、形式和作用，却没有考察创新的过程。三是熊彼特把创新看作是一个非连续的过程，无法解释企业的持续创新和成长问题。

结合前面对企业核心知识的讨论，我们把创新理解为新知识的创造和利用的过程。新知识的创造是一个创新周期的起点，经过惯例化或程序化新知识被优化为企业的主导逻辑，即核心知识。创新周期包括：主导逻辑的形成、推广普及、差异化和知识重组四个阶段。其中，知识重组和主导逻辑的形成属于知识创造，而主导逻辑的推广普及和差异化则属于知识的利用。图2描述了以主导逻辑为核心概念的企业创新的周期。

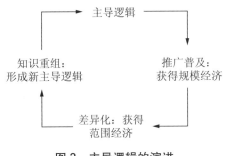

图2 主导逻辑的演进

上述创新过程就是企业成长过程。主导逻辑的推广普及就是通过企业各部门对已经惯例或程序化的核心知识进行学习、模仿和复制，并在既定的市场范围内实现规模经济和学习效应的过程。主导逻辑的差异化则是把核心知识运用于不同的市场需求，并通过产品的差别化实现范围经济的过程。当然，主导逻辑的差异化不仅属于知识的利用，其中也包含了知识的创造，因为，在主导逻辑适应不同的市场条件的过程中，作出某些修正和补充是必要的。但是，主导逻辑差异化过程的知识创新是边际的或增量的。此外，主导逻辑的差异化过程只是企业适应市场变化的一个次要方面，当差异化遇到现有主导逻辑无法适应的市场条件或变化时，知识重组就发生了。知识重组的结果是新的主导逻辑的形成，并使企业进入一个新的扩张周期。如果这一过程是连续的，没有发生中断，企业的成长就是可持续的。

上述主导逻辑的演进框架可以解释企业的成长之谜。从现实企业的运行看，一旦企业形成了自己的主导逻辑，拥有能够带来竞争优势的核心知识，都可以顺利实现规模和范围的扩张。这解释了现实企业由追求单一产品的规模经济到追求多样化产品的范围经济的规模扩张过程。因为，相对于知识创造阶段，主导逻辑的增量演进是确定的。但是，决定企业能否持续成长的关键不是知识利用，而是发生知识创造，即主导逻辑的替代或转换。而这一过程是充满不确定性的。因而，知识创造过程存在着与主导逻辑增量演进根本不同的竞争方式和成本。我们把知识创造阶段的竞争称为创新性竞争，而创新性竞争中特殊的成本问题是企业能否实现持续创新和成长的关键。

四、创新性竞争和创新成本

在对创新过程作出上述分析的基础上，我们就可以对企业的创新性竞争及其条件作出进一步的考察。

从知识创新的角度，我们把创新性竞争定义为，企业的战略管理者在对未来市场变化和竞争对手的行为偏好作出某种预期的条件下构建自身的主导逻辑或核心知识的过程。创新性竞争的关键首先是对外部市场条件的把握。但是，在有限理性假设条件下，企业对未来市场环境变化的把握至少受到三个方面的影响：

第一，社会经济、政策、技术条件和消费者需求偏好的变化；

第二，产业内竞争对手竞争战略的多样化；

第三，企业内部既定的主导逻辑下利益格局的影响。

其中，前两个条件是外部影响因素，后者属于内部影响因素。但是，这两种因素是相互联系的。在有限理性假设条件下，现有的主导逻辑将影响决策者对外部条件变化和市场机会的判断和把握。例如，由于决策者对某事件缺乏必要的知识，对模糊性的厌恶和对可能性的低估将导致风险规避倾向。

企业现有的主导逻辑对创新性行为的影响主要表现在两个方面：一是当外在环境变化只是潜在地影响企业现有的核心知识的价值时，主导逻辑演进过程中使成本不断降低的学习效应将影响到决策者对未来的预期；二是当企业重新构造其核心知识的决策可能影响到现有主导逻辑下的利益格局时，将受到既得利益集团的阻力。下面，我们分别考察这两种情况对创新性竞争的影响。

假设企业面临着如下不确定性条件下的战略选择：一是在现有的主导逻辑下经营；二是实施创新性竞争战略，重新构造企业的主导逻辑。借鉴戴维·贝赞可、戴维·德雷诺夫、马克·尚利对沉没成本的分析①，我们假设实施两种战略下企业的产出不变。预期新的主导逻辑能够降低企业产品的平均变动成本，但是需要较大的前期投资。我们用

---

① 参见戴维·贝赞可、戴维·德雷诺夫和马克·尚利，《公司战略经济学》，北京大学出版社 1999 年版，第487—488 页。

VC_N、VC_0 分别表示在新的和现有的主导逻辑下生产某种产品的平均变动成本，用 I_N 和 I_0 分别表示两者所需的前期投资。假设企业可以自由选择在两种主导逻辑中的一种从事生产，即对现有主导逻辑已经进行的投资对当前的决策没有影响，则企业是否采取创新性竞争战略的约束条件是：

$$VC_N + I_N < VC_0 + I_0$$
$$I_N - I_0 < VC_0 - VC_N \qquad (1)$$
$$\Delta I < \Delta VC$$

这一条件表明，如果创新的平均变动成本的节约的现值 ΔVC 大于创新所要求的额外投资 ΔI 时，企业将选择创新性竞争战略。

现在我们考察现有主导逻辑对创新性竞争战略选择的影响。这种影响表现在两个方面：首先，I_0 是已经完成的投资，在决定是否采用创新性竞争战略时应当忽略；其次，I_0 投资的学习效应对预期的影响。由于在现有主导逻辑下经验的长期积累，在生产中存在着学习效应，企业在现有主导逻辑下从事生产的学习曲线是下降的，因此，管理者将预期现有主导逻辑下产品的平均变动成本 $PVC_0 < VC_0$，或 $PVC_0 = aVC_0$（$a<1$）。在这种情况下，企业是否采取创新性竞争战略的约束条件比前面要严格得多：

$$VC_N + I_N < aVC_0$$

作一些简单的代数变换，上式可以表述为，

$$I_N - I_0 < VC_0 - VC_N - (1 - a)VC_0 - I_0 \qquad (2)$$
$$\Delta I < \Delta VC - [(1 - a)VC_0 + I_0]$$

由于现有主导逻辑的影响，只有当额外投资的成本小于新的主导逻辑下生产平均成本的一个附加额的节约 $[(1-a)VC_0 + I_0]$ 时，创新性竞争战略才是可行的。这一约束条件成立的前提是对已投入的成本的忽略和对现有主导逻辑学习效应的预期。而当竞争对手通过创新性竞争战略构建起新的主导逻辑时，上述主观的约束条件是不存在的。

制约企业作出创新性竞争决策的另外一个重要因素是组织成员的影响活动，米尔格罗姆和罗伯茨（2000，第 184 页，Paul Milgrom and John Roberts）称之为和企业集中决策相关的组织内部的政治活动。在现有主导逻辑下，许多组织成员，尤其是其中的行政管理和技术骨干的个体知识具有专用性特征。而通过创新重新构造企业的主导逻辑，将使这部分组织成员承担知识的转换和现有经验优势丧失的成本。这可能影响某些既得利益，包括现有薪金和职位的保持和提升的实现。从保护个人利益的角度出发，他们将通过向决策者提供建议、信息和分析的方式抵制创新性竞争战略的制定和实施。

在许多场合，这种影响活动是无法避免的。因为，决策者在做出决策之前必须依靠其他组织成员提供无法从其他环节获得的内部信息。当决策者无法正确判断提供信息者的个人动机和证实他们提供的信息时，组织成员将通过隐瞒或歪曲所提供信息的方式影响决策者的判断。

在创新性竞争战略可能损害现有企业组织成员的既得利益时，组织成员有动机夸大重新构建与创新战略相匹配的核心知识的困难和成本（I_N）。从而使式（2）中的 ΔI 的量相应增大，进一步提高了企业选择创新性竞争战略的约束条件。

我们把上述实施创新性竞争的约束称为创新成本。创新成本的存在可以减弱已经获得成功的企业的创新动力，这为新企业通过实施创新性竞争战略获得后发优势提供了可能。因为，对于新企业而言，创新成本是根本不存在的。

五、结束语

借助于主导逻辑演进的理论分析框架，本文对企业成长之谜作出了一个初步的理论探索。本文要强调的是，在外部环境不断变化的条件下，持续的知识创造和主导逻辑的演进是企业获得持续发展的关键。而这一分析结论对我国企业制定成长战略具有某种特殊的意义，因为，在激烈的国际竞争面前，充分利用创新性竞争的后发优势是我国企业参与国际竞争和提升企业国际竞争力的根本途径。

参考文献

爱瑞·德·葛斯：《有生命力的公司》，载于《企业成长战略》，中国人民大学出版社 1999 年版。

保罗·米尔格罗姆、约翰·罗伯茨：《谈判成本、影响成本和经济活动的组织》，载于《企业的经济性质》，上海财经大学出版社 2000 年版。

多萝西·伦纳德·巴顿：《知识与创新》，新华出版社 2000 年版。

哈罗德·德姆塞茨：《企业经济学》，中国社会科学出版社 1999 年版。

哈罗德·德姆塞茨：《所有权、控制与企业》，经济科学出版社 1999 年版。

理查德·R.纳尔逊、悉尼·G.温特，《经济变迁的演化理论》，商务印书馆 1997 年版。

熊彼特：《经济发展理论》，商务印书馆 1999 年版。

野中郁次郎：《知识创新型企业》，载于《知识管理》，中国人民大学出版社 1999 年版。

Alchian, A.A., 1950, "Uncertainty, Evolution and Economic Theory", *Journal of Political Economy*,

58:211-221.

Arrow, K. J., 1974, "General Economic Equilibrium: Purpose, Analytic Techniques, Collective Choice", *American Economic Review*, 64 (3): 243-272.

Barney, J.B., 1986, "Strategic Factor Markets: Expectations, Luck, and Business Strategy", *Management Science*, 32:1231-1241.

Barney, J., 1991, "Firm Resources and Sustained Competitive Advantage", *Journal of Management*, (17): 109-120.

Coleman, J.S., 1988, "Social Capital in the Creation of Human Capital", *American Journal of Sociology*, 94:95-120.

Prahalad, C.K. and Hamel. G., 1990, "The Core Competence of the Corporation", *Harvard Business Review*, 66 (May/June):79-91.

Prescott, E.C. and Visscher, M., 1980, "Organization Capital", *Journal of Political Economy*, 88 (3):446-461.

Teece, D. J., Pisano, G. and Shuen, A., 1990, "Firm Capabilities, Resources and the Concept of Strategy", Economic Analysis and Policy Working Paper EAP, 38, University of California, Oakland, CA.

Wernerfield, B., 1984, "A Resource-Based View of the Firm", *Strategic Management Journal*, (5): 171-180.

演化经济学的结构

——过程分析法及其启示[*]

赵　凯

一、演化经济学的结构—过程分析方法理论渊源及基本构成要素

以新古典经济学为代表的主流经济学是信奉均衡思想的，认为世界的理想状态和最终状态是均衡。均衡成为主流经济学的秩序观。尽管秩序并不等同于均衡。[①]但实际上任何经济系统都不仅仅如主流经济学所宣称的只有因果性、有序性、普遍性、必然性、统一性，它还包括偶然性、无序性、个别性、错综性、多样性、模糊性、矛盾等等。只有有序性的经济、社会是僵死的；而只有无序性，自然界和人类社会都将不能形成任何有组织的结构与过程，从而也就不可能保持任何新生事物，获取进化或发展。只有稳定，则导致灾难、冲突的爆发，无法应对外部竞争；而只强调无休止的动态，则缺乏连续性，没有持久的目标和价值，容易产生轻率的行为。演化经济学所要解决的问题也正是这种有序与无序、稳定与创新、必然与偶然的统一与矛盾。比如，演化经济学理论根源之一的老制度经济学的凡勃伦—艾尔斯的工具—礼仪两分法，便体现了稳定与创新的统一，他们认为由制度构成的礼仪性价值是稳定的、滞后的，而经济的发展源自技术等工具性价值变迁。另一个演化经济学的鼻祖熊彼特则将处于稳态的经济比喻为循环流转，而企业家的创新则是对此的打破。新熊彼特学派的代表纳尔逊和温特则以惯例作重点考虑，但仍将惯例分为经营特点、投资惯例和搜寻惯例。其中搜寻惯例意味着潜在的创新。普利高津的分叉理论也是稳定与创新的结合。分叉点附近意味着不确定性与多样化，但两个分叉点之间的却是系统的稳定状态。如同基因一般使经济系统处于稳定状态的作用因子包括自然的约束，以及使得经济行为主体秩序化的偏好（包括伦理和宗教规

---

　　*　原文载《学术研究》2005 年第 2 期，略有改动。作者单位：天津市滨海新区财政局。

　　①　1968 年，哈耶克在芝加哥做的题为"作为一个发现过程的竞争"的讲演中，曾公开宣称"经济学家们通常把竞争中所产生的一种秩序称作为均衡。而均衡是一个有些误人子弟的概念。因为，这样一种均衡假定，所有事实已经确知，因而竞争也就停止了。而我宁肯使用'秩序'而不是'均衡'，是因为至少在讲座经济政策的层面上，'秩序'要领有其优点，那就是，我们能说秩序达到了某种程度，况且秩序也能够通过一个变化过程而保留下来。与经济均衡从来就不真正存在相比，当说我们的理论所描述的某种秩序是理想型的时候，至少有其正当理由。"

范）、技术、法律和经济与社会制度等。它们决定着一个经济系统存在与发展的可能性，称为"结构"。而经济生产中所应用的技巧、资本品、产品的数量和价格、消费的分配等的变化与存在，则如同生物学中的表型一般是无序、创新和偶然的根源。由此可见演化经济学要研究的是不同层次上的演化，既包括具有稳定性的基因上的如惯例、技术、习俗、传统的演化，也包括经济现象的演化。

演化经济学强调结构—过程分析方法，这对于解决有序与无序、稳定与创新、必然与偶然的统一与矛盾有一定的借鉴意义。结构—过程分析方法由行为主体、结构性约束、社会互动、历时动态变化和后果四个基本要素构成。

（1）结构性约束。结构性约束来自社会建构的制度矩阵，来自生理的、生态的、物理的和环境的等对人类行为具有制约性的一切因素。

（2）行为主体。结构—过程分析方法中包括个体行为主体和诸如组织化群体、企业、政府机构、党派等集体行为主体。

（3）社会互动。互动来自两个方面，一个是结构性约束与具有能动性的行为主体之间的互动，另一个是行为主体之间的互动。社会互动表示的是具有特定角色、地位和社会关系的行为主体在结构性约束规定的"小生境"中从事经济实践的过程。互动的方式可以是冲突、矛盾、竞争，也可以是合作等。

（4）历时动态变化和结果。历时性的分析不仅包括质上和量上的变化，还包括一种持续性保持的分析。前者来自新知识、学习行为、无意识结果、意识形态变化，或是生态的、物理的条件变化而带来的对结构性约束的改变或创新；后者则是由于惯例性的行为。

二、结构—过程分析的具体内涵

首先是结构的约束性。我国的学者陈平（1988，第5页）认为经济研究应该关注生态经济结构、技术经济结构和经济管理结构。而贾根良（2000）则认为经济体制、政治体制、技术体制、文化认知模式和生态地理系统等亚系统的非线性作用导致了经济现象的复杂与多样。演化经济学认为结构性的约束来自三个方面：（1）自然的、物理的、时空的约束；（2）传统的约束，包括历史遗留下来的道德观、共享价值观、信仰体系、文化甚至以往曾实施的经济政策；（3）各种正式制度规则的约束，如法律系统、民主体制等。人的能动性不仅取决于行为的意图，还在于结构对可以行动的权利和资源的规定。传统的约束和正式制度共同构成了约束人行为的社会规则体系。但演化经济学的结构—过程分析方法不仅仅强调了结构的约束性作用，更重要的在于各种约束之间的"共同进化"的思想。也正是由于结构性的约束和其内在的"共同进化"的思想成为一个社会持续性、稳定的保证。

演化经济学的行为理论强调行为的唯一性和社会性的统一。前者意味着不同的认知结构、组织规则、历史传统建构和形成了特定的行为主体，是创新的直接来源；后者则强调结构性约束下产生的社会确认机制是行为相对连续性的保证。"重要的是具有习惯和目的的社会化的和个体化的个体"（Bazzoli and Dutraive，1999，58）。个体不是固定的，而是"一个正在发生的社会过程的一部分，是个体意志交汇和集体对个体控制的联合的'交易'的参与者"（Bazzoli and Dutraive，1999，68），行为主体体现了一种部分—整体关系。所以结构—过程分析既强调行为主体受到结构性因素的制约，同时也强调行为主体具有能动性。人性是复杂的，决不像新古典经济学所宣称的那样是理性最大化的个体，也不是文化决定论或历史决定论下的被动僵化的个体。但演化经济学的结构—过程分析首先强调行为主体行为的惯例性，"人不仅是一种追求目的（purpose-seeking）的动物，而且在很大程度上也是一种遵循规则（rule-following）的动物。"（哈耶克，2000，第7页）"习惯于是可以被理解成由文化过程和个人在某时刻以前所积累的经验所决定的标注行为。熊彼特认为，若没有习惯的帮助，无人能应付得了每日必须干的工作，无人能生存哪怕是一天。纳尔逊和温特认为，一种行为若能成功地应付反复出现的某种环境，就可能被人类理性固定下来成为习惯。"（汪丁丁，1992）康芒斯认为"我们不是作为孤立的个人开始生活的——我们在婴儿时代以纪律和服从开始生活，我们继续作为已经存在的组织的成员，因而只有遵守反复的和重复的惯例——这就是所谓现行组织的意义——才能获得生命、自由和财产，顺利地、安全地并且得到大家的同意。"（康芝斯，1994，第58页）而凡勃伦则认为"在通常情况下，支配着个人生活的那类历史最悠久、最根深蒂固的习惯——关系到他作为一个有机体的生存的习惯——是最顽固、最难避免的。"（凡勃伦，1981，第79页）"传统对于了解规范至关重要，因为人们常常按照习惯行事，而不是靠所谓的理性选择。即使社会规范最初是通过理性谈判或慎重选择而产生的，这些规范也是经过一个社会化的过程才传给后代的。这一社会化过程就是让人们习惯于某种行为模式。……这自然意味着，某种社会习惯一旦学到手，便不可能像根据简单的信息便可摒弃一种观点或信念那样轻易地改变。"（弗朗西斯·福山，2002，第278页）行为主体的其他任何行为，无论是学习、模仿、试错或是比较都不可能摆脱惯例性行为设定的背景。

其次是人的理性最大化行为。这种行为是与目的性行为联系在一起的，但只是"修正者、调节者而不是行为的起源"。（Bazzoli and Dutraive，1999，61）这并不是人们行为的主要方式。再次，是人的想象行为。如沙克尔认为不确定性是想象和新知识发现的前提。想象关注的问题是在非秩序环境中的决策如何做出，未来可能事件的概率计算，不可能事件的排除，是对什么是可能发生的评价。"未来不是被发现的，而是被创造的。"（Loasby，1999，100）最后，是人的非理性行为，如凯恩斯的动物精神。演化经济学的人性分析是现实主义的。

经济过程是一个行为主体能动性与结构性约束连续变化的过程，一个自我复制、自我持续的没有最优的开放过程，这个过程是行为主体与结构之间相互作用产生行为的持续、创新或质上变化的累积因果过程，如心智模型、知识体系、行为惯例，甚至是整个经济结构的持续或变化。结构性约束使得在社会实践过程具有章法和秩序，并体现在行动者在具体时空情景下的社会实践活动中。而行为主体则在运用结构中的规则和资源的同时在具体时空中维持或再生产出结构。这正如恩格斯所言："人们自己创造着自己的历史，但他们是在制约着他们的一定环境中，是在既有的现实关系的基础上进行创造的"（马克思和恩格斯，1972，第506页）"个体与集体都是有目的的行动者，都具有主观能动性，能够做出选择，自我反省，参与系统的构建，甚至破坏现有的系统。"（伯恩斯，2000，第2页）

笔者认为结构—过程分析方法中的过程分析着重分析两方面问题：一是时间的作用；二是行为主体的异质性与互动关系。首先是时间的因素，过程分析是一种历时动态分析，它包含着过去对现在的影响，如经济政策制定中路径依赖问题；现在对未来的影响，如新政策指导下的经济结构的转换。在这个历时分析中侧重两种机制即多样化机制以及选择机制的作用。前者是指与经济效率相关的变化如技术、政策、个体的权利，国际经济关系等带来的压力改变了系统中行为主体反应战略的不同有关；后者则包括如试错、谈判、讨价还价和强制等。但选择机制的决不仅仅是效率选择，选择机制首先与政体（governance regime）的性质（如谁是主导行为主体、关系是怎么样的）有关；其次还受到文化背景，特定的价值观和规范的影响。其次，过程分析强调异质性和互动。与新古典经济学的代表性个体和企业的假设不同，演化的分析视角强调人、集体、组织甚至地区的异质性。异质性假定是创新行为、突现发生的根源。异质性的假定决定了行为主体之间的相互依赖性与互动关系，"任何系统的结构——它的部件之间许多循环的、连锁的、有时候时间—延迟的关系——在决定系统的运行情况方面往往和它的个别部件本身同样重要"（沈华嵩，1991，第100页。）总之，对于社会经济系统来说，重要的是因素或子系统之间的非加性、相干性，也就是说它们之间的非线性相互作用。在行为的互动中、非线性的相互作用中实现创新、复杂与多样。

三、经济政策的作用在于为结构与行为主体之间提供特定的互动与关联方式

与主流经济学追求最优的资源配置的静态或比较静态分析的方法不同，演化经济学对经济政策的分析采取的是一种结构—过程分析方法。结构—过程分析方法的科学哲学基础是批判实在论。我国学者贾根良教授认为批判实在论的基本理念是"经验的（经历与印象）、实际的（除经验以外包括事件和事物状态）和真实的（除实际事件和经验外包括结构、机制、力量和趋势）"（贾根良，2004，第 36 页）三者的非同步性质（out of phase）。批判实在论对经济政策分析的启示是政策制定者看到的经济现象是其背后复杂的经济结构作用的结果，似乎具有直接联系的两个经济因果关系的事件需要研究其内在的经济结构性关系。这就避免主流经济学的只注重直接分析而忽略结构分析的机械论逻辑。

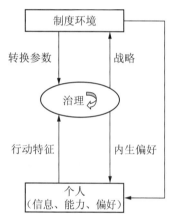

资料来源：威廉姆森（2001）。

图 1　治理的三层结构

八木纪一郎（2004）认为威廉姆森的治理的三层结构对演化的经济政策分析具有一定的借鉴意义。具有独立机制的"治理"是被个人的"行动属性"和制度环境中的"变动参数"决定的，但"治理"的状态影响和改变着个人的"偏好"和"制度环境"，从而构成了双重反馈。如图 1 所示：

通过演化的结构—过程分析方法，笔者认为经济政策的作用在于利用如技术性政策、制度性政策、创新政策等中介实现结构性约束与行为主体之间的统一，提供结构性约束与行为主体之间、各种行为主体之间的特定的互动与关联方式。无论是技术性的经济政策、数量性经济政策，还是制度性或是结构性的经济政策，带来的是一种新的互动方式，一种新的宏观的经济实践的情境，一种对微观主体具有反馈性影响宏观变量的规定。结构—过程分析方法下，制定一个经济政策首先要考虑的是结构性的约束，这来自自然的、物理的、技术的约束；其次要考虑来自社会构建的各种行为规则体系的约束，如符号化的法律、明文条例等；再次要考虑来自不可符号化的传统、文化等的约束。这种结构性的约束必须要考虑到时间的作用，既往存在的、现存的和即将出现的结构性约束都要考虑。一项好的经济政策必须与自然的、国家的政治体制、文化和传统下的惯例、非正式制度等协调一致，考虑本国的社会规范、文化遗产和历史传统，只有这样才能保证一项经济政策的实

施不会引起社会的断裂或失范等问题。正如英国政治家和历史学家欧内斯特·巴克在1927年《国民性及其形成中的诸要素》中所说："懂得民族的心理基础和总体性格的人握有制定政策的金钥匙。"（科迪维拉，2001，第3页）例如，我国人多地少的自然状态形成的精耕细作的农业传统，对我国的农地制度改革、农业产业化的进行都有着直接的影响。经济政策分析的切入一定要从一个国家固有的结构等基础层面入手，先分析对一项经济政策实施有作用的稳定性因素。第二，经济政策的制定要考虑到与过程有关的行为主体的各种行为，这包括：（1）创新行为。经济政策可能引起行为主体的策略性行为，引起经济政策的变异；或是政策制定者通过经济变化而改变心智模型和效用函数，从而引起政策的创新。演化的政策行为强调的是沙克尔的"创造性选择"，而不是主流经济学讨论的"反应性选择"。（2）学习与适应行为。适应与学习是循环与累积因果关系的首要应用。学习包括：横向的学习，即不同地区或国家经济政策的借鉴与模仿、行为主体之间的交流与商议；纵向学习，即学习传统，本国的制度积累。适应行为则体现了霍奇逊对制度的"向下重组因"的强调，即制度对人的志向和行为取向的塑造。（3）试错与实验行为。建立在可错主义基础上的演化经济学强调经济政策的试错与实

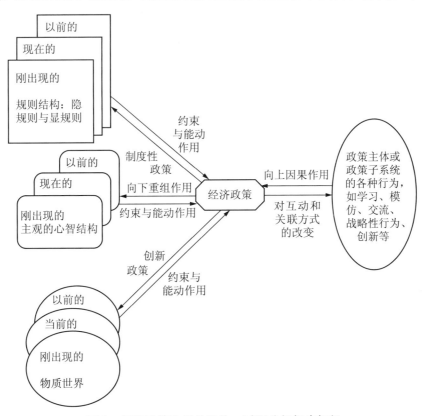

图2　经济政策分析的结构—过程分析初步框架

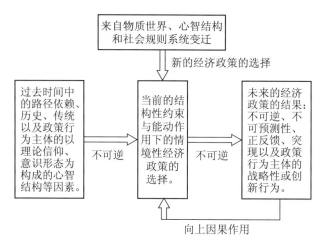

图3　经济政策分析的过程分析图示

验，以从中改进和优化最初的经济政策。（4）选择行为。这其中包括伯恩斯所定义的 P 选择（权威人士对规则有意识的主动选择）、S 选择（社会结构中的人的选择）和 M 选择（保留有效规则，淘汰无效规则的选择）。（5）模仿、教育等扩散行为。最后，结构—过程分析强调自然、生态、技术、社会等共同演化，而不是一种粗放的，不考虑资源约束的人类中心主义思维。社会在整体上被看作是一种相互联系的系统。经济政策要考虑到自然资源的使用存量与流量、人口状态等可持续发展问题。结构—过程分析方法可以用下面的图2、图3加以阐释：

四、结　语

面对主流经济学在经济政策分析中的注重配置效率的静态分析和对复杂现实忽略的缺陷，兴起于 20 世纪 70 年代的演化经济学提供了一个可供替代的药方。如新制度经济学的叛道者诺思所言："经济理论是静态的；我们所生活的是一个动态变化的世界，静态的理论体系所提供的错误的政策是一贯而持久的……然而，最近演化经济学的确是一个振奋人心的发展。"（Okruch，2003，68）让我们期待演化经济学给我国的经济政策制定带来更多的启示与帮助。

参考文献

F.A.哈耶克：《法律、立法与自由（第 1 卷）》，中国大百科全书出版社 2000 年版。

安吉洛·M.科迪维拉：《国家的性格——政治是怎样制造和破坏繁荣、家庭和文明礼貌》，上海人民出版社 2001 年版。

八木纪一郎：《进化经济学的现在》，《政治经济学评论》2004 年第 2 期，第 176 页。

陈平：《陈平集》，黑龙江教育出版社 1988 年版。

凡勃伦：《有闲阶级论》，商务印书馆 1981 年版。

弗朗西斯·福山：《大分裂：人类本性与社会秩序的重建》，中国社会科学出版社 2002 年版。

贾根良：《马克思经济学研究传统与"中国经济学"研究纲领》，《天津社会科学》2000 年第 4 期，第 52 页。

贾根良：《演化经济学——经济学革命的策源地》，山西人民出版社 2004 年版。

康芒斯：《制度经济学》，商务印书馆 1994 年版。

《马克思恩格斯选集：第 4 卷》，人民出版社 1972 年版。

沈华嵩：《经济系统的自组织理论——现代科学与经济学方法论》，中国社会科学出版社 1991 年版。

汤姆·R.伯恩斯：《结构主义的视野——经济和社会的变迁》，社会科学文献出版社 2000 年版。

汪丁丁：《制度创新的一般理论》，《经济研究》1992 年第 5 期，第 71 页。

威廉姆森：《治理机制》，北京：中国社会科学出版社 2001 年版。

Bazzoli, L., Dutraive, V., "The Legacy of J.R.Commons Conception of Economics as a Science of Behaviour", Groenewegen, J.Vromen, *Institutions and the Evolution of Capitalism: Implication of Evolutionary Economics*, London: Edward Elgar, 1999.

Loasby, B., "Uncertainty, Intelligence and Imagination: George Shackle's Guide to Human Progress", Groenewegen, J.Vromen, *Institutions and the Evolution of Capitalism: Implication of Evolutionary Economics*, London: Edward Elgar, 1999.

Okruch, S., "Knowledge and Economicpolicy: A Plea for Political Experimentalism", in Pelikan, P.Wegner, G., *The Evolutionary Analysis of Economic Policy*, London: Edward Elgar, 2003.

图书在版编目（CIP）数据

中国演化经济学年刊.2018/中国演化经济学年会
秘书处编.—上海:格致出版社:上海人民出版社,
2019.8
ISBN 978 - 7 - 5432 - 3029 - 3

Ⅰ.①中…　Ⅱ.①中…　Ⅲ.①经济学-中国-2018 -
年刊　Ⅳ.①F0 - 54

中国版本图书馆 CIP 数据核字(2019)第 158039 号

责任编辑　王　萌
装帧设计　路　静

中国演化经济学年刊 2018
中国演化经济学年会秘书处　编

出　　版　格致出版社
　　　　　　上海人民出版社
　　　　　　(200001　上海福建中路 193 号)
发　　行　上海人民出版社发行中心
印　　刷　常熟市新骅印刷有限公司
开　　本　787×1092　1/16
印　　张　20
插　　页　2
字　　数　372,000
版　　次　2019 年 8 月第 1 版
印　　次　2019 年 8 月第 1 次印刷
ISBN 978 - 7 - 5432 - 3029 - 3/F·1238
定　　价　88.00 元